세무인명록

개정증보판

국 세 청 (2025. 3.)
기획재정부 (2025. 3.)
조세심판원 (2025. 3.)
행정안전부 (2025. 3.)

SAMIL | 삼일인포마인

차 례

■ 인천지방국세청 / 219

인천광역시

경기도

■ 대전지방국세청 / 261

대전시

충 북

충 남

■ 광주지방국세청 / 309

광주시

전 북

전 남

기 획 재 정 부

세제실장 정 정 훈
☎ 044)215-2006

조세총괄정책관 박 금 철
☎ 044)215-4100

소득법인세정책관 조 만 희
☎ 044)215-4200

재산소비세정책관 김 병 철
☎ 044)215-4300

국제조세정책관 박 홍 기
☎ 044)215-4600

관세정책관 최 재 영
☎ 044)215-4400

조세개혁추진단 김 건 영
☎ 044)215-4350

대표전화 : 044)215-2114

주소 : 세종특별자치시 도움6로 42 정부세종청사 중앙동 기획재정부
우 30112

기획재정부 세제실

• 대표전화 : 044)215-2114

• DID번호 : 044)215-내선번호

세제실장　정 정 훈　☎ 044)215-2006

국장	조세총괄정책관					
	박금철 4100, 4109					
과장	조세정책과	조세특례제도과	조세분석과	조세법령운용팀	예규총괄팀	조세특례평가팀
	김문건 4110	문경호 4130	조문균 4120	김성수 4150	박준영 4160	박정열 4190
사무관	권순배(4급) 4111 이수지 4112 정현엽 4113 이종성 4114	현원석 4131 최윤희 4132 박상현 4133	정호진 4121 김도경 4122 이재우 4123	김태경 4151 박해용 4152	김진홍 4161 황예슬 4162	정윤재 4191 김지석 4194
주무관	송유민 4116 남기범 4117 오미영 4118	공동준 4136 양시온 4142	유석모 4126	전해일 4154		강원식 4195
전문 임기/ 연구원			전지영 4125			
사무원	김미선 2036 현정순 4109					
Fax	215-8060	215-8063	215-8062	215-8064	215-8069	215-8072

• 주　소 : 세종특별자치시 도움6로 42 정부세종청사 중앙동 기획재정부 ㊃ 30112

● 정정훈 [기획재정부 세제실장]
- 67년생, 부산, 부산 중앙고, 연세대 경제, 행시 37회
- 기획재정부 세제실 재산소비세정책관 국장, 대통령비서실 경제수석비서관실 경제금융비서관실 행정관, 기획재정부 조세정책과장 · 조세분석과장 · 국제조세협력과장 · 자유무역협정관세이행과장 · 소득세제과장 · 기금운용계획과장 · 다자관세협력과장, 국민경제자문회의지원단 기획총괄팀장, 재정정보공개 및 국고보조금통합관리시스템 관리단장

● 박금철 [조세총괄정책관]
- 71년생, 서울대 경제학과, 미주리대 경제학 박사, 행시 37회
- 기획재정부 세제실 재산소비세정책관 국장, 기획재정부 재산소비세정책관, 기획재정부 장관정책보좌관

● 조만희 [소득법인세정책관]
- 69년생, 경북 영주, 영주고, 서울대 경영학과, 행시 40회
- 기획재정부 세제실 재산소비세정책관 국장, 소득법인세정책관 과장

국장	소득법인세정책관			재산소비세정책관		
	조만희 4200, 4209			김병철 4300, 4309		
과장	소득세제과	법인세제과	금융세제과	재산세제과	부가가치세제과	환경에너지 세제과
	최진규 4210	조용래 4220	윤수현 4230	이영주 4310	최지훈 4320	김정주 4330
사무관	정지운 4211 윤민정 4212 이수언 4215 김서윤 4213	서은혜 4221 주해인 4222 송석하 4223	박인원 4231 권은영 4232 전동표 4233	이원준 4311 오다은 4312 남한샘 4313 이종혁 4314	김만기 4321 강동근 4322 박지현 4323	이정아(4급) 4331 구본녕 4331 김서현 4333
주무관	양경모 4216 이영선 4217	남지형 4226 이유진 4224	임동호 4236	안소현 4308 이희범 4316 김진아 4317	민다연 4326	송재희 4337
전문임기/연구원						
사무원	전경화 4209			유혜정 4309		
Fax	215-8067	215-8073	215-8066	215-8068		215-8069

기획재정부 세제실

세제실장 정 정 훈 ☎ 044)215-2006

- 대표전화 : 044)215-2114
- DID번호 : 044)215- 내선번호

국장	국제조세정책관			관세정책관	
	박홍기 4600, 4609			최재영 4400, 4409	
과장	국제조세 제도과	신국제조세 규범과	국제조세 협력팀	관세제도과	산업관세과
	김영현 4650	박은영 4660	박정주 4670	권기중 4410	이종수 4430
사무관	이금석 4651 권유림 4652 이우주 4653	최관수 4663 김정아 4661 유선정 4662	조성아 4671 박현애 4675 장준영 4672	강효석 4411 권병학 4412 김민호 4413	유이슬 4431 고상석 4432 이재욱 4433
주무관	양서영 4656	유태건 4666	이동섭 4673	이건위 4416 이석규 4418 서재환 4419	유채정 4434 김세리 4436
전문 임기/ 연구원	정다정 4655	오지연 4665	서윤정 4678 박춘목 4677		
사무원	문재희 2036			김유미 4409	
Fax	215-8065		215-8061	215-8075	215-8076

- ● 김병철 [재산소비세정책관]
  - 68년생, 전북 정읍, 정읍고, 전주대 법학과, 동북 재경대 경제학 석사, 7급 공채
  - 국무총리 조세심판원 2심판관 조사관, 2심판부 4 조사관
- ● 박홍기 [국제조세정책관]
  - 70년생, 경신고, 서울대 경영학과, 서울대 경영학 석사, 행시 39회
  - 기획재정부 세제실 소득법인세정책관 과장, 조세 총괄정책관

- ● 최재영 [관세정책관]
  - 68년생, 연세대 경영학, 서울대 행정학 석사, 미국 네바 다주립대 경영학(MBA, 석), 행시 38회
  - 벨기에 세계관세기구(WCO) 파견, 외교부 개발협력과장, 기획재정부 국토교통예산과장, 법사예산과장, 경제안보 공급망기획단 부단장, 미국 미주개발은행(IDB) 고용휴 직, 국무조정실 국제개발협력본부 개발협력지원국장
- ● 김건영 [조세개혁추진단]
  - 73년생, 서울, 영동고, 서울대 경영학, 행시 40회
  - 기획재정부 세제실 조세정책관 과장, 재정경제부 세 제실 조세정책국 법인세제 사무관, 재산세제 사무관

국장	관세정책관			조세개혁추진단	
	최재영 4400, 4409			김건영 4350	
과장	관세협력과	자유무역협정 관세이행과	다자관세팀	상속세개편팀	보유세개편팀
	김의택 4450	김대연 4470	방우리 4460	김완수 4360	류병욱 4370
사무관	김정수 4451 임도성 4452 주영호 4453	김동현 4471 장효은 4472	김성우 4461 김지훈 4462	김명환 4361 송재열 4362 상양구 4363 권재효 4364	김정훈 4373 신진욱 4371 남혜숙 4372
주무관	이유림 4454 변정은 4456	이정미 4476 원선혜 4473	강희중 4463	소보윤 4366 이효진 4374	
전문 임기/ 연구원	이진선 4457	이어루 4474	김소영 4467		
사무원					
Fax	215-8078	215-8079	215-8077	215-8179	

조세심판원

원장 이 상 길
☎ 044)200-1700

심판행정과 유 진 재
☎ 044)200-1710

심판조정과 곽 상 민
☎ 044)200-1705

1심판부
☎ 044)200-1801

2심판부 박 상 영
☎ 044)200-1802

3심판부 이 호 섭
☎ 044)200-1803

4심판부
☎ 044)200-1804

5심판부
☎ 044)200-1805

6심판부 이 근 후
☎ 044)200-1806

7심판부 홍 삼 기
☎ 044)200-1807

8심판부 이 화 진
☎ 044)200-1808

대표전화 : 044)200-1800

주소 : 세종특별자치시 갈매로 477 정부세종청사 4동 3층
⛿ 30109

조세심판원

원 장 이상길 ☎ 044)200-1700

- 대표전화 : 044)200-1800
- DID번호 : 044)200-내선번호
- 서울 별관 : 02)722-8801

구분	심판행정과			심판조정과		
	유진재 1710(1720)			곽상민 1705		
조사관	행정	기획	운영	조정1	조정2	조정3
서기관	윤연원 1711	백재민 1721	이은하 1726	장태희 1731	이석원 1736	현기수 1706
사무관		박종현 1725	송기영 1712	곽충험 1732	최창원 1737	
주무관	문정우 1713 김온식 1714 최진현 1715 김문수 1717 노혜련 1716	이정훈 1722 황혜진 1723	이승호 1727 성현일 1728 이진주 1729 김연경 1730	이지연 1733 최승택 1734	오세민 1738 이재곤 1739	김기홍 1707 윤민영 1816 송영재 1708
	민원실 강경애 1800 황재호 1704			서울별관(수송동) 이정희 02-722-8803 강혜란 02-722-8801		
Fax	200-1718(행정실), 1719(민원실)					

● 주 소

* 세종청사 : 세종특별자치시 갈매로 477
  정부세종청사 4동 3층
  ☞ 30109

* 서울 별관 : 서울특별시 종로구
  종로 1길 42(수송동 146-1) 301호
  ☞ 03152

● 이상길 [조세심판원장]
- 67년생, 경남 의창, 해운대고, 고려대 영여교육학과, 고려대 경제학 석사, 행시 38회
- 영도세무서 총무과장, 김포세무서 재산세과장, 국세청 법인납세국 국제업무과, 재경부 세제실 조세분석과·재산세제과·조세정책과·법인세제과, 세계관세기구(WCO) 파견, 복권위원회 사무처 발행관리과장, 기재부 관세제도과장·조세특례제도과장·법인세제과장·조세정책과장·정책기획위원회 정책기획단 파견, 美, Asia/Pacific Studies Institute 국외훈련, 일자리위원회 일자리기획단 파견, 기획재정부 조세심판원 1상임심판관, 3상임심판관

조세심판원

구분	1심판부		2심판부		3심판부	
	1801(1817)		박상영 1802(1827)		이호섭 1803(1837)	
조사관	1조	2조	3조	4조	5조	6조
	박태의 1740	박정민 1750	은희훈 1760	조용민 1770	이용형 1780	지장근 1790
서기관	김정오 1741					
사무관	김효남 1742 손대균 1743	김성엽 1751 한나라 1752 김하중 1753	주강석 1761 김혁준 1762 신정민 1763	조혜정 1771 김경수 1772 하명균 1773	김두섭 1781 박수혜 1782	박희수 1791 허광욱 1792 황혜정 1793
주무관	최유미 1749 박미란 1759		박혜숙 1769		송동훈 1783 전경선 1789 이승희 1799	
Fax	200-1758				200-1798	

조세심판원

원 장 이상길 ☎ 044)200-1700

- 대표전화 : 044)200-1800
- DID번호 : 044)200-내선번호

  서울 별관 : 02)722-8801

구분	4심판부		5심판부		6심판부	
	1804(1847)		(소액) 1805		이근후(관세 포함) 1806	
조사관	7조	8조	9조	10조	11조	12조
	나종엽 1810	이재균 1820		배병윤 1840	오인석 1850	우동욱 1860
서기관			정해빈 1831		정진욱 1851	
사무관	송현탁 1811 윤근희 1812 박지혜 1813	류시현 1821 김동원 1822	손혜민 1832 김보람 1833	권오현 1841 조정휘 1842 김상곤 1843	모재완 1852 이주연 1853	이정화 1861 문상묵 1862
주무관	김연진 1819		임대규 1834 임윤정 1839 김수정 1849		여정애 1859	강병희 1763
Fax	200-1798		200-1848			

● 주　소

* 세종청사 : 세종특별자치시 갈매로 477 정부세종청사 4동 3층　☎ 30109

* 서울 별관 : 서울특별시 종로구 종로1길 42(수송동 146-1)　301호　☎ 03152

구분	6심판부	7심판부		8심판부	
	이근후(관세 포함) 1806	홍삼기(지방세) 1807(1877)		이화진(지방세) 1808	
조사관	13조	14조	15조	16조	17조
	김신철 1865	김병철 1870	김종윤 1880	최선재 1890	홍성완 1895
서기관		남연화 1871			
사무관	강용규 1866 한종건 1867 안중관 1868	박석민 1872 박천수 1873 강경관 1874 박인혜 1875	서지용 1881 이유진 1882 전연진 1883 박천호 1884	홍순태 1891 김승하 1892 이승훈 1893 홍이정 1894	김예원 1896 권병준 1897 심우돈 1898 신은혜 1899
주무관		이민희 1879 윤승희 1889		박선임 1888	
Fax	200-1848	200-1838			

국 세 청

청장 강 민 수

☎ 044)204-2201

정책보좌관 : 박 상 준 ☎ 044)204-2202

비 서 관 : 방 종 호 ☎ 044)204-2203

차장 최 재 봉

☎ 044)204-2211

비 서 관 : 최 일 암 ☎ 044)204-2212

대표전화 : 044)204-2200

주소 : 세종특별자치시 국세청로 8-14
(정부세종2청사 국세청동) �整 30128
코드번호 : 700　계좌번호 : 011769
E-mail : service@nts.go.kr

국 세 청

- 대표전화 : 044)204-2200
- 코드번호 : 700
- 계좌번호 : 011769
- DID번호 : 044)204-구내번호
- 주　　소 : 세종특별자치시 국세청로 8-14 (정부세종2청사 국세청동) ⑨ 30128
- E-mail : service@nts.go.kr

| 청 장 | 강 민 수 | ☎ 044)204-2201 |
| | 최 재 봉 | ☎ 044)204-2211 |

국실							
과장	인사기획과			운영지원과			
	이법진 2240			최성영 2260			
팀장	인사1	인사2	인사3	행정지원	경리복지	청사기획	노무안전
	이동현(4급) 2242	정종룡 2252	채정훈 2192	정성훈 2262	김주식(4급) 2272	허 선 2282	박수영 2292
국세조사관	김정호 2243 성현주 2244 김한성 2245 문동배 2246 박지영 2247	김수진 2253 김종욱 2254	정성진 2193 이영수 2194	오재경 2263 박양규 2264	성유진 2273 김정민 2274	김정학 2283 김영한 2285 최성호 2286	문지만 2293
		윤상동 2255 차정우 2256 고유경 2257	박경희 2195 신동주 2196 노주아 2197	김창근 2265 이인혁 2266 최진남 2267	주우성 2275 박찬승 2276 김유정 2277	김도희 2287 이충구 2288 이승환 2289	
	박보경 2248	조미란 2258		이설이 2268	전재형 2278		
						정 현 2290	
Fax	216-6048	216-6049	216-6050	216-6051		216-6052	

● 강민수 [국세청장]
- 68년생, 경남 창원, 동래고, 서울대 경영학과, 서울대 행정대학원 석사, 행시 37회
- 대전청 청장, 국세청 법인납세국 국장, 징세법무국 국장, 기획조정관실 국장, 전산정보관리관실 국장, 국제조세관리관실, 서울청 조사3국 국장, 조세심판원 4심판관, 국제조세관리관실, 기획조정담당관실·운영지원과, 고용휴직(OECD사무국), 중부청 용인세무서장, 부산청 조사1국장

● 최재봉 [국세청차장]
- 71년생, 전북 익산, 남성고, 고려대 경제학과, 미국 예일대 경영학 석사, 행시 39회
- 국세청 법인납세국 국장, 국제조세관리관 국장, 개인납세국 국장, 감사관 감사담당관 과장, 서울청 조사2국장, 징세관 과장, 중부청 조사1국장, 징세송무국 국장, 부산청 조사2국장

국실				기획조정관 김재웅 2300			
과장	대변인			혁신정책담당관			
	김상범 2221			윤순상 2301			
팀장	공보1	공보2	공보3	총괄	혁신	조직	평가
	채진우(4급) 2222	송은주 2232	김봉승 2237	이우진(4급) 2302	오수빈 2307	안형민 2312	박상기 2317
국세조사관	조현승 2223	이은실 2238	성기오 2234	백은혜 2303 유지현 2304	김영민 2308	고일명 2313 하현균 2314	장미란 2318
	전다영 2233				박상기 2309 이다솜 2310	원대로 2315 김경해 2316	박홍기 2319 박소정 2320
	이동기 2224			노승환 2305			
	박범수 2235						
Fax	216-6043			216-6053			

국 세 청

- 대표전화 : 044)204-2200
- 코드번호 : 700
- 계좌번호 : 011769
- DID번호 : 044)204-구내번호

국실	기획조정관 김재웅 2300					
과장	기획재정담당관				국세데이터담당관	
	박상준 2331				김성기 2361	
팀장	기획1	기획2	예산1	예산2	국세데이터총괄	국세통계
	송찬규 2332	조민성 2337	박찬웅(4급) 2342	최원현 2347	이준학 2362	김미나 2367
국세조사관	이수현 2333 이태훈(5급) 2334	홍성민 2338	최영철 2343 김성민 2344	김성한 2348	유은주 2363	김경록(5급) 2370 고덕상 2368 조진용 2369
	이재만 2335 배지원 2336	김승범 2339		김재환 2349		
					최수현 2364	
Fax	216-6118				216-6056	

● 김재웅 [기획조정관실]
- 69년생, 전남 나주, 대일고, 한양대, 미국 사우스캐롤라이나대학원, 행시 42회
- 서울청 조사2국 국장, 조사3국2과, 도봉세무서 납세보호담당관, 중부청 조사1국 국장, 부산청 조사1국 국장, 국세청 종합부동산세과, 재정경제부 금융정보분석원, 남대문세무서 납세지원과장, 부천세무서 세원관리1과장, 서대구세무서 납세지원과장

국실	기획조정관 김재웅 2300			정보화관리관 이성진 2400	
과장	국세데이터담당관		비상안전담당관	정보화기획담당관	
	김성기 2361		박향기 2391	배상록 2401	
팀장	과세정보	통계센터	비상	정보화총괄	정보화예산
	이종민 2372	유혜경 2382	손성규 2392	김범철 2402	김광래 2412
국세조사관	김부일 2373	엄광현(5급) 2388 심지인 2384		권진혁 2403 이강현 2404 김지호 2405	강대식 2413 조대연 2414 현주호 2415
	박선영 2374	황미화 2385	황규현 2393	김지원 2406 심민기 2407	차연수 2416
			장한울 2394	김동우 2408	
Fax	216-6056		216-6058	216-6105	

국 세 청

- 대표전화 : 044)204-2200
- 코드번호 : 700
- 계좌번호 : 011769
- DID번호 : 044)204-구내번호

국실	정보화관리관 이성진 2400					
과장	정보화기획담당관		빅데이터센터			
	배상록 2401		이준목 4501			
팀장	정보화표준	사업관리	빅데이터총괄	개인분석	법인분석	자산분석
	강지원 2422	장창렬 2432	박창오 4502	김경아 4512	김용보 4522	지상준 4532
국세조사관	정명숙 2423 최상만 2424	정지양 2433 장광석 2434	김요한 4503 김영지 4504	이기업 4513 오문탁 4515	정은정 4523	김은희 4533
	김지민 2425 박세창 2426 김병권 2428	정용국 2435 조상미 2436	오상훈 4505 홍근화 4506	김선애 4514 김진영 4516 서미연 4517 박시현 4518	최은영 4524 김민영 4525	이서영 4534 송지원 4535 하현주 4536 안상원 4537
	서준석 2429		우지혜 4507	정지영 4519 이승한 4520	전일권 4526 강민수 4527	김혜진 4538
			장동근 4508	이혜린 4521		
Fax	216-6105		216-6110			

● 이성진 [정보화관리관]
  - 70년생, 부산, 해운대고, 고려대, 행시 41회
  - 중부청 조사2국 국장, 부산청 조사2국 국장, 서울청 조사3국 국장, 첨단탈세방지담당관실 과장, 성동세무서 서장, 국세청 전산정보관리관실 빅데이터추진팀 과장, 전산정보관리관실 전산기획담당관 과장, 납세자보호관 심사1담당관 과장

국실	정보화관리관 이성진 2400						
과장	빅데이터센터			정보화운영담당관			
	이준목 4501			윤현구 2451			
팀장	조사분석1	조사분석2	징세복지분석	엔티스총괄	인프라관리	엔티스포털	납보민원 정보화
	주재현 4542	서용석 4552	심은진 4562	장원식 2452	정기환 2462	이영미 2472	송지은 2482
국세조사관	서영삼 4543 오민경 4544 김승국 4545	김수용 4553 이수미 4554 강호종 4555	이효진 4563	한미영 2453	김재현 2463	김진영 2473 황치운 2474	이서구 2483 이수연 2484
	김병휘 4546 박미진 4547 한세영 4548 이정주 4549		박민국 4564	이세나 2454	김희정 2464		윤기찬 2485
	손민정 4550	서성현 4556	김태훈 4565 송원호 4566	이지헌 2455 김지영 2456 박우정 2457	이현우 2465 장경호 2466 강태양 2467	고대훈 2475	하유정 2486
	이동준 4551	박하영 4557	윤동현 4567	이강혁 2458		고 결 2476	
Fax	216-6110			216-6106			

국 세 청

- 대표전화 : 044)204-2200
- 코드번호 : 700
- 계좌번호 : 011769
- DID번호 : 044)204-구내번호

국실	정보화관리관 이성진 2400					
과장	정보화운영담당관		홈택스1담당관			
	윤현구 2451		이주연 2501			
팀장	고지체납정보화	수납환급정보화	홈택스총괄	부가정보화	전자세원정보화	양도종부정보화
	임기향 2492	손재락 4962	윤소영 2502	김경선 2512	염준호 2522	김희재 2532
국세조사관	임화춘 2493	송유진 4963	강태욱 2503	나승운 2513 라원선 2515	김병식 2523 안승우 2524 정현주 2525	임근재 2533 김민경 2534 안도형 2535
	장이삭 2494 박정남 2495 곽민혜 2496	김동수 4964 조한솔 4965 이무훈 4966	김아름 2504 최영우 2505	남성호 2514 강보미 2516		주유미 2536 이가현 2537
	김세린 2497	하상욱 4967 박지민 4968	김태원 2506 박주영 2507	김수명 2517	김유리 2526 홍지연 2527 윤성민 2528 김진수 2529	이철원 2538
	이민지 2498 연규빈 2499	도아라 4969	주현주 2508	이창화 2518 이다해 2519	김홍기 2530	남다영 2539
Fax	216-6106		216-6107			

● DID번호 : 044)204-구내번호

국실	정보화관리관 이성진 2400				
과장	홈택스1담당관	홈택스2담당관			
	이주연 2501	이상원 2551			
팀장	상증자본 거래정보화	법인정보화	소비국제세원 정보화	소득정보화	원천정보화
	김미경 2542	임동욱 2552	이정화 2562	서지영 2572	임지아 2582
국 세 조 사 관	임채준 2543	김세라 2553	박숙정 2563	문숙자 2573 이시화 2574 김건우 2575	안혜은 2583
	오은정 2544 유수정 2545	김윤정 2554	김현진 2564	정선균 2576 신은우 2577 김용극 2570 (동원) 민경은 2578	이창인 2584 김지선 2585
	박성은 2546 윤태현 2547 조성욱 2548	손효현 2555 안일근 2556 김상미 2557	장은석 2565 유예림 2566 정태영 2567	유명선 2579	이소원 2586 구세윤 2587 김하연 2588
	이정택 2549 이상현 2550	장한별 2558 김혜민 2559		류은영 2580 이종일 2581	유민경 2589 안영훈 2590
Fax	216-6107	216-6108			

국 세 청

- 대표전화 : 044)204-2200
- 코드번호 : 700
- 계좌번호 : 011769
- DID번호 : 044)204-구내번호

국실	정보화관리관 이성진 2400					
과장	홈택스2담당관 이상원 2551		정보보호담당관 조수진 4921			
팀장	장려세제정보화	소득자료학자금 정보화	정보보호총괄	정보보안감사	보안네트워크	개인정보보호
	임미정 2592	배인순 4582	전태영 4922	황정만 4932	이현진 4942	김동윤 4952
국세조사관	김계희 2593	강명수 4583	김은진 4923	남현희 4933		최근호 4953
	이원준 2594 강소연 2595	박대희 4584	서승민 4924 박서진 4925	김성주 4934 최정윤 4935	하창경 4943 최창훈 4944 이유림 4945	김도훈 4954 김현진 4955
	김육곤 2596 김수현 2597	정정민 4585 김영호 4586 남세라 4587	김태완 4926	문용원 4936		
	김서연 2598 정성연 2599	이소연 4588 송명섭 4589				
Fax	216-6108		216-6109			

● 강성팔 [국제조세관리관]
- 69년생, 전남 신안, 목포 마리아회고, 서울대 경제학과, 행시 42회
- 서울청 국제거래조사국 국장, 부산청 조사2국 국장, 중부청 납세자보호담당관 과장, 광주청 조사1국 국장, 국세청 국제조세관리관 국제협력담당관 과장, 국제조세관리관 상호합의팀 과장

국실	정보화관리관 이성진 2400			국제조세관리관 강성팔 2800			
과장	인공지능세정혁신팀			국제조세담당관			
	홍영표 4651			전애진 2801			
팀장	인공지능총괄	상담혁신1	상담혁신2	국제조세1	국제조세2	국제조세3	국제조세4
	홍덕표 4652	김재석 4662	김태형 4672	류호근 2802	김현지 2812	박진우 2817	이경한 2822
국세조사관	최은숙 4653	임상민 4663	김남용 4673 김경민 4675	신종훈 2803	신서연 2813	문지혜 2818	신중현 2823 류명지 2824
	임동엽 4654	윤춘미 4664 이정묵 4665	김우성 4674	유원형 2804	성현진 2814 장원일 2815	박재철 2819 정주희 2820	우형래 2825
	김종인 4655			강다현 2806			
Fax	216-6109			216-6067			

국 세 청

- 대표전화 : 044)204-2200
- 코드번호 : 700
- 계좌번호 : 011769
- DID번호 : 044)204-구내번호

국실	국제조세관리관 강성팔 2800						
과장	역외정보담당관 김준우 2901						
팀장	역외정보1	역외정보2	역외정보3	역외정보4	역외정보5	역외정보6	역외정보7
국세조사관							
Fax	216-6068						

국세청

● DID번호 : 044)204 – 구내번호

국실	국제조세관리관 강성팔 2800					
과장	국제협력담당관				상호합의담당관	
	민회준 2861				손채령 2961	
팀장	국제협력1	국제협력2	국제협력3	국제협력4	상호합의1	상호합의2
	최정현 2862	김지우 2872	장지훈 2877	엄태현 2882	손혜림 2962	강민성(4급) 2972
국세조사관	진윤영 2863	윤여진 2873	정다겸 2878	이승환 2883	성아영 2963	장성하 2973
	김진동 2864	박재욱 2874	김진석 2879		주보은 2964	이미연 2974
					정진호 2865 이선이 2965	
Fax	216-6066				216-6069	

국 세 청

- 대표전화 : 044)204－2200
- 코드번호 : 700
- 계좌번호 : 011769
- DID번호 : 044)204－구내번호

국실	국제조세관리관 강성팔 2800						
과장	상호합의담당관				글로벌과세기준추진반		
	손채령 2961				김문희 2831		
팀장	상호합의3	상호합의4	상호합의5	상호합의6	추진1	추진2	추진3
	안광원 2977	김성민 2982	박주원 2987	강서호 2992	국우진 2832	김영정 2837	한윤구 2842
국세조사관	이현주 2978	고선하 2983	최재덕 2988		구영진 2833	백연하 2838 오미경 2839	
	신헌철 2979	조아라 2984	김나영 2989	박형배 2993 장서라 2994	차연아 2834	한소연 2840 임보라 2841	이수정 2843
Fax	216－6069				216－6133		

● 김지훈 [감사관]
- 71년생, 전북 김제, 전주 영생고, 연세대 경제학과, 미국 조지워싱턴대, 행시 41회
- 서울청 조사2국 국장, 송무국 국장, 첨단탈세방지담당관실 과장, 중부청 징세송무국 국장, 조사2국 국장, 감사관 과장, 국세청 소득자료관리준비단 국장, 법인납세국 법인세과 과장, 기획조정관실 창조정책담당관실 과장

국실	감사관 김지훈 2600						
과장	감사담당관				감찰담당관		
	최지은 2601				이철경 2651		
팀장	감사1	감사2	감사3	감사4	감찰1	감찰2	감찰3
	권우태 2602	조일성 2612	오세정 2622	신동익 2632	노유경 2652	김민석 2662	박종성 2672
국세조사관	조현준 2603 황성훈 2604	이철민 2613 주병민 2614 조윤경 2615	김봉조 2623 김태서 2624 김경진 2625	노우정 2633 최태훈 2634 이현호 2607	정 훈 2653 박종헌 2654	김요왕 2663 박중헌 2664 김영빈 2665	이주용 2673 김지웅 2674 장경일 2675
	김동현 2605	유명훈 2616	김지현 2626	이준우 2635	황지아 2655	박노훈 2667 이예지 2666	박정화 2676
	김서안 2606				한시윤 2656		
	윤성미 2611						
Fax	216-6060				216-6061		

국 세 청

- 대표전화 : 044)204-2200
- 코드번호 : 700
- 계좌번호 : 011769
- DID번호 : 044)204-구내번호

국실	감사관 김지훈 2600		납세자보호관 전지현 2700			
과장	감찰담당관		납세자보호담당관			
	이철경 2651		신예진 2701			
팀장	감찰4	윤리	납보1	납보2	납보3	민원
	김명수 2682	이준영 2692	장성기(4급) 2702	김용우 2712	김효진 2717	이종영 2722
국세조사관	김대환 2683 이수진 2684 이은정 2685 김한기 2686	이영정 2693 김지은 2694	나명균 2703	원두진 2713 정병호 2715	이현도 2718 조강희 2719	이미경 2723
		고정은 2695 임지훈 2696	남도욱 2704 신미영 2705	이은미 2716	김주엽 2720	오한솔 2724
						이득규 2725
Fax	216-6062		216-6063			

● 전지현 [납세자보호관]
- 75년생, 전북 군산, 안양여고, 숙명여대 무역학과, 행시 46회
- 국세청 정보화관리관 정보화기획담당관 과장, 법인납세국 원천세과 과장, 전산정보관리관 정보화2담당관 과장,
  개인납세국 소득세과 과장, 서울청 조사3국 조사3, 조세심판원 4심판관 조사관, 대전청 청주세무서장

국실	납세자보호관 전지현 2700					
과장	심사1담당관					
	지임구 2741					
팀장	심사1	심사2	심사3	심사4	심사5	심사6
	조병주(4급) 2742	이강욱 2762	최찬배 2763	김태영 2764	이지연 2765	유 진 2766
국세조사관	조영혁 2743 이수진 2744	이민경 2752				
	강형규 2745 우한솔 2746					
Fax	216-6064					

국 세 청

- 대표전화 : 044)204-2200
- 코드번호 : 700
- 계좌번호 : 011769
- DID번호 : 044)204-구내번호

국실	납세자보호관 전지현 2700					
과장	심사2담당관					
	남아주 2771					
팀장	심사1	심사2	심사3	심사4	심사5	심사6
	박준배 2772	김제석 2782	조혜정 2783	고주석(4급) 2784	2785	김명도 2786
국세조사관	전태훈 2789 김숙기 2773			김혜미 2790		
	진재경 2774					
Fax	216-6065					

● 안덕수 [징세법무국장]
- 71년생, 부산, 부산 용인고, 고려대, 행시 40회
- 국세청 자산과세국 국장, 조사국 세원정보과 과장, 납세자보호관 납세자보호담당관 과장, 자산과세국 부동산납세
  과, 서울청 송무국 국장, 조사4국 국장, 중부청 조사1국 국장, 부산청 조사1국장, 징세송무국장

국실	징세법무국 안덕수 3000			
과장	징세과			
	안민규 3001			
팀장	징세1	징세2	징세3	징세4
	장은수 3002	신지명 3012	성기원 3017	백지선 3027
국세조사관	안재진 3003 바상범 3004	류제성 3013 주미영 3014	장창환 3018 이현영 3019 이동경 3020	이상준 3028
	이태상 3005 백종민 3006	김민주 3015 노동균 3016	성준범 3021 박원규 3022	홍준영 3029 옥수빈 3030
	이혜승 3007			
Fax	216-6070			

국 세 청

- 대표전화 : 044)204－2200
- 코드번호 : 700
- 계좌번호 : 011769
- DID번호 : 044)204－구내번호

국실	징세법무국 안덕수 3000				
과장	법무과				
	유 영 3071				
팀장	법무1	법무2	법무3	법무4	법무5
	이재은 3072	김형태 3077	김수현 3082	안혜정 3087	권영훈 3092
국세조사관	김태훈 3073 최선미 3074	정수경 3078 김경태 3079	장진희 3083	위지혜 3088	
			서익준 3084		고석중 3093
	최경락 3075		유예림 2485		
Fax	216－6071				

● DID번호 : 044)204－구내번호

국실	징세법무국 안덕수 3000					
과장	법규과					
	신상모 3101					
팀장	총괄조정	국조기본	부가소득	법인	재산1	재산2
	전준희 3102	박소영 3112	노영인 3117	이광의 3127	한정미 3137	최영훈(4급) 3142
국세조사관	정영선 3103 남궁민 3104	전유리 3113	송선용 3118 심성희 3119	전대웅 3128 최수진 3129 이혜영 3130	하구식 3138 김혜정 3139	정진학 3143 진재화 3144
		김지혜 3114	김한근 3120 박광춘 3121		김효동 3140	곽영경 3145
	이환희 3105					
Fax	216－6072, 6073					

국 세 청

- 대표전화 : 044)204－2200
- 코드번호 : 700
- 계좌번호 : 011769
- DID번호 : 044)204－구내번호

국실	개인납세국 심욱기 3200				
과장	부가가치세과				
	김용재 3201				
팀장	부가1	부가2	부가3	부가4	부가5
	최치환 3202	최홍신 3212	신범하 3217	노태천 3222	김종현 3227
국세조사관	유경근 3203	박희자 3213 김미영 3214	구재홍 3218 정승오 3219	최민우 3223 최근수 3224 설미현 3225	조현진 3228
	한수은 3204 김재관 3205	류지호 3215	추명운 3220 임정진 3221	김정효 3226	김학진 3229 김현성 3230
Fax	216－6075				

● 심욱기 [개인납세국장]
- 72년생, 서울, 한영고, 고려대, 영국 런던정경대학 대학원수료, 행시 41회
- 서울청 조사2국 국장, 조사1국 국장, 납세자보호담당관실 과장, 중부청 조사1국 국장, 징세송무국 국장, 부산청 조사2국 국장, 인천청 조사1국 국장, 국세청 조사국 조사기획과 과장, 기획조정관실 창조정책담당관실 과장, 징세법무국 징세과 과장

국실	개인납세국 심욱기 3200					
과장	소득세과				세정홍보과	
	오미순 3241				장성우 3281	
팀장	소득1	소득2	소득3	소득4	홍보기획	디지털소통
	차지훈 3242	이한솔 3252	박시후 3257	김주강 3262	이동규(4급) 3282	이일생 3292
국세조사관	김영란 3243	양미선 3253 이옥녕 3254	김창희 3258 유지희 3259 문혜림 3260	홍준영 3263 박경희 3264	이나영 3283 심성진 3284	전민정 3293 현상필 3294
	이진주 3244	김강훈 3255			허수범 3285 강임현 3286	윤혜민 3295 신희범 3296 전　진 3297 유혜진 3298
	채희주 3245					
Fax	216-6076				216-6074	

국 세 청

- 대표전화 : 044)204－2200
- 코드번호 : 700
- 계좌번호 : 011769
- DID번호 : 044)204－구내번호

국실	법인납세국 이승수 3300						
과장	법인세과				공익중소법인지원팀		
	황동수 3301				황남욱 3901		
팀장	**법인1**	**법인2**	**법인3**	**법인4**	**지원1**	**지원2**	**지원3**
	유민희(4급) 3302	이희범 3312	황진하 3317	김이준 3322	박운영 3902	김선영 3912	김경철 3917
국세조사관	김지연 3303 박지암 3304	이두원 3313 장수정 3314	신연주 3318 전현혜 3319	강성헌 3323 김수진 3324	정진원 3903	이승훈 3913 정영건 3914	김보석 3918
	이호준 3305	이교환 3315	김현섭 3320	김건영 3325	김지원 3904	김준호 3915	고경수 3919 정세영 3920
					윤정은 3905		
Fax	216－6078				216－6135		

● 이승수 [법인납세국장]
- 69년생, 서울, 영동고, 서울대 경영학과, 서울대 행정대학원, 행시 41회
- 국세청 개인납세국 국장, 복지세정관리단 국장, 운영지원과 과장, 대변인실 과장, 서울청 조사3국 국장, 부산청 조사1국

국실	법인납세국 이승수 3300						
과장	공익중소법인 지원팀	원천세과			소비세과		
	황남욱 3901	정헌미 3341			정희진 3371		
팀장	지원4	원천세1	원천세2	원천세3	주세1	주세2	소비세
	김영동 3922	한민희 3342	홍성훈 3347	박상준 3352	이정훈 3372	김도영 3382	김진현 3392
국세조사관	권은경 3923 김선자 3924 강관호 3926 이진숙 3927 남민기 3928 박경록 3929 최희원 3933 이경환 3932 윤선태 3931 한정철 3934	오현정 3343 김시현 3344	이지연 3348 백신기 3349	곽형신 3353	정진희 3373 권혜정 3374	양옥서 3383	정혜원 3393
	김경민 3925	최 민 3345		조준영 3354	천혜진 3375 임성준 3376	정우도 3384	전병헌 3394
Fax	216-6135	216-6079			216-6080		

국 세 청

- 대표전화 : 044)204-2200
- 코드번호 : 700
- 계좌번호 : 011769
- DID번호 : 044)204-구내번호

국실	자산과세국 박종희 3400					
과장	부동산납세과					상속증여세과
	김영상 3401					이상걸 3441
팀장	부동산납세1	부동산납세2	부동산납세3	부동산납세4	부동산납세5	상속증여1
	김준호 3402	박현수(4급) 3412	양창호 3417	허재호 3422	문도연 3427	이정순 3442
국세조사관	곽지은 3403	임은철 3413 김지민 3414	심윤성 3418 김성엽 3419	김은아 3423	이창훈 3428	나동일 3443 김민수 3444
	류필수 3404	송주현 3415	권윤구 3420	신현중 3424	김해서 3429	박세희 3445
	김득중 3405					
Fax	216-6081					216-6082

● 박종희 [자산과세국장]
- 72년생, 대구, 영신고, 서울대, 행시 42회
- 국세청 복지세정관리단 국장, 납세자보호관 심사1담당관 과장, 소득지원과장, 서울청 조사4국 국장, 성실납세지원국 국장, 징세관 과장, 대구청 조사1국장

국실	자산과세국 박종희 3400						
과장	상속증여세과			자본거래관리과			
	이상걸 3441			최원봉 3471			
팀장	상속증여2	상속증여3	상속증여4	자본거래1	자본거래2	자본거래3	자본거래4
	조상훈 3452	서범석 3457	백지은 3462	이원주 3472	정은지 3477	김은진 3482	김상민 3487
국세조사관	신현일 3453 홍소영 3454	심재훈 3458 이진희 3459	이태호 3463 손성탁 3464 장수환 3465	이정아 3473	박창수 3478 김운주 3479	서지민 3483 노혜정 3484	진수정 3488 고호석 3489
	심효진 3455	박영진 3460			전승현 3480 신지혜 3481	이용문 3485	
	나환웅 3456			이계호 3474			
Fax	216-6082			216-6083			

국 세 청

- 대표전화 : 044)204－2200
- 코드번호 : 700
- 계좌번호 : 011769
- DID번호 : 044)204－구내번호

국실	복지세정관리단 정용대 3800					
과장	장려세제과					
	김동현 3801					
팀장	장려세제1	장려세제2	장려세제3	장려세제4	장려세제5	장려세제6
	이승철 3802	노원철 3812	김지윤 3817	박규동(4급) 3822	장은경 3827	윤지환(4급) 3832
국세조사관	최지영 3803 송봉선 3804	구순옥 3813	임진아 3818	안혜숙 3823	손준혁 3828	
		김은경 3814	김유나 3819	최보령 3824	김현지 3829	이석화 3833
	박성준 3805					
Fax	216－6097					

● 정용대 [복지세정관리단]
- 68년생, 전남 화순, 대전 명석고, 서울대 사회교육, 행시 41회
- 중부청 징세송무국 국장, 부산청 조사2국 국장, 서울청 첨단탈세방지담당관, 신고관리과장·조사3국 3과장, 대전청 조사1국장, 인천청 성실납세지원국장, 강남세무서장, 국세청 부가가치세과장, 심사2담당관, 국세공무원교육원 교수과장, 노원세무서장, 정읍세무서장

국실	복지세정관리단 정용대 3800						
과장	소득자료관리과					학자금상환과	
	김일환 3841					홍철수 3871	
팀장	소득자료1	소득자료2	소득자료3	소득자료4	소득자료5	상환1	상환2
	최명일 3842	김상인 3852	최영호 3857	조재규 3862	김말숙 3867	진우형(4급) 3872	최해욱 3882
국세조사관	김홍용 3843	임정미 3853 이은영 3854	권옥기 3858 여인순 3859	차상훈 3863 김도현 3864	유주연 3868	백지훈 3873	최봉순 3883
	김혜민 3844 김민정 3845	박지호 3855 홍세정 3856	김용남 3860	최설희 3865	김현지 3869	강다은 3874	김지은 3884
	조윤정 3846						
Fax	216-6098					216-6099	

국 세 청

- 대표전화 : 044)204-2200
- 코드번호 : 700
- 계좌번호 : 011769
- DID번호 : 044)204-구내번호

국실	조사국 민주원 3500						
과장	조사기획과					조사1과	
	신재봉 3501					김휘영 3551	
팀장	조사기획1	조사기획2	조사기획3	조사기획4	조사기획5	조사1	조사2
	황민호 3502	박승규 3512	정성한 3517	서주원 3522	강재원 3527	이용후 3552	조현선 3562
국세조사관	박대은 3503 임종순 3504 안태훈 3505 송종민 3506 김세환 3507	김지영 3513 강성화 3514	박대경 3518	고혜진 3523	이치원 3528	이우석 3553 이지원 3554	이명재 3563
	손형주 3508	김가람 3515	오지은 3519 정장군 3520	박혜진 3524	김수현 3529	정성호 3555	채수민 3564 엄재희 3565
	오서주 3509					오철민 3556	
Fax	216-6084	216-6085	216-6086	216-6087		216-6088	

● 민주원 [조사국장]
 －69년생, 서울, 영일고, 고려대 경제학과, 서울대 행정대학원, 행시 41회
 －서울청 조사4국 조사, 조사3국 조사1과장, 수영세무서장, 국세청 첨단탈세방지TF, 조사2과 2계장, 조사3과 3계
　장, 재정경제부 재산세제과, 강서세무서 징세

국실	조사국 민주원 3500					
과장	조사1과			조사2과		
	김휘영 3551			이선주 3601		
팀장	조사3	조사4	조사5	조사1	조사2	조사3
	최일암 3572	이성호 3582	양영진(4급) 3587	문성호 3602	박용관 3612	손태빈 3617
국세조사관	이승호 3573	남선애 3583 김은배 3584	최동혁 3588 이농희 3589	배유진 3603	유상호 3613 박영래 3614	정희은 3618 손영대 3619
	권민정 3574 한준혁 3575	손승재 3585	엄정임 3590		임동섭 3615	심지숙 3620
				고정연 3604		
Fax	216－6088			216－6089		

국 세 청

- 대표전화 : 044)204－2200
- 코드번호 : 700
- 계좌번호 : 011769
- DID번호 : 044)204－구내번호

국실	조사국 민주원 3500					
과장	국제조사과			세원정보과		
	이인섭 3651			남영안 3701		
팀장	국제조사1	국제조사2	국제조사3	세원정보1	세원정보2	세원정보3
	이규진 3652	이재철 3662	조명완 3672	김유신(4급) 3702	최장원 3712	정동재 3722
국세조사관	강보경 3653 허인범 3654 김나연 3655 최슬기 3656	문관덕 3663 김성주 3664 박성은 3668 천근영 3665	김일국 3673 김나영 3675	이규환 3703 김성은 3704	조영숙 3713	
	강현미 3657 신재원 3658	최원준 3666 이진희 3667	백승희 3676 윤성열 3677	송다은 3705 오혜성 3706	최은지 3715 박범진 3714 정재용 3716	김재욱 3723
	이민희 3659			김수진 3707		
Fax	216－6090			216－6093		

국실	조사국 민주원 3500				
과장	세원정보과		조사분석과		
	남영안 3701		김동수 3751		
팀장	세원정보4	세원정보5	조사분석1	조사분석2	조사분석3
	이종철 3727	고당훈 3737	주인규 3752	남중화 3762	엄태선 3767
국세조사관	김지훈 3728 김재현 3729	신철원 3738 이명건 3739 윤주호(5급) 3740	박성우 3753	곽무철 3763 김현종 3765	이은혜 3768
	양현모 3730 최선근 3731	김창권 3741	심재은 3754		오나현 3769
Fax	216－6093		216－6050		

국세공무원교육원

원장 김 대 원

☎ 064)7313-201

대표전화 : 064)7313-200

주소 : 제주특별자치도 서귀포시 서호중로 19(서호동 1513)
⑨ 63568

국세공무원교육원

● 대표전화 : 064)7313-200
● DID번호 : 064)7313-구내번호

원 장 김 대 원 ☎ 064)7313-201

과장	교육지원		교육운영			교수	
	조창우 3210		이재영 3240			황택순 3270	
팀장	지원1	지원2	역량개발	인재양성	플랫폼운영	교육연구	기본
	문재창 3211	이정남 3231	고택수 3241	김정원 3251	허 곤 3261	장호수 3271	신동훈 3274
국 세 조 사 관	송규호 3212 한상민 3213	이동곤 3232 한송이 3233 김선면 3234	이권호 3242 현승철 3243	곽용은 3252	염시웅 3262 신효경 3263		
	강택훈 3214 현정용 3215 박세현 3216 정영운 3220		남현승 3244	양진혁 3253 이계봉 3254 이호승 3255 최기영 3256	이창욱 3264 손윤섭 3265	임희인 3273	김태희 3275
	이상미 3217 김수민 3218 정상원 3219 김정훈 3321 박홍립 3322 김반석 3323 송권호 3221	김은주 3235	김경환 3245 오유석 3246	조재완 3257 한예슬 3258			
Fax	731-3311	731-3312	731-3314		731-3313	731-3316	

● 주　소 : 제주특별자치도 서귀포시
　　　　　서호중로 19
　　　　　(서호동 1513)
　　　　　㉾ 63568

● 김대원 [국세공무원교육원 원장]
－71년생, 경남 김해, 김해고, 서울대 전산학과, 기술고시 31회
－중부청 성실납세지원국 국장, 징세송무국 국장, 부산청 조사2국 국장

과장	교수					
	황택순 3270					
팀장	징수	부가	소득	법인	양도	상증
	김기은 3277	최미영 3280	김한석 3284	손병양(4급) 3288	조준영 3292	임형걸 3295
국세조사관	최유원 3278 홍시운 3279	박용진 3281 이규수 3282	엄기황 3285 김동호 3286	김희찬(5급) 3289 긴지윤 3290	한정수(5급) 3293 임제주 3294	이정자 3296 고수영 3297
		박정우 3283	박준범 3287	정성훈 3291		
Fax	731-3316					

국세상담센터

센터장 이 성 호

☎ 064)780-6001

대표전화 : 064)780-6000

주류면허지원센터

센터장 박 상 배

☎ 064)730-6201

대표전화 : 064)730-6200

국세상담센터

- 대표전화 : 064)780-6000
- 상담전화 : 126
- DID번호 : 064)780-구내번호

센터장 이 성 호 ☎ 064)780-6001

팀장	업무지원팀	전화상담1팀		전화상담2팀	
	김용재 6002	최천식 6020		천선경 6060	
구분	지원/혁신	종소	원천	부가	개별소비세 주세/인지세 교육세/교통세
국세조사관	권창호 6003 송주영 6004 김종일 02-6312-2981 권용훈 6005	임경욱 6021 선창규 6022 박재홍 6023 윤만성 6024	하진호 6036 전종근 6037 임석현 6038 이영옥 6039	정덕주 6061 김현희 6062 정재임 6063 박지현 6064 김지연 6065	현미정 6172
	강진아 6006 나용선 6007 김지호 6008 유재웅 6010 정승기 6015	강진성 6025 노기숙 6026 심란주 6027 김주현 6028 유훈식 6029 김순아 6030 편상원 6031 고기훈 6032 이정은 6033 민경진 6034	마준호 6040 정지혜 6041 김건중 6042 송윤정 6043 김시연 6044 노세영 6045 김희선 6046 최한뫼 6047	최윤선 6066 최은미 6067 정동환 6068 배정화 6069 윤정무 6070 이상욱 6071 고원정 6072 강호성 6073 강미경 6074 이진선 6075 안혜진 6076	권영선 6173 한혜선 6174 서동우 6177
	조은희 6011 최경철 6012	백고은 6035	노한나 6048 안한솔 6079	안지영 6077 구아림 6078	
Fax	780-6199	780-6192		780-6193	

● 주　　소 : 제주특별자치도 서귀포시 서호북로 36(서호동 1514)
　　　　⑨ 63568

팀장	전화상담3팀		전화상담4팀	
	김성근 6080		천세훈 6110	
구분	양도	상증	법인	국조
국세조사관	박성희 6081 강소라 6082	서민철 6096 신경식 6098 이건준 6099 김은영 6102 김정실 6103 황재원 6104 홍광원 6105 심혜경 6106 고근희 6107	이명례 6111 이래하 6112 채경수 6113 최태현 6114 최영준 6115	김준용 6119
	임경섭 6083 하승민 6084 조춘원 6085 김정희 6086 고경균 6087 여주희 6088 장기현 6089 주선정 6092 김승욱 6093	강복희 6108 김선정 6109 지장근 6051 이지석 6052	유종현 6116 이주우 6117 강리복 6118	설종훈 6190 오유빈 6121
	이지수 6094 서　진 6095 김해운 6175			한주연 6122
Fax	780-6194		780-6191	

국세상담센터

- 대표전화 : 064)780-6000
- 상담전화 : 126
- DID번호 : 064)780-구내번호

센터장 이 성 호 ☎ 064)780-6001

팀장	인터넷1팀		인터넷2팀	인터넷3팀
	이효철 6140		박진홍 6160	김석찬 6180
구분	종소/원천	국조/기타	부가/법인/소비	양도/종부/상증
국세조사관	옥석봉 6141 조병철 6142 이승찬 6143 조남욱 6144		채은정 6161 김선정 6162 유인숙 6163	황성원 6181 김연실 6182 박원준 6183
	송대근 6145 오수진 6146 이희윤 6147 임 욱 6148 남수진 6149 손효정 6150	민경준 6151	이철용 6164 김수호 6165 공선미 6166 김훈구 6167 박지호 6168	이원경 6184 석민구 6185 안예지 6186 송준오 6187
		이다혜 6152	이우남 6169	김수남 6188 신무성 6189
Fax	780-6195		780-6196	780-6197

<table>
<tr><td colspan="8">
<h1>주류면허지원센터</h1>

센터장 박 상 배 ☎ 064)730-6201

● 주소 : 제주특별자치도 서귀포시 서호북로 36(서호동 1514) ㉾ 63568
● 대표전화 : 064)730-6200
● DID번호 : 064)7306-구내번호
</td></tr>
</table>

과장	분석감정과		기술지원과		세원관리지원과	
	장영진 240		조호철 260		이은용 280	
팀장	업무지원	분석감정	기술지원1	기술지원2	세원관리1	세원관리2
	배기연 241	이충일 251	설관수 261	박길우 271	김시곤 281	김종호 291
국세조사사관	장영태 242					
		박찬순 252 박장기 253	강기원 262			김나현 292
	위민국 244 유미선 243	문준웅 255	강길란 263	강경하 272		
		현준혁 256 김태영 257			채명우 282	
Fax	730-6212	730-6213	730-6214		730-6215	

서울지방국세청

청장 **정 재 수**

☎ 02)2114-2201

비서관 : 김 한 성 ☎ 02)2114-2202
　　　　 김 이 라 ☎ 02)2114-2203

대표전화 : 02) 2114-2200

주소 : 서울특별시 종로구 종로5길 86(수송동 104) ⑨ 03151
코드번호 : 100　　계좌번호 : 011895
E-mail : seoulrto@nts.go.kr

서울지방국세청

- 대표전화 : 02)2114-2200
- 코드번호 : 100
- 계좌번호 : 011895
- DID번호 : 02)2114-구내번호
- 주　　소 : 서울특별시 종로구 종로5길 86 (수송동 104)　우 03151
- E-mail : seoulrto@nts.go.kr

| 청 장 | 정 재 수 | ☎ 02)2114-2201 |

국실					
과장	운영지원			감사관	
	권오흥 2240			고근수(3급) 2400	
팀장	행정	인사	경리	감사1	감사2
	박경은 2222	유지민 2242	홍정은 2262	이호열 2402	염경진 2422
국세조사관	김하늘 2223 김동현 2224 주용호 2225 유동균 2227	유성엽 2243 류지현 2244 전광현 2245 이수빈 2246	주선영 2263	김 란 2403 심재도 2404 이창호 2405 김영신 2406 변성구 2407	이애란 2423 오지철 2424 권오상 2425 김용민 2426 강유나 2427
	황규형 2228 조미영 2229 정형준 2230 염진옥 2231 전유정 2237	황태연 2247 안준수 2248 이창민 2249 김영남 2250 강이은 2251	서예림 2264 김미영 2265 한장혁 2266 한소라 2267	김인겸 2408 지성은 2409 정영달 2411	심재희 2428 황태문 2429
	김도연 2232 임종훈 2233 이재열 2234 김성민 2235	정지영 2252 이 찬 2253 양윤모 2254	김효진 2268 황하늬 2269 김혜영 2270		
Fax	722-0528	736-5944	736-7234	736-5945	

● 정재수 [서울지방국세청장]
- 68년생, 경북 김천, 대구 성광고, 서울대 경제학과, 행시 39회
- 국세청 조사국 국장, 법인납세국 국장, 기획조정관실 국장, 전산정보관리관 국장, 조사국 과장, 서울청 조사2국 국장, 중부청 징세송무국장, 조사1국장

※ 저동 별관 : 서울특별시 중구 삼일대로 340 나라키움저동빌딩 4, 6층 (송무국 1~3과), 감사관실

※ 효제 별관 : 서울특별시 종로구 효제동 20-3 (조사4국 조사1~3과)

국실						
과장	감사관		납세자보호담당관			
	고근수(3급) 2400		김용완(3급) 2600			
팀장	감찰1	감찰2	납세자보호1	납세자보호2	심사1	심사2
	이원우 2442	최승민 2462	서귀환 2602	전동호 2612	김미정 2622	장미선 2632
국세조사관	오태진 2447 송기화 2448 오대성 2444 장재림 2443 김세민 2445 김병준 2449	임종수 2463 송광선 2465 곽동대 2464 김경훈 2466	민현순 2603 정중호 2604	목완수 2613 권주희 2614 임거성 2615	김정숙 2623 유진희 2624 박은화 2625 손혜정 2626	이윤희 2633 양선욱 2634 김희숙 2635 손민선 2636
	명거동 2446 배종섭 2450 김재한 2451 최용우 2452 정소윤 2454	최윤호 2467 이미영 2468 김정엽 2469	이상호 2605 박세민 2606 임하나 2607	오승연 2616	오배석 2627 김재현 2628	조혜연 2637 오선지 2638 문순철 2639
			김혁희 2608	배석준 2617	김형래 2629	
Fax	734-8007	780-1586	720-2202		761-1742	

서울지방국세청

- 대표전화 : 02)2114-2200
- 코드번호 : 100
- 계좌번호 : 011895
- DID번호 : 02)2114-구내번호

국실						
과장	과학조사담당관 남우창(3급) 2700					
팀장	과학조사1 오성현 2702	과학조사2 김현경 2722	과학조사3 김효진 3052	과학조사4 조병준 2752	과학조사5 이경선 2712	과학조사6 노주현 2782
국 세 조 사 관	박세일 2703 백성종 2704 정미경 2003 이동한 2705	김광수 2726 임창규 2723	최남철 3053 최익성 3056 김성일 3054 배미경 3055	김상일 2753	정보경 2713 황광국 2714 김연신 2715	원병덕 2783 김현정 2784 신희정 2785
	이선경 2706	김성필 2727 공덕환 2790 박원준 3191 김지연 2724 김두수 2736 김민진 2738 서은철 2740 안미진 2735 이지연 2737 하정민 2739 김구름 2742	김난미 2732 김상연 2734 이재영 6373 유수경 3192 윤한슬 6374 박유미 6375 이은종 3193 김시태 3194 안태일 3058	진희성 2764 임안나 2761 박지현 2755 이장영 2765 이정훈 2768 정종현 2754 정연웅 2757 정순철 2766 김선호 2758	안은주 2716 오형진 2717 이수연 2718 이정현 2719 홍성희 2720	이주경 2786 장희원 2787 오현호 2788 김종석 3061
	송은지 2707 김재윤 2708	정명하 2733 윤은지 2741 권설진 2725 최해영 2743 강지안 2728 배정현 2730	문미진 6376 김상혁 3195 유미선 3057 박소연 3196 김완태 3059	이희령 2759 이묘진 2756 윤민아 2767 김지연 2760 이주현 2769 인윤희 2763 신용석 2762		
Fax	549-3413				3674-7691	

※ 저동 별관 : 서울특별시 중구 삼일대로 340 나라키움저동빌딩 4, 6층 (송무국 1~3과), 감사관실

※ 효제 별관 : 서울특별시 종로구 효제동 20-3 (조사4국 조사1~3과)

국실						
과장	징세관					
	이성글(3급) 2500					
팀장	징세	체납관리	체납추적관리	체납추적1	체납추적2	체납추적3
	김현호 2502	전영의 2512	이응수 2522	박재원(4급) 2542	고광덕(4급) 2562	선연자 2582
국세조사관	차미선 2503 박현정 2504	이일성 2513 김 철 2514 도창현 2515	이재근 2523 장미숙 2524 이숙영 2525 박희달 2526 임재상 2527	엄일선 2543 이지선 2544 김원형 2545 임유정 2546	배은경 2563 김대진 2564 김현선 2565	김희중 2583 송인춘 2584 신영희 2585 김동훈 2586
	이은경 2505	송정화 2516 최유진 2517	송종호 2528 임기양 2529 송지미 2530 이상훈 2531 조윤정 2532	강정수 2547 최진미 2548 전유민 2549 김철권 2550	김화숙 2566 한유경 2567 전은수 2568 양은정 2569 강남영 2570 김지혜 2571	정난영 2587 강지은 2588 최하연 2589 장정은 2590 한충열 2592
	김고은 2508	김수현 2518 권채윤 2519	이명수 2533 김시아 2534	이류기 2551 민호정 2552 이재연 2553 정상열 2554	원상호 2572 한창우 2573 홍다예 2574 박찬규 2575 송대섭 2576	이주협 2591 강정목 2593 김효상 2594 정민석 2595
Fax	736-5946		2285-2910			

서울지방국세청

- 대표전화 : 02)2114-2200
- 코드번호 : 100
- 계좌번호 : 011895
- DID번호 : 02)2114-구내번호

국실	송무국 김오영 3100						
과장	송무1						
	이관노 3101						
팀장	총괄	심판	법인1	법인2	개인1	개인2	상증1
	한기준 3102	정성영 3111	이윤석 3120	문진혁 3125	서남이 3130	권민정 3133	이은규 3136
국세조사관	손옥주 3103 김영종 3105 도정미 3110 정진범 3104	이문환 3112 김은진 3113	이 찬 3121	최은하 3126 이송하 3127 노수정 3128	조주경 3131	위평복 3134	송정현 3137 이재욱 3138
	이우석 3107 고미량 3108 김제성 3109	문재희 3114 안중훈 3115	최은미 3122		유준호 3132	이효정 3135	
Fax	780-1589						

※ 저동 별관 : 서울특별시 중구 삼일
　대로 340 나라키움저동빌딩 4, 6층
　(송무국 1~3과)

※ 효제 별관 : 서울특별시 종로구
　효제동 20-3 (조사4국 조사1~3과)

● 김오영 [송무국장]
－70년생, 강원도 원주, 대성고, 서강대, 미 샌디에고대, 행시 42회
－동작세무서 세원관리과장, 국세청 법무과, 조정관실 정책1계장, 금융정
　보분석원, 국세통계담당관, 법무과장, 부동산납세과장, 성동 부이사관,
　성북세무서 조사과장, 동청주세무서장, 중부청 조사3국 조사관리과장,
　성실납세지원국장, 서울청 국제조사2과장, 송무과장, 성동세무서장, 부
　산청 조사1국장

국실	송무국 김오영 3100						
과장	송무1	송무2					
	이관노 3101	이봉근 3151					
팀장	상증2	법인1	법인2	법인3	개인1	개인2	상증1
	김항범 3139	김진희 3152	이권형 3156	이진혁 3159	최혜진 3163	이재식 3167	권충구 3171
국세조사관	이영주 3140	박현영 3153 문소웅 3154	이대건 3157 이서의 3184	전민정 3160 류윤정 3161 김민관 3162	한혜영 3164 이유상 3165	곽은정 3168 우덕규 3169 장지혜 3170	이　은 3172 긴화영 3173
	장병국 3141	이윤희 3155	황인아 3158		이해섭 3166		이인숙 3174
Fax	780-1589	780-4165					

서울지방국세청

- 대표전화 : 02)2114-2200
- 코드번호 : 100
- 계좌번호 : 011895
- DID번호 : 02)2114-구내번호

국실	송무국 김오영 3100						
과장	송무2		송무3				
	이봉근 3151		한제희 3201				
팀장	상증2	민사	법인1	법인2	개인1	개인2	상증1
	윤소희 3175	이향규 3179	이지숙 3202	한청용 3207	추성영 3212	나민수 3216	홍석원 3219
국세조사관	구순옥 3176 박주효 3177 김민주 3178	김광수 3180	이지연 3203 한세희 3204	이유진 3208 정주영 3209 강예진 3210 정민수 3211	양아열 3213 김윤주 3214	김빛나 3217	김호영 3220 양동욱 3221
		박정민 3181 조진숙 3182 양현준 3183	강현웅 3205		김정한 3215	손지나 3218	이해인 3222 김덕진 3223
Fax	780-4165		780-4162				

● 오상훈 [성실납세지원국장]
　－69년생, 서울, 수원 수성고, 서강대 경영학과, 행시 43회
　－부산청 징세송무국 국장, 인천청 조사1국 국장, 국세청 감사관 감찰
　　담당관 과장, 서울청 조사4국 조사2과 과장

※저동 별관 : 서울특별시 중구 삼일대로
　340 나라키움저동빌딩 4, 6층
　(송무국 1~3과)

※효제 별관 : 서울특별시 종로구
　효제동 20-3 (조사4국 조사1~3과)

서울청

국실	송무국 김오영 3100		성실납세지원국 오상훈 2800			
과장	송무3		부가가치세			
	한제희 3201		황정욱 2801			
팀장	상증2	민사	부가1	부가2	부가3	소비
	윤설진 3224	박애자 3230	표삼미 2802	박순주(4급) 2812	문권주 2832	채종일 2842
국세조사관	차진선 3226 정은하 3227	박세령 3231 이현근 3232	추세웅 2803 소종대 2804 차순조 2805	주세정 2813 정현철 2814	변성욱 2833 박선규 2834	양태식 2843 이지선 2844 문형민 2845
	박영식 3228	조수현 3233 정효주 3234	김은미 2806 이규형 2807 차선영 2809	전주현 2815 윤동숙 2816 윤슬기 2817	박아연 2835 나영주 2836	이근희 2846 이해운 2847 최은유 2848
			이명구 2808	이선민 2818	박슬기 2837 이주경 2838	김나연 2849 정혜림 2850 김유진 2851
Fax	780-4162		736-1503			3674-7686

서울지방국세청

- 대표전화 : 02)2114-2200
- 코드번호 : 100
- 계좌번호 : 011895
- DID번호 : 02)2114-구내번호

국실	성실납세지원국 오상훈 2800						
과장	소득재산세					법인세	
	이인우 2861					김태형 2901	
팀장	소득1	소득2	재산	복지세정1	복지세정2	법인1	법인2
	유승환 2862	김해영(4급) 2872	김진범 2882	박종경 2892	추근식 3072	김경필 2902	김인아 2922
국세조사관	곽미나 2863 허정윤 2864	백순복 2873 부명현 2874	최미리 2883 이진영 2884 이상숙 2885	조은희 2893 이남경 2894		최 준 2903 김소정 2904 황주연 2905	박선아 2923 송옥연 2924 나경영 2925 김태수 2926
	송알이 2865 정교필 2866 권해영 2868	정진영 2875 차지원 2876	박세하 2886 김정희 2887 김은정 2888 백유진 2889 김형석 2890 김미경 2891	김혜숙 2895	이선아 3073	이규혁 2906 이유리 2907 황보주경 2908 김창미 2911	강문현 2927 김영화 2928 정민기 2929 김보라 2930
	이유정 2867	강지훈 2877	신동희 2897 오하경 2898	윤민호 2896		조길현 2909 김민주 2910	조민성 2931 원현수 2932
Fax	736-1501					736-1502	

※ 저동 별관 : 서울특별시 중구 삼일대로 340 나라키움저동빌딩 4, 6층 (송무국 1~3과)

※ 효제 별관 : 서울특별시 종로구 효제동 20-3 (조사4국 조사1~3과)

서울청

국실	성실납세지원국 오상훈 2800						
과장	법인세				정보화관리팀		
	김태형 2901				우연희 2971		
팀장	법인3	법인4	국제조세1	국제조세2	지원	보안감사	행정지원
	이상길 2942	이병주(4급) 3032	류승중(4급) 2952	김기태 2962	권현옥 2972	이길형 2992	김문성 3002
국세조사관	구옥선 2943 이어을 2944	위주안 3033 윤지영 3034	홍미라 2953 김소연 2954 이정은 2955	임미라 2963 김태현 2964	박현숙 2973 박은희 2984 송윤호 2985 정혜영 2974 조지영 2975	김미연 2993 김희정 2994	윤지형 3003 정현숙 3004 최연하 3005 김형미 3006
	문숙현 2945 장지혜 2946 임보라 2947 박은지 2948	이은상 3035 정수빈 3036 윤영랑 3037 김별진 3038	김순영 2956 박은경 2957 강은실 2958	조유흠 2965 송인형 2966 김서은 2967	권정순 2986	권혜연 2995 김보운 2996	백유림 3007 이윤희 3008 정진영 3009 김수영 3010 박문영 3011
	서미리 2949 최인아 2950 박한빛 2951	정서영 3039 유진아 3040	김동환 2959		한민지 2978 양지상 2987	민정대 2997 박남규 2998	
Fax	736-1502				738-8783		

서울지방국세청

- 대표전화 : 02)2114-2200
- 코드번호 : 100
- 계좌번호 : 011895
- DID번호 : 02)2114-구내번호
  02)6930-구내번호
  (전산관리팀 센터 1~3계)

국실	성실납세지원국 오상훈 2800			조사1국 양철호 3300	
과장	정보화관리팀			조사1	
	우연희 2971			박성무 3301	
팀장	정보화센터1	정보화센터2	정보화센터3	조사1	조사2
	강봉선 5302	윤영순 5352	최진식 5392	이예진(4급) 3302	옥창의 3322
국세조사관	지점숙 5309 김옥연 5310 배문경 5311 이미경 5312	박용태 5353 엄명주 5364 김옥분 5365 이현이 5366	이은주 5406 주성옥 5407 이복희 5408 박애슬 5409	강희경 3303	강수원 3324
	박승희 5303 엄영옥 5313 김연숙 5315 안유희 5316 주명화 5317 고희경 5319 배성연 5320	노정애 5367 김지연 5368 김미영 5369 이선정 5370 이순화 5371 조정희 5372	이복자 5410 최종미 5411 박주현 5412 추정현 5413 윤인경 5414 이경분 5415	원희경 3304	김재환 3324
				강동휘 3305 손경진 3306 서민수 3307 박순애 3308 나경아 3309	김대우 3325 안주영 3326
				정현우 3310 조한경 3311	권영주 3327 이승훈
Fax	6929-3793	6929-3762	6929-3753	736-1505	

※저동 별관 : 서울특별시 중구 삼일대로
  340 나라키움저동빌딩 4, 6층
  (송무국 1~3과)

※효제 별관 : 서울특별시 종로구
  효제동 20-3 (조사4국 조사1~3과)

● 양철호 [조사1국장]
－71년생, 경북 영주, 부산동인고, 부산대 경제학과, 서울대 행정학 석
  사, 행시 43회
－부산청 성실납세지원국 국장, 조사1국 국장, 국세청 운영지원과 과
  장, 기획조정관실 기획재정담당관실 과장, 전산정보관리관실 정보개
  발2담당관 과장

국장	조사1국 양철호 3300					
과장	조사1					
	박성무 3301					
팀장	조사3	조사4	조사5	조사6	조사7	조사8
	이민창 3332	노태순 3342	현창훈 3352	강우진 3362	황지원 3372	김은정 3382
반장	김현재 3333	홍지연 3343	이충오 3353	박수정 3363	이기주 3373	오세정 3383
국세조사관			송환용 3354	박준용 3364	김유혜 3374	
	김주원 3334 제현종 3335 최명현 3336	김은정 3344 김일두 3345 이성규 3346 정수진 3347 전아라 3348	김수진 3355 김동욱 3356 라지영 3357	최재규 3365 김다은 3366	김푸름 3375 송인용 3376 김수진 3377	이재호 3384 정지우 3385 박수연 3386
	김용준 3337		허정희 3358	홍나경 3367	김해인 3378	김유리 3387
Fax	736-1505					

서울지방국세청

- 대표전화 : 02)2114-2200
- 코드번호 : 100
- 계좌번호 : 011895
- DID번호 : 02)2114-구내번호

국장	조사1국 양철호 3300						
과장	조사1		조사2				
	박성무 3301		박국진 3421				
팀장	조사9	조사10	조사1	조사2	조사3	조사4	조사5
	김내리 3392	최형준 3402	강찬호(4급) 3422	김 윤 3432	양다희 3442	전정영(4급) 3452	고준석 3462
반장	이지현 3393	김재욱 3403	박금옥 3423	강창호 3433	강준원 3443	김영규 3453	변영시 3463
국세조사관	정수인 3394		박병영 3424				
	정용수 3395 이대근 3396	전병진 3404 허성근 3405 장용경 3406	고영상 3425 김효원 3426	임창범 3434 김민경 3435 이향주 3436	김정희 3444 조성용 3445 김복희 3446	신동규 3454 김상은 3455 서은주 3456	최은숙 3464 장지윤 3465 김상연 3466
	오유빈 3397	고민지 3407	정지원 3427 김민우 3428	유희민 3437	김지원 3447	김미소 3457 황순호	백현기 3467
			김꽃말 3429				
Fax	736-1505		736-1504				

※ 저동 별관 : 서울특별시 중구 삼일대로 340 나라키움저동빌딩 4, 6층 (송무국 1~3과)

※ 효제 별관 : 서울특별시 종로구 효제동 20-3 (조사4국 조사1~3과)

국장	조사1국 양철호 3300						
과장	조사2					조사3	
	박국진 3421					홍용석 3521	
팀장	조사6	조사7	조사8	조사9	조사10	조사1	조사2
	노충모 3472	고재국 3482	안경민(4급) 3492	김태선 3502	김용곤 3512	김재백 3522	박상율 3532
반장	신상일 3473	박귀화 3483	강동진 3493	조소희 3503	이세민 3513	안형진 3523	손영대 3533
국세조사관	안미선 3474		김미정 3494	김혜리 3504		김은경 3524	김한결 3534
	이유진 3475 김은주 3476	배상윤 3484 정보람 3485 염보희 3486	이광연 3495 성경진 3496	양홍석 3505 김영민 3506	이수연 3514 민차형 3515 김성용 3516	안중호 3525 박문수 3526 최서나 3527 김경숙 3528	김명열 3535 이혜란 3536
	류현준 3477	황성필 3487	김보미 3497	최지수 3507	양기현 3517	김은호 3529 조영혁 3530	전유라 3537
Fax	736-1504					720-1292	

서울지방국세청

- 대표전화 : 02)2114-2200
- 코드번호 : 100
- 계좌번호 : 011895
- DID번호 : 02)2114-구내번호

국장	조사1국 양철호 3300						
과장	조사3						
	홍용석 3521						
팀장	조사3	조사4	조사5	조사6	조사7	조사8	조사9
	조성경 3542	정민기(4급) 3552	김선일 3562	김기현 3572	김지연(4급) 3582	한성호 3592	김수용 3082
반장	김민정 3543	이창오 3553	윤동석 3563	김두환 3573	정수진 3583	이지숙 3593	최영인 3083
국세조사관	윤범일 3544		임병수 3564			이재성 3594	
	고상현 3545 황혜정 3546	이현정 3554 이경호 3555 양혜선 3556	김광현 3565 조원철 3566 안재희 3567	김동욱 3574 서정호 3575 민정은 3576	김대우 3584 이재용 3585 이상근 3586	송지우 3595 허미영 3596	조혜원 3084 오화섭 3085 김범준 3086
	고현준 3547	최세희 3557	김소라 3568	곽혜원 3577	안인엽 3587	변지현 3597	정태상 3087
Fax	720-1292						

※ 저동 별관 : 서울특별시 중구 삼일대로
340 나라키움저동빌딩 4, 6층
(송무국 1~3과)

※ 효제 별관 : 서울특별시 종로구
효제동 20-3 (조사4국 조사1~3과)

● 지성 [조사2국장]
- 73년생, 경북 의성, 마산 창신고, 고려대 경제학과, 미국 마이애미대
학 로스쿨, 행시 43회
- 부산청 조사2국 국장, 국세청 감사관 감사담당관 과장, 국제조세관
리관 국제협력담당관 과장, 법인납세국 원천세과장, 서울청 조사2국
조사1과 과장, 제주세무서장, 국세공무원교육원 소득세법 교수, 동대
문세무서 징세과, 중부청 전산관리과, 울산세무서 운영지원과

국장	조사2국 지　성 3600						
과장	조사관리 이용선 3601						
팀장	조사관리1 이인선 3602	조사관리2 서형렬 3622	조사관리3 최한근 3632	조사관리4 정형주 3642	조사관리5 손필영 3652	조사관리6 오성택 3662	조사관리7 조인찬 3672
반장	이찬희 3603	이선하 3623	남기훈 3633	서명진 3643	조은덕 3653	이윤주 3663	표지선 3673
국세조사관	이윤희 3604 심향숙 3611 이미라 3608	전승환 3624	김현주 3634	김영주 3644 김순옥 3645			조범래 3674
	이유정 3605 김주홍 3606 전용수 3607	신미경 3625	배진근 3635 여정주 3636 송혜원 3637 조경민 3638	이태환 3646 이호은 3647	방은정 3654 이지연 3655 소　민 3656	김도윤 3664 한상훈 3665 황은영 3666	김은정 3675 변우환 3676 석한결 3677
	김현민 3609 김경복 3610	김기선 3626		김미림 3648	김치우 3657	류지호 3667	이지은 3678
Fax	737-8138	3674-7871	730-9517	732-6475	720-6960	735-5768	736-6824

서울지방국세청

- 대표전화 : 02)2114-2200
- 코드번호 : 100
- 계좌번호 : 011895
- DID번호 : 02)2114-구내번호

국장	조사2국 지 성 3600						
과장	조사관리			조사1			
	이용선 3601			권태윤 3721			
팀장	조사관리8	조사관리9	조사관리10	조사1	조사2	조사3	조사4
	박경은 3682	노동렬 3692	박창용 3702	김태욱 3722	박재광 3732	홍명자 3742	황태훈 3752
반장	유재연 3683	윤경희 3693	김성문 3703	정주영 3723	이경선 3733	김선일 3743	문근나 3753
국세조사관		송현주 3694	정영식 3704	최윤영 3724	신정숙 3734		홍영민 3754 정미란 3755
	정해천 3684 하승훈 3685	김성훈 3695	최홍서 3705 최슬기 3706 이용우 3707	나덕희 3725 허은석 3726 오세혁 3727	허남규 3735 임관호 3736	정도희 3744 허소미 3745 정진주 3746	
	유소열 3686	박지환 3696	임지현 3708	윤지혜 3728 이슬기 3729	왕윤미 3737 박철우 3738	송종훈 3747	김진영 3756 류승현 3757
Fax	739-9557	3674-7920	720-5107	720-9031	720-7697	723-8543	730-8588

※ 저동 별관 : 서울특별시 중구 삼일대로 340 나라키움저동빌딩 4, 6층 (송무국 1~3과)

※ 효제 별관 : 서울특별시 종로구 효제동 20-3 (조사4국 조사1~3과)

국장	조사2국 지 성 3600					
과장	조사1					
	권태윤 3721					
팀장	조사5	조사6	조사7	조사8	조사9	조사10
	조재량 3762	서철호(4급) 3772	권오봉 3782	염세영 3792	김영근 3802	조성훈 3902
반장	이순엽 3763	장희철 3773	도미영 3783	이권식 3793	김지연 3803	김미주 3903
국 세 조 사 관					박 웅 3804	
	홍진국 3764 정지은 3765 조윤아 3766	오정민 3774 임선아 3775 최세라 3776	최인영 3784 백연주 3785 정준호 3786	신정아 3794 곽지훈 3795 황시연 3796	이 경 3805 장서영 3806	제갈희진 3904 안은정 3905
	김아름 3767	신홍영 3777	박범석 3787	이 솔 3797	이지헌 3807	임경준 3906 박주희 3907
Fax	720-6104	720-6105	725-2782	720-6020	732-0514	

서울지방국세청

- 대표전화 : 02)2114-2200
- 코드번호 : 100
- 계좌번호 : 011895
- DID번호 : 02)2114-구내번호

국장	조사2국 지　성 3600						
과장	조사2						
	오은정 3811						
팀장	조사1	조사2	조사3	조사4	조사5	조사6	조사7
	신용범 3812	임한영 3822	박성기(4급) 3832	이종준 3842	김민양 3852	송재천 3862	도예린 3872
반장	유지은 3813	이성환 3823	윤영길 3833	윤재길 3843	이영진 3853	김상곤 3863	이동희 3873
국세조사관	허　진 3814	임샘터 3824	박정권 3834	이은숙 3844	최수연 3854		
	류진규 3815 이주한 3816	한지원 3825 김선희 3826	황지혜 3835 이동현 3836	정예린 3845 문명진 3846	주경섭 3855 안진아 3856	김은희 3864 김지민 3865	문승민 3874 이현희 3875 박정호 3876
	김나리 3817 박혜민 3818 강동우 3819	김수형 3827 이소정 3828	차수빈 3837	백수경 3847	배성진 3857	안영채 3866 이건일 3867	신지우 3877
Fax	3674-7823	3674-7831	3674-7839	3674-7847	3674-7855	3674-7863	3673-2783

● 박해영 [조사3국장]
- 71년생, 경남 사천, 대아고, 고려대 경제학과, 행시 41회
- 국세청 감사관 국장, 소득관리과장 · 상속증여세과장 · 부동산납세과
  장 · 감사담당관, 부산청 징세송무국 국장, 조사2국장, 중부청 조사
  3국장, 조사4국 조사1과장, 대전청 조사1국장, 인천청 성실납세지원
  국장, 서인천세무서장

※ 저동 별관 : 서울특별시 중구 삼일대로
　340 나라키움저동빌딩 4, 6층
　(송무국 1~3과)

※ 효제 별관 : 서울특별시 종로구 효제동
　20-3 (조사4국 조사1~3과)

국장	조사2국 지 성 3600		조사3국 박해영 4000			
과장	조사2		조사관리			
	오은정 3811		박강수 4001			
팀장	조사8	조사9	조사관리1	조사관리2	조사관리3	조사관리4
	박승효 3882	오은경 3892	전종희 4002	장윤하 4022	원종호 4032	김덕은(4급) 4052
반장	김진성 3883	김성욱 3893	박용진 4003	권현희 4023	박균득 4033	김상이 4053
국세조사관			이현숙 4004 박은희 4005 박정현 4013	유정미 4024 권희은 4025	송선태 4034 윤윤식 4035	강경미 4054 전지민 4055
	구명옥 3884 류승남 3885 김　윤 3886	유지희 3894 방형석 3895 신영준 3896	김영찬 4006 이승호 4007 고예지 4008	이형섭 4026 석진영 4027	장수현 4036 김미애 4037 김병현 4038	배미일 4056 남승규 4057
	김정인 3887	정혜미 3897	이슬기 4009 김유림 4010	유세종 4028	김효림 4039 구세진 4040	구영민 4058 박수지 4059
Fax	743-8927	730-4549	738-3666	722-2124	736-3820	736-9398

서울지방국세청

- 대표전화 : 02)2114-2200
- 코드번호 : 100
- 계좌번호 : 011895
- DID번호 : 02)2114-구내번호

국장	조사3국 박해영 4000						
과장	조사관리			조사1			
	박강수 4001			송윤정 4121			
팀장	조사관리5	조사관리6	조사관리7	조사1	조사2	조사3	조사4
	장경화 4062	이성필 4082	문민규 4092	김대철 4122	박권조(4급) 4132	이웅진 4142	박현수 4152
반장	김혜미 4063	권혜정 4083	임현진 4093	구본기 4123	권경란 4133	강상현 4143	김형석 4153
국세조사관	박종민 4064 이유진 4065			임소영 4124	강승현 4134 한은주 4135	장서영 4144 이상덕 4145	심연택 4154
	김주현 4066 양석진 4067 이연우 4068 최성규 4069 이원영 4070	오민석 4084	유민수 4094 김우영 4095	임형준 4125 김다민 4126 김유나 4127 전선화 4130 시종원 4128	김기홍 4136 박정화 4137	최윤서 4146	성우진 4155 손성임 4156
	정재영 4071 박혜성 4072	허지희 4085	문영은 4096	김태경 4129	박으뜸 4138	조홍준 4147 용승환 4148	고재민 4157
Fax	736-9399		734-6686	733-2504	730-9519	736-6822	730-9638

※ 저동 별관 : 서울특별시 중구 삼일대로 340 나라키움저동빌딩 4, 6층 (송무국 1~3과)

※ 효제 별관 : 서울특별시 종로구 효제동 20-3 (조사4국 조사1~3과)

국장	조사3국 박해영 4000					
과장	조사1 송윤정 4121		조사2 김선주 4211			
팀장	조사5	조사6	조사1	조사2	조사3	조사4
팀장	이 호 4162	김태섭 4172	이상언 4212	김일도(4급) 4222	김영주 4232	고완병 4242
반장	박미연 4163	이수진 4173	황창훈 4213	윤 솔 4223	조주희 4233	최영학 4243
국세조사관	신성봉 4164	김영환 4174	심아미 4214	이영호 4224	조운학 4234	김유정 4244
국세조사관	최유건 4165 최영아 4166	김세희 4175 홍광식 4176	정상민 4215 김대윤 4216 임진호 4217	김우정 4225 정아람 4226	안신영 4235 윤지원 4236	오현식 4245 엄영희 4246
국세조사관	박정임 4167	이여진 4177	유휘곤 4218 김영재 4219	이윤재 4227 이성규 4228	김혜빈 4237 방문용 4238	조원영 4247 유로아 4248
Fax	730-5107	743-8927	929-2180	924-5104	924-8584	929-4835

서울지방국세청

- 대표전화 : 02)2114-2200
- 코드번호 : 100
- 계좌번호 : 011895
- DID번호 : 02)2114-구내번호

국장	조사3국 박해영 4000					
과장	조사2		조사3			
	김선주 4211		김태수 4291			
팀장	조사5	조사6	조사1	조사2	조사3	조사4
	박종석 4252	주성태 4262	임경미 4292	정영훈 4302	김봉기 4312	이수빈 4322
반장	이난희 4253	김혜정 4263	송지은 4293	양인영 4303	이지호 4313	최선우 4323
국세조사관	김동빈 4254	박준서 4264	강주영 4294	이규석 4304	김선주 4314	이동수 4324
	허지원 4255 손원우 4256	김재완 4265 이수정 4266	류지혜 4295 백승호 4296 박도윤 4297	윤기덕 4305 김민지 4306	류문환 4315 임원주 4316	김선주 4325 남꽃별 4326
	박혜진 4257	이지영 4267	윤우찬 4298 장서현 4299	박소영 4307 이진문 4308	장형구 4317 이태현 4318	박건웅 4327
Fax	922-3942	925-9594	922-5205	921-6825	922-6053	925-1522

※저동 별관 : 서울특별시 중구 삼일대로
　340 나라키움저동빌딩 4, 6층
　(송무국 1~3과)

※효제 별관 : 서울특별시 종로구
　효제동 20-3 (조사4국 조사1~3과)

● 김진우 [조사4국장]
－68년생, 경북 영주, 영광고, 세무대학 6기 방통대
－국세청 국제조세관리관 역외정보담당관 과장, 납세자보호관 심사1담당관 과장, 조사국 조사1과 과장, 서울청 송무국 송무2과 과장, 송파세무서장, 조사4국 조사1과 과장, 국제거래조사국 국제조사관리과 과장, 중부청 기흥세무서장

국장	조사3국 박해영 4000		조사4국 김진우 4500				
과장	조사3		조사관리				
	김태수 4291		손영준 4501				
팀장	조사5	조사6	조사관리1	조사관리2	조사관리3	조사관리4	조사관리5
	임행완 4332	전왕기 4342	임병훈(4급) 4502	황보영미 4512	이용문 4522	권석주 4532	조주환 4542
반장	최은정 4333	백동욱 4343	오현정 4503	김은선 4513	유영희 4523	이영옥 4533	윤선영 4543
국세조사관	윤형서 1334	박은미 4344	김희주 4504	한주성 4514 배철숙 4515	박규송 4524	이지선 4534	유정희 4544 정애진 4545 손승진 4547
	이보라 4335 이창남 4336 김미례 4337	최도석 4345 박서연 4346	신복희 4505 차혜진 4506 최은수 4507 김태현 4510	이정일 4516 최은영 4517 최윤진 4518	석지영 4525 김송연 4526 김수현 4527	공현주 4535 김윤정 4536 신원섭 4537	정혜진 4546 김수일 4549 이진규 4548 한종환 4550
		신동훈 4347	강현주 4508 봉수현 4509		이수진 4528 안기영 4529	유인성 4538	박서진 4551
Fax	924-5106	926-6653	722-7119	739-9550	720-2206	736-4249	720-0568

서울지방국세청

- 대표전화 : 02)2114-2200
- 코드번호 : 100
- 계좌번호 : 011895
- DID번호 : 02)2114-구내번호

국장	조사4국 김진우 4500						
과장	조사관리					조사1	
	손영준 4501					구성진 4621	
팀장	조사관리6	조사관리7	조사관리8	조사관리9	조사관리10	조사1	조사2
	최용훈 4552	문서영 4562	홍정연 4572	기태경 4582	정광륜 4612	한세온(4급) 4622	고승욱 4632
반장	김윤선 4553	조재영 4563	백경미 4573	이수정 4583	이근웅 4613	심수한 4623	이응석 4633
국세조사관		김주영 4564	강은영 4574	조위영 4584 김대호 4585	이주영 4614 김화준 4615	김노섭 4624 송청자 4667	정은수 4634
	장해성 4554 이 숙 4555 심윤정 4556 홍혜인 4557	이성애 4565 정동원 4566 김수현 4567	조숙연 4575 서용현 4576 김유정 4577	강미영 4586 성봉준 4587	조인혁 4616 최병우 4617 윤세정 4618	이현수 4625 이지혜 4626 신용욱 4627 박민원 4628 김승혜 4629 최호윤 4630	안승화 4635 김평섭 4636 구승원 4637
	박서빈 4558	이혜민 4568	한지운 4578 이인아 4579	최은희 4588 송주현 4589 김나현 4590	김주현 4619	유현식 4631	송해영 4638 임수진 4639
Fax	3675-6784	736-5545		736-5546	736-0514	765-1370	741-5460

※ 저동 별관 : 서울특별시 중구 삼일대로 340 나라키움저동빌딩 4, 6층 (송무국 1~3과)

※ 효제 별관 : 서울특별시 종로구 효제동 20-3 (조사4국 조사1~3과)

국장	조사4국 김진우 4500						
과장	조사1			조사2			
	구성진 4621			주현철 4721			
팀장	조사3	조사4	조사5	조사1	조사2	조사3	조사4
	정진욱 4642	유동민 4652	고명수 4672	손창호(4급) 4722	김석모 4732	임창빈 4742	강대선 4752
반장	문상철 4643	박경근 4653	이전봉 4673	배경직 4723	이정은 4733	염세환 4743	이영진 4753
국세조사관	이오나 4644		이상경 4674	이영우 4724	이재복 4734	이선진 4744	
	김경호 4645 이건빈 4646 이원나 4647	남윤수 4654 서명진 4655 김현진 4656	김태인 4675 이상헌 4676	이휘승 4725 한장우 4726 황지은 4727	양동규 4735 문소현 4736 황현서 4737	박선영 4745 전영무 4746 김은자 4747	김재현 4754 김현우 4755 이지원 4756 정유리 4757
	오만석 4648	최재형 4657 권혁찬 4658	채만식 4677	노수연 4728 김소현 4729	하민영 4738	김형후 4748	신승연 4758
Fax	743-6827	765-6828	743-5132	762-6751	766-4996	3672-3673	764-6669

서울지방국세청

- 대표전화 : 02)2114-2200
- 코드번호 : 100
- 계좌번호 : 011895
- DID번호 : 02)2114-구내번호

국장	조사4국 김진우 4500						국제거래조사국 한창목 5000
과장	조사2	조사3					국제조사관리
	주현철 4721	이경순 4791					이상훈 5001
팀장	조사5	조사1	조사2	조사3	조사4	조사5	조사관리1
	박진원 4762	이방원 4792	김형준 4832	방종호 4802	이건도 4822	김유신 4812	정규명 5002
반장	김동환 4763	백영일 4793	강인혜 4833	부혜숙 4803	조미화 4823	최동혁 4813	김규환 5003
국세조사관	안미영 4764	이영민 4794 이희영 4830	김희진 4834	김 준 4804 한승만 4805			김진희 5009
	김용현 4765 김다솜 4766	김명진 4795 김정담 4796 이수정 4797	서상범 4835 류광현 4836 안민지 4837	강재원 4806	송창녕 4824 홍유종 4825 이지숙 4826	이대식 4814 조용석 4815 이규형 4816	지성수 5004 김예린 5005 서혜란 5006
	진선호 4767	이채연 4798 김자림 4799	노종영 4838	홍은기 4807	임동영 4827 박정현 4828	안초희 4817	김서현 5007 이석영 5008
Fax	764-6669	763-7857	763-9106	762-6752	741-0784		739-9832

※ 저동 별관 : 서울특별시 중구 삼일대로
340 나라키움저동빌딩 4, 6층
(송무국 1~3과)

※ 효제 별관 : 서울특별시 종로구 효제동
20-3 (조사4국 조사1~3과)

● 한창목 [국제거래조사국장]
─73년생, 경북 청도, 부산진고, 고려대 법학과, 오레곤 주립대 MBA
　과정 졸업, 행시 41회
─중부청 조사2국 국장, 서울청 성동세무서장, 인천청 조사1국 국장,
　국세청 전산정보관리관 빅테이타센터과 과장, 국제조세관리관 국제
　세원관리담당관 과장, 조사분석 과장

서울청

국장	국제거래조사국 한창목 5000						
과장	국제조사관리 이상훈 5001						
팀장	조사관리2 황하나 5012	조사관리3 김석제 5022	조사관리4 황승화 5032	조사관리5 유인선 5042	조사관리6 윤성중 5052	조사관리7 오지윤 5062	조사관리8 홍창규 5072
반장	진민정 5013	조용수 5023	장인영 5033	정태환 5043	이상묵 5053	이세연 5063	이임순 5073
국세조사관				이은정 5044	한주진 5054	송주현 5064	
	이이네 5015 곽민정 5016 안정우 5017	이수연 5024 민 샘 5025 이기숙 5026	기재희 5034 이혜린 5035 길민석 5036	박인규 5045 김아영 5046	임수진 5055 채정환 5056 이지수 5057	홍지흔 5065 김영진 5066	김극돈 5074 조희진 5075 신동배 5076
	장덕윤 5018	박미정 5027	이혜진 5037	김소나 5047	이충원 5068	김신애 5067 소재준 5068	명인범 5077
Fax	725-8287	3674-7950	3674-7957	3674-7964	3674-7854	3674-7870	3674-7862

서울지방국세청

- 대표전화 : 02)2114-2200
- 코드번호 : 100
- 계좌번호 : 011895
- DID번호 : 02)2114-구내번호

국장	국제거래조사국 한창목 5000						
과장	국제조사관리	국제조사1					
	이상훈 5001	배일규 5101					
팀장	조사관리9	국제조사1	국제조사2	국제조사3	국제조사4	국제조사5	국제조사6
	정학순 5082	이범석(4급) 5102	최길만 5112	이상필 5122	박영건 5132	손은희 5142	고명효 5152
반장	장준호 5083	김혜영 5103	이한상 5113	오지형 5123	이안나 5133	권영승 5143	나진순 5153
국세조사관		양연화 5104	한수현 5114				
	이예슬 5084	박민우 5105 조예리 5106 정인선 5107 윤석환 5108	김소연 5115 박다슬 5116	이명희 5124 문홍규 5125	황아름 5134 이동건 5135	최명준 5144 양인경 5146	오세찬 5154 남송이 5155 서진호 5156
		김수정 5110	최선주 5117 정서빈 5117	이 찬 5126 김용재 5127	한덕윤 5136 김세린 5137	강민정 5147	송지윤 5157
Fax		3674-5520	3674-5537	723-5541	739-9833	725-8286	3674-7989

※ 저동 별관 : 서울특별시 중구 삼일대로 340 나라키움저동빌딩 4, 6층 (송무국 1~3과)

※ 효제 별관 : 서울특별시 종로구 효제동 20-3 (조사4국 조사1~3과)

국장	국제거래조사국 한창목 5000						
과장	국제조사1	국제조사2					
	배일규 5101	안형태 5201					
팀장	국제조사7	국제조사1	국제조사2	국제조사3	국제조사4	국제조사5	국제조사6
	김정미 5162	양영경 5202	김정남 5212	최오동 5222	여성훈 5232	송지현 5242	김택근 5252
반장	이미애 5163	전선영 5203	백송희 5213	박원균 5223	이윤정 5233	이경화 5243	이덕화 5253
국세조사관	윤명준 5164	박진습 5204		강용석 5224	전소연 5234	정석규 5244	
	이용진 5165 박지숙 5166	강다영 5205 박진희 5206 홍민기 5207 정세윤 5210	최미란 5214 양희석 5215 이은진 5216	강정희 5225 박신애 5226	송병호 5235 이선주 5236 김정효	김경옥 5245 채민기 5246	김경미 5254 최효진 5255 김준영 5256 황희상 5257
	이융건 5167	황인화 5208 김현주 5209	최윤희 5218 지상근 5218	박종호 5227 신유경 5228	김인승 5237	변혜림 5247	
Fax	725-6967	3674-7932	3674-7940	3674-5529	3674-7684	3674-5596	3674-5545

서울지방국세청 관할세무서

강남세무서

- 대표전화 : 02)519-4200
- 코드번호 : 211
- 계좌번호 : 180616
- DID번호 : 02)5194-구내번호

서 장 장신기 ☎ 02)519-4201

과장	징세			부가가치세		소득세		재산세1	
	김형래 240			윤경희 280		윤종상 360		신혜숙 480	
팀장	운영지원	체납추적1	체납추적2	부가1	부가2	소득1	소득2	재산1	재산2
	박재홍 241	박찬욱 601	김영면 621	권부환 281	권기수 301	박정기 361	지연우 381	이기주 481	신창훈 501
DID	242-7 617-8	602-12	262-4 622-31	282-91	302-10	362-6 377	382-6	482-6 495	502-7
국세조사관	김주애		이선영	박지현 최보문 김성향 손승희	이탁수 현지희	박민정 이고훈	이은주	김희정 이혜은	이래경 정원호 최영현
	이지혜 이환수 손정빈 박민아 정석훈	송지선 여종엽 김유진 송경원 김호경 배현주	신현호 오경민 조민지 금진희 김윤정 변수민 최영현	강금여 이애경 최효선 남창환 안모세	박성일 김명희 김광호	김성욱 남영철	김민수 전선희	유재원 김은영 이은희 조희원	김민석 정세인
	김동철 이창훈	오홍희 한은정 김비주 김보영	한미현 김현서 권민지	박신해 권오현	강민정 윤현미 이선주	송수현 박은서		이규은	
		이예지	마민화 박혜원	송건주	오승헌	장수현	이난영 정준영 정혜정		송혜인
Fax	512-3917			546-0501		546-3175		546-3178	

- 주　　소 : 서울특별시 강남구 학동로 425(청담동 45번지)
  - ㉾ 06068
- 관할구역 : 서울특별시 강남구 중 신사동, 압구정동, 논현동, 청담동
- E-mail : gangnam@nts.go.kr

	재산세2		법인세1		법인세2		조사		납세자보호담당관	
과장	박철완 540		김태석 400		조대현 440		김은숙 640		신우교 210	
팀장	재산1	재산2	법인1	법인2	법인1	법인2	정보관리	조사	납세자 보호실	민　원 봉사실
	김은중 541	서민자 561	정승식 401	윤재헌 421	이지상 441	박미정 461	정태윤 641	이상재 651	김성윤 211	김정연 221
DID	542-8	562-5	402-9	422-8	442 9	461-9	642-4 692-4	652-68 670-5	212-7	222-30
국세조사관	김광록 이형배	조선희 용옥선	탁서연		이상기 신미라			예정욱 정민호 이승호 문태정 봉준혁 정재훈 박은정 이혜진 홍성일 김유미 강경영	배순출 동소연	이지연 이재연
	강석관 윤신애 신현국	신성근 나명호	부성진 이미숙 이우진 이아름	고정란 음홍식 홍민기 이주연 고아영	하윤경 김청일	양소영 이조은 이정아 윤정민	한유진 장수진 이진화 박미진	장원식 천　일 박준용 장한별 임선영 허문정 박규미 정민국	윤은숙 이　현	이광성 류기수 최성화 김안나 유　현 장선희
			김호진 우현승		강지현 김민정	박성혜 이정웅	김재현 김형묵	김진주 이윤진 한재영	정다영	김진달래 진윤지
	지소정 이강현		정해원 김수빈	엄상우 구혜진	유동균 마효민	조성윤 배지윤		송경아 윤성훈		
Fax	546-3179		546-0505		546-0506		546-0507		546-3181	

강동세무서

- 대표전화 : 02)2224-0200
- 코드번호 : 212
- 계좌번호 : 180629
- DID번호 : 02)22240-구내번호

서 장 **임 상 진** ☎ 02)2224-0201

과장	징세			부가가치세		소득세	
	김소연 240			정지용 280		이귀병 360	
팀장	운영지원	체납추적1	체납추적2	부가1	부가2	소득1	소득2
	곽봉섭 241	김지영 601	정재일 261	김혜정 281	김민영 301	최우성 361	김은자 621
DID	242-6 666-7	602-8	262-8	282-90 295	302-10 295	362-72 295	622-31 295
국세조사관			김재규 윤서진 김미숙	임아름	구자옥	이진수	이재성 김민아
	김윤경 김민정 최진철	한수연 최승혁	홍정민 최수미 서민경	박유광 장희숙 박선은 유현아 김태형 임영수	박준호 김윤호 박준원 김미희 박경란	채수향 고정진 윤 용 윤미나 이정희	이종성 김문길 김희연 강혜지
	장건식 채연기	김다정 양동혁 황선화	홍기선	박경림	서주아 이지수 최유림 최선주 박혜정	김수연 김경하 이대근 남현주	민수지 김세하 김정우 조동진
	이동욱 전진아	신새벽 박나리		이주현 최용호		함효재 남도현	오정욱
Fax	2224-0269			489-3253		483-0666	

- 주　　소 : 서울특별시 강동구 천호대로 1139(길동, 강동그린타워)
  ㉾ 05355
- 관할구역 : 서울특별시 강동구
- E-mail : gangdong@nts.go.kr

과장	재산세			법인세		조사		납세자보호담당관	
	황연실 480			박주열 400		안병태 640		박금배 210	
팀장	재산1	재산2	재산3	법인1	법인2	정보관리	조사	납세자 보호실	민　원 봉사실
	이해석 481	하기성 501	진흥탁 521	황은주 401	김은정 421	이동주 641	김태우 651	박구영 211	황호민 221
DID	482-7 550	502-8 550	522-7	402-7	422-5	642-3 691-2	652-62 662, 645	212-4	222-8
국 세 조 사 관	정주인	임정은 손병석	전태병	심정보		손선아	박준홍 윤철민 김동욱		주윤숙 이지연 김지은
	임영신 박효신 김민선 원대연 최상임	박성준 김태은 김재희 양미숙	최수빈 전종선	정경택 전샛별 송고운 김도엽	이경임 이진구	빈수진 김진희	양은영 김은희 김현영 신근모 박혜진 김정엽	한경석 류관선	이아린 박형선
	강정미	박상희			이지윤 김태서	유영준	장동인	표선임	강현주 김영숙 정지연
		조성규	이윤미 강수지 김수빈	김희연			이지원		정직한
Fax	489-4166			489-4129		489-4167		489-4463	

강서세무서

- 대표전화 : 02)2630-4200
- 코드번호 : 109
- 계좌번호 : 012027
- DID번호 : 02)26304-구내번호

서 장 전병오 ☎ 02)2630-4201

과장	징세			부가가치세			소득세		
	이호준 240			고정선 280			윤동환 360		
팀장	운영지원	체납추적1	체납추적2	부가1	부가2	부가3	소득1	소득2	소득3
	심재광 241	김은숙 601	임영신 621	박지양 281	전성수 301	박정임 321	위승희 361	최병국 371	사명환 381
DID	242-7 594	602-10	622-30 261-3	282-91	302-10	322-31 582	362-70 581	372-9	382-90 581
국세조사관	김정민	장재원	유향란 박윤진 이현희	변성미 홍종복	김진아	윤선희 장수안	심희선	이성경	이혜전 이정민
	이하섬 박광덕	이부창 김윤영 임유화 박샛별 김상호	이현희 유수현 이민재 김은령 이현아 박재홍 강정규 이혜인	이경하 남기연 이유정 안지은	황한수 최효진 남윤정 박성준 조미성 원수영	한진혁 김재성 임은미 정미희 김석규	노하진 현승철 홍수옥 임길수 이 빈 이도혜	김현진 윤수열 김예지	손병수 김도연 김현정
	이주빈 김덕기	이종관	이수지	김경업 신채영 김오중	이익훈	김지현 임승명 김건식	김진주	계현희 신지연 임인재	이주현 김선영 김진아
	배혜원 김민준 김규성	김다영 이윤노	강한나 박세린	김민주	허문영	이솔아	곽현주 이성원	이은영	최서연
Fax	2679-8777	2678-0556		2671-5162	2068-0448		2679-9655	2068-0447	

- 주　　소 : 서울특별시 강서구 마곡서1로 60(마곡동 745-1)
  ㉾ 07799
- 관할구역 : 서울특별시 강서구
- E-mail : gangseo@nts.go.kr

과장	재산세			법인세		조사		납세자보호담당관	
	하정권 480			홍순영 400		박성민 640		변영희 210	
팀장	재산1	재산2	재산3	법인1	법인2	정보관리	조사	납세자 보호실	민　원 봉사실
	송민수 481	진정록 501	김영수 521	정순욱 401	황병권 421	신만호 641		서미영 211	변동석 221
DID	482-8	502-7 586	522-7	402 12	422 31	642 5	652-68	212-5	222-30
국세조사관	국승원	박태훈	온상준 박치원	최미순	이유영		최재철 주민석 김호근 김태오 박지혜 한이수	류병호	
	정지현 장미혜	이동우 김영운 박지희 이보라	김태호 김성혜	이재일 고현숙 임순종 신향식	김진아 박희상	남성윤 최정아	전혜영 김민희 김영석 정인선 심호정	조소연 김대희	이미정 김예원 김원규
	이승현 김소연	여경규	이지영 전현우	노미현 이동열 백은실	박미주 권순호 원시열	윤혜수 박연진	왕지선 이경수 권진혁 유학승		박경화 염예나 김경혜
	고현일 유규호	고현주		배상철 조경태 이상미 조　융	홍단비 김유경 강지혜 오영서		김은혜 이혜리	구본하	김유미 전미애 김태민
Fax	2633-0758			2678-3818		2678-6965		2678-4163	2635-0795

관악세무서

- 대표전화 : 02)2173-4200
- 코드번호 : 145
- 계좌번호 : 024675
- DID번호 : 02)21734-구내번호

서 장 허준영 ☎ 02)2173-4201

과장	징세			부가가치세		소득세		
	오광철 240			김희대 270		남동균 340		
팀장	운영지원	체납추적1	체납추적2	부가1	부가2	소득1	소득2	소득3
	장영환 241	최연희 601	유기무 621	문극필 271	최미경 291	김미숙 341	최재현 361	최영환 381
DID	242-3 245-6	602-8	622-6 262-3	272-81 639	292-9 301-3	342-50 379	362-9 379	382-8
국세조사관		배수진	김미진 김제은		이미라 김태영	노아영	이광재	
	홍현승 황보현	전인향 박현혜	조영성 김은혜 황순하	손수정 이영빈 한누리 노지현 여정재 문미경 임정호	정혜윤 김현우 김소영 박병주	김혜성 임승하 강나영 김진식 박혜숙	김정숙 홍태영 김영옥 강은실 손준성	황현주 오경화 김민숙 이은제
	윤창용 김미란	김주원 김다원 윤정민 임종헌	강다영 김양수	김문영 조아라 김수현	박효진 이재석 조영주 한가희	조예훈		김지영
	손지원 김진구			우가람 최지우	김지훈	지희창 석호정 손유리	조민재 김유승 윤희정	오영주 장지원
Fax	2173-4269			2173-4339		2173-4409		

- 주　　소 : 서울특별시 관악구 문성로 187(신림 1동 438-2)
　　　　⊕ 08773
- 관할구역 : 서울특별시 관악구
- E-mail : guanak@nts.go.kr

과장	재산법인세			조사		납세자보호담당관	
	노병현 4460			어기선 4640		이평년 4210	
팀장	재산1	재산2	법인	정보관리	조사	납세자보호실	민원봉사실
	김미순 461	김현태 481	주현식 531	양영규 641	박정민 651	양현숙 211	김정숙 221
DID	462-9 309, 471	482-7	532-40	642-5	652-60	212-5	222-8
국세조사관	김신아	김창수	오대장 유인혜		박안제라 문용식 이준규	함석광	김태윤
	황정화 김윤미 김자현 김남희 전우범	손영란 권규원 유병창	오재헌 김철현 최광신	전　확 최　일 김태훈	민경희 홍윤석	정인선 김주현	박혜진 김　용
	박신영 최호림	홍미영 이주희	박윤환 윤동희	나한결	이소영 김한오	고현주	서보미 형유경
	김아리수 이서준		오서영 나성빈		박지원		김충현 정재희
Fax	2173-4550			2173-4690		2173-4220	2173-4239

구로세무서

- 대표전화 : 02)2630-7200
- 코드번호 : 113
- 계좌번호 : 011756
- DID번호 : 02)26307 - 구내번호

서 장 | 권 석 현 ☎ 02)2630-7201

과장	징세			부가가치세			소득세	
	정현중 240			맹충호 280			이정걸 360	
팀장	운영지원	체납추적1	체납추적2	부가1	부가2	부가3	소득1	소득2
	류인용 241	김동원 601	김혜영 621	김성두 281	안동섭 301	이선재 321	김용삼 361	정현숙 381
DID	242-6 595-6	602-10	622-29 261-3	282-8 340	302-9	322-9	362-70	382-89 372
국세조사관	이정숙	윤진희	김영숙	김미경 황진하	김은숙 안효진 강문자	박영애 권민수	정한신	김선미
	강미진 정화승	황윤숙 송기원 박근식 김희은 박은희	김영남 김세일 이영수 조윤미 곽동윤 김유진	이규웅 국예름 최하나	안선희	양종선 이은정 정용관 김효남	서해나 박세림 서승혜 조애정 홍정표 송의미	김경미 김경태 김하림 안종호 표우중
	김태식 강현성	이정상 박인규	주나라 방선우 차유미	양원석	조성문 임성영 이은영	박혜진 정방현	장서윤 최 웅	민지은 이현지 박근영 박지연
	최지현 김동욱	송승원	김은민	최아름 임예은	정찬호	김정은	김지수	
Fax	2631-8958			2637-7639	2637-4913		2634-1874	2636-4912

- 주　　　소 : 서울특별시 영등포구 경인로 778(문래동 1가)
　　　　　　　㊲ 07363
- 관할구역 : 서울특별시 구로구(신도림동 등 19개동)
- E-mail : guro@nts.go.kr

과장	재산세		법인세		조사		납세자보호담당관	
	신미순 480		400		정봉균 640		장기웅 210	
팀장	재산1	재산2	법인1	법인2	정보관리	조사	납세자보호실	민 원 봉사실
	최용규 481	김미정 501	김미원 401	장 민 421	송태준 641		박윤정 211	곽윤희 221
DID	482-8	502-7	402-12	422-31	642-5 692-4	651-9 661-6	212-5	222-31
국세조사관	임영아 강지현	최원석 박선주	박주철 최연수	전영균 이동연 이수화	윤명희 이상헌	한경화 박정민 강경수 위경환	윤지영	조현일 정혜정
	편혜란 정경화 진혜경 이기영	최선규	이지현 한재식 이현일 김대환 김현경	이민영 이가영 박가은 유신혜	고은주	조한영 최인규 전태원 이영훈 함광주 남윤종	이선주 이성복 조다현	주희진 김선임 오선희 배진경 김고은
		이규태	안소라 이유영	이화영 권용학 김규리	장하용 최수인 김혜진	김별나 김선주 권정우		강유미 오은지
	이영욱 백지연	김현선 김수진	노지은 양상민	김성진		강주빈 정수진		도수정
Fax	2636-7158		2676-7455	2679-6394	2632-1498		2632-7219	2631-8957

금천세무서

- 대표전화 : 02)850-4200
- 코드번호 : 119
- 계좌번호 : 014371
- DID번호 : 02)8504-구내번호

서 장　최이환　☎ 02)850-4201

과장	징세			부가가치세		소득세	
	김정섭 240			박노헌 280		박찬만 320	
팀장	운영지원	체납추적1	체납추적2	부가1	부가2	소득1	소득2
	이찬주 241	김인숙 601	조형석 621	배진희 281	양찬영 301	유선종 321	전경란 341
DID	242-6 248, 595	602-9	622-7 262-4	282-92	302-11 592	322-8	342-6 592
국세조사관		이상민 김익환	김수연 최남원	김원호	정은아 김신우 손영이	서재필 정은하	장은정
	김상희 변유경 김병윤 한보경		임형철 조수빈 김민우 이영희 정안석 김보연	이언종 박영숙 김수진 이송향	권현신 위경진 이수철	최영호 진민희	권은숙
	최은영 유한웅 유태준	복경아 공기영 정수영	최진규	성경옥	장혜미 정의범 정혜지	강민주	김영순 송오은
	정효준	이근아 이은상 김다연		조서현 최병길 이광형	김민재 최지영	김민주 김강휘	김찬우 이소정
Fax	850-4635			850-4631		850-4632	

- 주　　　소 : 서울특별시 금천구 시흥대로315 금천 롯데캐슬 골드파크 4차 업무시설동
   ⑨ 08608

- 관할구역 : 서울특별시 금천구

- E-mail : geumcheon@nts.go.kr

과장	재산법인세			조사		납세자보호담당관	
	양석재 400			하명림 640		김동영 210	
	재산	법인1	법인2	정보관리	조사	납세자보호실	민원봉사실
팀장	설미숙 481	연덕현 401	강정화 421	정영희 641	이준혁 651 최선호 661 김영준 671 박인철 681 최미선 691	김미연 211	권보성 221
DID	482-7	402-15	422-32	642-6	652-3 662-3 672-3 682-3 692-3	212-4	222-4 226 228-9 230
국세조사관	홍지혜	안성진 이정숙	이동진 김지범	김영미			이수정 신동혁
	강규철 정우선 강아름 안성민	김광현 정회훈 김혜정 오덕희 송호필 김경태 이미현	이경옥 마정윤 김주아 박민주	윤현주 이민지	이은비 이정훈 성기영 장현성 이은혜 최민석	정민주 윤정화	허진화 이선미
	김민형	김나연 한지윤	조성광 김현정 민지현	김세빈 유은지	정명린 김찬미 정제준	김현곤	이하나 한정아
		김민혜 강수경 장민주	김수현 허정희	조서현	박지화		신유동
Fax	850-4633			850-4616		850-4634	

남대문세무서

- 대표전화 : 02)2260-0200
- 코드번호 : 104
- 계좌번호 : 011785
- DID번호 : 02)22600-구내번호

서 장 **이 석 봉** ☎ 02)2260-0201

과장	징세		부가소득세			재산법인세	
	김정흠 240		김을령 280			채혜정 400	
팀장	운영지원	체납추적	부가1	부가2	소득	재산	법인1
	김태균 241	문민숙 601	김보경 281	박하윤 301	김동만 321	이정희 481	곽세운 401
DID	242-7 593	602-6 261-2	282-6 329	302-5 309, 329	322-4	482-7	402-9
국세조사관	신봉식	윤미경 염성희	서윤주	김혜란	천미진	김진석 임현영	김민경 안진영
	이인권 공선영 김은석	강현철 변애정 박지완 유은미 임혜빈	함연의 유민정 김명화	김연홍 이창남	이성애	황선익 유주만	신미선 이성원 김미란 김경덕
	전연주	장지우	문혜원	남만우 이지연		김유권	이현정
	한상철 남현준	김선화 노정연	김광석	서예율	김소희	최보현	김솔아
Fax	755-7146		755-7145			755-7730	755-7714

- 주　　　　소 : 서울특별시 중구 삼일대로 340(저동1가) 나라키움저동빌딩 　⑨ 04551
- 관할구역 : 서울특별시 중구 중 남대문로 1, 3, 4, 5가, 을지로 1~5가, 주교동, 삼각동, 수하동, 장
교동, 수표동, 저동 1~2가, 입정동, 산림동, 무교동, 다동, 북창동, 남창동(남대문시장),
봉래동 1·2가, 회현동 1~3가, 소공동, 태평로 1·2가, 서소문동, 정동, 순화동, 의주
로 1·2가, 중림동, 만리동 1·2가, 충정로 1가
- E-mail : namdaemun@nts.go.kr

과장	재산법인세		조사		납세자보호담당관	
	채혜정 400		김재철 640		풍관섭 210	
팀장	법인2	법인3	정보관리	조사	납세자보호실	민원봉사실
	박준서 421	이우철 441	이호필 641		김준연 211	김지영 221
DID	422-30	442-8	642-3 691-2	651-9 671-6	212-4	222-6
국세조사관	정호형 남미라	오수현	윤현시	어태환 남기훈 황윤섭 신희웅 오상훈	박온선 한정희	정미영 김재련
	박용태 문석빈 김정은	박정희 백아영 김신자 김승희	김영하 송도영 이지윤	석지윤 정석훈 김성호 이정현 심주영		윤미희
	김민영 김영천 이소현 김효섭	오대철 김지현		이다경 강명은 박한승 김보송 황찬연		주성희
					이상덕	조수연
Fax	755-7714		755-7923		755-7903	755-7944

노원세무서

서 장 **우 창 용** ☎ 02)3499-0201

- 대표전화 : 02)3499-0200
- 코드번호 : 217
- 계좌번호 : 001562
- DID번호 : 02)34990-구내번호

과장	징세			부가가치세		소득세	
	박옥련 240			강연성 280		고미경 360	
팀장	운영지원	체납추적1	체납추적2	부가1	부가2	소득1	소득2
	고태일 241	유경민 601	권기현 621	양희재 281	김기환 301	오재현 361	양미영 381
DID	242-4 246-7 593	602-8	262-4 622-8	282-91 399	302-13	362-75 399	382-93 395
국세조사관			용연주 오광선 김희정	김영선 최성일	김혜숙 주동철 김문영 황미영 서정이	이동백 최기웅	김기덕 윤순녀
	이범규	황정미 윤영숙 신예민 배은호	정화영 정하영 배원희 김지혜 안지윤	이승학 김행복 최수진 김경자 김미나 이상호 김규진 김일하	고현웅 정연선 조연상 이재완 이명선	김영아 정홍자 백승현 박애란 강복길 조은비 배우리 이강산	김민섭 강선미 김재우 정애정 조서혜 문종빈 김대길
	권용상 박민우 이종룡	박준우 김수빈 최지현			임소연	황서하 홍영실 최소라	구동욱 송현주 조영호
	노재윤 조민수 송예린		백지원 안찬종	김민수 서진희	여가은	김태호 김유진 권오민	송형승
Fax	992-1485			992-0112		992-0574	

- 주　　소 : 서울특별시 도봉구 노해로 69길 14(창4동 15)
　　　　　 ⑨ 01415
- 관할구역 : 서울특별시 노원구 전지역, 도봉구 중 창동
- E-mail : nowon@nts.go.kr

과장	재산법인세				조사		납세자보호담당관	
	박양운 400				김영근 640		신성철 210	
팀장	재산1	재산2	재산3	법인	정보관리	조사	납세자 보호실	민　원 봉사실
	박승문 481	윤지수 501	김수영 521	배민우 401	양재중 641	최규식 651	서경철 211	김진호 221
DID	482-9	502-9	522-7	402-8	642-4 691	652-62	212-5	222-30
국세조사관			유성두	정효숙		유희준 김지욱	이현순	안병옥
	조해영 이미화 우승철 안소영	김성수 곽진후 안정호 강미수	정명훈 박준명 박주영	송유석 남수주 김경원	홍수현 박지영 강민수	이민욱 정철우 박성애	엄기관	육송희
	임윤택 정류빈	김미덕 김혜영 곽인혜	정의주	고민석	송보화	조성익 조경아 최길섭 김미선	안해송 문다영	최선희 허수진 박혜미 문현희 빈효준 한승완 최민규
	이혜선 김수헌	오제만	이선민	이주영 김경아		이효원 양문혜		이아름
Fax	992-2695				992-2747		992-0272	992-6753

도봉세무서

- 대표전화 : 02)944-0200
- 코드번호 : 210
- 계좌번호 : 011811
- DID번호 : 02)9440-구내번호

| 서 장 | 김 상 원 | ☎ 02)944-0201 |

과장	징세			부가가치세		소득세	
	진병환 240			서민정 280		김재광 360	
팀장	운영지원	체납추적1	체납추적2	부가1	부가2	소득1	소득2
	우지수 241	허형철 601	최선희 621	탁용성 281	황주현 301	이은영 361	채용찬 381
DID	242-5 248, 595	602-9	622-7 261-2	282-92	302-12	362-72	382-93
국세조사관	김순근 박시춘	박선희	김영숙	민경화 최인옥 이지현	이응선 김미정	김동범	문광섭 강대규 심현희
	여원모 류장혁 정현진	임미영 정승갑 이지숙 유지영 한승범	김만숙 한주성 강현주 이서현 홍성애	임경미 오은경 백기량 오동석 이정은 홍은아 류기현	배현정 정미경 강보아 조아라 진성욱 이재은	이호연 최연희 한효주	손 명 조정미 차중협
	김태영	이진실	김동하	김세명 신이나	황인환 조재훈	백남훈 김경록 이은진 이선우 김소라 백만리	권혁진 황지영 장우석 전상현
	손유진	손지아	오민우	박종훈	남혜진 신해인	이현우 이세은	박슬기 강다애 김재원
Fax	944-0247	944-0249		945-8312		987-7915	

- 주　　　소 : 서울특별시 강북구 도봉로 117(미아동 327-5)
  ㉾ 01177
- 관할구역 : 서울특별시 강북구, 도봉구(창동 제외)
- E-mail : dobong@nts.go.kr

과장	재산법인세			조사		납세자보호담당관	
	윤만식 400			김민광 640		임용걸 210	
팀장	재산1	재산2	법인	조사관리	조사	납세자 보호실	민　원 봉사실
	김재훈 481	이　성 501	고성순 401	최향성 641	이승호 651	조승모 211	박성호 221
DID	482-8	502-7	402-7	642 692-3	652-3 661-3 671-3	212-4	222-8
국세조사관	고정수 신영진	임재현	김영필	황영규	도상옥	이서원	이상열 이상현 이세정
	김지윤 오영은 강민지 김은미	안승현 김인경	박성현 전성훈 김미란	박지영 박성희	권우택 박은정 김소희	김경라 하태연	권용익 이영민
		정일범	방유미 이애신		조성찬 최원희		박소연 정지문
	최영보 김가림	정희재 김다현	변하윤		조예린 곽정은		
Fax	945-8313			984-8057		984-6097	945-6942

동대문세무서

- 대표전화 : 02)958-0200
- 코드번호 : 204
- 계좌번호 : 011824
- DID번호 : 02)9580-구내번호

서 장 윤재갑 ☎ 02)958-0201

과장	징세			부가가치세		소득세	
	박종주 240			이종록 280		윤석태 360	
팀장	운영지원	체납추적1	체납추적2	부가1	부가2	소득1	소득2
	정종국 241	이은정 601	정선화 621	윤선기 281	김용원 301	이원정 361	김고환 381
DID	242-7 590, 592 600	602-8	261-2 622-7	282-90 141	302-10 312	362-8 493, 144	382-8
국세조사관	유순희	송설희 임보현	양동규 전진수 황다검	이평호	강혜림 유선화	윤미숙	유극종 김형미
	박연선 김미진 이경애 유동철	김동훈 김현주 권종기	박서정 금잔디 박재영	김혜진 김주찬 박혜옥 김소희 김두희 김지미	한승욱 김영옥 이상훈 심지섭	황순영 표윤미 곽용석 이은영 황민철	김수연 김경성
	안성빈 김정현 김민수	정금미 전윤아	조연우 이승희	강지은 유성안 이은정	박상원 편나래		이진우
				박찬우	이예지 박수진	김은정 강성률 송수빈 송혜린	박찬송 조세현 이예진
Fax	927-9461			927-9462		927-9464	

- 주　　　소 : 서울특별시 동대문구 약령시로 159(청량리동 235-5)
　　　　　　ⓤ 02489
- 관할구역 : 서울특별시 동대문구
- E-mail : dongdaemun@nts.go.kr

과장	재산세		법인세		조사		납세자보호담당관	
	임희운 480		전종상 400		송종철 640		오성철 210	
팀장	재산1	재산2	법인1	법인2	정보관리	조사	납세자 보호실	민 원 봉사실
	장은정 481	금봉호 521	이귀영 401	배두진 421	오영석 641		문태흥 211	최경희 221
DID	482-8 493	522-7	402-6	422-5	642 4	651-65	212-4	222-8
국세조사관	박종인 윤미자					심규연 김경국 왕훈희 조용석	강승희 유정림	최창주
	조재평 이원희	강정구 최창호 임지영	박유정 이은희 조송희 정채영	박태호 이수인 김준우	장혜경 김지현	김주희 이승철 이윤미 김지영 이지응	정성민	장소영
	김선아 이승주	이소정 박주연 이용권	이한송	이나래		황재홍 이예슬 김경아		김용호 김미연
	황미향 길영은				이정은	최지민 김소연 양인환		김다영 김예지 박지연
Fax	927-9466				927-4200		927-9469	

동작세무서

- 대표전화 : 02)840-9200
- 코드번호 : 108
- 계좌번호 : 000181
- DID번호 : 02)8409-구내번호

서 장 **박 광 식** ☎ 02)840-9201

과장	징세			부가가치세			소득세		
	강석구 240			심재걸 280			김성일 360		
팀장	운영지원	체납추적1	체납추적2	부가1	부가2	부가3	소득1	소득2	소득3
	김소연 241	김진수 601	김선순 621	김영민 281	이승훈 301	안상현 321	김태연 341	성시우 361	조 준 381
DID	242-4 246, 614	602-9	622-29 262-4	282-8 394	302-8	322-8	342-51 393	362-9	382-9 393
국세조사관	김경진	김환규	배주섭 최금해 장명숙		이은영 서정석	곽민석	권오광	노재호	정성훈
	홍기연	홍세진 강동석 김성숙 김혜정	유은주 한현숙 권민수 최은경	정인월 서경원 최선학 이경민 김지연	정상화 신종웅 박유리	전윤석 김승환 신윤경	김경숙 박경복 채종희 정창우 고유나 박민수	박은주 김미연 박정연 권준화	황선우 김용수 박자영
	최정영 김정호 임광훈	정현철 정문희	노익환 이정림	이지우 이지은	황송이	장민영 윤태훈	주영상 한혜성	최익영	윤선용 이병도 이서은 소윤지
	김도훈	윤경희	배경환 주윤재	최재득	이철원	윤지원 정다혜	김영일 서병학	이해성 김정민	유정찬
Fax	831-4136			833-8775			833-8774		

- 주　　소 : 서울특별시 영등포구 대방천로 259(신길동 476)
　　　　　　㈜ 07432
- 관할구역 : 서울특별시 동작구, 영등포구 중 대림동, 도림동, 신길동
- E-mail : dongjak@nts.go.kr

과장	재산세			법인세		조사		납세자보호담당관	
	480			오시원 400		강은호 640		210	
팀장	재산1	재산2	재산3	법인1	법인2	정보관리	조사	납세자 보호실	민　원 봉사실
	이영주 481	박종렬 501	조성용 521	옥혁규 401	이수락 421	권민선 641	손진욱 651	김용만 211	김수정 221
DID	482-9 396	502-9 395	522-9	402-5	422-6	642-4 692-3	652-3 655-61 663	212-6	222-31
국세조사관	박우현		황상인	정미선	권정기	함두화 윤청연	유수권 김재곤 김원종 배주환	박정민 박성탄	김순정
	김진희 이진하 최민경 김효정	정선영 전기승 손재하 구재효	김성표 황혜정 장일영	이수란 권재선	조현아	김경민 양상원 이충섭	이지은 김대원 심상미 강민호 백우현	권윤희	손동영 손미견 오은진 김은희 민상원 이유선
	이가원 김제성	김효진 심윤미 홍혜진	김용정 이수현 이원기	김지혜 박동규	방원석	최가은	이고운 조한송이	김미정 이호성	홍연옥 박수연
	이미진 이병주	성수연 전희은 황선민	박민지		이보라 장서희				김유주
Fax	836-1445			836-1658		825-4398		836-1626	

마포세무서

- 대표전화 : 02)705-7200
- 코드번호 : 105
- 계좌번호 : 011840
- DID번호 : 02)7057-구내번호

서 장 고 만 수 ☎ 02)705-7201

과장	징세			부가가치세			소득세		재산세
	양해준 240			백성기 280			박인국 360		김보석 480
팀장	운영지원	체납추적1	체납추적2	부가1	부가2	부가3	소득1	소득2	재산1
	현혜은 241	강태호 601	김현정 621	한숙향 281	윤용구 301	유성문 321	김선향 361	이남형 381	최영실 481
DID	242-7 591	602-11	622-8 626-31 261-3	282-91	302-10	322-9	362-70	382-90	482-8
국세조사관	윤점희	전미영 박상훈 이정화	최우일 이경희 유후양 유동원	윤상건 정여원	양영동	심영일 최현정	이미선	박경수	박한상 오다혜 노경민
	박희진	유진옥 김진호 정유진	천명선 이희진 김은실 노영희 김형욱	김효진 안현주 김서이 박지혜	김라영 김현정 윤지윤 송정아 임서운 박혜근	손은정 신영순 신영빈 오혜실 박유미	신미경 김가영 김지헌 이주희 오은희	이유진 유소정 진병훈	구진영 윤병진
	김규완 허송이	김희선 이강혁	유환성 이성진	오신형 장원주	김승희	손주희 권윤섭	위다현 김연지	권기연 심수연 이준희	오현석
	정준호 박천우 조성진	우미라 유다정	조호준	성 솔 조재령	정병민		이재윤 임은경	김혜영 박유리 김영명	이효진 노강래
Fax	717-7255	702-2100		718-0656			718-0897		718-0264

- 주　　　소 : 서울특별시 마포구 독막로 234(신수동 43)
  - ㉾ 04090
- 관할구역 : 서울특별시 마포구
- E-mail : mapo@nts.go.kr

과장	재산세		법인세			조사		납세자보호담당관	
	김보석 480		김성진 400			시현기 640		김미나 210	
팀장	재산2	재산3	법인1	법인2	법인3	정보관리	조사	납세자 보호실	민　원 봉사실
	정　건 501	김령도 521	공태운 401	권정운 421	구우형 441	박상준 641	권정희 651	양미경 211	권순찬 221
DID	502-7	522-30	402-11	422-29	442-51	642-4 691-3	652-5 660-5 675-7 657 680-5	212-5	222-30
국 세 조 사 관	송병섭	최정열	정소영 정규호			정보기	권영칠 김준기 김봉찬 백승학 최현석 정미영 조현은 송진미	문성진	서은정 이정희
	이　진 유지선	임규만 허진혁 유형래 김희경 김민아	김형진 박소영 감동윤 주소희	전민재 박성찬 임성도 강영묵	최　진 주현경 김종문 임　엽 최종수	임금자 유병수 이신혜 김양경	정경영 박윤수 이유경 이응찬 한광일	안희석 이원복	정유진 김형태
	진성민 권관수	표정범 박선영	박미진 정동욱 신지연	지신영 김혜원 신동호 백가연	성민규 이승현 김효진	김한별	김보라 김보원 이나경	신동준	이금옥 윤정민 문선영 김지은
	박수연	김진솔	채성운		김태훈 이윤정 신유림		강인혜 신수빈 이슬비 김한슬		최민성
Fax	718-0264	3272-1824	3273-3349			718-0856		701-5791	

반포세무서

서 장 **이요원** ☎ 02)590-4201

- 대표전화 : 02)590-4200
- 코드번호 : 114
- 계좌번호 : 180645
- DID번호 : 02)5904-구내번호

과장	징세			부가가치세		소득세		재산세1	
	신영주 240			이선미 280		이선구 360		임종수 480	
팀장	운영지원	체납추적1	체납추적2	부가1	부가2	소득1	소득2	재산1	재산2
	김민수 241	조광래 601	정영진 621	임문숙 281	임한균 301	고형관 361	김춘례 381	강수민 481	이국근 501
DID	242-6 593-4 582	602-9	262-4 622-4 628	282-7 232	302-7 232	362-9 233	382-9	482-91	502-8
국세조사관		김도경 김재현	임지숙 유진희 서 미	양명숙 최성호	임태호	남혜윤	송춘희	권민철	신이길 이창준 여호철
	이우근 이세진 임담윤 김세령	양준권 이홍숙 박형우	정기선 송성철 정민화 김명주	김수현 이희영	주수미 강미나 전보현 김상경	이지숙 구태경 한성일 홍성한	김혜인 김푸른솔	이정미 장지은 박찬호 정태경 고유영	김종협 고성헌 정용승
	문호승	임미송 오수영	고민지 권혜지	김혜민	황아름	이시은 김성미 임지남	유혜란 박호일 정형범	이주선 곽성준	송승철
	장혜진 송병희 이용욱	오선주		김형주 이정민	류가향	김경은 임재욱	양웅비 박승필	조민경 박현빈	
Fax	536-4083			590-4517		590-4518		591-2662	

- 주　　소 : 서울특별시 서초구 방배로 163(방배동 874-4)
  ㉾ 06573
- 관할구역 : 서울특별시 서초구 중 잠원동, 반포동, 방배동
- E-mail : banpo@nts.go.kr

과장	재산세2		법인세		조사		납세자보호담당관	
	윤영호 540		이영석 400		곽종욱 640		조성희 210	
팀장	재산1	재산2	법인1	법인2	정보관리	조사	납세자 보호실	민　원 봉사실
	김선율 541	박정한 561	양재영 401	김제우 421	백주현 641	김치호 651	홍정기 211	황상욱 221
DID	542-50	562-8	402-9	422-5 427-30	642-5	652-3 655-6 659-60 660-7	212 6	222-9
국세조사관	박소희	김창호 김봉재 현정아	주기환 심진용	이지은	박상현	조동표 서영준 문승진 김동환	유미라 박승재	김윤이 최영봉
	정현정 임지영 이동훈 박정화 이석준	이연지 백정훈 장윤희	홍찬희 정지열 윤소윤 김현준	윤지혜 이다혜 이혜성 이영호	장은영 이명희	김윤미 최　솔 황창연 김재욱 박장미 구승민	안유현 유민희	김현수 김진희 이연호
	임규성	정인영	조대훈	강혜정 조윤희	김찬웅	박혜인 박소은 서정은	현윤영	김수진 임정희 김서은
	김도형 옥영주	금가비	서현지	김슬기				
Fax	590-4513		590-4426		523-4339		590-4686	

삼성세무서

- 대표전화 : 02)3011-7200
- 코드번호 : 120
- 계좌번호 : 181149
- DID번호 : 02)30117-구내번호

서 장 최 영 철 ☎ 02)3011-7201

과장	징세			부가가치세		소득세		재산세1	
	원종일 240			주은화 280		김희정 360		문형민 480	
팀장	운영지원	체납추적1	체납추적2	부가1	부가2	소득1	소득2	재산1	재산2
	정완수 241	김강훈 601	이지영 621	양동준 281	박선희 301	노아영 361	정경원 381	전승훈 481	신갑수 501
DID	242-5 247-50 160	602-9 611	261-4 620-30	282-9 291	302-8	362-71 399	382-9 399	482-91 497	502-7
국세조사관		이진균 박정숙 정정희 송찬미	이종순 이선경 박성근	권효준	박주현 배 석	김지현	김미경	이영신 김민정	김동진 전은상
	권유미 조보연 오정언 이재경	유성희 류대훈 김수정 서봉우	손민자 정미경 손기혜 전미숙 이재영 임태윤 이승진	이은영 류지은 김민영 이경자	유정훈 박배근 이주영	민경은 박수연 강석순 권혜미 함지영 유승연 이현주	김래하 오경자 손현숙 이서아 이기섭 이성진	김지연 이민정 신수민 이광은 김유리	홍성천
	강동인		김보미 이현지 오자영 김은지	송미화 김성우 이유경	심윤보 윤보람	이보름	송혜리	김주희 박명진 송현수 김용철 최초로	김수현
	전다솜 노영돈 박래인 최치권	이재욱	권은호	정호영 임도은	신동민	김동완 장진영	정현석		박상길 김도연
Fax	564-1129	501-5464		552-5130		552-4095	552-4757	552-6880	552-4277

- 주　　　소 : 서울특별시 강남구 테헤란로 114(역삼1동 824) 5, 6층
  ㉾ 06233
- 관할구역 : 서울특별시 강남구(삼성동, 대치동, 개포동, 수서동, 일원동, 세곡동, 자곡동, 율현동)
- E-mail : samseong@nts.go.kr

과장	재산세2		법인세1		법인세2		조사		납세자보호담당관	
	이주석 540		임양건 400		심정식 440		염귀남 640		송수희 210	
팀장	재산1	재산2	법인1	법인2	법인1	법인2	정보관리	조사	납세자 보호실	민　원 봉사실
	윤미성 541	안정섭 561	이석재 401	강정일 421	김은정 441	조병성 461	진인수 641	홍상기 661	진성범 211	변　정 221
DID	542-54	562-7	402-11	422-30	442-51	462-70	642-6	662-3 665-85 691-2	212-7	556
국세조사관	차양호 전후영 김수지	이미영 조혜진		이경란	구영대	이재혁 이효진	구보경 송진희	윤태준 조성오 강명부 정민호 김현철 황재민 임명규 강성은	박윤정 윤현숙	오경애
	김정란 최지영 최재영 박희진 신지현 이소정	김윤호 조승호 오종민 김중우	은진용 김은호 전세정 강지인	홍여주 이진재 김효정 김선윤 최태용	김서연 유정화 배지영 김준하 오도훈	최형화 유필립 이인재 정자단	곽희경 박미선 김광미	이세진 조아름 천영수 김동욱 한광희 조민영 정해진	조예림 김소연	김효정 신지연 이승민 김보라
	조서연 박범우		나혜영 구은주 최정민	박　영	박은혜 권순엽		구훈모	한수정 김은경 윤지현 박진희 박하송 김태랑 주영석	최원화 김유진	김수경 이호정 원정윤
	우유정	김다정	홍차령 최정우 이종훈	강민주 조영도	이윤선 심영은	정혜경 윤주희 최선효		김상천 김준상 정희연		박민철 김지은
Fax	564-1127		552-4148		564-0588		552-4781	552-4093	569-0287	

서대문세무서

- 대표전화 : 02)2287-4200
- 코드번호 : 110
- 계좌번호 : 011879
- DID번호 : 02)22874-구내번호

| 서 장 | 김 민 기   ☎ 02)2287-4201 |

과장	징세		부가가치세		소득세	
	김장근 240		최영수 280		강기헌 360	
팀장	운영지원	체납추적	부가1	부가2	소득1	소득2
	김지혜 241	박준규 601	천영현 281	장준재 301	신경수 361	김승일 381
DID	242-4 249	602-12 262-3	282-8 313	302-7 313	362-7 313	382-7 313
국세조사관	여민호	김임경 이인자 복은주			문형빈	이현석 김영숙
	윤순옥 김성주 김재호	양윤선 강은숙 김경욱 고경만 박진현	주현경 한지영 이선영 이상혁 김현아	김영선 이중훈 조안나 양옥진 노민경	이혜인 고병석 이선민 임진영	이혜연 한수현
	손은태 조현희	강혜성 지대진 최효영	한아름	윤성귀	김하연 조인영	김남희
		김예리 김민수	박서연 탁희경	차용희	송여경	김현정 김가영
Fax	379-0552	395-0543	395-0544		395-0546	

- 주　　소 : 서울특별시 서대문구 세무서길 11(홍제동 251)

　　　　　 ㉾ 03629

- 관할구역 : 서울특별시 서대문구
- E-mail : seodaemun@nts.go.kr

과장	재산법인세			조사		납세자보호담당관	
	박상정 400			손상현 640		백승한 210	
팀장	재산1	재산2	법인	정보관리	조사	납세자보호실	민원봉사실
	정원영 481	김영미 501	정의재 401	장동훈 641	김세훈 651	김진홍 211	이은길 221
DID	482-91	502-7	402-10	642-5	651-8	212-4	222-7 230
국세조사관	김은아 서영순 이영주		윤현숙		강재형	이진주	김소희 최진영
	박문숙 이창민 변혜정 안현준	김두성 조한덕 이건술	기은진 배성한 채현진 안성은	최 웅 배은아 최윤미	이계승 이지민 진수환	노민정 김은해	노인선
	강혜연 임지민 김서영 김 영	차무중 김대용 남지은	남보영 최명훈	정소정	이은준 장재영		차연주 이상욱
		이제일	심경섭 장예라		윤단비		박수미 우현구
Fax	379-5507			391-3582		395-0541	395-0542

서초세무서

- 대표전화 : 02)3011-6200
- 코드번호 : 214
- 계좌번호 : 180658
- DID번호 : 02)30116-구내번호

서 장 김수현 ☎ 02)3011-6201

과장	징세				부가가치세		소득세		재산세1	
	임정숙 240				성승용 280		류오진 360		최동일 480	
팀장	운영지원	체납추적1	체납추적2	징세	부가1	부가2	소득1	소득2	재산1	재산2
	한정식 241	이정노 601	정수인 621		박지상 281	김윤희 301	남승호 361	류명옥 381	김남구 481	최미옥 501
DID	242-6 277-8	602-11	622-31	262-4	282-9	302-10	362-7	382-7	482-7	502-7
국세조사관			김희정 원정일		조은희 박은영	황태연 이선영	윤정재 이정은 김나연	정명주	김기미 황혜윤 유종일 공주희	신현삼 김성향 김대준
	진미선 설재형 정소영	정은이 정순삼 정상근	김태은 박주혜	이효주 박찬희	박정아 홍승표 양은영 박상현 배을주	백경훈 박지성 김홍래 민지혜 박현규	이 솔	주아름 홍진표 최병석	황명희 권민지	정대혁 원지혜
	최윤정 박배열 안진모	이미경 조선희 김민성 최세진 안재현 탁성찬	서경희 고주연 박철한 김다미	김지은	이은지 조대훈	강유미	최정인			
	김상진	박혜진 박경빈	김석준 김상규		안진모 안재현	배민주 임한솔	박종윤 김한율	육근영 안세미	신지원	최현지
Fax	563-8030	561-2271			561-2682		561-3202	561-2948	561-3230	561-1647

- 주　　소 : 서울특별시 강남구 테헤란로 114(역삼동) 역삼빌딩 3, 4층
  - ㉾ 06233
- 관할구역 : 서울특별시 서초구 중 서초동, 양재동, 우면동, 원지동, 염곡동, 신원동, 내곡동
- E-mail : seocho@nts.go.kr

과장	재산세2		법인세1		법인세2		조사			납세자보호담당관	
	윤광현 540		김승욱 400		정진혁 440		진선조 640			이우재 210	
팀장	재산1	재산2	법인1	법인2	법인1	법인2	조사관리	조사	세원정보	납세자보호실	민원봉사실
	김태언 541	김영석 561	이선민 401	김기중 421	김한규 441	정대수 461	김상배 641	한순규 651		권성대 211	권혁성 221
DID	542-9	562-7 470-1	402-11	422-31	442-50	462-71	642-4	652-80	645-6	212-7	556
국세조사관	이성재 노경수 정희라	김병만 박보경	이광수		손가희	김현희	이용수 조남건 송준승	최경호 최태진 최종래 김병기 박종화 민혜아 서승원	엄준희	이승연 한혜린	박상미 김상목 김윤정
	손정욱 배진원	김예슬 주성진 이승하	장윤정 김효정 최하나 정봉훈 권현식 현종헌	오동문 이금조 최해원 김승구 이규미 정영선	이지현 정유진 박범규 정진아	전희경 김지선 이병직 김초롱	장혜진 성연일	정규식 김 현 안병현 김동원 임신희 여효정 노영배 김내현	장영훈 차유라 정진택 김난희 박지숙	유제근 김주영 박가희 김주영	양문희 배주현 윤소연 윤영민 박예림
	조정원	김영기	강수빈 김선아	조성원 하주원	어재경 조은영	고아라 김서연 고우성	장준원	이윤정 차지해 이혜수 이지은			최소영 김지학 조영수 노지혜
	윤기섭 이소연	최문경 김상규	백진주	김아현 김은정	이서영 김세현	박정민 김병우	최은진	최문경 서진형 박푸른			
Fax	561-3750		561-3230	561-1647	561-3291	561-1683	561-3801			561-4521	3011-6600

성동세무서

서 장 이은규 ☎ 02)460-4201

- 대표전화 : 02)460-4200
- 코드번호 : 206
- 계좌번호 : 011905
- DID번호 : 02)4604-구내번호

과장	징세				부가가치세1		부가가치세2		소득세		
	윤기성 240				정홍석 280		반종복 320		조중현 360		
팀장	운영 지원	체납 추적1	체납 추적2	체납 추적3	부가1	부가2	부가1	부가2	소득1	소득2	소득3
	김옥환 241	박문철 601	염미정 621	이유선 261	송희성 281	이지영 301	이유상 321	김진경 341	백상엽 361	오윤화 374	권오성 387
DID	242-50 596	602-12	622-32	262-4 635-8	282-90	302-10	322-8	342-8	362-71	375-84	388-97
국세조사사관	김명순	이강구	김창범 박정은 김지만	김준수 이소민	최숙현 류호민	최선이	문주란	이금숙 오현주	윤은미 성준희	조정화	박명하 김정미
	박민재 박숙희 김세빈	최은수 김혜원 김형주 안지영 차유해	강동효 조정미 이후건	이경수	장혜경 박현준 김영신 윤혜숙 이선영	박정숙 심주호 김보미 강형석 한금순	변지야 변행열 김은미 양수정	김지연 윤지현	전한식 김태균 김효영 석종훈 신준철	이순영 오정환 진현서 김은하	변정기 정연경 황순희 양영철
	민경상 송은우	조민현 이성근 송명림 김세현	이윤경 김수인 김재연 서혁준	이혜지 이은희 허진수	정인희	김나영 이가현 민혜선	송지훈 박소정	이동건 오지훈	김상균 임하경 박도은	심상희 윤기숙 신유진 한장미	임지혜 모희산 조수정
	윤소윤 김동현 김영환	최형윤	이경서	한승아	전수연 김동현	권태우	곽종훈	장해연 허재희	백보민 최지원	곽현승 박준현	구경수 김나현
Fax	468-8455				497-6719		466-2100		498-2437		

- 주　　소 : 서울특별시 성동구 광나루로 297(송정동 67-6)
  ☉ 04802
- 관할구역 : 서울특별시 성동구, 광진구
- E-mail : seongdong@nts.go.kr

과장	재산세1		재산세2		법인세			조사		납세자보호담당관	
	유원재 480		문영한 540		박재성 400			강신태 640		김춘경 210	
팀장	재산1	재산2	재산1	재산2	법인1	법인2	법인3	정보관리	조사	납세자보호실	민 원 봉사실
	강민석 481	유형대 501	김영수 541	이풍훈 561	이승호 401	이희경 421	이정민 441	하태희 641	황제헌 651	김경원 211	김선하 221
DID	482 93	502-7	542-52	562-7	402-12	122-30	112-50	642-4 693-4	652-63 668-79	212-8	222-31
국세조사관	오주해 정성은 임홍철	백영선 류동균	이준석 이승일 진혜정	최성순	김창명		안순호	전혜정 홍지성 김대현 최태주 범정원	황병규 이재철 조문현 김흥곤 전종상 김명진	홍미숙 채규홍 이은경	신현준 지상수 이수진
	최민수 김옥재 함지훈 유미나 신주현 윤혜미 김화도	이재성	반미경 김미영 최진원 김미진 최미경	이진호 하상철 조영탁	정화선 서승현 문정희 유호경	김성덕 안지현 안경화 조아라 이성준	정도영 이명용 노이주 이준권	이강윤 김은영 김인화	김충상 홍범식 한종범 양영희 박준식 문윤호 김주하 김지영 이준표 황정미 조현진	김수경 이서연 권현서	홍영선 김현진 설정란 백연희 정희선
	이장훈	김동현 이제헌	김광환 김현우	서미래 김시훈	박지은 황지영 강건희	이현석 박지혜 남정태	박세인 이현주 백태훈	최기웅	임지은 유동석	이지혜	이병수 김희선 김태윤
	강희윤	이주경	정부교		서미선 신은수 양동범	추다솔	황웅재		황경주 조영현 안미진 허지현 성가현		김재훈
Fax	468-3768		460-4571		460-4572			469-2120		2205-0919	2205-0911

성북세무서

- 대표전화 : 02)760-8200
- 코드번호 : 209
- 계좌번호 : 011918
- DID번호 : 02)7608-구내번호

서 장 **조 영 탁** ☎ 02)760-8201

과장	징세			부가가치세		소득세	
	임준빈 240			이승현 280		조미희 360	
팀장	운영지원	체납추적1	체납추적2	부가1	부가2	소득1	소득2
	이용제 241	김우정 601	엄세진 621	박선영 281	강상길 301	정상술 361	박정곤 381
DID	242-5 207-8	602-8	622-7	282-8 297	302-9 297	362-70 294, 372	382-90 294
국세조사관	배수일	정동환 박승혜	이승필 이다영	고상석	이성훈 김선덕	홍세민 한진옥	이봉숙
	김미정	김은화 조은정 이찬무 최서진	정수용 신주현 유아람	김윤정 정유정 이수진 최재원	이연경 강성환 정세연 김가영	홍지석 유소정 김우성 서인숙 나진희 김혜림	박미영 변성익 신 선 장아름 안진성 채정화
	김상혁 류유선 최정원	장두영 김지현		허준원 강송현	정연주	노소영 정유빈	이한나 정현수 박계희
	김초아		조윤수	정인아	이동준 이경석	이은선	박혜정
Fax	744-6160	760-8269	760-8672	760-8677	760-8673	760-8678

- 주　　소 : 서울특별시 성북구 삼선교로 16길 13(삼선동 3가 3-2)
  ㉾ 02863
- 관할구역 : 서울특별시 성북구
- E-mail : seongbuk@nts.go.kr

과장	재산법인세			조사		납세자보호담당관	
	황영남 400			양광준 640		정승원 210	
팀장	재산1	재산2	법인	정보관리	조사	납세자보호실	민원봉사실
	박수한 481	정승렬 501	박인홍 401	안진수 641		남궁재옥 211	김일동 221
DID	482-92 298	502-9	402-8	642-5	651-3 655-7 660	212-4	222-7
국세조사사관	김경희 김경선 정주현	김경희	김대훈	정 철	조인옥 장문근 최영진	이미경 서지영	박현숙
	최은애 이화진 이보배	엄익춘 이지훈 서하영	홍승희 정남숙	이상직 이영경 김동진	두준철 김희정 홍성혜		김은주 류한상 이존열 윤희영
	정현기 여호종 서수현 이금미	석승운 김상걸	김혜원 이유진		이은실 노은호	곽민정	조혜리
	노혜리 김남주 신기용	김동현 김진아	김종연 양민정		한윤채		
Fax	760-8675	760-8679	760-8419	760-8671	760-8674	760-8676	742-8112

송파세무서

- 대표전화 : 02)2224-9200
- 코드번호 : 215
- 계좌번호 : 180661
- DID번호 : 02)22249-구내번호

서 장 류지용 ☎ 02)2224-9201

과장	징세			부가가치세		소득세		재산세
	이민구 240			박성신 280		양한철 360		최용근 540
팀장	운영지원	체납추적1	체납추적2	부가1	부가2	소득1	소득2	재산1
	강하규 241	곽미경 601	오남임 621	강체윤 281	황기오 301	박기정 361	임정미 381	김주애 541
DID	242-6	602-11	622-28 262-4	282-90 141	302-11 141	362-9 143	382-90 143	542-8 144
국세조사관		김명희	박란수 채수필 이정학 박자음	윤은지	류선주 은지현	김소영		문미라 박종태 유수정
	백은경 천문희 오잔디	양순희 박미영 윤상용 김현정	김은수 김양근 이윤경 양승복 김선경	류순영 박현정 김은희 신동한 정인지	김재은 조성주 김경인 엄순영 김현정 김윤정	김애라 안유라 이진동 김은진	김종성 심지은 윤종훈 문진호	손정희 김계영 이혜민
	유경원 신구호	김 솔 강가윤 박현진 박세환	방선미 이선미	정준채	윤희원	윤선민 김진희 박용업	이희숙 장민경 김주예 김현선	조주희 차승기
		전민지	노혜림	용연훈 김태희 황소은	양현우 김보경	성명은	구현정 신준호	
Fax	409-8329	483-1929		477-0135		483-1927		472-3742

- 주　　　소 : 서울특별시 송파구 강동대로 62(풍납동 388-6)
  - ⑨ 05506
- 관할구역 : 서울특별시 송파구 중 송파동, 장지동, 거여동, 마천동, 가락동, 문정동, 석촌동
- E-mail : songpa@nts.go.kr

과장	재산세		법인세		조사		납세자보호담당관	
	최용근 540		박성수 400		윤권욱 640		노수현 210	
팀장	재산2	재산3	법인1	법인2	정보관리	조사	납세자 보호실	민 원 봉사실
	양나연 561	배덕렬 581	이민용 401	신영섭 421	구현철 641		김수현 211	동철호 230
DID	562-8 144	582-90	402-12	422-31	642-4 691-2	651-69 645, 693	212-5	231-7
국세조사관	서정연 김숙자 김진곤	최운환 서정우	공효신	예찬순		1팀 김선한 고혁준 이지윤 2팀	이아름	곽주희
	장희정 권경해	박세웅 김성욱 박효진	박금지 정월옥 노미현 이승준 정일영 최원영	박명열 고보해 권규종 한규진 하경아	송민영 노지형	이동일 박준홍 정보경 박정섭 3팀 고영지 박소미	이지혜 김은실 서민우	손선화 서미영 김지현
	유주희 남장우	박재성 이제안	이현미 여길동	윤양경 김연희	김수정 노종옥	4팀 허 장 김수진 최예은 5팀 권경범 안태수 김하은		김다현 손지선 추교석
	유승희	김경현 제은아	김명수 김주형	최준영 이도현	양민영	6팀 정주영 홍성훈 강혜수	7팀 박상봉 이현우	
Fax	472-3742		482-5495		482-5494		487-3842	409-6939

양천세무서

- 대표전화 : 02)2650-9200
- 코드번호 : 117
- 계좌번호 : 012878
- DID번호 : 02)26509-구내번호

서 장 김 승 현 ☎ 02)2650-9201

과장	징세			부가가치세			소득세		
	모상용 240			박상별 280			윤일호 360		
팀장	운영지원	체납추적1	체납추적2	부가1	부가2	부가3	소득1	소득2	소득3
	김보연 241	이세주 601	김우진 621	김규성 281	김보미 301	조민숙 321	김성덕 361	차순백 381	성이택 461
DID	242-5 591	602-8	262-4 622-8	282-7 313, 332	302-6	322-6	362-7 369, 150 372	382-7 150	462-8
국세조사관	최진영	정수영	한윤정	박현자	안혜영 소영석	윤석준 박정순	정상원		이재하 이순희
	송진영 김병진 김민정	손미량 정경진 신나리 최은영	김경희 조원준 용수화 박옥희 이민정 임수진 박대윤 김행순	신명수 남경일 이광식 기중화 권범진 이나영	임지형 이미선 고명성	윤성준 임효선	김현준 이재훈 박정순 박선영	김희연 나종현 박숙영 김유미 장철성	강현우
	심희열	김민경	유선애	이지혜		최봉렬	장건수 김서윤	손태욱 이채원	손상익 임유진
	신현경 최상혁	서효정		문장환			김지완 임정민		손은경 박현규
Fax	2652-0058			2654-2291	2654-2292		2654-2294		

- 주　　소 : 서울특별시 양천구 목동동로 165(신정동)　⑰ 08013

※ 별관 : 서울특별시 양천구 신목로2길 66 씨티프라자 3층 301호(목동 404-16)
　　　　⑰ 08007

- 관할구역 : 서울특별시 양천구

- E-mail : yangcheon@nts.go.kr

과장	재산세			법인세		조사		납세자보호담당관	
	이용식 480			김성준 400		신세용 640		이동원 210	
팀장	재산1	재산2	재산3	법인1	법인2	정보관리	조사	납세자 보호실	민　원 봉사실
	계준범 481	심선미 501	손광섭 521	정중원 401	이기현 421	이수미 641		강승구 211	김유군 221
DID	482-8	502-8	522-9	402-6	422-5	642-6	651-9 661 3	212-5	222-8
국세조사관	허세욱	김우수	박성민 구민성	손성국	최성균		김기만 황경희 김정화 최　상		
	김소연 유강훈 박미정 홍국희	송유정 최기환 김지혜 정순임	이승훈 조재윤 황유성	연지연 최진아	김보미	김경희 김하림	지현배 이현성	변선정 손창수 박미연	유경숙
			신상민		황인태	김영무 박지원 신민서 이선아	조혜리 류신우 강인한 박아름 조성현		남경자 조현수 최보선 배은경
	한정현 이서형	오수연 차정미	강재신 김은진	김준철 서　선	김명선		강나루	도　준	박진아 현은지
Fax	2654-2295			2654-2296		2650-9601		2654-2297	2654-2298

역삼세무서

- 대표전화 : 02)3011-8200
- 코드번호 : 220
- 계좌번호 : 181822
- DID번호 : 02)30118-구내번호

| 서 장 | 한상현 ☎ 02)3011-8201 |

과장	징세			부가가치세		소득세		법인세1	
	박미란 240			전우식 280		노동승 360		정병록 400	
팀장	운영지원	체납추적1	체납추적2	부가1	부가2	소득1	소득2	법인1	법인2
	박은주 241	김민선 601	김남정 621	최영은 281	안상순 301	최차영 361	김병석 371	공진배 401	조규창 421
DID	242-7 592, 595	602-11 625	622-4 626-31 262-4	282-7	302-9	362-6	372-6	402-10	422-30
국세조사관		권은영 심민경	류기수	고강민	이성수 이민순	임현정		권종욱 홍경헌 문정민	노일호 김동직
	전훈희 최미영	김민래 김경민 최용민	유동완 이선희 강명신 김나연	정찬진 최혜옥 박효숙	강하영 이대정	김경아 한보름	박주영 민인녀	박연주 진정호 박재현 신현영 주화연 허지연	신정현 김영균 이수원 강경진 김정배 김나영
	이선영 박지훈	장희정 한재일 장영진 이민철 정미경	이종경 백수희 김윤영 김희준	김영지 박용석	양근성 김찬주	김찬희	곽수연 박소미	이다예	이지호
	이지영 백진우 강지석 김현근	오소현	김형완 조현우 이성도	노지우	김연규 구용모 고수민	이미지 손은우	유 진 곽경훈		정성욱
Fax	558-1123	561-6684		501-6741		564-0311		552-0759	

- 주　　　소 : 서울특별시 강남구 테헤란로 114(역삼동 824) 7, 8층

　　　　⑨ 06233

- 관할구역 : 서울특별시 강남구 역삼동, 도곡동

- E-mail : yeoksam@nts.go.kr

과장	법인세2		재산세			조사		납세자보호담당관	
	송영채 440		오명준 480			허천회 640		오규철 210	
팀장	법인1	법인2	재산1	재산2	재산3	정보관리	조사	납세자 보호실	민　원 봉사실
	장영림 441	이봉희 461	전만기 481	강인태 501	전현정 521	이미정 641	권진록 651	박정우 211	홍규선 221
DID	442-51	462-70	482-7	502-6	522-7	642-5 691-2	653-8 660 5 670-82	212 6	556
국세조사관	박소연	이형원	김수용 강혜은 유현정	권혁순 안수정 박서현	최태규 김 호 김상훈	금현정	류옥희 김동환 정승호 이종경 이기덕 이윤주 임근재 송화영	심 준 김현민	박승호
	최근창 한지예 최여은 이상문 신규식	이자연 서용준 백두열 이호재 홍수영 한영수	조정진 권 혁	이영주 김효정	고태영 정호철	황인주 차지현 민우빈 김오미	박서연 김가이 장현진 조인정 허 송 김수현 최지현 서재운 공자빈 이승연	신미덕	김새미
	최민정	이주선 박진우	전진효	손기봉	천혜빈	김용희	박우경 이신화 윤지원 문아연 박재형	박지언 박하니	김화숙 이민영 오푸른 배지영 장수원
	정우중 황주이		조선진						
Fax	561-0371		539-0852			501-6743		552-2100	

영등포세무서

- 대표전화 : 02)2630-9200
- 코드번호 : 107
- 계좌번호 : 011934
- DID번호 : 02)26309-구내번호

서 장 김필식 ☎ 02)2630-9201

과장	징세			부가가치세1		부가가치세2		소득세	
	김정열 240			김진석 280		박종무 320		권오현 360	
팀장	운영지원	체납추적1	체납추적2	부가1	부가2	부가1	부가2	소득1	소득2
	최현석 241	김건웅 601	심종숙 621	이재상 281	박옥주 301	이재원 321	박찬웅 341	이승준 361	안상욱 381
DID	242-5 208, 591 618-9	602-11	622-30 262-4	282-3 285-6 290, 552	302-7 310	322-6	342-7 552	362-6 540	382-7
국세조사관		배현우 엄태자	김은실 박애자 임은화 조미진	천경필	한수현 오도열	임봉숙	이서현 김성대 신영심	정혜영	최인귀
	고영숙 정여명 김정훈 남전우 김동완 전형민	박원영 김정희 박순희 이성호	심민정 윤정미 김수경 주성재	김유나 이선영 김윤미	이은정 백윤정 이현아	이수련 최순희 유기성	이완배 박민희	이명희 안연찬 임효정	유명옥 이정훈 박연주
	배상철 오세종	이민경 송지혜 최보영 허정인	박순진 안다경 김혜정 김민석	유소현	황민정	김유진	이윤주	이현욱	
			전주희	송필섭 강서의			노은지	김종민	김해진 박진영
Fax	2678-4909			2679-4971		2679-4977		2679-2627	

- 주　　　소 : 서울특별시 영등포구 선유로 243(양평동 4가)
　　　　　　ⓤ 07209
- 관할구역 : 서울특별시 영등포구(대림동, 도림동, 신길동은 동작세무서 관할)
- E-mail : yeongdeungpo@nts.go.kr

과장	재산세		법인세1		법인세2		조사		납세자보호담당관	
	박희도 480		이경수 400		이재영 440		남호성 640		선봉관 210	
팀장	재산1	재산2	법인1	법인2	법인1	법인2	정보관리	조사	납세자 보호실	민　원 봉사실
	박범진 481	윤수현 501	이승구 401	김영웅 421	강지성 441	주경탁 461	강선희 691	김한태 651	유지유 211	박찬경 221
DID	482-90 515	502-9	402-14	422-32	442 50 452	462-71	642-5 691-3	652-3 654-7 659-70	212-6	222-30
국세조사관	김해림 김경미	이춘근 당만기	박상희 김영일	이민정 김기남	김병찬	이윤하	하신호	조병만 박광용 김민주 김철민 김현웅	송도관 김은숙	장재훈
	이지원 황희진 심수민 신동호 장성우 석혜조	윤종현 박수지 곽주권	유승규 이민지 구미선 이선미 여주연 박소희	안성진 유지영 전경일 윤현경	윤난영 홍은결 이성혜 김인호 조정훈	권오정 이진아 지원민 박재춘	권우건 박준현	최정훈 전우찬 전인경 김문균 김석현	최성미	염은영 김지영
		이경진 박효준	이재민 류두현 이선영	최인석 김시홍 김수진	채민정 이명원	윤소라 이연실 홍성옥	김윤성 김주만	김　혁 윤서울 이세영 조인영	배민정 송진수	김보영 김유정 김예주 정영화 김지현 강성은
	장이지 황혜주	변병돈	남종현 박제영	신동진 서한슬	최민정 최연우	박소연 연성준	김지은	임진주 김예지 이은아		
Fax	2679-4361		2633-9220		2679-0732		2679-0953		2631-9220	2637-9295

용산세무서

- 대표전화 : 02)748-8200
- 코드번호 : 106
- 계좌번호 : 011947
- DID번호 : 02)7488-구내번호

서 장	김시현 ☎ 02)748-8201

과장	징세			부가가치세		소득세		재산세	
	최병태 240			조진희 280		권순일 360		정승환 480	
팀장	운영지원	체납추적1	체납추적2	부가1	부가2	소득1	소득2	재산1	재산2
	최영지 241	박성호 601	장인수 621	천진해 281	이미경 301	김성묵 361	김병홍 381	김요수 481	전용원 501
DID	242-6 614-5	602-8	622-8 261-3	282-9 299	302-8 299	362-9 268	382-8	482-90	502-8
국세조사관	김동은	유은숙 임미선	김상근 이인숙 황은옥 손한준	김기은 김명희 강미성	정미원 김종현	주혜령 김수진	백은경	한미경 김찬일	홍해성 김수열
	안소영 한윤숙	양 신 김정미 배이화	김지민 권태인 홍경원	한예숙 김해리 임혜진 조미애	박혜림 김기현 김화은 박소영	최운식 이창흠	권대식 유소진	강선영 유주민 나은경	남호철 정민순 김선우
	김경두 이정주 이창수	김연주	양종열 김단아	성주호	권윤회	권태준 김미연 장희정 나영미	손 국 최송아 임종희	전미례 김수민	박형호
	조창규	김한성	박신정	서자앵	박소정	이예지 허준혁	안영준	임찬혁	김건우
Fax	748-8269	792-2619		748-8296		748-8160	748-8169	748-8512	

- 주   소 : 서울특별시 용산구 서빙고로 24길 15(한강로3가 65-342)
  - ㉾ 04388
- 관할구역 : 서울특별시 용산구
- E-mail : yongsan@nts.go.kr

과장	재산세	법인세		조사		납세자보호담당관	
	정승환 480	김선봉 400		김미경 640		금승수 210	
팀장	재산3	법인1	법인2	정보관리	조사	납세자보호실	민원봉사실
	이정민 521	이수은 401	배옥현 421	김주현 641	박시용 651	최정규 211	이지영 221
DID	522-9	402-11	422-30	642-4 691-2	652-61 663-5 667-73	212-4	222-6
국세조사관	이범준 오강재	김수영	임세창	조명상 강화수	이경표 조재범 김형수 고영훈		한재희
	안성준 송영석 박기태 김소연	이지은 최문석 이희창 김선미 여은수	유은진 배은율 고완구 임선진	강병순	배원만 이윤애 박진영 김문기 홍선아 조우성 김호서 이은선 주윤정	부윤신 김차남	김민경 황연희 조세진 김소리
	박진성 정해시	제우성 이주연	도명준 임형은	박대광	김유리 나인애 최현준	김여진	장예지
	박소현	윤성호 최정은 김송화	황수진 이은우	정혜원	어수임 채연주 김희선		
Fax	748-8515	748-8604	748-8190	748-8605	748-8696	748-8217	796-0187

은평세무서

- 대표전화 : 02)2132-9200
- 코드번호 : 147
- 계좌번호 : 026165
- DID번호 : 02)21329-구내번호

서 장 임 형 태 ☎ 02)2132-9201

과장	징세			부가가치세		소득세	
	하수현 240			김종두 280		이병준 390	
팀장	운영지원	체납추적1	체납추적2	부가1	부가2	소득1	소득2
	김 웅 241	김수진 601	고영수 621	김주생 281	박평식 301	이수경 361	김종국 381
DID	242-7 591	602-9	622-8	282-9	302-8	362-72	382-90
국세조사관		이주한 정기선	이성진	박하란	이기순	오현주	조수현
	이경애 김민영 이수민 김진몽 하륜광	이태경 윤민정 여혜진	황유숙 김희선 권기홍 김현준 윤수향	김은정 최근영 이민석 박원희	윤공자 김찬옥 김은재 최다연 김지은	이혜리 이윤경 김혜영 김태은	안정훈 정희진 고희선 윤장원 진형석 김유연 김지은
	김성율	어장규 박성하	박정은	김유진	강민영 금민진	조한아 홍서준 주아람 박송이	김현희
	김정범	권보현		박영주 안희엽	이경희	김하나 정진원	강민주 김보경
Fax	2132-9501			2132-9502		2132-9503	

- 주　　소 : 서울특별시 은평구 통일로 684(응암동 84-5)
　　　　　⑨ 03460
- 관할구역 : 서울특별시 은평구
- E-mail : eunpyung@nts.go.kr

과장	재산법인세			조사		납세자보호담당관	
	최영호 400			서재기 640		김　찬 210	
팀장	재산1	재산2	법인	정보관리	조사	납세자보호실	민원봉사실
	이　섭 481	안무혁 501	정운형 401	한상범 641	김종진 651	황윤숙 211	박혜정 221
DID	482-91	502-7	402-7	642-5	652-9	212-4	222-6
국세조사관	김기연 도혜순 윤현미	김경환			김호준 김희겸 노수정		박복영	윤현경 김미성
		성창임 정소연	임보람 안정수	성대경 천새봄 유희정	김흥기 김예지 김형섭	조혜정 김경모	김지영
	황혜란 배지민 정주희 김도균 김미란	최명식 권태인	부나리 이　슬 이다훈 김민정	박서희	윤국한		김채원 박준희
	박현철 류선아	나희영 최소은			김민경		이현진
Fax	2132-9504			2132-9505		2132-9506	

잠실세무서

- 대표전화 : 02)2055-9200
- 코드번호 : 230
- 계좌번호 : 019868
- DID번호 : 02)20559-구내번호

서 장 권순재 ☎ 02)2055-9201

과장	징세			부가가치세		소득세		재산세
	이성복 240			임일훈 280		이성종 360		이의태 480
팀장	운영지원	체납추적1	체납추적2	부가1	부가2	소득1	소득2	재산1
	전학심 241	박범진 601	김승룡 621	이희태 281	김은주 301	윤희정 361	이용진 381	신지성 481
DID	242-6 596, 599	602-9	622-7 262-4	282-8	302-8	362-9 392	382-9 379, 392	482-90 515
국세조사관		조윤서 김진수	최은영 정은정	임성찬 박은혜	강종식	김진희	이미경	이지현 김현옥
	윤민수 차유경 서지원	구선영 박경애 이현준 성지연	마선희 채용문 장혜주 주용태 서연진	박재현 윤보영 정준호 정혜지	이원도 최정임 김성환 노미선	김주수 권예원 양순영	강혜경 배현옥 한영섭 강귀희 한지혜	김은애 김보미 이한배울 오수진 김수경
	정교민 허윤재 류경탁	위진성 임수민	최민정	조은효	김정주 김보미 이륜경	이서희 김선규 김우호	박지은	김혜진 김유리
	송지예		장윤서	도건민		이지원 최혜연	조은솔 고혜진 허준영	손홍필 김유진
Fax	475-0881	476-4757		483-1926		475-7511		476-4587

- 주　　　소 : 서울특별시 송파구 강동대로 62(풍납2동)
  - ㉾ 05506
- 관할구역 : 서울특별시 송파구 중 잠실동, 신천동, 풍납동, 삼전동, 방이동, 오금동
- E-mail : jamsil@nts.go.kr

과장	재산세		법인세		조사		납세자보호담당관	
	이의태 480		유탁균 400		문정오 640		김명규 210	
팀장	재산2	재산3	법인1	법인2	정보관리	조사	납세자 보호실	민　원 봉사실
	노명희 501	하행수 521	김강현 401	노석봉 421	김철민 641		한정희 211	최미자 221
DID	502-9 519	522-31	402-8	422-7	642-6	651-3 656-8 661-2 664-8	212-5	222-7
국세조사관	김윤정 권교범 김인숙	송기동 윤 석	김율희 장은정	임종민 황은미 정현진		도경민 백성태 박향미 이두원	이진영	문여리
	정혜영 안혜정 김도영	류나리 김태현 장효섭 최수현	최상채 구인선 오아름	김준하 정다은	박명희 안승용 전병준 박상미	김기천 윤소월 최은정	박금숙	이해미 윤선화 김정미 정대영
	김영심 우지영 최범식	한석영	박보화	정은선	김예진	심수빈 박현경 김민영 길혜선 김상원 강범준	유예림 장철현	김주영
		이미숙 임성미 김선휘	이주영			이태원 김유림		
Fax	476-4587		486-2494		475-6933		485-3703	470-0241

종로세무서

- 대표전화 : 02)760-9200
- 코드번호 : 101
- 계좌번호 : 011976
- DID번호 : 02)7609-구내번호

서 장 이승신 ☎ 02)760-9201

과장	징세			부가가치세			소득세	
	조구영 240			이유원 280			서문교 360	
팀장	운영지원	체납추적1	체납추적2	부가1	부가2	부가3	소득1	소득2
	김기열 241	김종식 601	이은배 621	민승기 281	안규상 301	김유미 321	임희원 361	성기동 381
DID	242-6 248-9 620	602-10	622-8 262-4	282-5 287-9 297	302-8 297	322-6 328	362-6 312	382-5 312
국세조사관	김성희	권미경	김현아 오임순 김혜정 임정희	김보연	정갈렙 정동혁	홍주현	오해정	이주희 김광미
	정미화 조천령	이홍욱 김난경 도영림 진솔민	권혁빈 손선미 박연주	이현지 홍경옥 박수현	윤지미 황미경 유호영 백승범 황보주연	박은정 손승모 하은혜	최미리	김숙영
	양 웅 박종서 유예림	최유림 정현호	박희수 권예지	서운용 윤서영		김성현 이재영	남기홍 최원길 김지혜	
	박홍균 이정모	전하영	정광표	강한덕 이지원	이채린		유세영	이솔아 한지원
Fax	744-4939	760-9632		760-9600			747-4253	

- 주　　　소 : 서울특별시 종로구 삼일대로 30길 22(낙원동 58-8)
  ⑨ 03133
- 관할구역 : 서울특별시 종로구(87개동)
- E-mail : jongno@nts.go.kr

과장	재산세		법인세			조사		납세자보호담당관	
	정소영 480		홍영국 400			서영미 640		이승종 210	
팀장	재산1	재산2	법인1	법인2	법인3	정보관리	조사	납세자 보호실	민　원 봉사실
	배성호 481	지은섭 501	엄형태 401	최병석 421	나우영 441	김남훈 641		정한욱 211	정희숙 221
DID	482-9 495	502-7	402-11	422-9	442-9	642-5 691-3	651-3 656-7 661-2 671-4 676-8 682	212-5	223-9
국세조사관	정윤미 진한일	진관수	심상우	김재형	손길진	 손민정	이명욱 강석종 윤상욱 김대중 민근혜 권지은	양미선	허태욱
	김은영 강민형 양명지	한선배 김경식 김보미 박민중	김미옥 박혜경 예수빈	최준웅 이경민 정형진 양희승	백유영 김지인 이강민	곽병길 박희근 박정희 권은경 심경연 김재훈	박창묵 임호진 노재희 김주헌 임수연 김수민 양국현 임윤종 차동희	채민호 임옥경 조광호	신주령 임미애 임은형 김수정
	양심영 유동준	심연수	장원미 송현화 안정은 송인범	문윤정 최혜련	이정은 채예지 조은기	김은지			이상화 김민아
	인순영		박은지 오서연	문예서	박세인		박창묵 박소미 방솔비		
Fax	747-9154		760-9454			747-9156		747-9157	760-9543

중랑세무서

- 대표전화 : 02)2170-0200
- 코드번호 : 146
- 계좌번호 : 025454
- DID번호 : 02)21700-구내번호

서 장 이 　철 ☎ 02)2170-0201

과장	징세			부가가치세		소득세	
	김영정 240			민진기 270		김 권 340	
팀장	운영지원	체납추적1	체납추적2	부가1	부가2	소득1	소득2
	윤선희 241	안연숙 601	김민제 621	조판규 271	전경호 291	어명진 341	박애경 361
DID	242-4 595	602-10	622-5 262-3	272-6 763, 280	292-6 299-301 278, 763	342-9 765	362-8 765
국세조사관		이재향 이희라	김상희 홍지화	동남일	김양수	오주원	
	김지현 노현선 강장욱 유승종	박민영 김인숙 윤석주 이은진 김윤정	김명숙 이은희 김은영	전광준 임영은 차현근 김도연 이지희 임은주	박마래 이진호 강현정 김선미 김선영	김은경 오주희 조명근 송연주	박선용 권세혁 이윤행 백설희 임세영 이윤정
			고은지		임혜연 김형우 최하나	박은정 정혜윤 장조희	김혜현 홍수지 신현주
	서영호	임수진 이다경		한재식 이상민	변광호 박주해	김은혜	이현아
Fax	493-7315			493-7313		493-7312	

- 주　　소 : 서울특별시 중랑구 망우로 176(상봉동 137-1)
　　　　　ⓤ 02118
- 관할구역 : 서울특별시 중랑구
- E-mail : jungnang@nts.go.kr

과장	재산법인세			조사		납세자보호담당관	
	이서행 460			조성식 640		김상원 210	
팀장	재산1	재산2	법인	정보관리	조사	납세자보호실	민원봉사실
	최동수 461	강민완 481	정한진 531	이진경 641	김두연 651	신지영 211	이성희 221
DID	462-7 703	482-6	532-7	642-5	652-9	212-4	222-6
국세조사관	김난형 최연정 김형정	강미순		정진환	오민숙	정성현 이지선	김나나 배상미
	한영규 안미라	이찬형	김현숙 박민서	신나영	박상언 이중승	김대연	성혜전 정경순 김경익
	김대연 한혜빈 이예진	황신원 강선이 김상현	이세란 정석훈 김수진	문정식	이승범 한정호		정현숙
			김지안	최시온	이지율 김현정 이동훈		
Fax	493-7316			493-7317		493-7311	493-7310

중부세무서

- 대표전화 : 02)2260-9200
- 코드번호 : 201
- 계좌번호 : 011989
- DID번호 : 02)22609-구내번호

서 장 이 철 재 ☎ 02)2260-9201

과장	징세			부가가치세		소득세	
	이명기 240			조성호 280		한예환 360	
팀장	운영지원	체납추적1	체납추적2	부가1	부가2	소득1	소득2
	이승희 241	이정미 601	이재원 621	한상민 281	채종철 301	이문수 361	김지원 381
DID	242-6 595	602-8	622-8	282-94	302-9 401-2	362-6	382-4
국세조사관		정영건	김영준	홍미영 최영숙 김원필	이길채 박옥진	이경숙	이미영
	마경진 신은경	차은정 정세나	강주은 임미영 김은화 신지숙	이상민 정혜영 류희정 최수연 박연정 김지현 남용희	정민철 유상윤 왕지은 김수연 이동규	이미형 이상훈 유서진	
	김유식	강동원 임수기 유정현	김효정 정재호	장규복 송채원	정현진		정희연 남경민
	김명규 박동수 엄하은	윤성민		전민채	김예실 윤희수	정승현	
Fax	2268-0582			2260-9582		2260-9583	

● 주　　　소 : 서울특별시 중구 퇴계로 170(남학동 12-3)　　⑰ 04627

● 관할구역 : 서울특별시 중구 중 명동1 · 2가, 충무로1 · 2 · 3 · 4 · 5가, 인현동1 · 2가, 예관
동, 오장동, 남대문로2가, 초동, 을지로6 · 7가, 필동1 · 2 · 3가, 주자동, 남학
동, 남산동1 · 2 · 3가, 예장동, 방산동, 쌍림동, 장충동1 · 2가, 묵정동, 광희동1 ·
2가, 황학동, 무학동, 흥인동, 신당1동~6동

● E-mail : jungbu@nts.go.kr

과장	재산법인세			조사		납세자보호담당관	
	남영우 400			박주담 640		서영일 210	
팀장	재산	법인1	법인2	정보관리	조사	납세자 보호실	민 원 보호실
	강명준 481	박경오 401	김용배 421	이 필 641	배장완 651	이경호 211	이태순 221
DID	482-8	402-9	422-7	642-5	652-66	212-4	222-6
국세조사관	곽영미 최길숙 최상연	양철원 박소영 정혜영	김희윤	이수여	정진욱 백원일 김충만	김영찬	김재희 이지형
	김수연	김낙용 정지혜	김보연 강유진 권오석	이성민 제갈융	김경달 김정윤 이권승 김희애 한종문 조민석	이규현 유희수	
	이지혜 복권일				김지연 이은아 강민균 김혜빈 안희성		전미라 박선욱
	조경진	한소백 김은령 신예주	조슬기 송 민	정유현	황지현		황은진
Fax	2260-9113			2260-9586		2260-9581	2260-9587

중부지방국세청

청 장 **박 재 형**

☎ 031) 888-4201

비서 : 이현규 ☎ 031) 888-4204

대표전화 : 031) 888-4200　(夜) 031) 888-4200

주소 : 경기도 수원시 장안구 경수대로 1110-17(파장동)　⑦ 16206
코드번호 : 200　계좌번호 : 000165
E-mail : jungburto@nts.go.kr

중부지방국세청

- 대표전화 : 031)888-4200
- 코드번호 : 200
- 계좌번호 : 000165
- DID번호 : 031)888-구내번호
- 주　　소 : 경기도 수원시 장안구 경수대로 1110-17(파장동)　우 16206
- E-mail : jungburto@nts.go.kr

청 장	박 재 형　☎ 031)888-4201

국장					
과장	운영지원			감사관	
	이창수 4240			강상식(3급) 4300	
팀장	인사	행정	경리	감사1	감사2
	이봉숙 4242	이규완 4252	이주일 4262	허영섭 4302	이남진 4312
국세조사관	김홍균 4243 여우주 4244 곽호현 4245 김지원 4246 최현정 4247	안지은 4253 양혜민 4254	오은경 4263	천만진 4303 박영웅 4304 석용훈 4305 최상운 4306 염선경 4307	이정민 4313 고경아 4314 최성용 4315 김윤정 4316
	김은호 4248 유승우 4285 김종훈 4249	김기식 4256 이범주 4257 조용재 4259 윤지혜 4258 김준호 4236	박정민 4267 이승수 4264 유시은 4268 김영훈 4270	권택경 4308 김주원 4309	진수민 4317 김다운 4318
	정연득 4250 이민우 4251 이경현 4286	김수지 4234 최준환 4235	김태범 4269 이윤선 4266		
Fax	888-7613	888-7612	888-7614	888-7616	

● 박재형 [중부지방국세청장]
- 68년생, 충남 대전, 서울 인창고, 고려대, 행시 39회
- 국세청 국제조세관리관 국장, 자산과세국 국장, 개인납세국 국장, 국제조세관리관 국제협력담당관 과장, 서울청 성실납세지원국 국장, 조사3국 국장, 첨단탈세방지담당관실 과장, 중부청 조사3국장, 부산청 성실납세지원국장

국장						성실납세지원국 최영준 4420	
과장	감사관		납세자보호담당관			부가가치세	
	강상식(3급) 4300		오상휴(3급) 4600			이순용 4451	
팀장	감찰1	감찰2	납세자보호1	납세자보호2	심사	부가1	부가2
	임재규 4322	김 웅 4290	최현주 4601	남용우(4급) 4621	박효서 4631	김성미 4422	함은정 4452
국세조사관	공석환 4323 김혜원 1327 김형욱 4328 전대진 4329 김도훈 4330	이준성 4291 김종훈 4292 서은화 4293 김태용 4295	박주리 4602 김은주 4603 박수현 4604	김광태 4622	김성호 4632 박종화 4633 이신화 4634 유진희 4635 이헌석 4636	이민수 4423 주신아 4424	김선영 4453 조행순 4454
	김수현 4331 최연욱 4324 임유진 4332	윤상목 4294	김정화 4605	박현우 4623 최다예 4624 진동욱 4625	조희정 4637 이동준 4638	이연석 4425 윤준호 4426	서유식 4455 김민교 4456 이윤정 4457
	전병우 4325		송휘종 4606			이소라 4427	노주호 4371 임청하 4370
Fax	888-7618	888-7617	888-7619			888-7633	

중부지방국세청

- 대표전화 : 031)888-4200
- 코드번호 : 200
- 계좌번호 : 000165
- DID번호 : 031)888-구내번호

국장	성실납세지원국 최영준 4420				
과장	부가가치세	소득재산세			
	이순용 4451	전일수 4381			
팀장	소비	소득	재산	복지세정1	복지세정2
	박진혁 4872	이승미 4430	김종수(4급) 4460	김주원 4382	공효정 4884
국세조사관	고은선 4873 곽병철 4874	방미숙 4431 문선희 4432 박병훈 4433	곽혜정 4461 이강석 4462 김지향 4463	이재혁 4383	
	김상옥 4875 김지윤 4876	송우람 4434 남명기 4435 박현정 4436	김남영 4464 우희정 4465 유진호 4466	남경희 4384	심현수 4885
	김다이 4877 여지수 4878	권미경 4437 허진주 4438	곽미송 4467	임석준 4385 김수진 4386	
Fax	888-7630	888-7631	888-7629	888-7631	

● 최영준 [성실납세지원국장]
－68년생, 전북, 광주동신고, 연세대, 서울대행정대학원, 행시 44회
－부산청 징세송무국 국장, 국세청 감사관 감사담당관, 기획조정관 국세통계담당관, 송파세무서장, 서울청 운영지원과 4급 과장, 조사2국 조사2국 조사2과

국장	성실납세지원국 최영준 4420				
과장	법인세				
	김광민 4831				
팀장	법인1	법인2	법인3	법인4	국제조세
	노승진 4832	정용석 4840	윤재웅 4851	김상엽 4962	이윤희 4952
국세조사관	이준용 4833 이재관 4834	정선현 4841 이주연 4842	박형주 4852 김진덕 4853	최미정 4963 서윤희 4964	이상현 4953 문규환 4954
	박은아 4835 전은정 4836	임승수 4843 이하나 4844 신요한 4845 강민구 4846	강병수 4854 이해영 4855	김학송 4965 김유정 4966 구혜란 4967 정현정 4968	손지아 4955 송예지 4956
	강병극 4837	양다희 4847	홍지민 4856	노태경 4969	우보람 4957
Fax	888-7635				

중부지방국세청

- 대표전화 : 031)888-4200
- 코드번호 : 200
- 계좌번호 : 000165
- DID번호 : 031)888-구내번호

국장	성실납세지원국 최영준 4420				
과장	정보화관리				
	권영림 4401				
팀장	지원	보안감사	정보화센터1	정보화센터2	정보화센터3
	이영주 4402	황신영 4412	송영춘 290-3002	장석오 290-3052	권오진 290-3102
국세조사관	이문원 4403 정윤희 4404 고현주 4405 전유림 4406	박은숙 4413 고양숙 4414	최영미 3003	박만기 3053	정을영 3103
	강윤경 4408	정병창 4415 최석종 4416		김현숙 3057	정현주 3107
	박범석 4409 유재상 4410		정지나 3008	윤아름 3058	이용재 3108
Fax	888-7627		290-3148	290-3099	888-7627

● 김태호 [징세송무국장]
- 68년, 경북 경주, 부산 동성고, 서울대 경제학과, 미주리 주립대 행정학 석사, 행시 38회
- 국세청 차장, 전산정보관리관 · 자산과세국장 · 개인납세국장, 재산세과장 · 조사국 조사2과장 · 세원정보과장
  조사기획과장 · 운영지원과장, 대구청 청장, 중부청 조사3국장, 서울청 신고분석1과장

국장	징세송무국 김태호 4340				
과장	징세		송무		
	최현창 4341		변희경 4011		
팀장	징세	체납관리	총괄	법인	국제조세
	김근수 4342	김시욱 4352	홍강표 4012	김성곤 4022	김은수 4032
국세조사관	오수연 4343 윤지영 4344	박미숙 4353 박수안 4354 황병광 4355	신지선 4013	윤경림 4023 이정용 4024	윤대호 4033 박대현 4035 조창국 4036
	정현준 4345 이현지 4346	문혜경 4356 서형민 4357	김미나 4014 김유경 4015	박현수 4025 이경수 4026	김태효 4037
	김용희 4347	김지현 4358 이송이 4359 김희재 4360	채연식 4016	김운중 4027	
Fax	888-7621		888-7624		

중부청

중부지방국세청

● 대표전화 : 031)888-4200

● 코드번호 : 200

● 계좌번호 : 000165

● DID번호 : 031)888-구내번호
031)8012-구내번호
(체납추적과)

국장	징세송무국 김태호 4340				
과장	송무		체납추적		
	변희경 4011		고병재 8012-7901		
팀장	개인	상증	체납추적관리	체납추적1	체납추적2
	김정현(4급) 4042	김보윤 4062	이영재 7902	장영일(4급) 7922	신진규 7942
국세조사관	조미옥 4043 박상우 4044	이하나 4063 김희선 4064 김지애 4065	김민선 7903 백승우 7904 박희경 7905	윤호연 7923 최옥구 7924 김유진 7925	김주란 7943 한효숙 7944 남궁준 7945 권기정 7946
	하유정 4045 김소정 4046 백은혜 4047	구태환 4066 이여성 4067 문지선 4068	강상준 7906 조민희 7907	황정태 7926 김광준 7927 문성운 7928 송기순 7929 유창인 7930	장익성 7947 이원락 7948 김광혜 7949
			한그루 7908 김서경 7909	허지은 7931 노현민 7932	홍근배 7950 고운이 7951 김민경 7952
Fax	888-7624		888-7622~3		

● 유재준 [조사1국장]
- 72년생, 경남 남해, 경복고, 서강대, 서울대 행정대학원, 행시 43회
- 부산청 조사1국 국장, 국세청장 정책보좌관, 잠실세무서장, 대통령 비서실, 중부청 조사1국 국제거래조사과장, 제주세무서장, 국세청 조사기획과, 통계기획과, 납세홍보과, 서울청 조사2국3과3계장

국장	조사1국 유재준 4660						
과장	조사1						
	박지원 4661						
팀장	조사1	조사2	조사3	조사4	조사5	조사6	조사7
	권순락 4662	김윤용 4672	허 진 4682	김동조 4692	김형준 4702	변유솔 4712	문창전 4722
국세조사관	김정관 4663 임철우 4664	김한진 4673 황재웅 4674 채혜인 4675	최돈희 4683	강주연 4693 김재중 4694	신정훈 4703	오기일 4713 김진희 4714	김동호 4723
	박다빈 4665 하영우 4666	정준희 4676 정지환 4677	박건우 4684 강정선 4685 이희석 4686 명경자 4687	김영석 4695 구자호 4696 김지민 4697	김상민 4704 김광현 4705	김현일 4715 오유나 4716	박미현 4724 강용수 4725 현은영 4726
	임지혜 4667 박지예 4668		강화리 4688	강수림 4697	정유진 4706 이은수 4707	최우현 4717	김효진 4727
Fax	888-7636						

중부지방국세청

- 대표전화 : 031)888-4200
- 코드번호 : 200
- 계좌번호 : 000165
- DID번호 : 031)888-구내번호

국장	조사1국 유재준 4660					
과장	조사2 김항로 4741					
팀장	조사1 장태성 4742	조사2 정윤석 4752	조사3 이연선(4급) 4762	조사4 최동주 4772	조사5 김가원 4782	조사6 박선열 4792
국세조사관	오경선 4743 박제웅 4744	신영림 4753 국경호 4754	이윤주 4763	염유섭 4773	허정무 4783 김경랑 4784	이창훈 4793
	송흥철 4745 안진환 4746 양성욱 4748	염가연 4755 김명선 4756	허 용 4764 주은미 4765 정효민 4766	염정식 4774 천혜미 4775 이지우 4776	이상준 4785 김준영 4786	안현자 4794 김은실 4795 고재윤 4796
	황동형 4747 김수진 4750	민재영 4757	한다은 4767	김은성 4777	박지혜 4787	장은심 4797
Fax	888-7640					

● DID번호 ： 031)888-구내번호
031)8012-구내번호
(조사1국 국제거래조사과
조사4~6과)

국장	조사1국 유재준 4660					
과장	국제거래조사					
	전　진 4801					
팀장	조사1	조사2	조사3	조사4	조사5	조사6
	최찬민(4급) 4802	박광석 4812	배병석 4822	최찬규 8012-1802	강새롬 8012-1822	박흥현 8012-1832
국세조사관	김병주 4803	김주연 4813 서기원 4814	임승빈 4823	송영석 1803	김성문 1823	김찬섭 1833
	정희경 4804 최우석 4805 김동준 4806	심민정 4815 김창윤 4816 김수지 4817	김영석 4824 송민철 4825 방여진 4826	한승철 1804 김지현 1805 강윤지 1806 김재욱 1807	김건우 1824 양서용 1825 반승민 1827	최현수 1834
	염관진 4807	조현우 4818	박승철 4827		김수아 1826	
Fax	888-7643					

중부지방국세청

- 대표전화 : 031)888-4200
- 코드번호 : 200
- 계좌번호 : 000165
- DID번호 : 031)888-구내번호
  031)8012-구내번호
  (조사2국 조사1과 4팀,
  5팀, 조사2과)

국장	조사2국 박정열 4480						
과장	조사관리						
	천주석 4481						
팀장	조사관리1	조사관리2	조사관리3	조사관리4	조사관리5	조사관리6	조사관리7
	김종민 4482	양구철 4492	전동철 4502	임재승 4512	박중기 4522	정경화 4532	이원섭 4542
국세조사관	김동현 4483 양종훈 4484 최인영 4485	이도연 4493	김현경 4503 김란주 4504	윤재연 4513 한경태 4514	김숙경 4523	최명진 4533	김민정 4543
	이향섭 4486 김경민 4487	김송이 4495	서현준 4505 백하나 4506	윤일주 4515 이원진 4516	최지연 4524	방민식 4534 최혜진 4535 박성용 4536	장성환 4544
	김민경 4488 진영석 4489	최성현 4496	권진솔 4507	류예림 4517	김충배 4525	정다운 4537	전혜영 4545 이현익 4546
Fax	888-7654						

● 박정열 [조사2국장]
- 70년생, 서울, 마포고, 서강대 경영학과, 행시 45회
- 국세청 운영지원과 과장, 국제조세관리관 역외탈세정보담당관 과장, 조사국 국제조사과 과장, 서울청 국제거
  래조사국 국제조사관리과 과장

국장	조사2국 박정열 4480						
과장	조사관리		조사1				
	천주석 4481		송원영 4571				
팀장	조사관리8	조사관리9	조사1	조사2	조사3	조사4	조사5
	윤광섭 4552	정성우(4급) 4562	박정민 4572	노정민 4582	노신남 4592	최고은 8012-1842	임상헌(4급) 8012-1852
국세조사관	김신덕 4553 서경원 4554	이민희 4563	김혜령 4573 윤장현 4574 오민선 4576	인찬웅 4583 김기훈 4584	곽재승 4593 임세실 4594	방치권 1843 이미희 1844 박현준 1846	장창하 1853
	김영은 4555 남유승 4556	김병호 4564	유희태 4575	김지혜 4586 최준완 4587	이현정 4598 양진석 4596 이현주 4595	황세웅 1847	임우현 1856 강주현 1854
	황한나 4557 양가은 4558	하정민 4665	김은혜 4578 강순택 4577	김지현 4585 이재원 4588	권영진 4597	윤효준 1848 조해정 1845	배진령 1855 여진동 1857
Fax	888-7654		888-7659				

중부지방국세청

- 대표전화 : 031)888-4200
- 코드번호 : 200
- 계좌번호 : 000165
- DID번호 : 031)888-구내번호
  031)8012-구내번호
  (조사2국 조사2과)

국장	조사2국 박정열 4480					조사3국 공석룡 4080	
과장	조사2					조사관리	
	채중석 1861					김태훈 4081	
팀장	조사1	조사2	조사3	조사4	조사5	조사관리1	조사관리2
	지선영 8012-1862	최준성 8012-1872	유한진 8012-1882	박경옥 8012-1892	남상웅 4072	김영진 4082	서유미 4092
국세조사관	김재형 1866 이광철 1863	정맹헌 1873 조은용 1876	박재홍 1883 전채환 1886	정현덕 1893 권미희 1896	이지원 4073	강선경 4083	이소영 4093 김남열 4094
	임정은 1864 한범희 1867 강미정 1865	김종선 1874 김주연 1877 강진영 1878	원종민 1887 차송근 1884 김별아 1888	민경석 1897 이유리 1894	박경수 4074	유승천 4084 김수연 4085 조해동 4086 박은비 4087	이슬비 4095 최지은 4096
	추근우 1869 장해성 1868	현미선 1875	김민성 1885	채상윤 1895 김성훈 1898	김예연 4075	나윤수 4088 최명호 4089	
Fax	888-7644					888-7673	

● 공석룡 [조사3국장]
 - 71년생, 경기 화성, 수원고, 고려대 행정학과, 행시 44회
 - 인천청 성실납세지원국 국장, 상하이 주재관, 국세청 국제조사과장·조사2과장, 서울청 숨긴재산추적과장·조사1국 3과장, 중부청 조사4국 조사1과장, 김천세무서장

국장	조사3국 공석룡 4080						
과장	조사관리 김태훈 4081				조사1 이순민 4151		
팀장	조사관리3 황영희 4102	조사관리4 김영민 4112	조사관리5 신효경 4122	조사관리6 이승규(4급) 4132	조사1 이재현 4152	조사2 이재성 4162	조사3 이주형 4172
국세조사관	윤영상 4103 박상주 4104 유득렬 4105	이순철 4113 신승수 4114	김은혜 4123	박은정 4137 이앙래 4133	박선범 4153 노수희 4154	편대수 4163	김은숙 4173
	신미리 4106 신문정 4107 황정미 4108	신유미 4115 홍지우 4116 한성미 4117	한수현 4124 성민수 4125	이남곤 4138 이유라 4134 구아현 4139 임애리 4136	임재미 4155 김 완 4156 최진화 4157	이은정 4164 김해진 4165 김동구 4166	팽동준 4174 이은선 4175 박동완 4176
	어영준 4109	김석주 4118 조성수 4119	김상아 4126 강진선 4127 이승배 4128	홍주희 4140 임정환		임재혁 4167	박미리 4177
Fax	888-7673				888-7678		

중부청

중부지방국세청

- 대표전화 : 031)888-4200
- 코드번호 : 200
- 계좌번호 : 000165
- DID번호 : 031)888-구내번호
  031)250-구내번호
  (조사3국 조사2과)

국장	\\multicolumn{7}{c}{조사3국 공석룡 4080}

과장	조사1		조사2				
	이순민 4151		최병구 5601				
팀장	조사4	조사5	조사1	조사2	조사3	조사4	조사5
	장현주 4182	정국일 4192	장인섭 250-5602	정용수 250-5612	조성인 250-5622	최정희 250-5632	김송주 250-5642
국세조사관	조용진 4183	강여정 4193	박세민 5603 손민석 5604 강경식 5605	고영욱 5613 이동호 5614	강지원 5623	이영태 5633 고경진 5634	이창수 5643
	이오형 4184 송은호 4185 이지원 4186	김준희 4194 이대훈 4195 유성은 4196	김보미 5606	김현숙 5615 송민경 5616	정휘섭 5624 민옥정 5625 여진혁 5626 김경훈 5627	고지현 5635 김도헌 5636	임수정 5644 최완규 5645 이진호 5646
	하나임 4187	정상오 4197	임정혁 5607	정태식 5617		이유민 5637	고은혜 5647
Fax	888-7678		888-7683				

중부지방국세청 관할세무서

경기광주세무서

- 대표전화 : 031)880-9200
- 코드번호 : 233
- 계좌번호 : 023744
- DID번호 : 031)8809-구내번호

서 장 **박옥임** ☎ 031)880-9201

과장	징세			부가소득세			재산법인세		조사
	심미현 240			신승수 280			이정원 480		전정호 640
팀장	운영지원	체납추적1	체납추적2	부가1	부가2	소득	재산	법인	정보관리
	배정숙 241	서효우 441	최재천 461	유준영 281	안홍갑 301	이은수 361	임희정 481	황준성 401	이봉형 641
DID	242-5	442-9	263-4 462-9	282-9	302-8	362-73	482-93	402-10	642-4 691-2
국세조사관		강승조	김승미	박진수			한유정 강석원	이승재 김희화	
	박수태 안지은	홍서연 황계순 최안나 박미영	임대근 이현주 하윤희 김송이 이민의	오수경 나영수 김수현 김재민	손정희 안광민 장미숙 이민성	강태길 송현철 정윤희 한봉수 한명수	윤정환 박진희 이희정 이재룡 윤종율 박미경	양승우 박라영 임종훈	이향은 박은진
	송민석 박완식	이철원 김기덕	김순옥 최진경	박나영 김민주	김신애 김두수	이현진 남지윤 신소희 김용준	최효임 이현정	임경수 김진환 정회정 조윤영	유태호 이상윤 허정미
	오광호	권예림	김성경 권혁주	이윤의 김현배	박세용 박담비	이창진 김태연	김하나 정원준 임빛나 염수진		
Fax	769-0416	769-0417		769-0746			769-0773		769-0685

- 주　　소 : 경기도 광주시 문화로 127(경안동)　⑰ 12752
- 관할구역 : 경기도 광주시, 하남시(하남시는 경기광주세무서 하남지서 관할)
- E-mail : singwangju@nts.go.kr
◇ 하남지서 주소 : 경기도 하남시 하남대로 776번길 91(신장동 521-4)　⑰ 12947
☎ 하남지서 DID : 031)7903-구내번호 (대표 031-792-2100)

	조사	납세자보호담당관		하남지서 (7903-DID)					
과장	전정호 640	조일훈 210		김진숙(4급) 400					
팀장	조사	납세자 보호실	민 원 봉사실	체납추적	납세자 보호실	부가	소득	재산	법인
	이선옥 651	최승복 211	김남호 221	황 민 461	권흥일 410	이상희 421	김남헌 431	류장훈 441	김영호 451
DID	652-69	214-4	222 3 225-6	462-70	411-6	422-30 471-6	432-40 477	442-50 460	452-9
국세조사관	박동균 조해일 반흥찬 강신국 이준무		이병진	김옥남	강계현	이승훈 김동희	윤주영	정성은	
	신상훈 이정현 주향미 김도연 안대엽 김선균	박동일 백경모 이은미	김혜진	김윤희 조영미 한민수 송선영 권정석	김도훈 정택주 이미령 김동민	오현수 양이지 최민애 강승호 심선희	정희정 최영조 임장섭 정영현	정재윤 서효영 박양숙 김 강 배상원	최우신 윤연주 임 훈 박승현 김지암
	황지연 한상범 김예원 최규선		권승희 장금희	이정형	이주연	이강은 김혜정 서정우 박다인	정호식 이빛나 이성수 이수진	박지영 김동석 윤미경	이강희 윤병현
	김예지 임수현			김규희 권택형 김하은	허지원	이수지 이태영 박은지 임수빈 황수지	황승규	조서영 김민정	남가인
Fax	769-0685	769-0842	769-0768	793-2097	793-2098	791-3422		795-5193	

구리세무서

- 대표전화 : 031)326-7200
- 코드번호 : 149
- 계좌번호 : 027290
- DID번호 : 031)3267-구내번호

서 장 강 정 훈 ☎ 031)326-7201

과장	징세			부가가치세		소득세	
	홍소영 240			조성우 280		홍필성 360	
팀장	운영지원	체납추적1	체납추적2	부가1	부가2	소득1	소득2
	전국휘 241	최상림 441	이관열 461	오승철 281	강선희 301	이환운 361	유한순 381
DID	242-4 612	442-51	462-7 262-4	282-91	302-11	362-8	382-8
국세조사관		한주희			김구호	윤혜정	
	송지선 이정현	김인숙 김은희	김미선 이나래 김하니	유경진 곽 훈 오원정 한희자 이우현 황시윤 전다인	김주애 김보성 김태진 신영철 김민수	남기선 채정석 이정하 김태은 최재진	이중재 태종배 인정덕 이효진 이동현
	송정은	양일환 안지영	박금찬 홍진기 김주헌	조재훈 정수길 장미진	최수인 조지현 전영지 김종빈	김경난	양지연
	박원준	김찬우 김승주 이기연 한수연	김건우 정재윤 지영은	이하연	김진호	김두정	윤정임 구혜영
Fax	326-7249	326-7469		326-7359		326-7399	

● 주　　　소 : 경기도 구리시 안골로 36(교문동 736-2)
　　　　　　　　㊉ 11934

● 관할구역 : 경기도 구리시, 남양주시(별내면, 별내동, 퇴계원읍, 다산1·2동, 양정동,
　　　　　　　　와부읍, 조안면)

과장	재산법인세			조사		납세자보호담당관	
	손병중 480			김영승 640		김상동 210	
팀장	재산1	재산2	법인	정보관리	조사	납세자보호실	민원봉사실
	박진흥 481	우정은 491	김상우 401	차윤중 641	최연구 651	신충민 211	김승석 221
DID	482-8	492-7	402-12	642-6	652-60	212-4	222-9
국세조사관	이범주	문전안	조요한 강성구	양시범	정종원 박은정	송윤식	
	한승기 한영준 김세진 서윤석 윤도식 이소원	홍성민 박상훈 신명관	변상미 이영석 심새별 정경민	우해나 양지현	정수연	안문철 김난영	심 별 이우경
	이성민 안지영	이유안	김나영 이주현 이수빈	이예연	유지환 박성희 이소연		정영미 황인선 신주현 장소영 김수영
	전건욱	심수진	전세영 김현경	김기민	김선종 박나혜		강문이
Fax	326-7439			326-7219		326-7219	554-2100

남양주세무서

- 대표전화 : 031)550-3200
- 코드번호 : 132
- 계좌번호 : 012302
- DID번호 : 031)5503-구내번호

서 장 **김수섭** ☎ 031)550-3201

과장	징세			부가가치세		소득세	
	고윤아 240			황인하 280		김정남 360	
팀장	운영지원	체납추적1	체납추적2	부가1	부가2	소득1	소득2
	한상윤 241	이용배 441	최세영 461	김성준 281	최 용 301	김헌우 361	이기현 381
DID	242-5	442-50	462-9 262-3	282-9	302-10	362-9	382-8
국세조사관		김민철	임광열				홍선영
	임현구 박지현	김주형 김민성 주태웅 함태희	조아름 정하미 임부선 박성훈	오동호 안지은 김나윤 김소영	임소연 민백기 김동근 오은희 신수정	엄영석 김지혜 김민희	김주연 서승화 하한울 지수연
		신승현 송지은	손영주 김혜진 최누리	김도형 손정아 표다은 나환영	진주원 이관희 최혜림	이현문 박인희	
	김성용	김소연	이은지 김용민	황길하	윤경효 정 민 유지인	오세영 박재형 이명곤 이현아	장정윤 남기홍 김태경
Fax	550-3249	550-3268		550-3329		550-3399	

- 주　　　소 : 경기도 남양주시 화도읍 경춘로 1807 쉼터빌딩(묵현리) ㉾ 12167
- 관할구역 : 경기도 남양주시(별내면·별내동·퇴계원읍·다산1동·다산2동·양정동· 와부읍·조안면 제외), 가평군
- E-mail : namyangju@nts.go.kr
- ※ 가평출장소 주소 : 경기도 가평군 청평면 은고개로 19(청평리) ㉾ 12452
- ※ 금곡민원실 주소 : 경기도 남양주시 금곡로 1037(금곡동) 남양주시 제1청사 세무민원실 내 (☎ 031-590-8566)

과장	재산법인세			조사		납세자보호담당관	
	양동구 480			박성배 640		이정아 210	
팀장	재산1	재산2	법인	정보관리	조사	납세자보호실	민원봉사실
	박종환 481	김정건 501	유 철 401	조한용 641	김민태 651	양재호 211	김규호 221
DID	482-9	502-4	402-9	642-4 692	652-3 661-3 671-3	212-4	222-8
국세조사관	김은순 김철호	신준규	박준범		류호정		안용수(가평) 박태구
	차정은 심단비 이우정	장혜진	김태우 유현민 정소연 안윤종	김봉수 오승배	이동구 최동휘 박정현	방정기 권은정 육현수	나정학 박경아 정강미
	장정수 정은재 권오광	이승은	정예원		김민정 전세연 진소현		정주희 정주리 박경민
	남예진 김햇살	김남희	박보경 유혜빈	박지연 류정윤	김유진		
Fax	550-3519			550-3669		550-3219	

동수원세무서

- 대표전화 : 031)695-4200
- 코드번호 : 135
- 계좌번호 : 131157
- DID번호 : 031)6954-구내번호

서 장 김호현 ☎ 031)695-4201

과장	징세		부가소득세			재산법인세
	박길대 240		정명순 360			김희숙 400
팀장	운영지원	체납추적	부가1	부가2	소득	재산1
	윤혜진 241	오영철 441	지영환 281	조일제 301	박종석 361	류종수 481
DID	242-5	442-52 262-3	282-8	302-8	362-73	482-9
국세조사관		성수미 문 경	김신애 이예림	최재성 이원구	정영욱	김소영
	박혜진 이치웅	김혜란 윤희선 곽은선 곽경미 이대훈	조주현 박정현 김현주	이향선 이동엽	김영애 이기혁 이현진 장경희 조광희 유혜정	강희호 최윤영 소미현
	김동엽 남다미	김상덕 박원경 김예슬 김서미 이다인	선가희 김정은	이미정 최지연	오현서 민천일 한비룡 노현서 박윤수 김민선	안지영 김지안 김진영
		박희연	엄재연	최지은	석진호	백소희 박지은 이준학
Fax	273-2416		273-2427			273-2412

- 주 　　 소 : 경기도 수원시 영통구 청명남로 13(영통동)
  ㉾ 16704
- 관할구역 : 경기도 수원시 영통구, 권선구 일부
- E-mail : dongsuwon@nts.go.kr

과장	재산법인세		조사		납세자보호담당관	
	김희숙 400		김성근 640		이정관 210	
	재산2	법인	정보관리	조사	납세자보호실	민원봉사실
팀장	배영섭 501	윤희상 401	김명숙 641	허두영 657 한은우 651 박정미 654	김영곤 211	소수정 221
DID	502-5	402-8	642-4	652-3 655-6 658-9	212 4	224 226-8
국세조사관	배원준				고영철	김미향
	차영석	강한수 권미애 권혜민 한상영 이승균	김태형 김미래	김인숙 김나경 유현정	지용권	윤영우 이주미
	박영훈 정은해		김도현	이종영	김새봄	강혜진 김유미
		김규원 이그린		김대연 선소임		
Fax	273-2412		273-2454		273-2461	273-2470

동안양세무서

- 대표전화 : 031)389-8200
- 코드번호 : 138
- 계좌번호 : 001591
- DID번호 : 031)3898-구내번호

| 서 장 | 조 종 호 ☎ 031)389-8201 |

과장	징세			부가가치세		소득세	
	임민철 240			정은숙 280		김국현 360	
팀장	운영지원	체납추적1	체납추적2	부가1	부가2	소득1	소득2
	김경숙 241	신영수 551	김수진 571	장해순 281	위현후 301	문선우 361	김예숙 381
DID	242-5	552-60	261-2 572-5 578-9	282-90	302-11	362-8	382-9
국 세 조 사 관		서영춘	유정은	이종완	이명희	김태연	김재일
	정치권	이형구 구성민	한미영 이송이 송재성	김은선 심완수 장명섭 김나현	이재훈 권영호 노승옥 채거환 이수현	김범준	송우락 홍순호 김묘정 이윤선 이동수
	우동희	안유미 이연수	김수민 이 화 안소현	강혜연 노시인	양선미 장혜지	고다혜 류대현 박의현	
	지유미 박민선	이영아 탁봉진 전미경 소혜린	이기훈 이현준	김민관 최 웅 이재희	손미옥 양송이 황윤정	김선미 채동준 박소연	전인아 오은진 황정미
Fax	389-8628	476-9787		476-9784	383-0428	383-0429	383-0486

- 주　　　소 : 경기도 안양시 동안구 관평로 202번길 27(관양동)
  ㉾ 14054
- 관할구역 : 경기도 안양시 동안구, 과천시, 의왕시
- E-mail : donganyang@nts.go.kr

과장	재산세			법인세		조사		납세자보호담당관	
	윤기철 480			장승희 400		함상봉 640		김향미 210	
팀장	재산1	재산2	재산3	법인1	법인2	정보관리	조사	납세자보호실	민 원 봉사실
	남숙경 481	허필주 501	문태범 521	유병욱 401	김진우 421	진수진 641	김석훈 650		유은주 221
DID	482-8	502-7	522-9	402-8	422-8	642-5	652-65 667	212-5	222-9
국세조사관	이학승		박종찬 김은영	임치성	남유진		임현주 강성훈 박찬희	박종호	박제효
	한승우 한진선	김태영 박승진 안현수	홍현기 황성연 김혜리	이현진 류승윤	박수현 김현기	유기연 김지혜	김효일 김용연 장현준 김민기 최인영	최미영 김주미	정현주 이승찬 노정윤 최주현 한지수
	김은진	서수아	박해란 김지수	박상민	이형진	송지인	김정혜 나예영 홍서윤 조민석		민병웅
	송재은 이 범 전재홍	박세연 임아름	백유진 김지연 강태훈	김진우 지민영 안재민	박선영 정나눔 전은애	서지은	배윤진 허 준 고윤형 안광혁	조승철	박지인 이우영 최현신
Fax	383-0435	383-0436	383-0437	476-9785		476-9786		476-9782	389-8629

분당세무서

- 대표전화 : 031)219-9200
- 코드번호 : 144
- 계좌번호 : 018364
- DID번호 : 031)2199-구내번호

서 장 이광섭 ☎ 031)219-9201

과장	징세			부가가치세		소득세		재산세
	이병현 240			서원식 280		유제연 360		기노선 480
팀장	운영지원	체납추적1	체납추적2	부가1	부가2	소득1	소득2	재산1
	임승섭 241	이규원 441	김정범 461	최종호 281	황대근 301	김인수 361	김선아 381	송현종 481
DID	242-5	442-50 469	262-5 462-7	282-8	302 304-9 313	362-9	382-9	482-8
국세조사관		최경식 박진영	정선이	임선희 김혜령			김경란	정진희
	김재일	강은영 정원석 나상진 이혜진	이현정 박은정 김건호 김성미 안진희	이경이 박철민	김강미 김영환 서가현	김정기 민애희 남현정	조광제	이유진 김명인
	이하림	권민경 서지민 윤민경	이선희 최태완	전화영 박혜진 김소연	김지현 김다솔 김효미	최선균 김수지 김윤한	유다래 김현정	유혜정 김미정 박한나 원효정 이상영
	권민수 차수현	김민주	한요섭 이혜서	박정은 김범겸	최윤성 양진우	진주연 유어진 나현규 정주희	조채연 고병준 김은진 신가은	성유빈
Fax	219-9580	718-6852		718-8961		718-8962		718-6849

- 주　　소 : 경기도 성남시 분당구 분당로 23(서현동)
  ⓤ 13590
- 관할구역 : 경기도 성남시 분당구
- E-mail : bundang@nts.go.kr

과장	재산세		법인세		조사		납세자보호담당관	
	기노선 480		김수원 400		이수형 640		김소영 210	
팀장	재산2	재산3	법인1	법인2	정보관리	조사	납세자 보호실	민　원 봉사실
	윤명로 501	강영구 521	정지선 401	이경숙 421	최상미 641	김재진 651	이수미 211	김보성 221
DID	502-8	522-3 526-34 537	402-10	422 30	642-5 691-2	652-65	212-6	222-9 231
국세조사관	지소영	이재택	송종범	우주연	김수진 김태진	백두산 김영근 조경호 백인희	고현숙	
	노원준 유윤희 최유연	김영식 하종수 박성은 차선주 박보영	강명호 구자헌	정신영 오정환	김영은	이보배 김동우 채호정 유희진 유형진	신지영 김경향 홍지은 문호균	조흥섭 진승연 박연미 박세라 박영은
	강주영 이명욱	조혜진 김보경 이인심	지상선 김경미 선우영진	박민욱 김진주 박소연 조가연	박소현 김장섭	유혜영 심재현	문시현	최수정 이한솔 김보람
	강수현	김은영 류승화 오상철	심지현 조현하 이서연	박미선 임온순	박하용	강보은 이지현 유현지		정인혜
Fax	718-6849		718-4721		718-4722		718-4723	718-4724

성남세무서

- 대표전화 : 031)730-6200
- 코드번호 : 129
- 계좌번호 : 130349
- DID번호 : 031)7306-구내번호

서 장 엄인찬 ☎ 031)730-6201

과장	징세		부가가치세		소득세	
	권범준 240		송찬주 280		이준호 360	
팀장	운영지원	체납추적	부가1	부가2	소득1	소득2
	송은영 241	위 종 261	정아영 281	김성은 301	안지영 361	원한규 381
DID	242-4	441-3 445-53 262-3	282-90 506	302-11	362-8 505	382-8 505
국세조사관		최미옥 이정균	남봉근	이명수 이하나	강덕수	
	권혜영 조하나	전영준 권민선 김희연 조효신 김수연 노기란 강미선	김주옥 김진광 조희정 정현빈	이평재 이은애 정희태	박희영 김안나 이창희	조희근 노현주 김숙영
		손은하	송창식 유현수	박미희 박민수	박인애 김호영	최혜승 박유진 최한솔
	허광녕	설재혁 강성길 안태균 정아름	이지수 함다운 남경아	권서영 임하섭 이서정	구자윤 이홍비	전수연 김선진
Fax	736-1904		734-4365		734-8718	

• 주   소 : 경기도 성남시 수정구 희망로 480(단대동)
      ⑨ 13148

• 관할구역 : 경기도 성남시 수정구, 중원구

• E-mail : seongnam@nts.go.kr

과장	재산법인세			조사		납세자보호담당관	
	문한별 400			박순준 640		주원숙 210	
팀장	재산1	재산2	법인	정보관리	조사	납세자보호실	민원봉사실
	강병구 481	박윤석 491	이현준 401	김수희 641	임흥식 651	김웅렬 211	송정숙 221
DID	482-9	492-3 495, 502	402-11	642-3 691-2	652-9	212-4	222-8
국세조사관	김경숙	류훈민		진영한	최락진 김중현	정보근	
	도유정 양주희 고인수 이창한 신민아 최영환	이진규 김혜연	이건석 박동민 장석만 김상욱 김은주 손예빈	이우현 손영미	김종우 유형우 박채은	신시영	한영임 홍혜영 노승미
		윤희경		김경연	김인애	이예지	임상록 서은애 이혜연 송유란
	박재현	이현지	안수민 백지연 류제현 박지우		이용훈 김누리		
Fax	8023-5836		8023-5834	736-1900	721-8611	745-9472	732-8424

수원세무서

- 대표전화 : 031)250-4200
- 코드번호 : 124
- 계좌번호 : 130352
- DID번호 : 031)2504-구내번호

서 장 김 치 태 ☎ 031)250-4201

과장	징세			부가가치세			소득세	
	강 표 240			오항우 280			조상옥 360	
팀장	운영지원	체납추적1	체납추적2	부가1	부가2	부가3	소득1	소득2
	한순근 241	서성철 441	이영환 461	김용진 281	장소영 301	최윤기 321	이종남 361	한민규 381
DID	242-5	442-51	263-4 462-7 470-1	282-90	302-11	322-9	362-73	382-92
국 세 조 사 관			윤기순	최성민	김수연	기두현	박하홍	강미애
	이정언 김소영	김소연 이문희 정진웅 이성현 김지영 황성희	박은정 유지호 김효숙 박훈미 김석준	좌현미 허은정 조숙영 지민경 서기영 엄현정	김현준 한수현 원희정 전선희 이미나 김새롬	김종만 하민정 이재혁 이순아 최우영 배진호	김수연 이령조 권예리	김정태 한경란
		이상일	주에나 공신혜	김유나 임수현	김민균 강미영	정지수	조정은 강 준 이다은	지석란 허미림 강지현 김연지
	장호욱 오승민	최희재 정완규 김영은	우민지 육소연 김지성	한기연 여상호	전혜영 최필규	조혜경	송현정 박정욱 이하은 백미나 최재우	엄혜림 오규원 김혜영 서주원
Fax	258-9411	285-0454		258-9413			258-9415	

- 주   소 : 경기도 수원시 팔달구 매산로 61(매산로 3가)
  - ㉾ 16456
- 관할구역 : 경기도 수원시 장안구, 팔달구, 권선구 일부
- E-mail : suwon@nts.go.kr

과장	재산법인세			조사		납세자보호담당관	
	김용환 400			이강석 640		이민철 210	
팀장	재산1	재산2	법인	정보관리	조사	납세자보호실	민원봉사실
	이종우 481	박현종 501	김도원 401	양금영 641	윤용호 651	연제열 211	홍준만 221
DID	482-90	502-7	402-12	642-7	652-65 668	212-5	223-7 229-33
국세조사관	김경만	장민재		조선미	구홍림 손세종 박민규 송창용	백민웅	연명희
	이국성 한희수	박수범 김인겸 문희제	김성진 장윤정 정미진 금상화 김기환	하경종 이미선 강다희	이은정 박홍규 박순영	김지윤 박수경 조은상	김윤경 김미나 구명희 진선애 황재인
	유주희 소연경 이요셉 송상율		이주현 김수인 신승훈		정현주 이재민 김지선 신지혜 장혜림		함용식
	정지혜 오재열 박여준 노솔비	최진욱 김윤아	강 휘 유미선 가주희	이두호	김문형 전희선 강윤형		이혜나 유제언 공채원 한서연
Fax	250-4494	258-0497		258-0453		248-1596	258-1011

시흥세무서

- 대표전화 : 031)310-7200
- 코드번호 : 140
- 계좌번호 : 001588
- DID번호 : 031)3107-구내번호

| 서 장 | 백승권 ☎ 031)310-7201 |

과장	징세			부가가치세			소득세	
	최선미 240			정병진 280			김영선 360	
팀장	운영지원	체납추적1	체납추적2	부가1	부가2	부가3	소득1	소득2
	하광무 241	진승호 441	강성현 461	김승훈 281	이봉림 301	장남식 321	권중훈 361	정규남 381
DID	242-5	442-52 268	462-9 263-5 268	283-91	302-11	323-30 332-3	362-9	382-8
국세조사관	한희윤	양준석	김상천 김은진 김 민	신정환 이소영	백승화 조창일	박명수	김형선	송승한
	김반디	이한희 변철용 김선중 하준찬 김진형	박미라 김민수 정수현	이경아 김재곤 유진아	김야영 정경윤 이현주	김남주 남기현 최지현 김성현 이재남	이동훈	김이준 소규철
	박순웅	김성수 서태응 이예지 박수지	함윤선 황유경 장소연 박광태 황석현	이지우	강태경 김재성 최유영 김용국	이혜진 이명길 한지희	이현정 주하나 정지헌 이수연	박경일 박선양 최은선
	이종민	이승아 연지원	김성은	김유선 김택준 이은정 김세민	모혜연 박경주	박나연 윤정환	박윤채 조수빈	곽길영 백현심
Fax	310-7551			314-2174	313-6900		314-3979	

- 주　　　소 : 경기도 시흥시 마유로 368(정왕동)
  ㉾ 15055

- 관할구역 : 경기도 시흥시

- E-mail : siheung@nts.go.kr

과장	재산법인세				조사		납세자보호담당관	
	박병남 400				맹환준 640		전기석 210	
팀장	재산1	재산2	법인1	법인2	정보관리	조사	납세자 보호실	민　원 봉사실
	김애숙 481	윤영택 501	성창화 401	김　환 421	서현희 641	전상훈 651	박수홍 211	김현정 221
DID	482-97	502-5	402 8	422-7	642-5	652-3 661-3 671-3 681-2	212-3 216	222-9
국세조사관	최정헌		이창원	김은경	김미라	김용덕		
	김주옥 황혜선 이초롱 권영인 김정준	조현성 조수영 김원중 김햇님	송은희 임정경	한상수	송재봉 정경민 박준선	정원석 한세훈 황종욱 정현수 박기현	이윤옥 이진영	최윤정 조소윤
	정윤정		한수현 윤준희	장원용		유화진	김종호	윤소현 민기원 조혜민 현덕진
	박세원		김하늘 정현석	김태현 신여경 장지은		서예원 김미현 노다혜 한예슬		신승훈 김중헌
Fax	314-2178		314-3975		314-3977	314-3978	314-3971	314-3972

안산세무서

- 대표전화 : 031)412-3200
- 코드번호 : 134
- 계좌번호 : 131076
- DID번호 : 031)4123-구내번호

서 장 정 경 철 ☎ 031)412-3201

과장	징세			부가가치세		소득세	
	이성호 240			박수용 280		김정래 360	
팀장	운영지원	체납추적1	체납추적2	부가1	부가2	소득1	소득2
	변인영 241	엄남식 441	신지훈 461	서용훈 281	권영진 301	인길식 361	김남주 381
DID	242-5	442-8	462-8 261-2	282-90	302-9	362-6	382-5
국세조사관	고영필	이철환		이은주	박영실		
	김미애	박재훈 이석아 김혜진	신영두 김은주 강민주 박혜경 김은주 이은성 배자강	박승욱 정유진 장경애 안성선	이경현 배수영 박창선 강성현 설수미	김재희 정명기 김세식	정혜정 이은경 이혜민
	김지언	윤혜원	이원자 한정현	강아람 박보경 조하나 권영은	오진욱 고은비 고아라	조소현	조은희
	진 준	이종보 이동현		박성진 김태영		김보연 유지원	배지연
Fax	412-3268			412-3531		412-3380	412-3550

- 주　　　소 : 경기도 안산시 단원구 화랑로 350(고잔동)
    ⊕ 15354
- 관할구역 : 경기도 안산시
- E-mail : ansan@nts.go.kr

과장	재산세		법인세		조사		납세자보호담당관	
	조성수 480		심희준 400		박영인 640		왕춘근 210	
팀장	재산1	재산2	법인1	법인2	정보관리	조사	납세자 보호실	민 원 봉사실
	김경희 481	이주희 521	김대혁 401	오선경 421	송주희 641	김학진 651	이수호 211	이성진 221
DID	482-5	522-4	402-9	422-8	642-4	652-65	212-4	222-8
국 세 조 사 관	김 찬 이준배	서승화				장희지	공정민	정민재
	김다영 정한나	정인경	유현상 임건아 박윤배	박종호 정재욱	이미연 이아름	박성찬 김명호 채성호 홍솔아 문지선 정은솔 장재영 박준영 안재현	서정훈 이은경	
	김상훈		박지선 정다솔 이예미 은성도	송상우 김경아 백진현 류민하	연송이	박수진 홍장원		오혜미 이푸르미 이승리 박상우 채희원
	김성범	민정은	임지은	장명훈		조은비 한수진		김경희
Fax	412-3495		412-3350		412-3580		412-3340	487-1127

동안산세무서

- 대표전화 : 031)937-3200
- 코드번호 : 153
- 계좌번호 : 027707
- DID번호 : 031)9373-구내번호

서 장 임 상 훈 ☎ 031)937-3201

과장	징세		부가가치세		소득세	
	하광열 240		김용선 280		서인창 360	
팀장	운영지원	체납추적	부가1	부가2	소득1	소득2
	김백규 241	양재우 441	유성주 281	이상훈 301	정동욱 361	이상욱 381
DID	242-4	442-9 262-3	282-6	302-5	362-7	382-6
국세조사관		전은영	구본섭	조병섭		이은주
	이해진	조현경 구현영 정진형 신미식	전진우 김문희 최하나 이지연	장종현 이주미 김서은	김보경 강기수 김민정	강정호 손택영
	옥경민	송보혜 김형식 정현민 윤샛별		김소정	윤선수 신혜정 박은비	정유진
	박기백	조현민	조정미			허민주
Fax	8042-4602	8042-4603	8042-4604		8042-4605	

- 주　　소 : 경기도 안산시 상록구 상록수로20
  　㉾ 15532
- 관할구역 : 경기도 안산시 상록구
- E-mail : dongansan@nts.go.kr

과장	재산법인세			조사		납세자보호담당관	
	강성필 400			윤진일 640		양종명 210	
팀장	재산1	재산2	법인	정보관리	조사	납세자 보호실	민　원 봉사실
	권창위 481		선형렬 401	박홍자 641	이남주 654	박경휘 211	오진숙 221
DID	482-5	501-4	402-7	642-4	651-3 655-9	212-4	222-4
국 세 조 사 관		조아라	김원택		이오섭		심우택
	이은영 정은순 장민기 김은진 나경태	주재명	김대환	박정옥 전진무	장형보 차은영 한혜경	김철호 민덕기 김보미	김미경 김혜진
	김동윤		임희정 윤가연 박선화		이희정 송보섭		김미희 류재성
		장선미 유용환	김민중	정의선	김지원 김다영		
Fax	8042-4606			8042-4607		8042-4608	8042-4609

안양세무서

- 대표전화 : 031)467-1200
- 코드번호 : 123
- 계좌번호 : 130365
- DID번호 : 031)4671-구내번호

서 장 송 명 섭 ☎ 031)467-1201

과장	징세			부가가치세		소득세	
	용환희 240			장재영 280		박봉철 360	
팀장	운영지원	체납추적1	체납추적2	부가1	부가2	소득1	소득2
	최성례 241	이응찬 441	노영훈 461	전기희 281	박동현 301	전원실 361	송석철 381
DID	242-4	442-7	462-5 262-4	282-90	302-10	362-7	382-8
국세조사관			김선미	전범철			문병남
	홍정욱	한상범 고은선 김슬아	한만훈	손선영 김지현 황현희 노환빈	정영희 이병옥 이준흥 김기선 김용일 이영은	안중현 정가희 이민희 임석봉 한아림 김상록	진영상 서강현 황수빈 정다운
	오지현 남효정	강수빈	장인영 장유리 임주원 최세은	김수지 오병관 진 솔 김미령	이노을 이찬송 이재욱	박유린	안애선
		한수민 신은송	구정래	오승연	정이수	이종원	곽윤정
Fax	467-1600	467-1300		467-1350		467-1340	

- 주　　소 : 경기도 안양시 만안구 냉천로 83(안양동)　ⓤ 14090

- 관할구역 : 경기도 안양시 만안구, 군포시

- E-mail : anyang@nts.go.kr

※ 군포민원실 주소 : 경기도 군포시 청백리길 6 군포시청 내 1층　ⓤ 15829
（☎ 031-399-4020~1）

과장	재산법인세			조사		납세자보호담당관	
	윤영진 400			정태경 640		이삼기 210	
팀장	재산1	재산2	법인	정보관리	조사	납세자보호실	민원봉사실
	이재현 481	백규현 501	김태우 401	김교성 641		강경근 211	정순남 221
DID	482-7	502-7	402-10	642-5	652-61	212-4	222-5
국세조사관	유미영	김지은 최청림	유길성 김은령		박영미 김경진 유경훈 최동기		김정훈
	하재은 임소영 이재상 김동희	김유현	황성윤	송창훈 정미호	조미진 최승훈 정영석	송준호 박송이	윤민혜 허양숙 오효정 구진선
			박은희 이근우 유민설	박미성 이혜규	허영렬 김진슬 김윤혁 박소윤 이주환	박수진	박현수
	김소현 김정하 이세연	이지현 최윤미 김성의	나은비 김정섭 차연주				김가윤
Fax	467-1419			469-9831		469-4155	467-1229

용인세무서

- 대표전화 : 031)329-2200
- 코드번호 : 142
- 계좌번호 : 002846
- DID번호 : 031)3292-구내번호

서 장 문홍승 ☎ 031)329-2201

과장	징세			부가가치세		소득세	
	박요철 240			함명자 280		강부덕 360	
팀장	운영지원	체납추적1	체납추적2	부가1	부가2	소득1	소득2
	이정미 241	장석준 441	조성훈 461	최은창 281	김동열 301	박병관 361	엄태영 381
DID	242-5	442-50	462-70 261-2	282-90	302-10	362-71	382-9
국세조사관		유영근 이진희	오현정 김승국	구응서		김동진 남경희 어윤제	유인식
	전 운 문하나	김상용 윤정희 한경화 윤한미	권대웅 오연경 이해남 조은빈 홍대건	최병화 한수철 이남경 김준이 이수지 노수지	이해자 조한정 문 혁 최우성 최윤성	홍보희	허진이 김지연
	박지성	석혜원 신예슬	김가민 정다은 최 영	임성연 정상아	윤일한 문가은 노혜선 신나영	권희갑 이미지 이준규 김찬수 한상화	이수빈 김가연 지창익
	김아영	김재홍	오지은	홍새로미	안광식 이지은	김지은 이준호	김서경 최병민 강성수
Fax	321-1625	329-2687		321-1627		321-1251	321-1628

● 주　　소 : 경기도 용인시 처인구 중부대로 1161번길 71(삼가동)　 ㉾ 17019

● 관할구역 : 경기도 용인시 처인구, 수지구

● E-mail : yongin@nts.go.kr

※ 수지민원실 주소 : 경기도 용인시 수지구 문인로 54번길 2 수지하우비상가 214호
　　　　　　㉾ 16828　(☎ 031-896-8165~7)

과장	재산세			법인세		조사		납세자보호담당관	
	이태균 500			조숙연 400		박금철 640		윤 경 210	
팀장	재산1	재산2	재산3	법인1	법인2	정보관리	조사	납세자 보호실	민 원 봉사실
	오경택 481	최인범 501	김병일 521	조창권 401	경재찬 421	김강산 641	엄선호 651	김영환 211	홍 경 221
DID	482-8	502-8	522-9	402-8	422-7	642-3 692	652-61	212-5	222 224-9
국세조사관	라영채		최성도		박제상		임교진 윤종근 박희경	곽은희	
	정택준 이훈희 이창민 김민정	김창우 김민규 배 진	장유경 전범수 이효나	김영지 황주성 김소은	김진태 류혜영	안태준 김정진 조현정	김한선 김도희 천수현	김윤희 유준호	박영종 박지수 하태욱
	나 선	김해경 류승혜 정예지	백소이 진향미 김태은	지영환 이소연 곽한울 이은정	권이혁		최영진 정은지 박조은 장보수	송성희	이진희 박수옥 선수아 김예지 오현주 박현명
	신수경 오동현	조병욱 최윤정	이한설	김경민	김소영 김혜경		양준모		김소연 정현정
Fax	321-1641			321-1626		321-1643		321-7210	

기흥세무서

- 대표전화 : 031)8007-1200
- 코드번호 : 236
- 계좌번호 : 026178
- DID번호 : 031)80071-구내번호

서 장 **함 민 규** ☎ 031)8007-1201

과장	징세		부가소득세		재산법인세
	김동우 240		황순영 280		장석진 400
팀장	운영지원	체납추적	부가	소득	재산1
	정진영 241	전병천 441	김동수 281	박훈수 301	신연준 481
DID	242-3 246, 248	442-53 261-2	282-91 625	302-13 626	482-90 628
국세조사관		이현정 김 봄	이 정	강수미	김영근
	류진희 허채연	최숙희 이고운 윤 창 김보경 정윤기 정 희 이은정 서홍석 윤현경	최근영 김연아 한대희 황유진 정동기 신유미 김선화	고진숙 조영은 서희선 정지영 김민정 이성현 문영건	유훈희 정해란 곽정수 공선영 김고희
	박소현 송진용	김미경	조해리 이유정	임민경 이수연 박병헌	조혜정 홍문희 이다연 유승연
		박규하 김소영	김유진 김채아	강수아 권정은 윤여준	박재우
Fax	895-4902	895-4903	895-4904		895-4905

- 주　　소 : 경기도 용인시 기흥구 흥덕2로 117번길 15(영덕동 974-3) 광장프라자 1~4층
  ⓤ 16953
- 관할구역 : 경기도 용인시 기흥구
- E-mail : giheung@nts.go.kr

과장	재산법인세		조사		납세자보호담당관	
	장석진 400		양동석 640		김분희 210	
팀장	재산2	법인	정보관리	조사	납세자보호실	민원봉사실
	한종훈 501	김영민 401	정지영 641	이태욱 651	임영교 211	이은정 221
DID	502-5	402-14	642-4	653-9	212-4	222-6
국세조사관	차성수	박준영 박이경	이은창	염훈선	김경민	
	정종원	유정선 정기호 김동욱		박용훈 주미진 왕윤세 최우영	이상범	황혜조 성은경
	김유나	김보경 정소연 최수진 정혜윤	송보경 이혜민	안의진	최인경	김단비 우지수
	나하은	지혜주 한미연 최근호 전세리		김유현 김다솔		인애선 창보라 김경모
Fax	895-4905		895-4907		895-4908	895-4950

이천세무서

- 대표전화 : 031)644-0200
- 코드번호 : 126
- 계좌번호 : 130378
- DID번호 : 031)6440-구내번호

서 장 김성한 ☎ 031)644-0201

과장	징세			부가가치세		소득세		재산법인세	
	한광인 240			강덕근 280		김태진 520		이오혁 400	
팀장	운영지원	체납추적1	체납추적2	부가1	부가2	소득1	소득2	재산1	재산2
	이영호 241	이용욱 441	이현주 461	김정식 281	송원기 301	박일환 521	권희숙 541	길요한 481	이은경 501
DID	242-5	442-50	462-7 262-3	282-90 372	302-11	522-8	542-8	482-93 496	502-4
국세조사관		이기언	이종하		김성훈 이중한		박순철	박주열	
	양성봉 김양희	김환진 조덕상	인한용 김성현 최혜정	이수덕 김성식 최강원 선승민 진현석	김아름 손석호 오광현	김의동 이상윤	연근영 송민섭	김태경 채상조 김용철 장인섭	허성훈 황용택
	김두리	김승래 강 현 남훈현 강유정	박현정 유가현	이수정 방민주	권구성 유지원	정연주 예성민	이진서 김형준	남현두 정현위 이경원 곽보경 박지우	
	정보성	장혜지 정찬영	윤석영 정혜진	김나예 김기웅 김지훈	최재강 김재우 이경민	전병무 안윤석 김채연	한미희 손정서	남연경 윤우식 박혜원	채민재 이효원
Fax	634-2103	634-2104	637-3920	638-0148	637-4037	637-0144	638-8801	

● 주　　　소 : 경기도 이천시 부악로 47(중리동)　ⓤ 17380

● 관할구역 : 경기도 이천시, 여주시, 양평군

● E-mail : icheon@nts.go.kr

※ 여주민원실 주소 : 경기도 여주시 세종로10 여주시청 별관 5층(영무빌딩) (☎ 031-883-8551)

※ 양평민원실 주소 : 경기도 양평군 양평읍 군청앞길 2(양평군청 1층) (☎ 031-773-2100)

과장	재산법인세		조사		납세자보호담당관			
	이오혁 400		김종학 640		조영규 210			
팀장	법인1	법인2	정보관리	조사	납세자 보호실	민 원 봉사실	여주 민원실	양평 민원실
	이광희 401	신호균 421	김수정 641	박상민 651	이만식 211	이준표 221		
DID	402-7	422-6	642-5	652-61	212-4	222-7	551	100
국세조사관				김준오 김경현 이정수 이연화		임병석		
	김기홍 시현민	박진호	이상근	홍제용 오아람 유제이 조영준	안인기 이승환	권기주 문선웅	강근영	권현회
	윤민경	김훈민	양영진 이후인			이석임 도주현		안광인
	서채은 석정훈 김강휘	송혜연 임민식 정은정	박석현	한재민 김현성 최세진	강준호			
Fax	634-2115		644-0381		632-8343	638-3878	883-8553	771-0524

평택세무서

- 대표전화 : 031)650-0200
- 코드번호 : 125
- 계좌번호 : 130381
- DID번호 : 031)6500-구내번호

서 장 **최영호** ☎ 031)650-0201

과장	징세			부가가치세			소득세		재산세		
	서민성 240			이창준 280			고병덕 360		박정훈 500		
팀장	운영지원	체납추적1	체납추적2	부가1	부가2	부가3	소득1	소득2	재산1	재산2	재산3
	이명훈 241	김영욱 441	임관수 461	정성곤 281	노명환 301	임병일 321	김진오 361	최종훈 381	이우섭 481	이현균 501	
DID	242-5	442-52	262-4 462-70	282-91	302-9	322-6 340-1	362-70	382-8	482-7	502-6	521-6
국세조사관		김혜선	한은정 이삼섭	조미영	강경래	김문환 권철균	김미영	윤 환	주기영	최복기	임승원 정효중
	배재학 성유미	김 선 이승근 이경민	도종호 유다연 이한나	김보영 박수용	송주한	김서연 임유리	권영빈	윤이슬	김수진 김초희 박관중 이하나 정예은	정승용	김연광 김다희 박형기
	박유천	권지용 장세원 이지현	임인혁 임우영 김지혜	강상희 문창환 이혜인 김주환 전가람 손경미	김현경 최원익 서정원		김슬빛 이정표 김은정	전형정 박상희 조성원 김준범	한성호	이채원 김태은	공영은
	안해준	안윤혜 강민기 윤 희 하민정	조봉경 박만경 최윤진 이호용	김예은 송승종	이민정 김종천 손희지	차나리 조아라 이혜진 채민석	박찬호 임수민 권영서 정다움 민성희	이민주 김성욱		안서윤	
Fax	658-1116	658-1107		652-8226			618-6234		665-4786		655-7103

- 주　　　소 : 경기도 평택시 죽백6로 6(죽백동 796)　ⓤ 17862

- 관할구역 : 경기도 평택시, 안성시

- E-mail : pyeongtaek@nts.go.kr

◇안성지서 주소 : 경기도 안성시 대덕면 건지리 376-5　ⓤ 17545
　☎ 안성지서 DID : 031-6500-구내번호

과장	법인세		조사		납세자보호담당관		안성지서 (6500-DID)			
	김시정 400		최태형 640		조병옥 210		김 훈 201			
팀장	법인1	법인2	정보관리	조사	납세자보호실	민원봉사실	체납추적	부가소득	재산법인	납세자보호실
	송기원 401	황용연 421	정호성 641	정현표 651	정선아 211	양종렬 221	이수용 441	황지유 221	이충인 281	황우오 481
DID	402-9	422 7	642-6	652-71	212-5	222-30	442 444-7	222-3	282-7 362-7	402-7 483-6 362
국세조사관				김현미 이호광 변종희 안성호 안유진			박수열		안정민 최근형	정인교
	김정우 신영호 곽수진	우성식 이유미 김훈기	박재우 이예지	박영규 정세미 조강우 장재민 권소현 서가은 나희선	전진철 최현정 이정은	변광호 홍윤선 정지숙 조상희	김기영 곽준옥 이규선		최재광 원설희 김근한	윤미진 김유창 정준영 위성호
	박일주 조소영 조학준		박상흠 박태윤	이은서 최소영 이상은 조한우 조계호	정 훈	최지우 김성룡 김용진 송정하 안서진	서정아	우세진 이후돈	이현정 진나현	오병걸 강수현
	정문승 황혜미	김도현 김보현 김소현	우진원	최슬기 조현진 김민주		황나경			채준형 김다영 장현봉 손가영 강은희 이동환	이지영 김준혁 손새봄 이수환
Fax	656-7113		655-7112		655-0196	656-7111	6190-2251	6190-2256	6190-2252	6190-2253

화성세무서

- 대표전화 : 031)8019-1200
- 코드번호 : 143
- 계좌번호 : 018351
- DID번호 : 031)80191-구내번호

서 장 정 순 범 ☎ 031)8019-1201

과장	징세				부가소득세		
	조원희 240				조영수 280		
팀장	운영지원	체납추적1	체납추적2	체납추적3	부가1	부가2	소득
	정해란 241	서원상 441	박선영 451	박기택 461	하희완 281	주충용 291	김세훈 301
DID	242-5	442-50	452-9	462-9	282-90 314	292-300 315	302-13 316
국세조사관		권현정	박근용	원은미 박병선	황순진	박준희	박민정 윤윤숙
	유환동 김정은	김보름 김성미 이지현 김선이 박소연	정미애 최은수 이수민 최완규 문정희	인경훈 이영아 최정심 최성일	김은숙 김도경 박주연 김다람 서예빈	박가영 강유나 강지은 박은미 양승민	이진명 서미경 허석룡 윤미영 김수현 이혜진
	이정환	장지혜 임양미	김예지	정지윤	김수종 임한섭 김남이	이다운 이수영 원계연 백해정	고유진 정은주 황지환 박정민
	최승빈	이유영	송예람	이경규	권문경 이지원	주윤중	김현정
Fax	8019-8211				8019-8257		8019-8202

● 주　　　소 : 경기도 화성시 봉담읍 참샘길 27(와우리)　㉾ 18321
● 관할구역 : 경기도 화성시 읍·면 전지역 및 새솔동(송산그린시티)
　　　　　　(기타 동지역은 동수원세무서)
● E-mail : hwaseong@nts.go.kr
※ 남양민원실 주소 : 경기도 화성시 남양읍 시청로 159(화성시청 1층 세정과 내)　㉾ 18274
　　　　　　　　（☎ 031-5189-6527）

과장	재산세		법인세		조사		납세자보호담당관	
	이낙영 480		전봉준 400		노중권 640		조금식 210	
팀장	재산1	재산2	법인1	법인2	정보관리	조사	납세자 보호실	민　원 봉사실
	강지윤 481	구규완 501	임희경 401	조규상 421	김성길 641	김현승 651	정은미 211	이길녀 221
DID	482-7	502-5	402-11	422-30	642-3 682-3	652-65	212-4	222-6
국세조사관	김수정 한동훈	정직한		김태영		박진규	최연주	
	심수경 신보경 배상용	남도영	박재윤 박유정 윤지은 윤주휘 문은식 한수정 최현영 배정민	정태형 장주아 최정연 문희원 전신희 이재영	이범수 곽진희	유홍재 양승규 장민수 김상민 박지혜	김수인 이경희	김정표 김정림
	이란희 이가령 이나래	정지수	김주찬	이지영 노주연	임아사	김민정 송혜인 이재준 여원선		이혜리 방은미 송　이 최용호
		장석화	석지원 김지원	고호경	이유정	장재희 김정은 김승주 이화섭		강현규
Fax	8019-1758		8019-8227	8019-8270	8019-8251		8019-8245	8019-8231

동화성세무서

- 대표전화 : 031)934-6200
- 코드번호 : 151
- 계좌번호 : 027684
- DID번호 : 031)9346-구내번호

서 장 이미진 ☎031)934-6201

과장	징세			부가가치세			소득세	
	마동운 240			오승찬 280			이윤우 360	
팀장	운영지원	체납추적1	체납추적2	부가1	부가2	부가3	소득1	소득2
	한미자 241	나송현 441	김진수 461	최송엽 281	문창수 301	이숙정 321	윤희경 361	장현수 381
DID	242-5	442-51	462-8 261-2	282-89	302-11	322-30	362-71	382-91
국세조사관	김혜경	전경선	박남숙	박연우	황보람	유정희	나형욱	김현미
	권선화	안순주 이도영 문강민 임혜영 박은지	김현진 최현숙 이재희 홍우환 김미란 이화경 송현정	하효연 신영민 오상택 장순임 김연호 최은희	김선애 정현정 고윤석 최미정	김상현 정재훈 편정아	성지은 김승범 문종걸	김하강 김진환
		이지연 한선희 유진선		최두이	서혜수 김형준	임승용 김 린 우수희	이혜리나 김지영 김형민 이정은 김은서 김진화	장혜미 박지영 김지연 김채린
	김찬기 임재빈	김지수	하상돈 김지혜	김수정 김채아	정희정 최윤석 남승훈	남유현 박새롬	박미림 신수영	왕혜연 최지은 유승현
Fax	934-6249	934-6269		934-6299			934-6379	

● 주　　　　소 : 경기도 화성시 동탄오산로 86-3(오산동)　우 18478

● 관할구역 : 경기도 오산시, 화성시 중 정남면 · 진안동 · 능동 · 기산동 · 반정동 · 병점동 · 반월동 ·
배양동 · 기안동 · 황계동 · 송산동 · 안녕동 · 반송동 · 석우동 · 청계동 · 영천동 · 중동 ·
오산동 · 방교동 · 금곡동 · 송동 · 산척동 · 목동 · 신동 · 장지동

※ 오산지역민원실 주소 : 경기도 오산시 성호대로 141, 오산시청 1층
(☎ 031-374-4231)

과장	재산법인세				조사		납세자보호담당관	
	박진영 400				유병선 640		양정주 210	
팀장	재산1	재산2	법인1	법인2	정보관리	조사	납세자 보호실	민　원 봉사실
	이재준 481	이영미 491	최윤회 401	주경관 421	이영태 641	윤석배 651	김현미 211	홍성권 221
DID	482-90 496-8	492-5	402-10	422-30	642-4	652-62	212-5	222-5 227-32
국세조사관	김인철 이영은 박서연	김기배 나기석	심수현	선화영		김민희	류승우 김정은	김지영
	김소영 신미애 고빛나 김정희 최혁진 오진선	박미선	조은비 김정규 위장훈 이문희	박시현 김규혁 김민정	정경화 김태현	정웅교 박성현 조아라 이호수 현병연	정지현	이철우 김용선 박수련 고민경
	정두레 김혜인	신원정	문지은 정필윤	이재훈 강민지 박성원		양미란 김현석 고경아 어현서 홍다원	차지숙	이유림 천소현 김수진 김민경
	이은범 김온유 김정미		박서연 안정민	이명규 박진석	박은서			조은옥 피정빈 송승현
Fax	934-6479		934-6419		934-6649	934-6699	934-6219	934-6239

강릉세무서

- 대표전화 : 033)610-9200
- 코드번호 : 226
- 계좌번호 : 150154
- DID번호 : 033)6109-구내번호

서 장 권경환 ☎ 033)610-9201

과장	징세		부가소득세		
	강양구 240		조예현 280		
팀장	운영지원	체납추적	부가1	부가2	소득
	김재형 241	정의성 441	이인숙 281	최덕선 301	홍석의 361
DID	242-4	442-6 261-2	282-5	302-6	362-7
국세조사관	조상미	강근효 김옥선	김영숙	김동윤	함영록
	서동원 정하나	김연화 김종흠	조윤방 정나영	조현숙 박혜진 신진섭	박정수 김시윤 김병곤
		박찬웅	이서진		전현주
		임영선 홍지수	김지운	남경민	김민재
Fax	641-4186	641-4185	646-8914		

● 주   소 : 강원도 강릉시 수리골길 65(교동)
　　　　　㉾ 25473

● 관할구역 : 강원도 강릉시, 평창군 중 대관령면, 진부면, 용평면,
　　　　　정선군 중 임계면

● E-mail : gangneung@nts.go.kr

과장	재산법인세		조사		납세자보호담당관	
	정국교 400		김대옥 650		김향일 210	
팀장	재산	법인	정보관리	조사	납세자보호실	민원봉사실
	신명진 481	김원경 401	문승덕 661	김진관 651 김민호 653	민현석 211	박선미 221
DID	482-6	402-6	662-3	652, 654 656	212	222-4
국세조사관	김형수				빅미징	
	이신정 김가인	노용승 김민선 김 산 안지훈 박일찬	함인한 김다영	권택만 정대환 유수현		이주영
			이진주			유가량 강민재 김지현
	육지원 박재민					
Fax	648-2181		646-8915		641-2100	648-2080

삼척세무서

- 대표전화 : 033)570-0200
- 코드번호 : 222
- 계좌번호 : 150167
- DID번호 : 033)5700-구내번호

서 장 최 승 일 ☎ 033)570-0201

과장	징세			세원관리		
	홍학봉 240			채상철 280		
팀장	운영지원	체납추적	조사	부가	소득	재산법인
	김지현 241	유승현 441	권혁찬 651	김진희 281	탄정기 361	임무일 401
DID	242-4	442-5 447	652 654-7	282-6	362-6	402-4 481-3
국세조사관		홍승영		김정희	김범채	이충환
	윤하정 이현숙	육강일 임진묵	김광식 김은주	이성희	장현진	이덕종 전소희
		최정인				이형석
	허성문	임재일	김용태 문준현 조재식	이정우 이하림 한현준	송재덕 채다빈 한지혜	조현희 김진경
Fax	574-5788	570-0668	570-0640	570-0408		

- 주　　　소 : 강원도 삼척시 교동로 148　⊕ 25924
- 관할구역 : 강원도 삼척시, 동해시, 태백시
- E-mail : samcheok@nts.go.kr
◇ 태백지서 주소 : 강원도 태백시 황지로 64　⊕ 26021
　☎ 태백지서 DID : 033)5505-구내번호 (대표 200)
※ 동해민원실 주소 : 강원도 동해시 천곡로 100-1(천곡동)　⊕ 25769
　　　　　(☎ 033-535-2100)

과장	납세자보호담당관		태백지서 (5505-DID)		
	김삼수 210		김선희 201		
팀장	납세자보호실	민원봉사실	납세자보호실	부가소득	재산법인
		김태경 221			김영주 401
DID	211	222	223	282-5	481-2
국세조사관		정홍선(동해)		정경진 남영우	
	김태민	장호윤(동해) 이보라 조성용(동해)		박성준	박상언 형비오
			김경록		
				임호성 최민우	
Fax	574-6583		5552-9808	553-5140	552-2501

속초세무서

- 대표전화 : 033)639-9200
- 코드번호 : 227
- 계좌번호 : 150170
- DID번호 : 033)6399-구내번호

서 장 　신 현 석　☎ 033)639-9201

과장	징세		
	김동식 240		
팀장	운영지원	체납추적	조사
	이경열 241	서의성 441	최진석 651
DID	242-3	442-6	652-5
국세조사관			김광묵 이효경
	박용범	안승현	김정은
		편수진 진누리	
	황효정	최현태 윤건주	김휘호
Fax	633-9510		631-7920

- 주　　　소 : 강원도 속초시 수복로 28(교동)
　　　　 ㉾ 24855
- 관할구역 : 강원도 속초시, 고성군, 양양군
- E-mail : sokcho@nts.go.kr

과장	세원관리				납세자보호담당관	
	김유학 280				양희석 210	
팀장	부가	소득	재산	법인	납세자보호실	민원봉사실
	정회창 281	양성철 361	방용익 481	조성구 401		
DID	282-8	362-5	482-5	402-4	212	222-4
국세조사관	최승철		박상태	함귀옥		
	서지상 박원기 신혜민 유현정	김진만	장연숙	홍기범	박기태	김현성 조민경
			김지윤	김상혁		
	신효상 김호준 장윤정	신원식 이유진 김혜지	이한민	홍요셉		양준혁
Fax	632-9523		631-9243		639-9670	632-9519

영월세무서

- 대표전화 : 033)370-0200
- 코드번호 : 225
- 계좌번호 : 150183
- DID번호 : 033)3700-구내번호

서 장 방 선 아 ☎ 033)370-0201

과장	징세		
	신상희 240		
팀장	운영지원	체납추적	조사
	채칠용 241	이미정 441	강인욱 651
DID	242, 247	442-4	652-4
국세조사관	손희정	백윤용 심수현	최진규
	김선근		강태진
	박현우	연재연	송지협
Fax	373-1315		

- **주　　　소**：강원도 영월군 영월읍 하송안길 49(하송3리)
　　　㉾ 26235

- **관할구역**：강원도 영월군, 정선군(임계면 제외), 평창군(평창읍, 미탄면)

- **E-mail**：yeongwol@nts.go.kr

※ 사북민원실 : 강원도 정선군 사북읍 사북중앙로 66-2 (☎ 033-591-0102)

과장	세원관리			납세자보호담당관	
	전익선 280			원진희 210	
팀장	부가소득	재산법인		납세자보호실	민원봉사실
		재산	법인		
	박태진 281	임영수 401			
DID	282-8	481-2	402-5	211	221-2
국세조사관	이세호 문빈호 김재용			엄봉준	박형주(사북)
	이우영	최경아	박애리 최경준		김은희
					윤한철
	김원민 김선영 오종현	은진우	하명진 장지영		
Fax	373-1316	373-2100		373-3105	

원주세무서

- 대표전화 : 033)740-9200
- 코드번호 : 224
- 계좌번호 : 100269
- DID번호 : 033)7409-구내번호

| 서 장 | 김광대 ☎ 033)740-9201 |

과장	징세			부가소득세		
	김혜랑 240			김재준 280		
팀장	운영지원	체납추적1	체납추적2	부가1	부가2	소득
	김태범 241	김남주 441	임순하 461	황상진 281	전소현 361	김석일 621
DID	242-4	442-7	462-7	282-8	362-70	622-31
국세조사관		주승철	장광식 김중삼	김정희	노경민 권경훈	황일섭 김경일 강명호
	신정미 최성지	박승훈 강정민		이동욱 김다빈	정재영 전영훈 진선미	윤정도 박순천 한혜영
	신재희	이종민	김아람 이송희 양기태	이원희 최연우 정슬기	한승일	홍석민 정상헌
		김하은 이동언		윤은수	이상윤 김지은 최근보	인소영 천세희 진윤영
Fax	746-4791			745-8336		740-9635

- 주　　소 : 강원도 원주시 북원로 2325(단계동)
  - ㉾ 26411
- 관할구역 : 강원도 원주시, 횡성군, 평창군 중 봉평면, 대화면, 방림면
- E-mail : wonju@nts.go.kr

과장	재산법인세		조사		납세자보호담당관	
	윤영순 480		원정재 650		임태일 210	
팀장	재산	법인	정보관리	조사	납세자보호실	민원봉사실
	최중진 481	이순옥 401	이창열 691	이현규 651 최형지 654 이 준 657	211	이수빈 221
DID	482-90	402-10	692-3	652-3 655-6 658	212-4	222-9
국세조사관	정윤선	김진영	김강주	박기우	이상민	임성혁 정호근 김경란
	임창현 이종훈 조영래	박연수 이형근 김상빈 김두영		김보미 이진영	신민규	문주희 박현주 배수영
	정민수	김주상 최영우	배설희	정병호	백윤헌	김천섭 김민주
	김수환 김세원 김혜민 이수복	왕아림 박현서		최은지		
Fax	740-9420	740-9204	743-2630		740-9220	740-9425

춘천세무서

- 대표전화 : 033)250-0200
- 코드번호 : 221
- 계좌번호 : 100272
- DID번호 : 033)2500-구내번호

서 장 김현승 ☎ 033)250-0201

과장	징세		부가소득세		
	김지태 240		노수진 280		
팀장	운영지원	체납추적	부가1	부가2	소득
	이연호 241	진봉균 441	강동훈 281	정영훈 301	유인호 361
DID	242-3 247	442-50	282-6	302-6	362-70
국세조사관		김경훈 김여경	이건일	김화완 이성삼	홍재옥
	이지혜	박찬영 노정민 김태화	박현경 박경미	강양우	김다연 최 혁 박세근
	좌길훈 조정연	차지훈			김성민 우문연
		김태기 양재한 김설빈	이홍준 진수민	박채영 김나휘	안양순 남궁은 방휘연
Fax	252-3589		257-4886		

- 주　　　소 : 강원도 춘천시 중앙로 115(중앙로3가)　⊕ 24358
- 관할구역 : 강원도 춘천시, 화천군, 양구군
- E-mail : chuncheon@nts.go.kr

※ 화천민원실 주소 : 강원도 화천군 화천읍 중앙로 5길 5 ⊕ 39221 (☎ 033-442-8300)

※ 양구민원실 주소 : 강원도 양구군 양구읍 관공서로 14 ⊕ 24523 (☎ 033-481-2100)

과장	재산법인세		조사		납세자보호담당관	
	김경돈 400		박대현 640		김광용 210	
팀장	재산	법인	정보관리	조사	납세자보호실	민원봉사실
	김영빈 481	이경자 401	정봉석 651	강문자 652 홍기남 653	김훈태 211	유광선 221
DID	482-8	402-6	656, 692	652-5 657	212-3	223-7
국세조사관	심종기 윤동호 조준기	조성문 최상재 최호영	박건준	남상준	정재상	변대원 이창호(화천) 윤상락(양구) 강영화
	이은규	이윤형	김달님		진보람	황재연 정선애
	전인지					윤혜원 김소윤
	이현란 권승소	백미연		임경수 김주은		
Fax	244-7947		254-2487		252-3793	252-2103

홍천세무서

<table>
<tr><td>서 장</td><td>안 수 아</td><td>☎ 033)430-1201</td></tr>
</table>

- 대표전화 : 033)430-1200
- 코드번호 : 223
- 계좌번호 : 100285
- DID번호 : 033)4301-구내번호

과장	징세		
	신영웅 240		
팀장	운영지원	체납추적	조사
	김용진 241	김두수 441	김완종 651
DID	242-3	442-5	652, 654
국세조사관			김국성
	이남호	정석환 유원숙 임현석	손선수
		곽락원	
	이난주		
Fax	433-1889		

● 주   소 : 강원도 홍천군 홍천읍 생명과학관길 50(연봉리) ㉾ 25142

● 관할구역 : 강원도 홍천군, 인제군

● E-mail : hongcheon@nts.go.kr

※ 인제민원실 주소 : 강원도 인제군 인제읍 비봉로 43 ㉾ 24635
  (☎ 033-461-2105)

과장	세원관리				납세자보호담당관	
	최경화 280				이춘호 210	
팀장	부가소득		재산법인		납세자보호실	민원봉사실
	부가	소득	재산	법인		
	남정림 281		이현무 401		남호규 211	
DID	282-5	302-4	482-5	402 4		221-3
국세조사관	석장수 박원규		김경숙 최성희 황인범	김진수		최병용 정의숙
		이금연 안진경	김동련	김민비		이병규(인제)
	이 걸 문성원 강태현	권혜경		박승찬		김영현
Fax	434-7622				435-0223	

인천지방국세청

청 장 **김 국 현**

☎ 032) 718-6201

대표전화 : 032) 718-6200

주소 : 인천광역시 남동구 남동대로 763(구월동) ⑨ 21556
코드번호 : 800   계좌번호 : 027054

인천지방국세청

- 대표전화 : 032)718-6200
- 코드번호 : 800
- 계좌번호 : 027054
- DID번호 : 032)718-구내번호
- 주　　소 : 인천광역시 남동구 남동대로 763(구월동) ⑨ 21556

청 장 **김 국 현** ☎ 032)718-6201

국장					
과장	운영지원			감사관	
	조민호 6240			김 민 6310	
팀장	인사	행정	경리	감사	감찰
	이동훈 6242	공원재 6252	현선영 6262	김민수 6312	최병재 6322
국세조사관	송충호 6243	박창환 6253 최수지 6254	김효진 6263 조혜진 6264	이진호 6313 박지원 6314 박우영 6315 공민지 6316	추원옥 6323 박상영 6324 심주용 6325
	이승우 6244 이태곤 6245 이근호 6246 배성혜 6247 김영호 6248 박주희 6249	진승철 6257 김한나 6258 이민훈 6259 나종일 6255 홍성준 6260	이준형 6265	서경석 6317 송보라 6319	이영수 6326 이동락 6327 여현정 6328 배경은 6329
	정호영 6250	김주아 6273 김예슬 6274	김한범 6266 김소윤 6267		송영지 6330
Fax	718-6022	718-6021	718-6023	718-6025	718-6026

● 김국현 [인천지방국세청장]
－69년생, 전남 여수, 대전고, 서울대 경제학과, 美 University of colorado 행정학 석사, 행시 40회
－중부청 조사2국 국장, 부산청 성실납세지원국 국장, 서울청 첨단탈세방지담당관실 과장, 국제조사관리과장,
　대전청 성실납세지원국 국장, 국세청 소비세과장, 조사기획과장, 공주세무서장

국장				성실납세지원국 반재훈(3급) 6400			
과장	납세자보호담당관			부가가치세			소득재산세
	이규열 6350			김성동 6401			김현호 6431
팀장	납세자보호	심사	공항납세지원	부가1	부가2	소비	소득
	고선혜 6352	이진아 6362		김은정 6402	방성자 6412	구수정 6422	오수미 6432
국세조사관	이병용 6353 이상수 6354						
	김민경 6355	윤애림 6363 이 선 6364 이연수 6365 정지은 6366 김경애 6367		백찬주 6403 정다은 6404 유남렬 6505 윤주영 6406	김용학 6413 김성재 6414	이영옥 6423 이재훈 6424	변성경 6433 전지연 6434 강경호 6435 배윤정 6437
	신혜란 6356 윤지원 6357	곽승훈 6368	남관덕 6163 박진아 6164	반재욱 6407	김홍경 6415 이다은 6416	김하얀 6425 최경화 6426	장엄지 6436
Fax	718-6027	718-6028		718-6029			718-6030

인천지방국세청

- 대표전화 : 032)718-6200
- 코드번호 : 800
- 계좌번호 : 027054
- DID번호 : 032)718-구내번호

국장	성실납세지원국 반재훈(3급) 6400						
과장	소득재산세			법인납세			
	김현호 6431			김홍식 6471			
팀장	재산	복지세정1	복지세정2	법인1	법인2	법인3	법인4
	류경아 6452	안성경 6462	조진동 6392	김영수 6472	송 숭 6482	강혜진 6488	이은섭 6493
국세조사관				홍준경 6475			
	이현준 6453 김경미 6454 김준영 6455 진영근 6456	정현정 6463 한상재 6464		김혜윤 6473 한지연 6474 김선영 6476	전유영 6483 윤지희 6484 이다영 6485	김지수 6489 손태영 6490	김우현 6494 오 영 6495
	김종주 6457		선경식 6393	김태용 6477 김지혁 6478	가준섭 6486	이은정 6491	백다정 6496
Fax	718-6030			718-6031			

● 반재훈 [성실납세지원국장]
- 75년생, 충북 음성, 청주 청석고, 서울대 경영학과, 미국 듀크대 행정대학원, 행시 45회
- 국세청 국제조세관리관 국제조세담당관 과장, 조사국 조사1과 과장, 개인납세국 전자세원과 과장, 서울청 조사2국 조사1과장, 중부청 운영지원과장, 서인천세무서장

● 김충순 [징세송무국장]
- 82년생, 충청남도, 한밭고, 성균관대, 행시 52회
- 국세청 국제조세관리관 역외탈세정보담당관 역외탈세1 5급 계/팀장, 자산과세국 상속증여세과 상속증여1 5급 계/팀장, 자산과세국 상속증여세과 상속증여2 5급 계/팀장

국장	성실납세지원국 반재훈(3급) 6400				징세송무국 김충순 6500		
과장	정보화관리				징세		송무
	최윤미 6101				정철화 6501		
팀장	관리1	관리2	정보화1	정보화2	징세	체납관리	총괄
	안형수 6102	김용우 6112	김경민 6121		이기련 6502	안세연 6512	김진우 6542
국세조사관	조광진 6103				한송희 6503		
	조은정 6104	김덕교 6113 신의현 6116	배효정 6122 김한나 6136	추은정 6142	김복래 6505 인윤경 6504	현보람 6513 김향주 6514 이지연 6515	양홍철 6543 이종찬 6544 하수정 6545
	남은빈 6105 섭지수 6106	정보길 6114	김송정 6124 박혜선 6125 정지연 6126	김영아 6143 조연화 6145	박슬기 6506 현유진 6507	이문형 6516	
				조영상 6146			
Fax	718-6032				718-6033		718-6034

인천지방국세청

- 대표전화 : 032)718-6200
- 코드번호 : 800
- 계좌번호 : 027054
- DID번호 : 032)718-구내번호

국장	징세송무국 김충순 6500					조사1국 박근재(3급) 6600	
과장	송무			체납자재산추적		조사관리	
	길수정 6541			김민수 6571		우철윤(4급) 6601	
팀장	법인	개인	상증	추적관리	추적	조사관리1	조사관리2
	이창현 6546	이정희 6550	이강연 6558	김관홍 6572	황미영 6582	김정대 6602	임준일 6612
국세조사관	이주영 6247 윤현호 6558	이승은 6551	심재익 6559		채미옥 6583		문제출 6613
	윤　은 6549	문성희 6552 홍석희 6553 박태완 6554 차일현 6555 조다인 6556	이아름 6560 김재윤 6561	서유진 6573 홍지아 6574 김용민 6575 노상우 6576	이준희 6584 양이곤 6585 임진혁 6586	김명경 6603 권혁준 6604 박창현 6605 유홍근 6606	권병묵 6614 박선미 6615
				박효은 6577 박진실 6578 박세윤 6579	주소미 6587 김혜성 6588 유승현 6589 김은송 6590	정혜인 6607	주보영 6616 김준철 6617
Fax	718-6034			718-6035		718-6036	

● 박근재 [조사1국장]
- 75년생, 서울, 성동고, 성균관대 경제학과, 행시 46회
- 국세청 조사국 조사기획과 과장, 납세자보호관 납세자보호담당관 과장, 중부청 용인세무서장

국장	조사1국 박근재(3급) 6600						
과장	조사관리				조사1		
	우철윤(4급) 6601				김동형 6651		
팀장	조사관리3	조사관리4	조사관리5	조사관리6	조사1	조사2	조사3
	정홍주 6622	박수진 6632	김지영 6642	박종석 6772	배동희 6652	유대현 6662	김대범 6672
국세조사관	김가람 6623					조원석 6663	
	남은정 6624 이선행 6625 방미경 6626	이슬비 6634 이정문 6635 이용주 6633 김수정 6636	이재춘 6643 정구휘 6644 김규원 6645 유진영 6646	방경섭 6773	전연주 6653 전현정 6654 고대근 6655 박준식 6656	이광환 6664 손종대 6665 송채영 6666	고영주 6673 우은혜 6674 정지명 6675 이진우 6676
	한수지 6627 최상연 6628	서문영 6637 고동현 6638 노종대 6639	정기주 6647		박수지 6657		박유라 6677
Fax	718-6036				718-6037		

인천지방국세청

- 대표전화 : 032)718-6200
- 코드번호 : 800
- 계좌번호 : 027054
- DID번호 : 032)718-구내번호

국장	조사1국 박근재(3급) 6600						
과장	조사1	조사2			조사3		
	김동형 6651	이지훈 6701			김동진 6741		
팀장	조사4	조사1	조사2	조사3	조사1	조사2	조사3
	이수진 6682	최 현 6702	양숙진 6712	박진석 6722	이영진 6742	김생분 6752	임태호 6762
국세조사관			박좌준 6713			이규의 6753	
	전준호 6683 김혜연 6684 김진아 6685 최유성 6686	김보나 6703 김명진 6704 조현지 6705 황인성 6706	우진하 6714 조초희 6715 전홍근 6716	김수정 6723 정도령 6724 이연주 6725 김도협 6726	김봉완 6743 장선영 6744 김태진 6745	임은식 6754 조현준 6755	박정은 6763 박일호 6764 윤재현 6765
		채희문 6707	이민지 6717		여의주 6746 정지연 6747	황정하 6756 이주환 6757	강현창 6766
Fax	718-6037	718-6038			718-6039		

● 김봉규 [조사2국장]
- 71년생, 경북 봉화, 영남삼육고등학교, 한국해양대학교
- 서울청 조사1국·4, 부산청 동울산세무서장, 구로세무서 조사과장, 구미세무서 재산법인세과장, 국세청 조사국
  조사1과

인
천
청

국장	조사2국 김봉규 6800						
과장	조사관리 유경원 6801				조사1 최현진 6851		
팀장	조사관리1 이기수 6802	조사관리2 김미나 6812	조사관리3 최창현 6822	조사관리4 김한진 6832	조사1 윤경주 6852	조사2 강신준 6862	조사3 김상윤 6872
국세조사관	김재철 6803			박인제 6833			
국세조사관	이혜경 6804	유성훈 6813 박일수 6814 안주희 6815	남일현 6823 김동준 6825	강성민 6834 이익진 6835 이아연 6836 김현경 6837	권기완 6853 안재현 6854	남현철 6863 전세진 6864	장선정 6873 김보경 6874
국세조사관	이재민 6805 안수지 6806 강현우 6807	원규호 6816	오경선 6827 오수현 6824	윤지현 6838 오재경 6839	강한얼 6855 복지현 6856	전원진 6865	김대범 6875
국세조사관							
Fax	718-6040				718-6041		

인천지방국세청

- 대표전화 : 032)718-6200
- 코드번호 : 800
- 계좌번호 : 027054
- DID번호 : 032)718-구내번호

국장	조사2국 김봉규 6800						
과장	조사1		조사2				
	최현진 6851		배호기 6901				
팀장	조사4	조사5	조사1	조사2	조사3	조사4	조사5
	엄의성 6882	김 훈 6892	박근엽 6902	김병찬 6912	문인섭 6922	조용식 6932	김하성 6942
국세조사관	이규호 6883	조현국 6893	신창영 6903 용진숙 6904	김상진 6913 장성진 6914	김동현 6923 박소정 6934 심한보 6925	박미진 6933 조혜정 6934	김성록 6943 김영숙 6944 한완상 6945
	신지은 6884 윤혜미 6885	문영미 6894 고유나 6895	홍영호 6905 김영재 6906	송지원 6915 조윤영 6916		유준상 6935	
Fax	718-6041		718-6042				

인천지방국세청 관할세무서

인천세무서

- 대표전화 : 032)770-0200
- 코드번호 : 121
- 계좌번호 : 110259
- DID번호 : 032)7700-구내번호

서 장 윤 재 원 ☎ 032)770-0201

과장	징세			부가가치세			소득세	
	이정현 240			황경숙 280			공희현 340	
팀장	운영지원	체납추적1	체납추적2	부가1	부가2	부가3	소득1	소득2
	임덕수 241	김윤희 441	장윤호 461	원범석 281	김수민 301	오정일 321	이영민 341	김정동 361
DID	242-6	442-52	462-70 261-2	282-92	302-11	322-28 391	342-50	362-70 352
국세조사관			김성연				김영환 한지원	신기주
	남은영	정지운 권현택 이승호 이진영	김인수 배은상 최병국 임유화	임해숙 이병재 신지수	김보람	김인성 권혜화 김기송	송나영 장유정	이소영 전유광 김아름
	차수빈 전예진	최주희 최규환	신현진	박경은 조윤경 최승규 윤미라 정연선	송호연 김지은 장연화 김혜린 심기보	이종훈 김득화 김소연	김성진 김태훈	이준호
	김 준 권도현	유희붕 유혜영 홍아름 윤여진 유채민	김정은 김소담 이상현 손영준 윤예지	유현주 임정묵 김소윤	윤영섭 유정완 길동환 양대균	고민경 김연서 권예은 박예지	이소정 송호근 배철진	정호성 김준환 박은영 김예성 이효진
Fax	763-9007			765-1604			777-8105	

- 주　　　소 : 인천광역시 동구 우각로 75(창영동 41-3) ⑨ 22564
- 관할구역 : 인천광역시 미추홀구, 동구, 중구, 옹진군
- E-mail : incheon@nts.go.kr
- ※ 별관 : 인천광역시 미추홀구 인중로 22, 2층 조사과(숭의동, 용운빌딩)
- ※ 영종도 민원실 : 인천광역시 중구 신도시남로 142번길 17, 301호(운서동)
  - ☎ 032-747-0290

과장	재산세		법인세		조사		납세자보호담당관	
	이지선 480		최진선 400		김향중 640		김선주 210	
팀장	재산1	재산2	법인1	법인2	정보관리	조사	납세자 보호실	민　원 봉사실
	장동은 481	정은정 521	고석철 401	김창호 421	박창길 641	김태원 651	강경진 211	이영숙 221
DID	482-9	522-4	402-8	422-7	642-5	652-3 661-3 671-3 681-3 691-3 696-8	212-5	222-9
국 세 조 사 관		주승윤	김민정			남정식 황창혁 김미옥 오명진 김승희 유진하		김선영 박미선
	유정아 류민경 한인표 김현진	박두원	이규종 김은향	박정배 고유경	송주형 장수영	김택우 이재한 이금희	조영기 전예은	김성기 서원식 (영종) 신진희 이경록 (영종)
	김수아 권효정 이원희	박서우	이성혼 강유정 이하림 강희천	이민희 김혜빈	기영준 정지윤	김민애 나태춘 김수민 박모우 이유경	최지웅	고명현 강유진
	여승구 김건형			김대욱 김병관		조민경 이유상 곽채윤	안지혜	조정해 황수인
Fax	777-8407		777-8109		885-8334	888-1454	765-6044	765-6042

부평세무서

- 대표전화 : 032)540-6200
- 코드번호 : 122
- 계좌번호 : 110233
- DID번호 : 032)5406-구내번호

서 장 손호익 ☎ 032)540-6201

과장	징세			부가가치세1		부가가치세2		소득세	
	유재복 240			오상원 280		하종면 300		전경옥 360	
팀장	운영지원	체납추적1	체납추적2	부가1	부가2	부가1	부가2	소득1	소득2
	탁경석 241	이민철 461	최준재 261	김형봉 281	박병곤 291	장현수 301	조미현 311	송충종 361	손 민 381
DID	242-4	462-8	262-3 469-70 472-3	282-7 299	292-5	302-5	312-6	362-8	382-7
국세조사관			이상민	권영균		김기훈	김명준		
	이상희 이종우 곽진우	최혜진 김찬주	홍은지 가성원	이충원 조세원 권순규	이재우 이원경 홍보경	이병노		송동규 이수아 김상철	신준호 이환주
		최은화 정근욱 김태희 최다혜	황민희	황정록			박규빈	김빛누리 손현진	김영한 성해리
	박미래	황명하	허예린 송정은	문용인 박성재	김정수	이지현 이채빈	유민상 김한진 함수정	최익훈 이건민 김효용	김준혁 윤수정 남예리
Fax	545-0411			543-2100		546-0719		542-5012	

● 주　　　소 : 인천광역시 부평구 부평대로 147(부평동 44-9)
　　　　　　㉿ 21366

● 관할구역 : 인천광역시 부평구

● E-mail : bupyeong@nts.go.kr

과장	재산법인세			조사		납세자보호담당관	
	이명문 480			김민후 530		이도경 210	
팀장	재산1	재산2	법인	정보관리	조사	납세자보호실	민원봉사실
	강정원 481	이미영 521	안형선 421	김영조 531	임세혁 541	고진곤 211	이영길 221
DID	482-7	522-4	422-8	532-5	542-3 551-3 581-3	213-5	222-7
국세조사관	최용선	조지현			이은수		강소여
	장예원 이미애 김현일	진혜진 박세라	김남중 조정훈 정성익	위은혜 이택수	이상곤 구표수 정기선	배정미 이현민	하윤정
	안혜진 이유빈		신지환	장은경	김봉호 박은지 유선영	조종수	박미나 강민정 김지애
	정성훈 김수연		이영주 남예원 안소명	이지영	태민성		오태경
Fax	542-6175			551-0666		545-0132	549-6766

서인천세무서

- 대표전화 : 032)560-5200
- 코드번호 : 137
- 계좌번호 : 111025
- DID번호 : 032)5605-구내번호

서 장 김 성 철 ☎ 032)560-5201

과장	징세			부가가치세			소득세	
	김민완 240			유현인 280			김봉섭 620	
팀장	운영지원	체납추적1	체납추적2	부가1	부가2	부가3	소득1	소득2
	신희명 241	김기식 441	서위숙 461	한세영 281	박한중 301	장기승 321	고민수 361	송승용 621
DID	242-3 245-6	442-8 450-1 551	462-9 261-2	282-90	302-10	322-8	362-70	622-31
국세조사관		임경순	조은희		조종식	김세영		
	안국찬	한인정 윤도현 이동열 노재훈	전영출 이주희 정미영 엄장원	최석운 백장미	강인행 이은석 김봉재	문하림 천수진 천현창 김준희	박일수 김태훈 이송이	김정기 송윤미
	김다영	차지연 이승형 최윤석 고설민	장진아 여수민 이연경 김정환	유정훈 김지숙 박미리 안수민	곽동훈	김규호 김영훈	홍윤석 김하원 김현민 유동재	안소영 조가영 채명훈
	최건호 김하운	황윤영 권순환	조혜인 김성민	박유리 라윤상 오윤미 조주형	심자민 장유림 홍영유 최진영 이용환	신연주	심은지 신채원 김승원	임연우 소진영 이동광 신기완 한은정 김태욱
Fax	561-5995			561-4144			562-8210	

- 주　　소 : 인천광역시 서구 청라사파이어로 192
　　　　　　우 22758
- 관할구역 : 인천광역시 서구
- E-mail : seoincheon@nts.go.kr

과장	재산법인세				조사		납세자보호담당관	
	고　현 400				오태진 640		이경모 210	
팀장	재산1	재산2	법인1	법인2	정보관리	조사	납세자 보호실	민　원 봉사실
	김화정 481	박민규 501	신민철 401	조성리 421	문　현 641	임옥규 651	조상현 211	이순모 221
DID	482-90	502-4	402-3 405-9	422-7	642-4 691, 693	652-65	212-4	222-9
국세조사관	최광민		이병노 김민형	이승환		강석균 이용희 채송화 김동진	김슬기	
	김동열 이혜영 장은용 국봉균 정도진	고명훈 이영선	정승훈 정은아	이인이 김우환	김선옥 윤한수 최아라	조용권 이창학 이종현 정영인	박종원	신현원 이영란
	김주영 이정인 전소윤 박한열		김영규 변효정	김동수	윤정욱	박미연 정은아 박모린 안소형 류여경	하성우	정신애 이은경 유순희 권서영 박현우 이채형 한진규
	양진주	최희주	김정권	김정인 최흥진	남영탁	허유범		김세은
Fax	561-3395		561-4423		562-5673		561-0666	569-8032

연수세무서

- 대표전화 : 032)670-9200
- 코드번호 : 150
- 계좌번호 : 027300
- DID번호 : 032)6709-구내번호

서 장 **양순석** ☎ 032)670-9201

과장	징세		부가가치세		소득세	
	박상돈 240		김승임 280		박정준 360	
팀장	운영지원	체납추적	부가1	부가2	소득1	소득2
	임용주 241	임재석 441	김수한 281	박성찬 301	배재호 361	김인숙 381
DID	242-5	442-9 262-3	282-8 599	302-8 599	362-6 368, 399	382-5 387, 399
국세조사관		김보균	하두영 정치헌	이영권	강소라	
	백수빈	신연주	김정한 오로지	이미진 서지희 조인호 신성규	김제주 이재홍	홍순화 김은주
	정도연	이지현 이명훈 서은영 강지수	문은진 서진혜	서경덕 전하준	윤지연 최나연	이정혜
	이정훈 우민석	김가영 신은주 오나현 최승욱 강승현	장윤미 변지수	박지희	이문진 강지현 권아영	김하나 황윤재 김진세
Fax	858-7351	858-7352	858-7353		858-7354	

- 주　　소 : 인천광역시 연수구 인천타워대로 323 센트로드 **A**동 1~5층
  (송도동)
  우 22007
- 관할구역 : 인천광역시 연수구
- E-mail : yeonsu@nts.go.kr

과장	재산법인세			조사		납세자보호담당관	
	오흥수 400			장필효 640		박인수 210	
팀장	재산1	재산2	법인	정보관리	조사	납세자보호실	민원봉사실
	천미영 481	김종율 501	최장영 401	한원찬 641	박범수 651	강흥수 211	정성일 221
DID	482-92 299	502-3 505	402-11	642-4	652-3 657-9	212-4	222-6
국세조사관	박광욱 백선애		성성은		김재석		김미정
	정정섭 정다운 박주현 신채영	하현정	최경아 이준남	신유나	이은송 이승찬 박미소 천인호	박소연 신나혜	이아영 김혜인
	박준영 박종성	박주연	김준호 채혜미	박형준 민예지		전영우	조경화
	배지은 김병민 김환희 방훈호 안윤석	김다형	박태희 송혜원 김보선 조봉기 강인영				서석현 김인욱
Fax	858-7355			858-7356		858-7357	858-7358

남동세무서

- 대표전화 : 032)460-5200
- 코드번호 : 131
- 계좌번호 : 110424
- DID번호 : 032)4605-구내번호

서 장 　홍 순 택　☎ 032)460-5201

과장	징세			부가가치세		소득세	
	정진원 240			채지현 280		김영노 360	
팀장	운영지원	체납추적1	체납추적2	부가1	부가2	소득1	소득2
	김혜진 241	진경철 441	정경돈 461	송우경 281	김유경 301	정종천 361	손의철 381
DID	242-5	442-9	462-9 262-4	282-90 297	302-10	361-8	382-8 298
국세조사관						김용철	
국세조사관	유선정 민경준	김대영 박소혜	이진숙 최종욱 노연숙 양성철	양경애 이호정 도승호	김은주 신동진 유지현 안은정 조남명	권은경 박정진 이재현 박경완	함상현 이하경 정선영
국세조사관		유선영 전유완	김진희 이혜미 서은지	김관우 이예슬 최윤정	임지민 임광빈 박세영	김태화	최이진 황경서
국세조사관	강다연 유광열	김혜정 송길웅 함송희 박다인	김민중 신희라 오담인	김혜영 윤종혁 윤다은 김태규 김연주 이효승	장슬빈 주민희	서지형 송치성 정윤환	서세형 김규희 정유희
Fax	463-5778			461-0658		461-0657	461-3291

- 주　　　소 : 인천광역시 남동구 인하로 548(구월동)
  ㉾ 21582

- 관할구역 : 인천광역시 남동구

- E-mail : namdong@nts.go.kr

과장	재산법인세				조사		납세자보호담당관	
	김월웅 400				이율배 640		김용웅 210	
팀장	재산1	재산2	법인1	법인2	정보관리	조사	납세자 보호실	민　원 봉사실
	유재식 481	조성덕 522	김은기 401	류수현 411	강선영 641	배성수 657	김순영 211	한덕우 221
DID	482-8	523-5	402-7	412-6	643, 691	652-6 658-659 663, 665, 668	212-4	223-30
국세조사관		윤양호	박장수		김치호	배인수 이경석 고현호 고정주	고배영	김영미
	이지숙 차세원	이창우 최민경	신경섭	장재웅 김향숙	최지민 이서연	조재희 이신숙	하정욱	이찬수
	임자혁 최보미 한혜진 박민희 김현지 정희수		김주희 변정연	이경혜 김태희		김성영 윤정현	이상곤	김유경 이지안 윤수인 이주은 최연주
			이은지 김해리	김나은		노마로	서문경	이기택
Fax	464-3944		461-6877		462-4232	471-2101	461-2613	463-7177

계양세무서

- 대표전화 : 032)459-8200
- 코드번호 : 154
- 계좌번호 : 027708
- DID번호 : 032)4598-구내번호

[서 장] **임 경 환** ☎ 032)459-8201

과장	징세		부가가치세		소득세	
	공용성 240		정종오 280		정 철 360	
팀장	운영지원	체납추적	부가1	부가2	소득1	소득2
	방윤희 241	김성열 441	황광선 281	홍예령 301	김용석 361	이종기 381
DID	242-4 246	442-7 262-3	282-5	302-5	362-5	382-4
국세조사관	박진서 최윤주	김수영 최성환	최정환 양현식	윤미경 이유정	양정미 안성호	이영숙 김유진
	송찬빈	박소연 홍다영 박인선	민윤식	박지해 김태웅	홍슬기	소서희 최창열
	김병주	김수지 정수영 김혜원	엄남용 송승아	배기헌	김소연 임수진	안상현
Fax	544-9152	544-9160	544-9153	544-9154	544-9156	544-9157

- 주　　　소 : 인천광역시 계양구 효서로 244(작전동 422-1)
  　　　　　　 ㉾ 21120
- 관할구역 : 인천광역시 계양구
- E-mail : gyeyang@nts.go.kr

과장	재산법인세			조사		납세자보호담당관	
	이상민 480			박영길 640		이찬희 210	
팀장	재산1	재산2	법인	정보관리	조사	납세자보호실	민원봉사실
	박성호 481	천현식 501	김동현 401	송영우 641	진호범 651	김혜령 211	우인식 221
DID	482-6	502-3	402-5	642-4	652-6	212-3	222-7
국세조사관	김상만 이선기	민종권	조재웅	김태완	허준용	김진도	
	윤지현 최은경	안혜영	현민웅		곽성용	김혜은	김민주
	박주호	김혜정	박지은	안민희	현종원 이병욱		정효성 김진웅
	김시은		신지아	정다빈	엄경화		김태린 이혜진
Fax	544-9158	544-9159		544-9155		544-9971	544-9972

고양세무서

- 대표전화 : 031)900-9200
- 코드번호 : 128
- 계좌번호 : 012014
- DID번호 : 031)9009-구내번호

서 장 정 상 수 ☎ 031)900-9201

과장	징세			부가가치세			소득세	
	강 용 240			나선일 280			조대규 360	
팀장	운영지원	체납추적1	체납추적2	부가1	부가2	부가3	소득1	소득2
	안 준 241	고영환 441	김근화 461	이상락 281	신동훈 301	정인선 321	이동근 361	김근영 381
DID	242-3 245-6	442-50	462-9 263	282-7	302-7	322-7	362-9	382-9
국세조사관		윤혜영		이경빈 공태웅 안재학	고상용			
	나혁균 주성숙	임진영 구현지 송자연 강성훈	계희재 김민상 장미향 장정엽 윤선영 정선재	김민욱 김동우 김진원	임경석 조수영 윤형식	조정은 장설희 태영연 김인찬	김대일 김정섭 서지우 신정원	윤희수 송명진 이화선 김혜진
	이효정	이주한 김민석 박예은	황화숙 홍지혜		이현민 손주영	박상봉 문지현	허세미 마재정 최우녕	이동훈 최성욱 장진혁
	최웅렬	박수경	권민재 임준환	이혜련 심수현 박지혜	권자인	박주미	정맑음 이현화 유우용	김혜원 김승현 강은솔
Fax	907-0678			907-0677			907-1812	

- 주　　　소 : 경기도 고양시 일산동구 중앙로 1275번길 14-43(장항동)
  ㉾ 10401
- 관할구역 : 경기도 고양시 일산동구, 일산서구
- E-mail : goyang@nts.go.kr

과장	재산세			법인세		조사		납세자보호담당관	
	오민철 480			이미진 400		임인정 640		성종만 210	
팀장	재산1	재산2	재산3	법인1	법인2	정보관리	조사	납세자 보호실	민 원 봉사실
	남기형 481	이기정 491	권대영 501	김현규 401	김태환 421	신거련 641	서광열 651	임형우 211	왕태선 221
DID	482-8	492-7	502-7	402-8	422-7	692-3 642-4	652-6 660-5 667-71	212-5	224-9 231-5
국세조사관	이한택	김태형	임지혁	안지은	민수진		서동옥 조민재 김광연 김종화 김영주	고성희	최해철
	염정은 심정연 김지현	송인화 강혜진 조연심	이용우 김현서	한은영 조민철 주애란	김지훈 김지혜	유수재	문진희 박희경 이학승 이윤수 이현철 노규현	박지선 최은영	현양미 최은영 최연경
	곽윤정 송승한 김 웅	임재은	전건모 최우정 이원진	송선영 윤여준	어정아 윤하영	이재원 이윤호	신중훈		류매란 박경란 홍지안 조은애
	정보연	문지홍 조성조		정지은	최현호	김희영 윤석현	천주헌 박경환 김감채 정채연	김건웅	신은지 정현규 권도진 백범식
Fax	907-0672			907-0973		907-0674		905-7555	907-9177

광명세무서

- 대표전화 : 02)2610-8200
- 코드번호 : 235
- 계좌번호 : 025195
- DID번호 : 02)26108-구내번호

서 장 김 재 산 ☎ 02)2610-8201

과장	징세		부가소득세	
	오승연 240		박진혁 300	
팀장	운영지원	체납추적	부가	소득
	송인규 241	하미숙 441	김성길 301	강경덕 351
DID	242-4 247	442-5 262-3	302-11	352-9
국세조사관			김윤주	조영진
	양희정	김지현 강석훈 장선희	박진아 민소윤 남현주 김재원 박창수 이도형	박찬민 차지원
	이송하 이주은			송영빈 박병태 김한솔 이우재
	고정근	박수지 이지후 최기현	주은영 정장환 심희준	남궁민아 전유빈 김찬수
Fax	2614-8443		2617-1486	

- 주　　소 : 경기도 광명시 철산로 3-12(철산동 251)
  ㉾ 14235
- 관할구역 : 경기도 광명시 광명1~7동, 철산1~4동, 하안1~4동, 소하1~2동, 학온동
- E-mail : gwangmyeong@nts.go.kr

과장	재산법인세		조사		납세자보호담당관	
	이 광 500		성보경 640		고종관 210	
팀장	재산	법인	정보관리	조사	납세자보호실	민원봉사실
	임혜령 401	안태동 501	이옥선 647	김광영 641	강정모 211	김영기 221
DID	402-13	502-6	648, 682	642-6	212-3	222-5
국세조사관		최종묵		서보림 곽재형	김중재	유성춘
	한송희 최희정 박수춘 장지영 김효정 정혜아	백승범	양주원 맹선영	최영환		정희원 김슬기
	차인혜 권혜련 배준영 이주연 배상연 백정하	신치원		박수미	이도형	
		김희수 오주학		손채원		임보금
Fax	2060-0027		2685-1992		2617-1485	2615-3213

김포세무서

- 대표전화 : 031)980-3200
- 코드번호 : 234
- 계좌번호 : 023760
- DID번호 : 031)9803-구내번호

[서 장] 김 태 수 ☎ 031)980-3201

과장	징세			부가가치세			소득세	
	고덕환 240			윤영식 280			조형준 340	
팀장	운영지원	체납추적1	체납추적2	부가1	부가2	부가3	소득1	소득2
	김정륜 241	김세종 441	신혜주 461	김광천 281	김학규 301	이영휘 321	이광용 341	김태승 361
DID	242-5	442-52	462-8 470-2	282-90	302-9	322-9	342-9	362-9
국세조사관			최서윤	신연희		이혜영	최회윤	
	오현지 강효정	손승희 김민희 신기섭 채혜란 진주희	배인애 김대관 최형준	장현주 이기철 장선영 방혜선	정수지 박윤하 안선미 민경원	김광식 박찬우 설병환	최혜진 이상미	박혜진 안지혜 강현주
	박용운	정현지 정혜린 김가연 이선아	김동준 조송화 강윤영 이민정	윤현정 이현주	박상규 강소라 유환일	이정욱 이은지	박종률 최보윤 이민지	김인환 김일용 박희원
	고연우	김태영 이은비	강예린 천준환 김재연	박지수 송남경 박송희	김아정 김재형 김소연	김은비 김연희	김원욱 김태희 한석윤	안수빈 박선화 박성일
Fax	987-9932	987-9862		998-6973			983-8028	

● 주　　　소 : 경기도 김포시 김포한강1로 22(장기동)　㉾ 10087

● 관할구역 : 경기도 김포시, 인천광역시 강화군

● E-mail : gimpo@nts.go.kr

※ 강화민원실 주소 : 인천광역시 강화군 강화읍 강화대로 394　㉾ 23031
　　　　　　　　　（☎ 032-934-1493~4)

과장	재산세		법인세		조사		납세자보호담당관	
	이선우 400		이종윤 500		정준모 600		김판준 210	
팀장	재산1	재산2	법인1	법인2	정보관리	조사	납세자 보호실	민 원 봉사실
	여종구 401	유의상 421	박병민 501	남형주 521	최원석 601	박기룡 621	조현관 211	윤민오 221
DID	402-10	422-7	502-10	522-31	602-5	622-6 629-35 637-9	212-5	222-5 228-9
국세조사관	송영욱 심소영	이준년			전강희	김상욱 박태훈 고은희 박종진		박영기(강화) 조영순 김병규
	김진교 정다혜 김인희 이온유	박성혁 이동규	오상엽 이미란 김상민 구지은 이동찬	최주광 최유나 선종국 정다이		정형석 석산호 김승희 김미영	최지현 박민규 류치선 김윤희	김만덕(강화) 채원식
	정지영 이종석	이여경 김건호 최현성	한연근 이동석 선현우	이희정 한승구 이현선	안미영 정은주 신민철	한무현 김영익 장일웅		김아영 예민희 정진숙
	최선혜 노용현 이지은		유예진	장영애 이수민 이범훈		이민정 신승진 서기훈		민지호
Fax	998-6971		986-2801		986-2769		986-2806	982-8125

동고양세무서

- 대표전화 : 031)900-6200
- 코드번호 : 232
- 계좌번호 : 023757
- DID번호 : 031)9006-구내번호

서 장 이 슬 ☎ 031)900-6201

과장	징세			부가소득세			
	임진옥 240			조홍기 280			
팀장	운영지원	체납추적1	체납추적2	부가1	부가2	소득1	소득2
	조민영 241	임창섭 441	강승룡 461	조양선 281	박수정 301	최환규 321	박희정 381
DID	242-4 247	442-7	462-5 263	282-9	302-9	322-7	382-7
국세조사관		최은옥	임경태		조석균	김진기	이선아
	김완석	이승환 최미경 유미성 박건규	이루리 한승협 이현아	이종현 남석주 이정화	김태두 이은옥 김민조	태대환 김자영	박노승 길미정 정건희
	이민규 이지원	황선진		김지수 민윤선	배형은 지영주	황지혜	김중규
	이동주		백진이	박형준 김민선 이도경 유가연	김의연 서영원 신창섭	이지영 문해령 김영주	이유민 변해일 박서연
Fax	963-2979			963-2089			

- 주　　　소 : 경기도 고양시 덕양구 화중로 104번길 16(화정동)
  ⑨ 10497
- 관할구역 : 경기도 고양시 덕양구
- E-mail : donggoyang@nts.go.kr

과장	재산법인세			조사		납세자보호담당관	
	정문현 400			김근수 640		김몽경 210	
팀장	재산1	재산2	법인	정보관리	조사	납세자보호실	민원봉사실
	정환철 481	심형섭 501	최헌순 401	김현정 641	홍성걸 651	허비은 211	송주규 221
DID	482-90	502-4	402-8	642-5	652-3 661-3 671-3	212-3	222-7
국세조사관					서기열 박윤지	임정현	이윤우
	김정미 송선주 이광희 강지수 강희정	홍근표	신경아 정정우 최다인 김재권	김정혁 김봉식 박미진	이형철		조지영 하명선 오은숙
	김민정 봉선영 이혜지 김미혜 김나미 나길제	안지영 김민상	피연지 조지윤		김도희 심재일 변태민 조영종	조영진	김경업
	변성희		송나연	김승화	오윤라		이건희
Fax	963-2983			963-2972		963-2271	

부천세무서

- 대표전화 : 032)320-5200
- 코드번호 : 130
- 계좌번호 : 110246
- DID번호 : 032)3205-구내번호

서 장 김영기 ☎ 032)320-5201

과장	징세			부가가치세		소득세	
	표석진 240			장대완 280		박동찬 360	
팀장	운영지원	체납추적1	체납추적2	부가1	부가2	소득1	소득2
	윤경옥 241	박기범 441	김재석 451	강옥향 281	노현정 301	황선태 361	박은희 371
DID	242-5	442-9	454-9 262-3	282-91 350	302-10 350	362-70 350	372-7
국세조사관				임현정 이소정	오유미		
	김정이	김희환 정미라 김효은	주민희 임채경 범지호 명경철	최정명	길은영 손현명 김유진 조영미	오진택 차연아 안윤미 김수정	이준우 김동준 김수원
	박호빈 성다진	김지영 이수진 허원석 조강희	김선화 김희경 박신우	박형규 장형원 최서윤 안종근	김은정 백승윤	박성민 김영은 전지원	최은진 박주영 김유철
	이소연	김현기	문예린	안성국 임해균 신윤주 조민지	박진한 정윤주	김나영 임예진	유승민
Fax	328-5248			328-6936		320-5476	

- 주　　소 : 경기도 부천시 원미구 계남로 227(중동)
  ㉾ 14535
- 관할구역 : 경기도 부천시
- E-mail : bucheon@nts.go.kr

과장	재산법인세			조사		납세자보호담당관	
	이철우 480			안미경 640		김재호 210	
팀장	재산1	재산2	법인	정보관리	조사	납세자보호실	민원봉사실
	민경삼 481	이순영 522	김병수 401	김종훈 641	박상훈 651	류 송 212	윤난희 221
DID	482-8 491	523-5	402-11	642-3 691	652-9 661-2	212-4	222-9
국세조사관	박형민 황태영	김재중	한재영		긴진미 정병숙		박미연 임석호
	남동완 이상왕 조가람 심홍채		이태용 고봉균 엄희진 김건희	이종섭 김수연	김해아 윤다영 김태규 서창덕	김병희	나 영 이선아 한상희
	유희근	권다혜 유광근	이규석	안지은	강오라 정수진 남기은	김향숙 한승민	조유영 이성인 신예원 김호찬
	심현주 배형천		방서주 김민주 정희선 한혜민		이영롱 염효송		
Fax	320-5431			328-6935		328-5941	328-6428

남부천세무서

- 대표전화 : 032)459-7200
- 코드번호 : 152
- 계좌번호 : 027685
- DID번호 : 032)4597-구내번호

서 장 임식용 ☎ 032)459-7201

과장	징세		부가가치세		소득세	
	남무정 240		민희망 280		권혁란 360	
팀장	운영지원	체납추적	부가1	부가2	소득1	소득2
	허광규 241	양지선 441	김미선 281	박동수 301	김순석 361	함광수 381
DID	242-5	442-51	282-7	302-6	362-6	382-6
국세조사관	남도경		김인천	박대협 오경택	오은희	
	차지연	이주성 김혜연 김재경	김정미	김효민 박영수	이영례 최민규	김동휘 정지훈
	김재호	장승연 손경선 오정은 최은진 심희정	채진병 전유나		기승호	강혜인 김수빈 전지영
		홍영진	김은하 박하은 고영록	이다원 지현배	김기환 홍수현	권소연
Fax	459-7249		459-7299		459-7379	

- 주　　소 : 경기도 부천시 경인옛로 115(괴안동 6-5)
  - ㉾ 14691
- 관할구역 : 경기도 부천시 부천동 일부(원미, 연곡, 춘의), 심곡동, 대산동, 소사본동, 범안동

	과장	재산법인세			조사		납세자보호담당관	
	과장	이동출 480			권영희 640		배성심 210	
팀장	팀장	재산1	재산2	법인	정보관리	조사	납세자보호실	민원봉사실
		도영만 481	이종우 501	김창현 401	김종곤 641	범수만 651	김준호 211	이수민 221
DID		482-4	502-4	402-6	642-4	652-6	212-4	222-5
국세조사관				민성기		권섬미 신기룡	유미연	
		홍석후 피근영 오미정 김지엽	이진례 오경환	박성태 남채윤	박선민	박미래 김이섭	최은정	조윤주
				황재승	이은지	허지영	한민우	나연주 이유영 황태희
		박태우	이은자	이윤경	윤겸주			이은경
Fax		459-7499			349-8971	349-8972	459-7219	459-7231

의정부세무서

- 대표전화 : 031)870-4200
- 코드번호 : 127
- 계좌번호 : 900142
- DID번호 : 031)8704-구내번호

서 장 **최미숙** ☎ 031)870-4201

과장	징세			부가가치세			소득세	
	이민규 240			강세희 280			정태민 360	
팀장	운영지원	체납추적1	체납추적2	부가1	부가2	부가3	소득1	소득2
	박회경 241	정윤철 441	장연근 461	한문식 281	김종환 301	오승필 321	이지훈 361	장민우 381
DID	242-6	442-50	462-7 263-4	282-9	302-9	322-8 330	362-70	382-91
국 세 조 사 관	이명희		조명기 박미숙	문성인	박송복	노은영		
	김연정	안동민 김대현 조다혜 채문석	박애심 김희영 김선영	김희명 이정윤 이명행 한승배	한희정 원종훈 김주희 박은지	김계정 정민재 전혜윤 송현권 임진영	안 선 양강진	장연경 천영환 박지연
	이승재	오현경	고민경 최재혁 김은설	이재환	박수진 박정호	안진영 이미소	김보근 김영권 조병덕 김종서	김민희 이수현
	이정기 박보민	김경아 김민정 이상현 주승찬	이다혜 임주형 김미림	이유민 장주환	김지은 오영석	박성한	이민경 이은수 박소영 윤광태	최지우 정은채 서동철 김보경 조혜정
Fax	875-2736			871-9015		874-9012	871-9012	871-9013

- 주　　　소 : 경기도 의정부시 의정로 77(의정부동)
　　　　　　 ㉾ 11622

- 관할구역 : 경기도 의정부시, 양주시

- E-mail : uijeongbu@nts.go.kr

과장	재산법인세			조사		납세자보호담당관	
	윤상섭 400			이창석 640		김현숙 210	
팀장	재산1	재산2	법인	정보관리	조사	납세자보호실	민원봉사실
	정용효 481	이수안 521	김병옥 401	장주열 641	김진규 651	서광원 211	임상규 221
DID	482-90	522-7	402-11	692-3 642-4	652-3 661-3 671-3 681-3	212-4	222-8
국세조사관				유은선	하태상 이승훈 형성우 이상선		조태욱(양주)
	박근애 민용우 임칠성	이준형 서래훈 노일도	천광진 김정훈	정영화 이효재	김영재 이재균 이재준 임기문	오정식	이계승 이용희(양주) 김남철 신동영
	이주희 채유진 김한솔 윤재원	이은기 최혜정	강연우 황연성 신명섭 경지수	김은경	이소진 강나영 권지원	전은선 함영은	한길택 주혜옥 양윤숙
	윤지현 배지환 조유빈	양은지	이진수 박효선 조성윤 최호영	임진옥	최수경		김준형 이재우
Fax	871-9014		878-9015	837-9010	871-9017	871-9018	877-2104

파주세무서

- 대표전화 : 031)956-0200
- 코드번호 : 141
- 계좌번호 : 001575
- DID번호 : 031)9560-구내번호

서 장 서 기 열 ☎ 031)956-0201

과장	징세			부가소득세			
	유상욱 240			박선수 280			
팀장	운영지원	체납추적1	체납추적2	부가1	부가2	소득1	소득2
	김육노 241	강장환 441	김성영 461	정선례 281	최연지 301	김영국 361	김연수 381
DID	242-5	442-9	462-3 466-9 262-3	282-90	302-10	362-70	382-8
국세조사관			박용주	박형진	신선주 강지연	김도윤	김 호
	송지혜 최유진	황은희 박인순 신수범 안지선	김희정 김현정 여 선 채연학 백진화 최희경	송효선 고상권 김인애	신지은 임현우	류승진 박종주	김범석 유길웅
	이보라	안혜원 남궁훈	남화영 박선영	장정욱 문서윤	배휘정 우수정	김현지	배준용
	황희태	한주희		이지현 김한울 김남은	이혁재 박상현 서동국	정현준 허은진 윤태진 이영림	김경희 이해욱
Fax	957-0315	956-0450		946-6048			

- 주　　소 : 경기도 파주시 금릉역로 62(금촌동)
  ㉾ 10915
- 관할구역 : 경기도 파주시
- E-mail : paju@nts.go.kr

과장	재산법인세				조사		납세자보호담당관	
	황재선 400				서승원 640		한철희 210	
팀장	재산1	재산2	법인1	법인2	정보관리	조사	납세자 보호실	민 원 봉사실
	김춘동 481	문삼식 501	최완규 401	오병태 421	이유미 641	서명국 681	황영삼 211	이강일 221
DID	482-7	502-5	402-8	422-8	642-3 645, 692	651-3 661-3 671-3 682-3	212-4	222-8
국세조사관	신해규	윤영섭		유정식		조영호 김정식 이영욱		김무남
	이정현 김승태 김은영	오기철	오상준 김지우 나유림	이헌규 유래경	유래연 기아람	이은영 조정은 김명규 박윤미	허인규 류영리	구성민 김윤경 김규림
	진민정 백한나 정경숙	모충서 이예슬	김유미 최혜원 장승원	나경훈 박근호 정슬기	배명선 유다영	송일훈 김민아	최은경	이은영
	김찬진		신승우 김소정	박수진		신미미 김창민 강혜수		김도형 박정현 임소라
Fax	957-3654				957-0319		957-0313	934-2100

포천세무서

서 장 손유승 ☎ 031)538-7201

- 대표전화 : 031)538-7200
- 코드번호 : 231
- 계좌번호 : 019871
- DID번호 : 031)5387-구내번호

과장	징세			부가소득세		재산법인세	
	소 섭 240			김혜경 280		류현수 400	
팀장	운영지원	체납추적1	체납추적2	부가	소득	재산	법인
	김영문 241	신현철 441	이문영 461	김성우 281	송기선 301	오동구 481	조동혁 401
DID	242-5	442-5	462-7	282-91	302-6	482-8	402-6
국세조사관			정용석 나선회		강경인	김종문 민정기	류자영
	김주홍 오소은	김성진	이정기 박미영 강정민	김정호 오세민 홍승범 박세진	문성은	최은복	정영무 박신영
		김기완		박용현 안재국 김진주	양향임 김혜수 김희주	박정린 이로아	홍혜연
	박희근 이은빈	김선웅 김성준	유솔리	유정환 김보라 김정호 정유형		김세건 임소형	박미경
Fax	544-6090	538-7249		544-6091		544-6093	544-6094

• 주   소 : 경기도 포천시 소흘읍 송우로 75   ⑨ 11177
• 관할구역 : 경기도 포천시, 철원군, 동두천시, 연천군(동두천, 연천은 포천세무서 동두천지서 관할)
• E-mail : pocheon@nts.go.kr
◇ 동두천지서 주소 : 경기도 동두천시 중앙로 136   ⑨ 11346
   ☎ 동두천지서 DID : 031)8606-구내번호 (대표 200)
※ 철원민원실 주소 : 강원도 철원군 갈말읍 명성로 158번길 85 ⑨ 24039 (☎ 033-452-2100)
※ 연천민원실 주소 : 경기도 연천군 전곡읍 은전로 415 전곡읍행정복지센터 내 (☎ 033-839-2932)
※ 포천시청 민원실 주소 : 경기도 포천시 중앙로 87 포천시청 1층 (☎ 031-538-3179)

과장	조사		납세자보호담당관		동두천지서 (8606-DID)			
	박윤주 640		오희준 210		전주석(4급) 201			
팀장	정보관리	조사	납세자 보호실	민 원 봉사실	체납추적	납세자보호	부가소득	재산법인
	김진섭 641	강세정 651	이대일 211		전상호 271		신성환 300	장병찬 250
DID	642-3 645	652-9	212 214	222-7	272-4	230 232, 234	301-10	251-6
국세조사관	한창규	김대현 손동칠 유진우	박영용	강태완 (철원)	김희정	한희수 (연천)	엄주원	김제봉
	유재은	오현준 권두홍	이영숙	정민섭 박대순		천승범 허승호	박진수	장건후
	김근우	박소현 양문욱		박민서 장혜인	강슬기	김진아	박성수 이윤희 강지현 김도애 김도균	손성수 권오찬 박찬용
		노기훈		김경준 이한솔	권기성		이병석 이찬웅	임소영
Fax	544-6095		544-6097	544-6098	867-2115		860-6279	867-6259

대전지방국세청

청 장 **양 동 훈**

☎ 042)615-2201

대표전화 : 042)615-2200

주소 : 대전광역시 대덕구 계족로 677 ⑨ 34383
코드번호 : 300 계좌번호 : 080499
E-mail : daejeonrto@nts.go.kr

대전지방국세청

- 대표전화 : 042)615-2200
- 코드번호 : 300
- 계좌번호 : 080499
- DID번호 : 042)615-구내번호
- 주　　소 : 대전광역시 대덕구 계족로 677
  　　　　　 ㉾ 34383
- E-mail : daejeonrto@nts.go.kr

[청 장] 양동훈 ☎ 042)615-2201

국장					
과장	운영지원			감사관	
	양용산 2240			강덕성 2300	
팀장	행정	인사	경리	감사	감찰
	이주한 2252	이정훈 2242	이준현 2262	김원덕 2302	박한석 2312
국세조사관	이　호 2253 김태환 2254 이경순 2257	김명진 2243 조선영 2280	박지혜 2263	남택원 2303 최영권 2304 김승주 2305	최진옥 2313 채홍선 2314 윤은택 2315
	김태훈 2255 심준석 2256	양영진 2244 권혜지 2245 이준탁 2246	조항진 2265 황소원 2267 이영화 2266	김현응 2306 이동규 2307 박민우 2308	박기정 2316 백인정 2317 이철우 2318 안재문 2319
	한종태 2258 이병권 2260	이연희 2247 어경윤 2248	권유빈 2268	이수민 2309	
Fax	621-4552	632-5097	634-6324	634-5098	

● 양동훈 [대전지방국세청장]
- 67년생, 전남 강진, 환일고, 고려대 경영학과, 로즈아일랜드 주립대 회계학 석사, 행시 41회
- 국세청 징세법무국 국장, 개인납세국 국장, 소득지원국 국장, 중부청 조사3국 국장, 부산청 성실납세지원국 국장, 서울청 납세자보호담당관실 과장, 대전청 조사1국 국장, 조사2국 국장

● 고영일 [성실납세지원국장]
- 70년생, 경기 평택, 평택고, 세무대학 10기
- 대구청 조사1국 국장, 국세청 법인납세국 소비세과 과장, 전산정보관리관 홈택스2담당관 국장, 국세공무원교육원 교육기획 과장, 대구청 조사2국 국장, 북대구세무서장, 경산세무서장, 중부청 성실납세지원국 법인납세과 과장

국장			성실납세지원국 고영일(3급) 2400		
과장	납세자보호담당관		부가가치세		
	2330		신혜선 2401		
팀장	보호	심사	부가1	부가2	소비
	문정기 2232	박찬희 2342	강민석 2402	전지현 2412	정영웅 2422
국세조사관	구명옥 2333	장은주 2343	박미진 2403	이현상 2413	
	이휴련 2334	김경미 2344 오건우 2345 조민정 2346	정선군 2404	박세환 2414 류성권 2415	원대한 2423 이 영 2424 선명우 2426
	김태헌 2335		김승현 2405	유경모 2416	장유민 2425
Fax	636-4727		625-9751		

대전지방국세청

- 대표전화 : 042)615-2200
- 코드번호 : 300
- 계좌번호 : 080499
- DID번호 : 042)615-구내번호

국장	성실납세지원국 고영일(3급) 2400					
과장	소득재산세				법인세	
	김윤용 2431				윤동규 2461	
팀장	소득	재산	복지세정1	복지세정2	법인1	법인2
	김희란 2432	전옥선 2442	김현숙 2452	문미희 2602	한숙란 2462	김정수 2472
국세조사관	전혜영 2433	장미영 2443				
	김태서 2434 김진기 2435	정윤정 2444 김홍근 2445 배경희 2446	김영기 2453	윤석창 2603	김태건 2463 한 란 2464 김명진 2465 김덕영 2466	강정숙 2473 홍상우 2475
		황후용 2447	강정현 2454		오하라 2467	나유숙 2474
Fax	634-6129				632-7723	

※ 대전광역시 서구 한밭대로 745(둔산동 949) 신협중앙회 13층
   ☖ 35209 (성실납세지원국 전산관리팀 정보화센터 1·2팀)

국장	성실납세지원국 고영일(3급) 2400						
과장	법인세		정보화관리				
	윤동규 2461		왕성국(4급) 2131				
팀장	법인3	법인4	지원	보안감사	포렌식지원	정보화센터1	정보화센터2
	차건수 2482	박태정 2492	이영구 2132	이홍조 2142	박승현 2192	최영둘 2152	이정미 2172
국세조사관		임현철 2493	서정은 2133 이채윤 2137 김상진 2138	정주희 2143		김태순 2160 신상례 2154 최금년 2161 신선희 2155	김광순 2173 한도순 2174 박진숙 2180 김영선 2175 유수향 2176
	이선영 2483 김동혁 2484	이경욱 2494 박상옥 2495	양선미 2135 송향희 2134 주재철 2139	오백진 2144	이정아 2193 이해진 2194 송재호 2195	천은영 2162 송인희 2156 김양미 2157 김수영 2163	권인숙 2181 김홍란 2182 김명순 2177 강영자 2183
	김재민 2485		장영석 2136			박수진 2153	
Fax	632-7723		625-8472			615-2170	615-2190

대전지방국세청

- 대표전화 : 042)615-2200
- 코드번호 : 300
- 계좌번호 : 080499
- DID번호 : 042)615-구내번호

국장	성실납세지원국 고영일(3급) 2400					
과장	개발지원1			개발지원2		
	김명원 2021			정기숙 2081		
팀장	정보분석	엔티스개발1	엔티스개발2	정보화개발	개발교육1	개발교육2
	김상숙 2022	정의진 2042	손석임 2062	하창수 2082	정기원 2652	
국세조사관	이미라 2023 조명순 2024 강선홍 2025 최학규 2026 김은희 2027	이상수 2045 최오미 2046 안수림 2050 최윤호 2047	최진숙 2063 임수현 2066	김숙희 2083 라유성 2084 김주영 2085 박미경 2086 김은기 2087		
	주현아 2028	윤창인 2051 윤민지 2052 이원일 2054	염문환 2064 조은지 2070 이규화 2067 임여경 2068	최수영 2089 박신영 2088 이성호 2090	정혜임 2667 유덕규 2663	고명훈 2662
		김시백 2043 문찬우 2044	최홍열 2065 박용병 2071			
		김현아 2048	김성진 2073 유승우 2069	이효진 2094	최지희 2666 임은총 2653	김동규 2665 정지훈 2664
Fax	621-4552					

● 이슬 [징세송무국장]
－83년생, 대구, 대구외고, 서울대, 행시 50회
－인천청 남부천세무서장, 부산청 해운대세무서장

국장	징세송무국 이 슬 2500					
과장	징세		송무		체납추적	
	유은영 2501		이상현 2521		김완구(4급) 2541	
팀장	징세	체납관리	송무1	송무2	체납추적관리	체납추적
	여미라 2502	송칠선 2512	황경애 2522	양주희 2532	이덕주 2542	연수민 2552
국세조사관	이정선 2503	최인옥 2513 임한준 2514	박신정 2523 권준경 2524	고의환 2533	노은아 2543 노용래 2544	전명진 2553
	이상봉 2504 임수민 2505	김수월 2515	최지훈 2525 정영화 2526 이수현 2527 권원호 2528	신방인 2534 박옥길 2535 이성준 2536	김양수 2545 이지윤 2546	윤상탁 2554 이석재 2555
					박재우 2547 김효근 2548	박노욱 2556 임유리 2557
Fax	632-1798		626-4512		625-9758	

대전지방국세청

- 대표전화 : 042)615-2200
- 코드번호 : 300
- 계좌번호 : 080499
- DID번호 : 042)615-구내번호

국장	조사1국 김학선(3급) 2700					
과장	조사관리					
	이창수(4급) 2701					
팀장	조사관리1	조사관리2	조사관리3	조사관리4	조사관리5	조사관리6
	김영교 2702	조영자 2712	차광섭 2719	정혜진 2732	윤상호 2742	신미영 2722
국세조사관	박은정 2703		신상수 2724	윤지희 2733	이제현 2743	
	박성룡 2704 임정혜 2705 서원희 2706	노영실 2713 남기태 2714	손신혜 2725 김진주 2726 이재명 2720 윤수환 2727 정호석 2721	정인애 2734 장석현 2735	태상미 2744 고정환 2745 박제영 2746	권동원 2723
	김병철 2707	조우진 2715	박요안나 2728			
Fax	634-6325					

● 김학선 [조사1국장]
- 68년생, 충북 충주, 충주고, 세무대학 7기
- 서울청 감사관 과장, 영등포세무서장, 국세청 복지세정관리단 장려세제과 과장, 전산정보관리관 홈택스2담당
  관 과장, 대전청 조사2국장, 공주세무서장, 홍성세무서장

국장	조사1국 김학선(3급) 2700						
과장	조사1				조사2		
	장 훈 2751				김진술 2781		
팀장	조사1	조사2	조사3	조사4	조사1	조사2	조사3
	금영송 2752	임길묵 2762	진종호 2772	이경숙 2882	김장용 2782	송태정 2792	정현원 2802
국세조사관	장덕구 2753						
	손정화 2754 장세연 2755 조성빈 2756	박종호 2763 신광철 2764	박상욱 2773 박진숙 2774	허지혜 2883 이준혁 2884	이현상 2783 이환규 2784 김수원 2785	강경묵 2793 강병수 2794	윤재두 2803 주진수 2804
		유승아 2765	고병준 2775	이권희 2885	권명윤 2786	김이수 2795	황석규 2805
Fax	634-6128				626-4513		

대전지방국세청

- 대표전화 : 042)615-2200
- 코드번호 : 300
- 계좌번호 : 080499
- DID번호 : 042)615-구내번호

국장	조사1국 김학선(3급) 2700				조사2국 조윤석 2900		
과장	조사2	조사3			조사관리		
	김진술 2781	김성민(4급) 2811			김혜경 2901		
팀장	조사4	조사1	조사2	조사3	조사관리1	조사관리2	조사관리3
	김효순 2842	김수진 2812	백인억 2822	이병용 2832	조은애 2902	이종호 2912	박영주 2922
국 세 조 사 관					한경수 2903		이원근 2923
	구승완 2843 윤희창 2844	박주오 2813 이연주 2814 사현민 2815	강안나 2823 김상현 2824 최우진 2825	이한기 2833 연제석 2834	김선애 2904	김선기 2913 황은지 2914 강현영 2915 강현애 2916	지상수 2924 유지현 2925 육재하 2926 최윤경 2927 한원주 2928
	신용식 2845	박승권 2816		한 용 2835	김근아 2905	박영일 2917	
Fax	626-4513	636-0372					

● 조윤석 [조사2국장]
－86년생, 서울대, 행시 55회
－국세청 상속증여세과 서기관, 빅데이터

국장	조사2국 조윤석 2900						
과장	조사1				조사2		
	신승태 2931				최재명(4급) 2961		
팀장	조사1	조사2	조사3	조사4	조사1	조사2	조사3
	조정주 2932	이영찬 2942	김아경 2952	진소영 2992	민양기 2962	이정임 2972	오진성 2982
국세조사관	백승민 2933		이화용 2953		이현진 2963		
	오승희 2934	신숙희 2943		장시찬 2993 김준익 2994	강 훈 2964 이승택 2965	최미숙 2973 이건흥 2974 추원규 2975	차보미 2983 정준희 2984
	정재남 2935	조한규 2944	권대근 2954				고민철 2985
Fax	626-4515				625-9432		

대전지방국세청 관할세무서

대전세무서

- 대표전화 : 042)229-8200
- 코드번호 : 305
- 계좌번호 : 080486
- DID번호 : 042)2298-구내번호

서 장 임영미 ☎ 042)229-8201

과장	징세			부가가치세			소득세	
	신현국 240			박재근 280			정인숙 360	
팀장	운영지원	체납추적1	체납추적2	부가1	부가2	부가3	소득1	소득2
	이용환 241	이동환 551	신원영 571	임창수 281	임상빈 301	박인국 321	도해구 361	맹창호 381
DID	242-5 247	552-8	262-3 572-5	282-90	302-9	322-8	362-8	382-8
국세조사관		이응구	박정숙	김균태	홍창표 황성희	이기수 이창권 노영하	이주한 최현정	이영호
	곽문희 정미영 이현우	이안희 오왕석	조하영 유연우 이상요 정해은	방경선 배효정 김나희 신연주	백민정 김보혜 김선미	이호영 박인선	정미현 정유진 유관호	이주성 허남주 윤석진
	박문수	박길원		김혜리	이준석	하미현		강민주
	박병규	유채원 김유진	곽민지	안지민 김홍선 박수미	이권열 정지예	양세현	석지훈 남서윤	김태윤 배예빈
Fax	253-4990		253-4205	257-9493		257-3783	257-3717	

● 주　　소 : 대전광역시 중구 보문로 331(선화 188)　☻ 34851

● 관할구역 : 대전광역시 동구, 중구, 충청남도 금산군

● E-mail : daejeon@nts.go.kr

※ 금산민원실 주소 : 충청남도 금산군 금산읍 인삼약초로 42(중도리 16-1)　☻ 32739
　　　　　　　　　(☎ 041-754-0336)

과장	재산법인세				조사		납세자보호담당관	
	차은규 400				서민덕 640		조치상 210	
팀장	재산1	재산2	법인1	법인2	정보관리	조사	납세자 보호실	민　원 봉사실
	김용호 481	주구종 501	강원경 401	이왕수 421	조민영 641		조연숙 211	권영조 221
DID	482-7	502-5	402-6	422-5	642-4	651-4 661-3 671-3	212-5	222-30
국세조사관	이영락 이인숙	임진규	박진우	송인광	박종인 이명해	1팀 김동현 이재열 이건우 오양금	황대림 박준형	양병문 이영재
	김미선 최영미	윤문원 이수미	김지현	안주희	이영순	2팀 송인한 이지민 박대현	신유현	엄태성 박정연 최민정 최혜경 윤희민
	이유진 장혜린	이호제	정계승	전재령 권태민		3팀 이명석 박지은 이진수	김민정	김수량
			장효선 송재현					이영범
Fax	254-9831		252-4898		255-9671		253-5344	253-4100

북대전세무서

- 대표전화 : 042)603-8200
- 코드번호 : 318
- 계좌번호 : 023773
- DID번호 : 042)6038-구내번호

서 장 김 선 수 ☎ 042)603-8201

과장	징세			부가가치세		소득세	
	김신흥 240			정현철 280		안승호 360	
팀장	운영지원	체납추적1	체납추적2	부가1	부가2	소득1	소득2
	이미영 241	박미숙 551	이명하 571	김진영 281	하정영 301	허충회 361	도우형 381
DID	242-3 246-7	552-9	572-8 262-4	282-91 614	302-10 614	362-9 615	382-8 615
국세조사관	편무창	김동일 안슬기	김인호 옹주현 박정수 김응남	서정원 위정호	백선주	노기우 서명옥	김영철
	조혜민 최미진	황영숙 이숙희 문미영	양전옥 나경미 이신영 엄소정	강병조 박성희 박윤주 한정희	이재욱 안재욱 임선영 임송빈 박은경	김보경 서승의 전현아 구효진	여중구 박수아 김선주 김세호
		최유리	최지은 김용석	이정은 서경하 이미정	안수진 장민환	전지은	김주영 정휘언
	손태희	박세희 백승아		손범수 박일도	정현주 김민지	김상호 문민지	이건희
Fax	823-9662	603-8560		823-9665		823-9646	

- 주　　소 : 대전광역시 유성구 유성대로 935번길 7(죽동 731-4)
　　　　　ⓤ 34127

- 관할구역 : 대전광역시 유성구, 대덕구

- E-mail : Bukdaejeon@nts.go.kr

※ 대덕민원실 주소 : 대전광역시 대덕구 동춘당로 94번길 11 송촌동 행정복지센터 1층 ⓤ 34401
　　　　　　　　　（☎ 042-624-8233）

과장	재산세		법인납세		조사		납세자보호담당관	
	김병식 480		서문석 400		김영덕 640		이은영 210	
팀장	재산1	재산2	법인1	법인2	정보관리	조사	납세자 보호실	민　원 봉사실
	홍문선 481	김윤진 501	박병수 401	김명제 421	유장현 641		오정탁 211	노태송 221
DID	482-9	502-5	402-9	422-9	642-5	652-63	212-4	223-7
국세조사관	박은정	강지은	배문수 이태희	심준보 윤영준	이정길	1팀 조석정	양광식	원광호 (대덕) 강희석 배　준 이동근
	탁현희 백수아 김은경	김윤희	전시영 최혜지	김유경 김혜미 김수정	공은주	2팀 김민준	유경희	김진환 김영간
	신성호	노준호 조은애	심현이	박성재	고석희 백경령	3팀 김재열	가혜미	최동훈
	박혜빈 김지현 박완다		이하승 임지완 주영철	박소연 김나은		4팀 심영찬 김인태		박성재
Fax	823-9648		823-9616		823-9617		823-9619	823-9610

서대전세무서

- 대표전화 : 042)480-8200
- 코드번호 : 314
- 계좌번호 : 081197
- DID번호 : 042)4808-구내번호

| 서 장 | 이완희 ☎ 042)480-8201 |

과장	징세		부가가치세		소득세	
	김영식 240		이종길 280		신동우 360	
팀장	운영지원	체납추적	부가1	부가2	소득1	소득2
	이한성 241	강인성 551	윤문수 281	김은철 301	박선영 361	김완주 381
DID	242-4	552-61 262-3	282-9	302-9	362-8	382-7
국세조사관		김은혜 김기숙 전윤희 장명화	이충근 김년호 유경열	라기정 김성연	박현정	신계희
	황연주 구민채	김정근 김은덕	양선숙 구은정 박선민	이은숙 임선근 송수은	양유미 이명한	박금숙 이선미
		김미영 이남영	송민우	조태희 조한민		김경오
	전종호	이재성 유선희 최현주 홍정화	하형준 유다원 김지윤	최진하	정윤수 길기윤 김명철 서하늘	김의연 최호열 송하늘
Fax	486-8067	480-8687	472-1657	480-8682	480-8683	

- 주　　소 : 대전광역시 서구 둔산서로 70(둔산동 1296)

  ㉾ 35239

- 관할구역 : 대전광역시 서구

- E-mail : seodaejeon@nts.go.kr

※ 별관(조사과) 주소 : 대전광역시 서구 둔산로 59 아이빌딩 5층(둔산2동 1275)

과장	재산법인세			조사		납세자보호담당관	
	최수종 400			박일병 640		이인근 210	
팀장	재산1	재산2	법인	정보관리	조사	납세자보호실	민원봉사실
	유인숙 481	전수진 501	김영건 401	신광재 641		최용세 211	이정기 221
DID	482-7	502-4	402-10	642-4	651-3 661-3 671-3	212-4	222-3 225-30
국 세 조 사 관	신대수	사새윤	오용락	한수이	1팀 배은경 전형주 석진서	윤흥덕 한석희	박진수 김은주
	황현순 이지은	김기미	박소연 김수정 오현석 김자경	권경숙	2팀 오승훈 정영석 정인형	이성민	김은의 박유자 강윤학 김혜원
		김세령	정금희 고영임		3팀 심용주 김석현 이채민		이은지 황지연
	김민석 임채현 김세현		이재현 박소연	진원용			
Fax	480-8685		480-8684	480-8686		486-8062	486-2086

동청주세무서

- 대표전화 : 043)229-4200
- 코드번호 : 317
- 계좌번호 : 002859
- DID번호 : 043)2294-구내번호

서 장 **김동근** ☎ 043)229-4201

과장	징세			부가가치세		소득세
	김용주 240			류성돈 280		박미란 360
팀장	운영지원	체납추적1	체납추적2	부가1	부가2	소득
	김덕규 241	변문건 551	권민형 571	임현수 281	연태석 301	박예규 361
DID	242-3 246	552-8	572-4 261-2	282-90	302-8 271	362-71
국세조사관	이정환		김은경	최성한	정년숙	임인택 김은기
	최은혜	손민영 한인수 김수진	윤여용 손현정 연상훈	이남정 한성준 황다영 정은미	김유림 옥지웅 염나래 김세진	임성옥 김대운 최경인 김선주 장성미 서덕성
		이하경 오인택				
	박세진	김상엽 허은정	한수진	이준혁 노관우 최강이 최다연	손경식 김가은 백주연	박수현 박재민
Fax	229-4601			229-4605		229-4602

● 주　　　소 : 충청북도 청주시 청원구 1순환로 44(율량동 2242)　⑨ 28322

● 관할구역 : 충청북도 청주시 상당구・청원구, 증평군, 괴산군

● E-mail : dongcheongju@nts.go.kr

※ 괴산민원실 주소 : 충청북도 괴산군 괴산읍 임꺽정로 90 괴산군청 1층　⑨ 28026 (☎ 043-832-4711)

※ 증평민원실 주소 : 충청북도 증평군 증평읍 광장로 88 증평군청 내 종합민원실　⑨ 27927
　　　　　　　　　　　(☎ 043-838-8665)

과장	재산법인세			조사		납세자보호담당관	
	이완표 400			이상우 640		210	
팀장	재산1	재산2	법인	정보관리	조사	납세자보호실	민원봉사실
	임헌진 481	신진우 501	안남진 401	조선영 641		이평희 211	남현우 221
DID	482-7 274	502-4	402-10	642-4	651-7 659	212-3	222-9
국세조사관	유승원 신승우			나용호 정진걸	1팀 류녕상	정성무	최윤선 최은희
	김연이 정영은	정영철 홍은정	이영희 여은희 오진용 오광석	황남돈	2팀 전　영	천소진	박연옥 김재완
	연소정 손규리	김국현	이오령	이강원	3팀 조남웅 이수진		조미겸 정지선 왕지영
	최슬기 주영서		박수현 전수연 윤덕현 고민철				전요섭
Fax	229-4609		229-4606	229-4607		229-4603	229-4604

영동세무서

- 대표전화 : 043)740-6200
- 코드번호 : 302
- 계좌번호 : 090311
- DID번호 : 043)7406-구내번호

서 장	허양원 ☎ 043)740-6201

과장	징세		
	오길춘 240		
팀장	운영지원	체납추적	조사
	정규삼 241	전현정 551	고철호 651
DID	242-3	552-5	652-4
국세조사관	이가희	이재숙 손정훈 금종희	김중규
	김규원		홍유민
		이선관	박채린
Fax	740-6250	740-6260	

- 주　　소 : 충청북도 영동군 영동읍 계산로2길 10
  　　ⓤ 29145

- 관할구역 : 충청북도 영동군, 옥천군, 보은군

- E-mail : yeongdong@nts.go.kr

※ 보은민원실 주소 : 충청북도 보은군 보은읍 삼산로 50 ⓤ 28947 (☎ 043-542-2400)
※ 옥천민원실 주소 : 충청북도 옥천군 옥천읍 동부로 15 ⓤ 29040 (☎ 043-733-2157)

과장	세원관리				납세자보호담당관	
	이기활 280				황규용 210	
팀장	부가소득		재산법인		납세자보호실	민원봉사실
	부가	소득	재산	법인		
	이석원 281		정창훈 481			조대서(옥천)
DID	282-7	288-90 292	482-4	402-5	212	221-2
국세조사관	김창순			자성환	유은주	
	양지현 위태홍	송현희 조영주	최상형 정판균	조명상 윤순영		최연옥
	이근수		박상희			신승환(옥천)
	정희옥 김준기	안용환 정나겸		박상경		전서연
Fax	740-6600		743-5283		743-1932	

제천세무서

- 대표전화 : 043)649-2200
- 코드번호 : 304
- 계좌번호 : 090324
- DID번호 : 043)6492-구내번호

서 장　허 남 승　☎ 043)649-2201

과장	징세			세원관리	
	김진배 240			김원호 280	
팀장	운영지원	체납추적	조사	부가	소득
	송호근 241	김영달 551	신열석 651	송연호 281	반병권 361
DID	242-3	552-7	652-5	282-7	362-3 365-7
국세조사관		김정섭	박승권	김기태 최광식	황은희 원진희
	석원영	박현희 명혜란 김석채 이문석	강희웅 강윤화	김종필	이철주 방재필
	김다현			신형원 박영임	
		김윤겸	강지훈	조혜연	엄윤서
Fax	648-3586		653-2366	645-4171	

- 주　　소 : 충청북도 제천시 복합타운1길 78(신월동)
    ㉾ 27157
- 관할구역 : 충청북도 제천시, 단양군
- E-mail : jecheon@nts.go.kr

과장	세원관리		납세자보호담당관	
	김원호 280		최재균 210	
팀장	재산법인		납세자보호실	민원봉사실
	재산	법인		
	김무영 401		홍기오 211	윤태경 221
DID	482-5	402-5		222-4
국세조사관	김종헌	김문철		오재흥
	인길성	조정헌		김용진
	나정현	김희창		
	김로환	윤하서		김미솔
Fax	652-2495		652-2630	

청주세무서

- 대표전화 : 043)230-9200
- 코드번호 : 301
- 계좌번호 : 090337
- DID번호 : 043)2309-구내번호

서 장   오원화   ☎ 043)230-9201

과장	징세			부가가치세		소득세	
	김창미 240			고상기 280		이 호 360	
팀장	운영지원	체납추적1	체납추적2	부가1	부가2	소득1	소득2
	전중원 241	이형훈 551	백오숙 571	김종일 281	황재중 301	서혜숙 361	임달순 381
DID	243-5 248	552-8	572-4 581-2 262-3	282-90	302-7	362-7	382-8
국세조사관		오상은	권경미	이은혜	박철수 송석중		
	전광희 정연경	김현숙 이혜정	백영신 최희권 이은선	박미진 서나윤 손경숙	박희정 이승석 박미정 박시형	박미경 권오성 유세곤	경지민 성은숙 조현희 문형민
	남보라	양준복 손정연		김다혜 유성운 임새봄		김근하 장동환	홍석우
	홍관의	김예름 조은비	김승범 이지영 강필원	김민석	전범준	정은유	임해리 강다향
Fax	235-5417	235-5410		235-5415		235-5414	

- 주　　소 : 충청북도 청주시 흥덕구 죽천로 151(복대동 262-1)
  ⑨ 28583
- 관할구역 : 충청북도 청주시 흥덕구, 서원구
- E-mail : cheongju@nts.go.kr

과장	재산법인세			조사		납세자보호담당관	
	장상우 400			윤영현 640		유은빈 210	
팀장	재산1	재산2	법인	정보관리	조사	납세자보호실	민원봉사실
	박병문 481	송성호 501	엄기붕 401	남상균 641		성백경 211	김승환 221
DID	482-7 492	502-5	402-11	642-3 692	651-8	212-3	222-9
국세조사관	김연수	최봉수	윤명한 오관택	김철웅	1팀 최시은 최충일 이유선	오철규	신언순 고영경 채상희
	신미라	이동욱	백혜진 이원경 서민원	강소령 정성화	2팀 정승복 원지연 조상준	정소라	이화진 이혜경 정미현 박은미
	정미화 김민영 이보라 임찬휘	임경수	손재원		3팀 류다현 박찬오		백선아
	오세준 신윤환	김성환	민수호 장영준 박민근 변은지				
Fax	235-5419		234-6445	234-6446		235-5412	235-5418

충주세무서

- 대표전화 : 043)841-6200
- 코드번호 : 303
- 계좌번호 : 090340
- DID번호 : 043)8416-구내번호

서 장 **최 행 용** ☎ 043)841-6201

과장	징세		부가소득세		재산법인세		조사	
	유선우 240		남자세 280		이영규 400		임종찬 640	
팀장	운영지원	체납추적	부가	소득	재산	법인	정보관리	조사
	한상배 241	김붕호 551	손영진 281	신 혁 361	김영일 481	신기철 401	김관수 641	
DID	242-4	552-7 262	282-8	362-6	482-5	402-6	642-4	651-7
국세조사관	최용복		전현숙	김광섭				1팀 이승재 안수용 성진혁
		김재민 강윤정 류희식 이 솔	김이영 김용현		김유라 금기태	최경하 김민정 이동섭	신용규 엄채연	2팀 권석용 이원종 이현주
	심진영	김효선		한성경			황준석	3팀 정진성 허성민
	임은경	이예은 한웅희	허성진 정지윤 성은진 윤상원	정유진 심혜원 강지우	최휘철 조은서	김지희 이충원		
Fax	845-3320		845-3322		851-5594		845-3323	

● 주　　소 : 충청북도 충주시 충원대로 724(금릉동)　우 27338
　충북혁신지서 주소 : 충청북도 음성군 맹동면 대하1길 10, 센텀CGV타워 3층 (☎ 043-871-9200)

● 관할구역 : 충청북도 충주시, 음성군, 진천군

● E-mail : chungju@nts.go.kr

※ 음성민원실 주소 : 충청북도 음성군 음성읍 중앙로 173번지　우 27690 (☎ 043-872-1800)
※ 금왕민원실 주소 : 충청북도 음성군 금왕읍 무극로 221번지　우 27630 (☎ 043-877-1801)

과장	납세자보호담당관		충북혁신지서 (8719-DID)					
	이영호 210		이화명(4급) 201					
팀장	납세자 보호실	민 원 봉사실	체납추적	부가	소득	재산	법인	납세자 보호실
	권오찬 211	노정환 221	송경진 551	윤영재 281	이양호 361	오세덕 481	전서동 401	이종희 221
DID	212-3	222-4	552-7	282-9	362-6	482-6	402-10	222-5
국세조사관		최병분		이은숙			차회윤	한광우 이선영
	이재현	정희정	정상남 안미분 김동현	유혜민 이다원	최윤정 박 용 최병천	김근환 권진영	김병철	박소영
	김가원		송수인	신우열 김민선 이병욱 계예슬		문보경 이수빈	윤보배 이혜진 박재홍 송윤태 조훈연	박승욱
		문지원	문채은 이수비	곽용세	양희윤 문성일	문선진	박수연 박준성	이승찬 정상수
Fax	851-5595	847-9093	871-9631	871-9632		871-9633		871-9634

공주세무서

- 대표전화 : 041)850-3200
- 코드번호 : 307
- 계좌번호 : 080460
- DID번호 : 041)8503-구내번호

서 장 　박 재 성　☎ 041)850-3201

과장	징세			부가소득세	
	이정선 240			유경롱 280	
팀장	운영지원	체납추적	조사	부가소득	
				부가	소득
	국윤미 241	송영화 551	주정권 671	김상훈 281	
DID	242, 244	552-5	672-4	282-6	291-4
국세조사관			이혜림	임유란	김현민
	서민경 조아연	김소민 권혁수	신용직	마승진 최희경 이진석	허재혁 이원희
		최다솜	송인경		이상금
		김영중		최다연	
Fax	850-3692			850-3691	

● 주　　소 : 충청남도 공주시 봉황로 87(반죽동 332)
　　　　ⓤ 32550

● 관할구역 : 충청남도 공주시

● E-mail : gongju307@nts.go.kr

과장	재산법인세		납세자보호담당관	
	조영우 400		양회수 210	
팀장	재산법인		납세자보호실	민원봉사실
	재산	법인		
	김인화 421		신명식 211	박세국 221
DID	422-5	521-4		222-4
국세조사관	손영희	박준규		김동훈
	장현수	이재승 이신열		서혜진 이미희 박소연
	방지선 김윤성	송승윤		
Fax	850-3693		850-3690	

논산세무서

- 대표전화 : 041)730-8200
- 코드번호 : 308
- 계좌번호 : 080473
- DID번호 : 041)7308-구내번호

서 장　민 강　☎ 041)730-8201

과장	징세			부가소득세	
	윤승갑 240			조종연 280	
팀장	운영지원	체납추적	조사	부가	소득
	이철효 241	문찬식 551	박주항 651	정용협 281	이화용 361
DID	242-3	552-7	652-5	282-91	362-6
국세조사관		강기진 안은경	최성호		
	김정수 안영희	김희은 김정훈	이우현	김수옥 오수연 유영주 서은영 오미영	안현정 김영보 최진이 이선림
		황윤철	홍은화	문찬웅	
		김성은	김민형	류보람 이종욱 정소정	김경빈
Fax	730-8270	733-3137	733-3140	733-3139	

- ● 주　　　소 : 충청남도 논산시 논산대로 241번길 6(강산동)
    ㉾ 32959

- ● 관할구역 : 충청남도 논산시, 계룡시, 부여군

- ● E-mail : nonsan@nts.go.kr

※ 부여민원실 주소 : 충청남도 부여군 부여읍 사비로 41(동남리 722-3) ㉾ 33153 (☎ 041-836-7348)
※ 계룡민원실 주소 : 충청남도 계룡시 장안로 46 계룡시청(금암동) ㉾ 32823 (☎ 042-551-6014)

과장	재산법인세		납세자보호담당관	
	황인자 400		석영일 210	
팀장	재산	법인	납세자보호실	민원봉사실
	우창제 481	강재근 401	강선규 211	송채성 221
DID	482-6	402-7	212	222-4
국세조사관	김재철		종 만	
	이경선	이봉현 안은경 조윤민	이민호	이은숙 김초혜(부여) 강성우 이가희
	오정선	변다연		한정민
	장윤규 안소영	김우주 한규민		
Fax	735-7640	730-8630	733-3136	

보령세무서

- 대표전화 : 041)930-9200
- 코드번호 : 313
- 계좌번호 : 930154
- DID번호 : 041)9309-구내번호

서 장 이 정 민 ☎ 041)930-9201

과장	징세			세원관리	
	정필영 240			강신혁 205	
팀장	운영지원	체납추적	조사	부가	소득
	오연균 241	윤태요 551	조복환 651	최승오 281	이성호 290
DID	242-3	552-5 261	652-5	282-7	291-4
국세조사관			박한수 김남훈	최지영	이재희
	백귀순 엄유환	이영주 최지영	장기원	양종혁 민찬근 이송미	
		이성윤 김보미 김수진		문형식	김유식 김세욱
		김효진	박민주	오정은	김하임
Fax	936-7289		936-2289	930-9299	

● 주　　소 : 충청남도 보령시 옥마로 56(명천동)
　　　　　　㉾ 33482

● 관할구역 : 충청남도 보령시, 서천군

● E-mail : boryeong@nts.go.kr

※ 장항민원실 주소 : 충청남도 서천군 장항읍 장항로 193 ㉾ 33674 (☎ 041-956-2100)

과장	세원관리		납세자보호담당관	
	강신혁 205		김동형 210	
팀장	재산법인		납세자보호실	민원봉사실
	법인	재산		
	정상천 401		박삼용 221	
DID	482-5	402-5	211	222-4
국세조사관	김진식	서옥배	이종신	이기순 임종화(장항)
	김훈수 구은숙	박미경		
	임소현			
		이혜민 문서림		박은영 노혜원
Fax	934-5160	930-9570	931-0564	

서산세무서

- 대표전화 : 041)660-9200
- 코드번호 : 316
- 계좌번호 : 000602
- DID번호 : 041)6609-구내번호

서 장 박 달 영 ☎ 041)660-9201

과장	징세			부가소득세	
	국태선 240			최익수 280	
팀장	운영지원	체납추적	조사	부가	소득
	김재구 241	박인수 551	문강수 651	박순규 281	이한승 361
DID	242-3	552-9	652-5	282-9	362-7
국세조사관			박지윤	유미숙 이대연	
	김진화 김현태	최환석 최동찬 홍혜령 김수현	이경노	김영균	김봉진 정재경 변상미
		이규림	한송희 송연서	최준영 이나미	
		오로라 육예연 김준성	안수안	박종훈	박지수 김민성 우정규
Fax	660-9259	660-9569		660-9299	

● 주　　　소 : 충청남도 서산시 덕지천로 145-6(석림동 398-10)
　　　　㊿ 32003

● 관할구역 : 충청남도 서산시, 태안군

● E-mail : seosan@nts.go.kr

※ 태안민원실 주소 : 충청남도 태안군 태안읍 후곡로 121(남문리 702-5) ㊿ 32003
　　　　(☎ 041-672-1280)

과장	재산법인세		납세자보호담당관	
	진정욱 400		한현섭 210	
팀장	재산	법인	납세자보호실	민원봉사실
	장찬순 481	이성영 401	박광수 211	허원갑 221
DID	482-8	402-7	212	222-5
국세조사관	홍성준	서창완	이동구	
	서범수	이영주		박민호 김현태
	김보영 김아영 최유정 지혜연 홍성수	황수민 이주연 이민지		
		최민지		김영래 김지우
Fax	660-9499		660-9219	

세종세무서

- 대표전화 : 044)850-8200
- 코드번호 : 320
- 계좌번호 : 025467
- DID번호 : 044)8508-구내번호

서 장 고 승 현 ☎ 044)850-8201

과장	징세		부가가치세		소득세	재산법인세
	최은미 240		김종문 270		김민규 340	오승호 460
팀장	운영지원	체납추적	부가1	부가2	소득	재산1
	홍성자 241	우제선 551	박승원 271	이덕형 281	이정희 341	지대현 461
DID	242-4	552-9 262-3	272-7	282-7	342-50 311	462-7
국세조사관		김경애	강성대	손경아	최서현	김대진
	문영임 성화진	양명호 백미순 홍명숙	심민주 김금립	장진화 김영석	전소희 고종철 이만준 권윤희 오지윤	진수민 조미혜 안지연 강현정
	신은지	조현구 문진영 김미라	정은아		이은경	
		최두현	임선정 안수영	정명용 명은정	김동민 윤지영 조상원	차규현 이성일
Fax	850-8431	850-8442	850-8433		850-8434	850-8435

● 주　　소 : 세종특별자치시 시청대로 126(보람동 724)
　　　　　　　⑨ 30151

● 관할구역 : 세종특별자치시

● E-mail : sejong@nts.go.kr

※ 조치원민원실 주소 : 세종특별자치시 조치원읍 충현로 193(침산리 256-6) ⑨ 30021
　　　　　　　　　　（☎ 044-850-8226）

과장	재산법인세		조사		납세자보호담당관	
	오승호 460		정지석 640		이신영 210	
팀장	재산2	법인	조사관리	조사	납세자보호실	민원봉사실
	김현하 491	이계홍 531	이상수 641		정은주 211	이상용 221
DID	492-5	532-40	642-3 645	651-3 661-2	212-3	222-6
국세조사관				1팀 이주영 이원형 기민정	김남중	
	이종태 김두연	오영우 한효경 김병현	이안희 심민정	2팀 이보라 윤여중	박민채	주윤정 표미경 구정인 백준호
	박엘리 임슬기	강수지 고재우	최민지			최우경 이혜연 이정주
		성은영 배민혜 오영섭 서진희				
Fax	850-8441	850-8436	850-8437		850-8438	850-8439

아산세무서

- 대표전화 : 041)536-7200
- 코드번호 : 319
- 계좌번호 : 024688
- DID번호 : 041)5367-구내번호

| 서 장 | 임 경 수 | ☎ 041)536-7201 |

과장	징세		부가소득세			재산법인세	
	공원택 240		김순복 280			박영민 400	
팀장	운영지원	체납추적	부가1	부가2	소득	재산	법인
	서대성 241	유재남 551	석혜숙 281	박기민 291	권순일 301	황진구 481	이모성 401
DID	242-3 246	552-61 261-2	282-7	292-7	302-11	482-9	402-11
국세조사관	한상원	강은실	양희연 심재진	이석기 한상훈		구문주 서동민	안선일
	문미란	장현하 김정옥 오택민	진현정 이상재	신순영 한서희	김수미 송승호 유가연 안세영 허정필	한동희	윤연심 김의규
		이상민 양소라 오경미 최슬기 류원석 홍덕길 배종호		임한솔		양상원 박재곤 안호진 이수영	김준영 이지연
	심국보	정수연	전소민 이지훈 김예림	이유나 김승호	이종용 석용희 김기환 박보름 박선희	박재욱	안은지 이은서 한정화 이효진 이강희
Fax	536-7770	533-1352	533-1325			533-1327	533-1328

- 주　　소 : 충청남도 아산시 배방읍 배방로 57-29(공수리 282-15) 토마토빌딩 2, 3층
  ⑨ 31486
- 관할구역 : 충청남도 아산시
- E-mail : asan@nts.go.kr

과장	조사		납세자보호담당관	
	김영두 640		박성일 210	
팀장	정보관리	조사	납세자보호실	민원봉사실
	김한민 641		김은하 211	유범상 221
DID	642-4	651-3 661-2 671-2	212-3	222-5
국세조사관		1팀 이상석 홍 충 이미현	지은정	엄태진 서준용
	이희종 김정화	2팀 김희영 육정섭		심혜정 박찬규
		3팀 김두섭 한동규	홍경표	
	전지현			정형창
Fax	533-1354	533-1353	533-1385	533-1384

예산세무서

- 대표전화 : 041)330-5200
- 코드번호 : 311
- 계좌번호 : 930167
- DID번호 : 041)3305-구내번호

서 장 **정승태** ☎ 041)330-5201

과장	징세			세원관리		납세자보호담당관	
	이문원 240			박인환 280		안주훈 210	
팀장	운영지원	체납추적	조사	부가소득	재산법인	납세자보호실	민원봉사실
	변종철 241	최기순 551	기회훈 651	김병일 281	최영준 481	김정수 211	오승진 221
DID	242-4	552-5	652-5	282-7	482-4 402-4	212	222-3
국세조사관			송인용	윤현숙			
	남 경	김효정 권혜원	김주현 이진수	유주상 이미선	선봉래 오서진 이정원	임돈희	안태유
	김경숙		강민정	조세희	최인혜		
	한수관	오수빈 이다희		이진하 정용화	임재돈 박채영		박재형
Fax	330-5305	330-5302		334-0614	334-0615	334-0612	

- 주　　　소 : 충청남도 예산군 오가면 윤봉길로 1883(좌방 19-69)
     ⑨ 32425
- 관할구역 : 충청남도 당진시, 예산군
- E-mail : yesan@nts.go.kr

◇ 당진지서 주소 : 충청남도 당진시 원당로 88(원당동 790-4) ⑨ 31767
　☎ 당진지서 DID : 041)3509-구내번호 (대표 200)

과장	당진지서 (3509-DID)					
	김장년(4급) 201					
팀장	체납추적	부가	소득	재산	법인	민원봉사실
		김찬규 281	염태섭 361	노학종 481	김기성 401	이무황 221
DID	452-8	282-6	362-6	482-6	402-5	222-5
국세조사관	유미숙					조미영
	박희정	손화승 이연실 이한나	신보경	박준규	양대식 변정미	박두용 고성진
	윤용화 이준서 김유빈		이다빈 이익중 유현희 천상미	홍성희 김진서 이예진		이경아
	김소연 김예림	강혜리 노종호		윤옥진	손영주 김현지	선지원
Fax	350-9424	350-9410		350-9369		350-9229

천안세무서

- 대표전화 : 041)559-8200
- 코드번호 : 312
- 계좌번호 : 935188
- DID번호 : 041)5598-구내번호

서 장 　오원균 　☎ 041)559-8201

과장	징세			부가가치세		소득세		재산세	
	김진형 240			한구환 280		마삼호 360		하상진 480	
팀장	운영지원	체납추적1	체납추적2	부가1	부가2	소득1	소득2	재산1	재산2
	안승연 241	백성옥 551	이성호 571	김경호 281	원순영 301	김진희 361	장정우 381	김구봉 481	서용하 521
DID	242-6 248	552-60	262-5 572-82	282-94	302-13	362-9	382-9 374	482-91	522-6
국세조사관	조성빈	박현석	문성호 이건호 우창영	강지연		차수빈	이순영	하정우	이정운 신상훈
	김윤환 박동일 강현주 이재성	박선영 박상민 오소진	신경희 황승미 김은규 한정필	정소라 남기범 이유정 엄진숙 나유선	김영희 김미희 서규호 안용수 이재진	배성진 신동주	이순길 김황경	김현중 육경아 장혜린 임희지	권혁희 추원득
		전창우 이재봉 강동훈 조지훈 한민아	박미현 강기철 황선유	김선돌 이은혜 채희준 이민규	정태윤 박민아 김유진	진승환 김태균 임다림	이민경 송효주 한송이	이주형 김태규	신은주
	김지운		이헌진 김다솜 이종혁 금현지 권혜연	유인수 최지훈 이선아	유채원 김덕민 황유진 한빛나	최수인 장서현	김장현 신미연 이수빈	이유진 이상각 권혁주 문혜영	
Fax	559-8250	559-8699	551-2062		555-9556		563-8723		

- 주　　소 : 충청남도 천안시 동남구 청수14로 80(청당동)
　　　　⑨ 31198

- 관할구역 : 충청남도 천안시

- E-mail : cheonan@nts.go.kr

과장	법인세		조사		납세자보호담당관	
	조병길 400		박종영 640		박종빈 210	
팀장	법인1	법인2	정보관리	조사	납세자보호실	민원봉사실
	김성진 401	전상배 421	최승식 641		김형기 211	장석안 221
DID	402-10	422-30	642-4 692	651-62	212-5	222-9
국세조사관		박병주	김지현	1팀 두진국 문병권 김태은	김상린	
	손진이 송재하 김원길	황규동 이양로 김수연	김택창	2팀 김범전 임재철 이의신	박성경 김현아 박혜경	신진아
	방준석 김나리아	마숙연	김유나 김호겸	3팀 문상균 안진영 민효정		왕수현 손권호 한주희 김수빈
	박현정 이예솔 이기원 오세정	정지영 임선하 곽지훈 이　슬		4팀 김문수 유하선 권호용		김도연 최종욱 최노용
Fax	553-7523		561-2677	551-4175	551-4176	553-4356

홍성세무서

- 대표전화 : 041)630-4200
- 코드번호 : 310
- 계좌번호 : 930170
- DID번호 : 041)6304-구내번호

[서 장] **박 찬 주** ☎ 041)630-4201

과장	징세			세원관리	
	유재원 240			김우성 280	
팀장	운영지원	체납추적	조사	부가소득	
				부가	소득
	윤철원 241	박종호 551	염주선 651	박규서 281	
DID	242	552-6	652-3	282-7	292-6
국세조사관		김영목			
	정희남	김유정	이홍순	양세희 도미선 최인애 문호영	강미영 김경환
		김수현 한수영 황은서	이지은	김영길	우재은 김준하
				이태영	임진이
Fax	630-4249	630-4559	630-4659	630-4335	

● 주　　소 : 충청남도 홍성군 홍성읍 홍덕서로 32(소향리 384-2)
　　　　　　 ㉾ 32216

● 관할구역 : 충청남도 홍성군, 청양군

● E-mail : hongseong@nts.go.kr

※ 청양민원실 주소 : 충청남도 청양군 청양읍 중앙로 158(읍내리 223-15) ㉾ 33327
　　　　　　　　 (☎ 041-944-1050)

과장	세원관리		납세자보호담당관	
	김우성 280		정헌호 210	
팀장	재산법인		납세자보호실	민원봉사실
	재산	법인		
	홍성도 481		정승재 211	
DID	482-5	402-5		222-3
국세조사관		황지은		
	윤기송 이형섭	유태응		박현아 김영아
		서동화		
	임지혜 김지호	임진영		정주관 한승희
Fax	630-4489		630-4229	

광주지방국세청

청 장 박 광 종

☎ 062)236-7201

대표전화 : 062)236-7200

주소 : 광주광역시 북구 첨단과기로 208번길 43(오룡동 1110-13)
⑨ 61011
코드번호 : 400   계좌번호 : 060707
E-mail : gwangjurto@nts.go.kr

광주지방국세청

- 대표전화 : 062)236-7200
- 코드번호 : 400
- 계좌번호 : 060707
- DID번호 : 062)236-구내번호
- 주　　소 : 광주광역시 북구 첨단과기로 208번길 43(오룡동 1110-13) ⑦ 61011
- E-mail : gwangjurto@nts.go.kr

청 장 박광종 ☎ 062)236-7201

국장					
과장	운영지원			감사관	
	민준기 7240			김덕호 7300	
팀장	행정	인사	경리	감사	감찰
	임성민 7252	황인철 7242	김경주 7272	오경태 7302	손충식 7312
국세조사관	오은주 7253 홍정기 7254	박종근 7243	송윤민 7273	박 연 7303	박은재 7313 임수경 7314
	김세곤 7615 김현진 7255	노성은 7244 박 환 7245 서민하 7246	윤희겸 7274 양진호 7275	김민경 7304 김승수 7305 유민희 7306 한용희 7307 한국일 7308 하경아 7309	안호정 7315 김우신 7316 최창무 7317 박란영 7318
	김재경 7256 유재룡 7257 신나영 7258 서영조 7616 김 환 7617	곽재원 7247 박승연 7248	이동엽 7276 김남이 7277		
	오종권 7259 정에녹 7618				
Fax	716-7215	371-4911	716-7215	376-3102	

● 박광종 [광주지방국세청장]
－67년생, 전남 광산, 광주 살레시오고, 세무대학 5기
－중부청 조사3국 국장, 조사2국 조사2과 과장, 서울청 납세자보호담당관실 과장, 감사관 과장, 국세청 징세법
　무국 징세과 과장, 개인납세국 부가가치세과 과장, 광주청 북광주세무서장, 광주세무장

국장	성실납세지원국 유상화 7400						
과장	납세자보호담당관		부가가치세			소득재산세	
	이상준 7330		박정국 7401			김현성 7431	
팀장	납세자보호	심사	부가1	부가2	소비	소득	재산
	이건주 7332	박정일 7342	윤병준 7402	신용호 7412	강현아 7422	정희경 7432	강지선 7442
국세조사관	목영주 7333	이건주 7343	김태원 7403		최신호 7423 최환석 7424		강종만 7443
	양정희 7334	김재은 7344 한일용 7345	기민아 7404	장수연 7413 장슬미 7414 오세철 7415	강태양 7425	배민예 7433 양은진 7434	김민정 7444 김지민 7445
	한나라 7335	박종근 7346	양현황 7405	정혜진 7416	강윤지 7426	김재원 7435 김영지 7436	
Fax	376-3108		236-7651			236-7652	

광주지방국세청

- 대표전화 : 062)236-7200
- 코드번호 : 400
- 계좌번호 : 060707
- DID번호 : 062)236-구내번호

국장	성실납세지원국 유상화 7400					
과장	소득재산세		법인세			정보화관리
	김현성 7431		채규일 7461			김민철 7131
팀장	복지세정1	복지세정2	법인1	법인2	법인3	지원
	박선영 7452	윤연자 7456	임철진 7462	최영임 7472	정병주 7482	김옥희 7132
국세조사관		박정아 7457	정재훈 7463	전수영 7473		김미애 7134 이 성 7133 윤여관 7136
	김미진 7453		강희정 7464 유주미 7465 박설희 7466	민지홍 7474 이승훈 7475 류진영 7476	정혜화 7483 백철주 7484 황지선 7485	조선경 7135
	김재욱 7454 황선진 7455		임수미 7467	김화영 7477	김득수 7486	
Fax	236-7652		716-7224			716-7221

● 유상화 [성실납세지원국장]
－70년생, 방송통신대, 7급 공채
－중부청 경기광주 하남지서, 조사1국 조사2과, 조사1-1

● 김시형 [징세송무국장]
－69년생, 광주광역시, 광주광덕고등학교, 외국어대, 7급 공채
－광주청 순천세무서장, 부산청 체납추적과장, 국세청 감사관실 감사담당관실

국장	성실납세지원국 유상화 7400					징세송무국 김시형 7500	
과장	정보화관리					징세	
	김민철 7131					정찬성 7501	
팀장	보안감사	포렌식지원	인프라지원	정보화센터1	정보화센터2	징세	체납관리
	정현호 7142	오수진 7152	김보현 7162	박원석 7172	안래본 7182	노은주 7502	이정복 7512
국세조사관	백근허 7143	김운기 7153	김영오 7163	박귀자 7173 신미숙 7174 이혜경 7175 김영미 7176	김경례 7183 김은자 7184 김혜영 7185 황경숙 7186	나채용 7503	
	정태호 7144	류 진 7154		이향화 7177 유희경 7178 강 진 7179 염현주 7180	이승희 7187 김경임 7188 윤희경 7189 김희숙 7190	최향미 7504	정옥진 7513 이성민 7514
		홍영준 7155	송재윤 7164			김은솔 7505	임정민 7515
Fax	716-7221					716-7219	

광주지방국세청

- 대표전화 : 062)236-7200
- 코드번호 : 400
- 계좌번호 : 060707
- DID번호 : 062)236-구내번호

국장	징세송무국 김시형 7500				조사1국 한지웅 7700	
과장	송무		체납추적		조사관리	
	노정운 7521		양석범 7541		김창현 7701	
팀장	송무1	송무2	추적관리	추적	조사관리1	조사관리2
	최영주 7522	박남주 7532	박성진 7542	황득현 7552	김철호 7702	정소영 7712
국세조사관	고복님 7523 양승정 7526	최문영 7534 최소담 7533 나인엽 7535	김대일 7543 신덕규 7548	송재중 7553	김혜란 7703	
	이호석 7524 이상철 7528 이 성 7527	고선미 7536 최 훈 7537	강경희 7545 김성준 7544 이재아 7546	한채윤 7554 이정화 7555 김주현 7556	오진명 7704 박민주 7705 이채현 7706 안이슬 7707	정미라 7713 성미경 7714
	김영석 7525		박지은 7547	최창욱 7557	김현재 7708	강성현 7716
Fax	716-7220		716-7223		716-7225	

● 한지웅 [조사1국장]
 -71년생, 전남 보성, 순천 효천고, 성균관대 경영학과, 행시 45회
 -서울청 성동세무서장, 성실납세지원국 법인납세과장, 국세청 자산과세국 부동산납세과 과장, 징세법무국 법무과, 자산과세국 상속증여세과 과장, 개인납세국 소득세과 과장, 중부청 동수원세무서장

국장	조사1국 한지웅 7700						
과장	조사관리				조사1		
	김창현 7701				정완기 7751		
팀장	조사관리3	조사관리4	조사관리5	조사관리6	조사1	조사2	조사3
	최정욱 7722	문영권 7732	임주리 7742	강미화 7812	강성준 7752	문형민 7762	하봉남 7772
국세조사관	임미란 7723				신정용 7753	김형주 7763	
	김은정 7724 박진웅 7725	강윤성 7733 주은상 7735 민호성 7734	한정용 7743 이진택 7744 김진광 7745	조성재 7813	배주애 7754	박슬기 7764	서영우 7773 윤정익 7774 조해정 7775
	김효수 7726	조연종 7736	이정우 7746		박태준 7755	이승준 7765	
Fax	716-7225				236-7653		

광주지방국세청

- 대표전화 : 062)236-7200
- 코드번호 : 400
- 계좌번호 : 060707
- DID번호 : 062)236-구내번호

국장	조사1국 한지웅 7700			조사2국 백계민 7900		
과장	조사2			조사관리		
	송창호 7781			박진찬 7901		
팀장	조사1	조사2	조사3	조사관리1	조사관리2	조사관리3
	김기정 7782	최지훈 7792	박수인 7802	김만성 7902	윤석헌 7912	김윤희 7922
국세조사관	박석환 7783					
	최원규 7784 김학민 7785	문윤진 7793 성명재 7794	이승완 7803 한창균 7804 조정효 7805	신영남 7903	김희진 7913 김수희 7914 문경애 7915 김윤정 7916	문홍배 7923 정수현 7925 김명희 7927
		송희진 7795		이소연 7904	김혜원 7917 박태완 7918	김한림 7926 나유민 7924
Fax	236-7654			716-7228		

● 백계민 [조사2국장]
－69년생, 세무대
－광주청 징세송무국 국장, 정읍세무서장, 순천세무서 광양지서, 조사1－관리

국장	조사2국 백계민 7900					
과장	조사1			조사2		
	문미선 7931			유태정 7961		
팀장	조사1	조사2	조사3	조사1	조사2	조사3
	변재만 7932	김희석 7942	이진환 7952	이수진 7962	김완주 7972	한기청 7982
국세조사관				민혜민 7963		
	송원호 7933	박지연 7943	정수자 7953	강경완 7964 최보영 7965	이진우 7973 박재환 7974	한정규 7983
	장지원 7934	문준규 7944	안지섭 7954			최장균 7984
Fax	716－7229			716－7230		

광주지방국세청 관할세무서

광주세무서

서 장 ┃ 장영수 ☎ 062)605-0201

- 대표전화 : 062)605-0200
- 코드번호 : 408
- 계좌번호 : 060639
- DID번호 : 062)6050-구내번호

과장	징세		부가가치세			소득세	
	오현미 240		김형국 280			김형숙 360	
팀장	운영지원	체납추적	부가1	부가2	부가3	소득1	소득2
	정 란 241	이상무 511	김정연 281	박정희 301	권영훈 321	손삼석 361	남궁화순 381
DID	242-7	512-25	282-7	302-6 397	322-5 397	362-8 398	382-7
국세조사관	구윤희	최문자 이정민 김소영	이성률	염지영	장재영	이창근 조규봉 유관식	문형진 정형준
	박신아 박홍일 방해준	정재원 정숙경 신명희 김현진 김영하 김자희	정명숙 양혜성	김세나 김규태	김상훈 박정환	김은영 오종호 주온슬	이숙경
	고문수	노유선	서은지	정세미			송진희 기은지
	정윤기	김진희 최연서	공다인 김정주	김법열 고채영	김병무 정희원	박선영 이다애	이예은 노성지
Fax	716-7232		716-7233		716-7234	716-7235	

- 주　　소 : 광주광역시 동구 중앙로 290(대인동)
  　　　　우 61473
- 관할구역 : 광주광역시 동구, 남구 및 전라남도 곡성군, 화순군
- E-mail : gwangju@nts.go.kr

과장	재산법인세			조사		납세자보호담당관	
	장성재 400			김대학 640		박정식 210	
팀장	재산1	재산2	법인	정보관리	조사	납세자보호실	민원봉사실
	손선미 481	김광섭 501	박홍균 401	천경식 641	윤석길 651	김종의 211	손경근 221
DID	482-8 431	502-5	402-11	643-5	652-3 661-3 671-2	212-4	222-8
국세조사관	백남중		박찬열 조성애		정성문 김창진 정상미	한영수 김승진	장미랑 박경미 한윤희 허선덕
	김미화 최방석 김혜정 양정숙	정재훈 오종수 문영규	이상훈 고재성	심현주 이춘형 홍연희	한연식	사혜원	김희정 김민정 염보미
	양재훈 안현아 백지은	채숙경	김효희 박준후	배성관	박상은 강정님		안소연 임형용
	임다윗		강성윤 이은지 윤지인 임세현	박효열	유의지 박현주		
Fax	716-7236		716-7237	716-7238	716-7239	227-4710	

광산세무서

- 대표전화 : 062)970-2200
- 코드번호 : 419
- 계좌번호 : 027313
- DID번호 : 062)9702-구내번호

서 장 강병수 ☎ 062)970-2201

과장	징세			부가가치세		소득세	
	김봉재 240			임광준 280		이시형 360	
팀장	운영지원	체납추적1	체납추적2	부가1	부가2	소득1	소득2
	김윤주 241	박준규 511	오두환 531	김정임 281	마현주 301	이영태 361	박행진 381
DID	242-5 247	512-9	532-8	282-90 625	302-8 625	362-6 623	382-7 623
국세조사관		양행훈 정초희	김정아 심성연 강지만	유수호 한아름	김규표 고수영	윤민숙	강혜린 최기환
	강소정 최철승	이지연 이승환 김현진 박찬후 이유미	김광성 서우석 박명철	이승준 선경숙 김민재	최영임 김공해 조현국	전태현 장시원 송용기	노성하 김다혜 남준서
	최고든	정예슬		이호승	정한록	유재곤 류지윤	안제은
	조유리 염정훈		최다혜	김지수 권소연 이지은 강은지	이지은 박민솔 신명화		이종훈
Fax	970-2259	970-2269		970-2299		970-2379	

● 주　　　소 : 광주광역시 광산구 하남대로 83(하남동 1276)
　　　　㉾ 62232

● 관할구역 : 광주광역시 광산구, 전라남도 영광군

● E-mail : gwangsan@nts.go.kr

과장	재산법인세				조사		납세자보호담당관	
	김균열 400				조영빈 640		김은오 210	
팀장	재산1	재산2	법인1	법인2	정보관리	조사	납세자 보호실	민　원 봉사실
	박용우 481	이　환 501	정찬일 401	김진호 421	김안철 641	정성수 651	박기홍 211	김성렬 221
DID	482-7 621	502-5	402-7	422-6	642-54	652-9	212 3	222-9
국세조사관	고부경 박홍범 고서연 양명희	김진영	곽민호		이일재	김현철 조종필 김성희 이승현	하세일	김옥천 신우영
	엄하얀	이창훈 박상준	정미선	유훈주 허경숙		하남우	김주현	이은아 박금옥 김기아
	최미혜	이지영	노우성 정종은	김명중	이윤선 오현창	정형필 김도훈		양현진 이수라
	김경숙 인보현		이다예 김정석	김재완 정원중		정주리		박지선
Fax	970-2419		970-2649		970-2219		970-2219	970-2238~9

북광주세무서

- 대표전화 : 062)520-9200
- 코드번호 : 409
- 계좌번호 : 060671
- DID번호 : 062)5209-구내번호

서 장 노 현 탁 ☎ 062)520-9201

과장	징세			부가가치세			소득세	
	진중기 240			김성수 280			이강영 360	
팀장	운영지원	체납추적1	체납추적2	부가1	부가2	부가3	소득1	소득2
	박미선 241	남상훈 511	조영숙 531	김영호 281	박이진 301	송경희 321	최재혁 361	김철호 381
DID	242-9 610	512-8	532-40	282-8 318	302-8	322-7	362-9 320	382-9
국세조사관		이백용 강정희	김영순 문해수 전종태	김남수 정혜경	최연희 최정이	정오영 나미선 홍완표	안유정	손광민
	방현정 한송이 최윤주 정현태	지은호 문지원 김영심 신평화	기남국 한주성 이경희	서동현 이승재 김대호	박은영	박소영	박현화 김광성 김화경 박소영	정성오 박지현
	신영주		곽새미	김민승		황경미	서유진 천서정 유형근	양유진 한송이
	최원영 강민규 정유리 최정용	김평화	박경호 주소영	김금정 김희승 노연우	박종화 이원정 안정현	윤여흔	김윤호 박서정	윤다니엘 유지수 이나라
Fax	716-7280			716-7282		716-7283	716-7287	

- 주　　소 : 광주광역시 북구 경양로 170(중흥동 712-3)
  - ㉾ 61238
- 관할구역 : 광주광역시 북구 및 전라남도 장성군, 담양군 전체
- E-mail : bukgwangju@nts.go.kr

과장	재산세		법인세		조사		납세자보호담당관	
	노남종 480		손오석 400		오금탁 640		김용오 210	
팀장	재산1	재산2	법인1	법인2	정보관리	조사	납세자 보호실	민　원 봉사실
	이동진 481	박태훈 501	이　호 401	최용철 421	임수봉 641	김환국 671	정은영 211	박소현 221
DID	482-9 510	502-5	402-7	422-8	642-5	672-3 675-7 679-81 683-8	212 4	222-9
국 세 조 사 관	주재정 최연희 김영숙	하철수 김용일	정우철	장기영 공대귀 이창언	김현자	박인환 구대중 최종선 나윤미 최연수	강성기	신은화 정성의
	노민경 박문상 김예준	차경진	한은정	김희관	나혜경 장성필	김정진 황정현 김정아 오자은 김용태	위광환	이연희 김송심 주선영 김광현 이다미
	조완정 음지영	전미선	최다혜	나진희		조유정 양시은 한도흔	김아영	정주희 이정호 안지혜
	이　현 나누리		정샛별 김다영 이재균	손정인 임광섭	심유정	김백승		
Fax	716-7286		716-7285		716-7289		716-7284	716-7291

서광주세무서

- 대표전화 : 062)380-5200
- 코드번호 : 410
- 계좌번호 : 060655
- DID번호 : 062)3805-구내번호

서 장	정 장 호	062)380-5201

	징세		부가가치세		소득세	
과장	김재만 240		박권진 280		장동규 360	
팀장	운영지원	체납추적	부가1	부가2	소득1	소득2
	김정운 241	박철성 511	서근석 281	김명숙 301	우재만 361	이상준 381
DID	242-5 247-8	512-22	282-8 442	302-7 442	362-7 441	382-6 441
국세조사관		백광호 배현옥 김준석 이성창	한상용 정미연	류 진 한수홍 김혜정	추지연	박무수
	황동욱 안진영 김정진	박향엽 오재란 이승주 이서정	이경환 김상민 하지영	박복심 임치영	김영준 김현옥 박상일	서정숙 김동구 김미경
	형신애 조재연	박유나	주은영	한정관	조 식	
	문대우	김영유 이돈영	이혜선 김시영	조세은	이수현 조은진	정다희 김시원
Fax	716-7260	716-7264	371-3143		376-0231	

● 주　　　소 : 광주광역시 서구 상무민주로 6번길 31(쌍촌동 627-7)　　⑰ 61969

● 관할구역 : 광주광역시 서구

● E-mail : seogwangju@nts.go.kr

과장	재산법인세			조사		납세자보호담당관	
	김희봉 400			박영수 640		이철웅 210	
팀장	재산1	재산2	법인	정보관리	조사	납세자보호실	민원봉사실
	김종숙 481	한동석 501	우영만 401	김재춘 641	이태훈 655	김자회 211	이성용 221
DID	482-6 443	502-5	402-11	642-4	656-63	212-3	222-9
국세조사관	박경단 서범석 박은영	남기정 김영선	바종현		배진우 윤여찬 정이준 김병기		징신옥
	조혜진 성동연		이윤경 유자연 김주일 강성식	손상필 김재환		이　정	강문승 송은영 이경화 차은정
	정시온 문수미	김희창 이하연	한수현	송은선	장진혁 정찬우	유광호	윤지현 김효근
			서상호 박예진 김민지 윤가연		하은지 정승기		박혜민
Fax	716-7265			716-7266		716-7267	

군산세무서

- 대표전화 : 063)470-3200
- 코드번호 : 401
- 계좌번호 : 070399
- DID번호 : 063)4703-구내번호

서 장 **박임선** ☎ 063)470-3201

과장	징세		부가소득세		
	김성엽 240		안정민 280		
팀장	운영지원	체납추적	부가1	부가2	소득
	이수현 241	김춘배 511	김준연 281	채수정 291	이민호 361
DID	242-6	512-8 262-3	282-8	292-6	362-70
국세조사관	오미경	김성호	김은아 장현숙	진수영 정한길	박성란
	양수빈 박성수 설진원	박현수 박상곤 박정숙	박효진 김중휘 이정호	허유경 류아영	김병삼 조홍수 박종원 심미선 서동완
	최정연	김예슬 박가영	김애영	고현재 문희원	김미경
	최호일	김민주 윤성민 최지은	김도영	류일한	백승헌 이수진
Fax	470-3249	468-2100	467-2007		

- 주　　소 : 전라북도 군산시 미장13길 49(미장동 525)
  ☞ 54096
- 관할구역 : 전라북도 군산시 전역
- E-mail : gunsan@nts.go.kr

과장	재산법인세		조사		납세자보호담당관	
	오기범 400		송지원 640		고진수 210	
팀장	재산	법인	정보관리	조사	납세자보호실	민원봉사실
	한권수 481	이광선 401	박윤규 651	고선주 654	김영규 211	김광희 221
DID	482-6	402-9	652-3	655-9	212-3	222-6
국세조사관	이은경 전요찬	허진성 권은숙	전봉철 장완재	이용출	이병재	
	이광열	김은옥	김지혜	박동진 이영민 김상현	이소은	문은수 황현주 이다현 한수경
		채준석 오유진		이민영		김남덕
	김진만 박현아	박성윤 김윤환 황형석				
Fax	470-3636		470-3344		470-3214	470-3441

남원세무서

- 대표전화 : 063)630-2200
- 코드번호 : 407
- 계좌번호 : 070412
- DID번호 : 063)6302-구내번호

서 장 **박 재 신** ☎ 063)630-2201

과장	징세			세원관리	
	이경섭 240			기연희 280	
팀장	운영지원	체납추적	조사	부가	소득
	이화섭 241	김종운 511	권정용 651	박병일 281	정 준 361
DID	242-3	512-6	652-6	282-8	362-6
국세조사관	정기종	양향열 천명길		김춘광 임경선	
	허미나	박지혜	정영현 이은광 김효원	이은진 이병조 방경규 박유미	이성은 한다정 이소영
		안자영 김다예	나선영 고혜진		오동화
				강혜송	김관호
Fax	632-7302			631-4254	

● 주   소 : 전라북도 남원시 동림로 91-1(향교동 232-31)
　　　　　㉾ 55741

● 관할구역 : 전라북도 남원시, 순창군, 임실군, 장수군 일부(장수읍, 산서면, 번안면)

● E-mail : namwon@nts.go.kr

과장	세원관리		납세자보호담당관	
	기연희 280		신명숙 210	
팀장	재산법인		납세자보호실	민원봉사실
	재산	법인		
	정은연 401			박경란 221
DID	482-5	402-6	211	222-5
국세조사관	심현석	전복진		유희경
	기대원 송희조	이정환	김정호	차영준
	박형지	이아라		강선양 신세연
	김초원	조가윤 심태섭		
Fax	630-2419		635-6121	

북전주세무서

- 대표전화 : 063)249-1200
- 코드번호 : 418
- 계좌번호 : 002862
- DID번호 : 063)2491-구내번호

서 장 최은경 ☎ 063)249-1201

과장	징세		부가소득세			재산법인세	
	김관오 240		정명수 280			김진환 400	
팀장	운영지원	체납추적	부가1	부가2	소득	재산	법인
	오은영 241	강 원 511	김연수 281	유근순 301	김은정 361	정종철 481	이현주 401
DID	242-7	512 514-9 521-2	282-90	302-5 311-2	362-70	482-8 492	402-9
국세조사관		백원철 안형숙 이선림		노동호 김정원 김선영	이종호		최세현 김희태
	최순희 유종선	박인숙 염보름 김종화 박수정	방귀섭 유제석 강성희 이원교	금윤순	장미영 임소희 이혁재 강수성	장형준 박승훈 유진선 김지호	배영태 이규호
	조준철 김광괄	홍현지	임우찬	이보영	최지희 장영주	김지유 심혜진	양지연
	권륜아 김수현	김이경 임희선	장선균 고한빛 조우현	석채희	허예린 배윤정	박신현 정수진	전유진 송하준 최준성
Fax	249-1555	249-1558	249-1682			249-1681	249-1687

● 주　　　소 : 전라북도 전주시 덕진구 벚꽃로 33(진북동 416-11)　 ㉾ 54937
● 관할구역 : 전라북도 전주시 덕진구, 장수군 중 장계면, 계북면, 계남면(진안지서 : 진안군, 무주군)
● E-mail : bukjeonju@nts.go.kr
◇ 진안지서 주소 : 전라북도 진안군 진안읍 중앙로 45　 ㉾ 55426
　　　☎ 진안지서 DID : 063)4305-구내번호 (대표 200)
※ 무주민원실 주소 : 전라북도 무주군 무주읍 한풍루로 294 무주행복나눔 푸드마켓　 ㉾ 55515
　　　　　（☎ 063-322-2100）

과장	조사		납세자보호담당관		진안지서 (4305-DID)	
	염대성 640		조혜영 210		홍기석 201	
팀장	정보관리	조사	납세자보호실	민원봉사실	납세자보호실	세원관리
	설　진 641	이명준 651	이　규 211	유요덕 221	채희영 212	정용주 300
DID	643-4 652	653 661-3 671-2	212-3	222-5	212	301-4 401-2 501 511-2 215
국세조사관		이승용 공미자 김현주 고석춘		김복기 김정은 조용식 강인석	최영근	손현태 양용환 김희광
	이용진 장지안 조가을	손종현 김준석	박지명	김환옥		백원길 김덕진
		최은철	김현주			최건희 송상민 이근원
				이태진		천민근 이승호
Fax	249-1683		249-1684		433-5996	432-1225

익산세무서

- 대표전화 : 063)840-0200
- 코드번호 : 403
- 계좌번호 : 070425
- DID번호 : 063)8400-구내번호

서 장 **강삼원** ☎ 063)840-0201

과장	징세		부가소득세			재산법인세	
	오세인 240		지승환 280			안선표 400	
팀장	운영지원	체납추적	부가1	부가2	소득	재산	법인
	최현선 241	양정희 511	조형오 281	김용례 301	이승일 621	허윤봉 481	최병하 401
DID	242-6	512-8 261-2	282-8	302-7	622-30	482-8	402-8
국세조사관		조현경 최성관 안춘자		유은애 이미선	이정애 김수경	조경제	전수현 이수현
	이성은	김진철 김해강	허경란 소윤섭 정필경 조 란	배종진 황호혁 곽호진	최지인 민경훈 백연비	김학수 이성준 김희주	서동진 김보미
	임아련 최경배 손수현	황 현 이승하		최수연	장하영	임지훈 반장윤	조성현 이현주
	김대석	진예슬 이승재	박지은 이재성 오치호		조지영 나혜정 강민우	송채원	양 원
Fax	851-0305		840-0447	840-0448		840-0549	

- 주　　　소 : 전라북도 익산시 선화로 425(영등동 191-3)　☻ 54630

- 관할구역 : 전라북도 익산시, 김제시

- E-mail : iksan@nts.go.kr

◇ 김제지서 주소 : 전라북도 김제시 신풍길 205　☻ 54407
　☎ 김제지서 DID : 063)5400-구내번호 (대표 200)

과장	조사		납세자보호담당관		김제지서 (5400-DID)		
	정흥기 640		권혁준 210		장영철 201		
팀장	정보관리	조사	납세자보호실	민원봉사실	납세자보호실	부가소득	재산법인
	조준식 641		최미경 211	서명권 221	이사영 210	김웅진 280	백승학 400
DID	642-5	651-3 661-3 671-2	212-3	222-7	221-3	281-4 511-2 621-3	401-3 481-3
국세조사관		1팀 차상윤 박 인 김세연	윤정호	이재희 김은미	박진규	강 석	
	강태진 이한일 진실화	2팀 채웅길 김용선 한상훈	조민주	최미란 최칠성	문은희 이경진	김경희 김효진 박선영 임정석 송미소	류종규 이주형 김세웅 임소미
	박시원	3팀 이 훈 홍윤기		박효정 전찬희		권수진	김경은
						김선경 윤한빛	조혜진
Fax	840-0509		851-3628		540-0202		

전주세무서

- 대표전화 : 063)250-0200
- 코드번호 : 402
- 계좌번호 : 070438
- DID번호 : 063)2500-구내번호

서 장 **강신웅** ☎ 063)250-0201

과장	징세			부가가치세		소득세	
	이종운 240			민훈기 280		함태진 360	
팀장	운영지원	체납추적1	체납추적2	부가1	부가2	소득1	소득2
	고선주 241	박정재 511	이기웅 521	박기호 281	김영민 301	김지홍 361	김명숙 621
DID	242-4 258-9 425	512-8	523-7	282-91 582	302-11	362-8 583	622-8
국세조사관	김소영	박종호	박인숙	이동영	김재실 문정미		손안상
	한성희 김경환 구판서 유행철	조성훈 허정순 최재규 한설희	백종현 이주은 이기원	이승훈 이지희 황지현 정우진 김종호 박미진	남주희 문선택	김주현 김형만 소수혜 최연평	손현주 김소영 황병준 김중석
			전혜진	장현정	안성민 정새하	배정주	
	고필권	박신영 김지수	정현지	김하경 김민채 허지선	류해경 한석원 김영진 조윤주	서재창 박재만 황지현	최민정 한지우
Fax	277-7708			277-7706		250-0449	250-0632

- 주　　　소 : 전라북도 전주시 완산구 서곡로 95(효자동3가 1406)
　　　　　℡ 54956
- 관할구역 : 전라북도 전주시 완산구, 완주군
- E-mail : jeonju@nts.go.kr

※ 완주민원실 주소 : 전라북도 완주군 삼례읍 삼봉로 933　℡ 55325 (☎ 063-250-0230)

과장	재산법인세			조사		납세자보호담당관	
	양천일 400			변승철 640		방정원 210	
팀장	재산1	재산2	법인	정보관리	조사	납세자보호실	민원봉사실
	정애리 481	장해준 491	임기준 401	김용수 641	이현기 651	송방의 211	김영관 221
DID	482-9 581	492-5	402-13	642-4	652-3 661-2 671-2	212-4	222-9
국세조사관	한길완	이선경 김용태	한원윤	최현옥 노화정	한숙희 곽미선 정유성	박지원 이철호	박혜선
	김재만 박태신 조길현 성정민 유항수		고의환 김새롬 허 현 이두호 김기동 신새보미	한겨레	윤은미 지승룡 양영훈	오신영	김애령 심재옥 임완진 최현영 김희숙 박성주
	장용준 이하은 양다은	박소희 손정현	김성용 노명진 한소은		최현진		문미나
			박주형 나 영				김귀종
Fax	250-0505	250-7311		250-0649		275-2100	

정읍세무서

서 장 송평근 ☎ 063)530-1201

- 대표전화 : 063)530-1200
- 코드번호 : 404
- 계좌번호 : 070441
- DID번호 : 063)5301-구내번호

과장	징세			부가소득세	
	김 현 240			선희숙 280	
팀장	운영지원	체납추적	조사	부가	소득
	김엘리야 241	박봉선 511	홍수경 651	유성진 281	임양주 361
DID	242-3 245-6	512-7	652-6	282-91 671	362-7
국세조사관	조상미	조미옥 오혜경	김민지	이정길 이영훈	신동용 김용범
	박상종 이서진 김종호	정성택	진동권	김미영 문찬영 문가영 김혜인 정다희	강길주 지정국
		박현진 이기훈	김기동 전이나	양아름 이윤정	
		정소영	송다영	정민욱 정동인	김정은 김한비
Fax	533-9101		535-0040	535-0042	535-0041

- 주　　　소 : 전라북도 정읍시 중앙1길 93(수성 610)
　　　　　　ⓤ 56163
- 관할구역 : 전라북도 정읍시, 고창군, 부안군
- E-mail : jeongeup@nts.go.kr

과장	재산법인세		납세자보호담당관	
	이상두 400		김영선 210	
팀장	재산	법인	납세자보호실	민원봉사실
	이동규 481	이종현 401	홍용길 211	국승미 221
DID	482-7	402-7	212	222-6
국세조사관		선경미		김미선 양동혁
	이성식 진수성 윤정호 이하현	허문옥 김재경	김필선	김은미 김병주
	조성우 변지수	송송이 김용운		이효선
		정보현		
Fax	535-0043	535-6816	535-5109	530-1691

나주세무서

- 대표전화 : 061)330-0200
- 코드번호 : 412
- 계좌번호 : 060642
- DID번호 : 061)3300-구내번호

서 장 윤 명 덕 ☎ 061)330-0201

과장	징세			부가소득세	
	김창오 240			조호형 280	
팀장	운영지원	체납추적	조사	부가	소득
	윤성두 241	고균석 511	박경수 651	전해철 281	문주연 361
DID	242-7	512-20	652-8	282-90	362-6
국세조사관	배명우	전홍석 강병관 양창헌	김근우 신승훈 오금선	오근님 김도연 진문수	박인수
	소찬희 전은상	이인숙 조은지 박지혜	박현준 정리나	남승원 이승엽	양은정 이지현
	이승훈	노현정	김정선 조화경	범서희	
	최상혁	윤지원	이유진	김중연 김우정 김희철	기하민 이설희
Fax	332-8583		333-2100	332-8581	

- **주　　　소** : 전라남도 나주시 재신길 33(송월동 1125)
   ㉾ 58262
- **관할구역** : 전라남도 나주시, 영암군(삼호읍 제외), 함평군
- **E-mail** : naju@nts.go.kr

과장	재산법인세		납세자보호담당관	
	박숙희 400		남애숙 210	
팀장	재산	법인	납세자보호실	민원봉사실
	김대현 481	최권호 401	김성호 211	임종안 221
DID	482-6 296	402-9	212	222-5
국세조사관	정영천	채남기 이동훈		김아란 이기순 이영민
	황원복 설영석 정세훈 조혜선	진혁환 정지연 김은정 조호연	박시연	이효정
	윤채린			문보라
	염래경	조정현 문은서		
Fax	332-2900		333-2100	332-8570

목포세무서

서 장 **이진재** ☎ 061)241-1201

- 대표전화 : 061)241-1200
- 코드번호 : 411
- 계좌번호 : 050144
- DID번호 : 061)2411-구내번호

과장	징세		부가가치세		소득세	
	김은미 240		김진수 280		양길호 360	
팀장	운영지원	체납추적	부가1	부가2	소득1	소득2
	김옥현 241	송정희 511	서병희 281	강석제 301	이선화 361	박형희 621
DID	242-4 246-7	512-23	282-90	302-8	362-7	622-8
국세조사관		이정미 정명근 한유현 박정순	오성실 조윤경 강석구	이은경 신종식 박해연	최성배	
	박봉주 최원정 문승식 유승철	신영아 장형욱 오승섭	박용희 정미선	최지혜 전혜정 박지희	박세인	구혜숙 강선희
	최준민	오가원 박명수	홍주연	김미리	방영화 최종민	최나영 양한별 정유진
		김지민 김수민 김시영	안소이 박나예		장서영 윤재도	이수환 강지하
Fax	244-5915		247-2900		241-1349	

- 주　　소 : 전라남도 목포시 호남로 58번길 19(대안동 3-2)
  - ㉾ 58723
- 관할구역 : 전라남도 목포시, 무안군, 신안군, 영암군 중 삼호읍
- E-mail : mokpo@nts.go.kr

과장	재산법인세			조사		납세자보호담당관	
	강용구 400			강채업 640		박정환 210	
팀장	재산1	재산2	법인	정보관리	조사	납세자보호실	민원봉사실
팀장	설영태 481	이정훈 491	이혜경 401	김영호 641	오민수 651 임선미 654 김요환 657	공병국 211	이수창 221
DID	482-6	492-4	402-11	642-3 692	652-3 655-6 658-9	212-3	222-8
국세조사관	오춘택 류호진	이주현	정희섭 박미애	은희도	윤현웅		김정화 최순옥 최제후
국세조사관	선양기 박봉현	박민원	이점희 정현아 김지훈	양윤성	이 철 엄지혜 김민석	권인오 최수현	박성정 이현지
국세조사관		강희다	강용명 박은지	이종률	윤수연		정덕균 손혜은
국세조사관	강민지		김시온 임채영 한지혜		김단비		
Fax	241-1602			245-4339		241-1214	

순천세무서

- 대표전화 : 061)720-0200
- 코드번호 : 416
- 계좌번호 : 920300
- DID번호 : 061)7200-구내번호

서 장 정 해 동 ☎ 061)720-0201

과장	징세		부가가치세		소득세	
	김행곤 240		서순기 280		배삼동 360	
팀장	운영지원	체납추적	부가1	부가2	소득1	소득2
	박연서 241	최인광 511	임향숙 281	류영길 301	최미영 361	이용철 381
DID	242-4 246-8	512-8 262-3	282-5 287-8 322	302-7 308	362-6 321	382-6
국세조사관		류성주 서미순 김문희	심성환 박용문	고길현 차지연	김정현 김미영	전용현
	강혜정 홍미숙 김재찬	김상훈 곽민경	김임순 황승진	김상호 김예진	박정란	오인철
	박유진 조상진	박지현 박동진		강아라	김은지 강성민	
	구태휴	배한솜	강초희 양철웅 장유나	이재원 류선남	김민정	송애림 강미하 강예원
Fax	723-6677		723-6673		720-0330	

● 주　　　소 : 전라남도 순천시 연향번영길 64(연향동 1379)　㉾ 57980

● 관할구역 : 전라남도 순천시, 광양시, 구례군, 보성군, 고흥군

● E-mail : suncheon@nts.go.kr

◇ 벌교지서 주소 : 전라남도 보성군 벌교읍 채동선로 260　㉾ 59425
　　☎ 벌교지서 DID : 061)8592-구내번호 (대표 200)

◇ 광양지서 주소 : 전라남도 광양시 중마중앙로 149, 더다정빌딩　㉾ 57785
　　☎ 광양지서 DID : 061)7604-구내번호 (대표 200)

과장	재산법인세			조사	
	박후진 400			염삼열 640	
	재산1	재산2	법인	정보관리	조사
팀장	백기호 541	박귀숙 561	황교언 401	현 경 641	이동현 651 윤승철 656 윤길성 661 정경종 666
DID	542-5 313	562-5	402-9	642-4 691	662-3 667-8 652 657-8
국세조사관	이세라	배숙희	최수민	하성철 정경식	
	박광천 신수정	김광호 최보람	안민숙 김현정 김소망 박지언 김재호	이용욱 서현영	김보람 우남준 김은영 임정미
	홍해라	김태원			문한솔 윤다희 김태진 손세민
	정지은		송현진 배은정		
Fax	720-0410			720-0420	

순천세무서

서 장 정 해 동 ☎ 061)720-0201

- 대표전화 : 061)720-0200
- 코드번호 : 416
- 계좌번호 : 920300
- DID번호 : 061)7200-구내번호

과장	납세자보호담당관		벌교지서 (8592-DID)		
	김진규 210		양용환 201		
팀장	납세자보호실	민원봉사실	납세자보호실	부가소득	재산법인
	심재용 211	민동준 221	박주하 211	서삼미 301	심재운 401
DID	212-3	222-7	212-3	302-7 310-11	402-4 450-2
국세조사관	곽용재	이윤호 김진희	진 정 조광덕	신덕수 이호남	신찬호 천우남
	정선태	신상덕 강구남		김진우 유영근 박지은	최 선 김동선 최상영
				류지훈 이수빈 윤준영	
		김지현 오영서			김초현
Fax	723-6676		857-7707	857-7466	859-2267

- 주   소 : 전라남도 순천시 연향번영길 64(연향동 1379) ⑨ 57980
- 관할구역 : 전라남도 순천시, 광양시, 구례군, 보성군, 고흥군
- E-mail : suncheon@nts.go.kr

◇ 벌교지서 주소 : 전라남도 보성군 벌교읍 채동선로 260 ⑨ 59425
　☎ 벌교지서 DID : 061)8592-구내번호 (대표 200)
◇ 광양지서 주소 : 전라남도 광양시 중마중앙로 149, 더다정빌딩 ⑨ 57785
　☎ 광양지서 DID : 061)7604-구내번호 (대표 200)

과장	광양지서 (7604-DID)			
	김　훈(4급) 201			
팀장	납세자보호실	부가	소득	재산법인
	홍은영 212	이종필 281	황희정 361	박영수 401
DID	212-6	283-7 291-5	362-5	402-5 481-3
국세조사관		이성호 정　일		정현미 최병윤
		한은정 김효정 김종율	강선대 박소미	김정희 한송이
	이보람	정지운 양환준 이아림 정인환		박　민 이수진
	전은지 최시은 최영진	박정배	김성규 김태경	노승규
Fax	760-4238		760-4379	

여수세무서

- 대표전화 : 061)688-0200
- 코드번호 : 417
- 계좌번호 : 920313
- DID번호 : 061)6880-구내번호

서 장 이 성 일 ☎ 061)688-0201

과장	징세		부가소득세		
	송형희 240		김경민 280		
팀장	운영지원	체납추적	부가1	부가2	소득
	박도영 241	윤정필 511	김혜경 281	정종대 301	서동정 361
DID	242-5	512-8 262-3	282-8	302-8	362-9
국세조사관		윤유선	강이근	김종철	손명희
	이은진 유지화 김성진	강태민 최인효 이성실 남상진	문형일 김금영 강경수 신솔지	박은화 권상일 이호철 김채민	임현택 윤경희 최현아
	서도진	박 혁	김지영	채우리 이효선	류은미
	양태영	주희은 유지영 오현서	선아영 나선이		이다영 송윤주 나한솔
Fax	688-0600	682-1649	682-1652		

● 주　　　소 : 전라남도 여수시 좌수영로 948-5(봉계동 726-36)
　　　　　　　㉾ 59631

● 관할구역 : 전라남도 여수시 전체

● E-mail : yeosu@nts.go.kr

과장	재산법인세		조사		납세자보호담당관	
	강경진 400		이용혁 640		장민석 210	
팀장	재산	법인	정보관리	조사	납세자보호실	민원봉사실
	김진재 481	이재갑 401	김용주 651	이탁신 661	박병환 211	박진갑 221
DID	482-7	402-8	652-3 692	662-2 671-2	212-3	222-6
국세조사관	박천주	이철승		이창주 배제섭		박상희 주연봉
	류숙현 손성희 임강혁	류성백 김정은	황선태	정찬조	채명석	
	엄석찬	김경현 김재은	손수아		차유곤	전주화 김은진 김서현
	강여울	정지은 정지훈	박채연	나형배		
Fax	682-1656		682-1653		682-1648	

해남세무서

- 대표전화 : 061)530-6200
- 코드번호 : 415
- 계좌번호 : 050157
- DID번호 : 061)5306-구내번호

서 장 박현주 ☎ 061)530-6201

과장	징세			세원관리		
	우인제 240			문동호 280		
팀장	운영지원	체납추적	조사	부가	소득	재산법인
	이장원 241	김익상 511	김종일 651	김광현 281	김명선 361	고재환 401
DID	242-3 245-7	512-7	652-5	282-6 290	362-6	402-6 482-5
국세조사관		심상원 배은선 나소영	이영은 유춘선	김수영	정병철	나승창
	국명래 한상춘 지행주	김민수	김창훈 문은성 유판종	박남중 임창관	정인재	정호영 김현철 양용희
	권혁일			김다혜	김세린 장수희	최예린 김형연 김동신 황선우 정종호
	임채현	문성윤		강설화 노영명	최가인	
Fax	530-6249		530-6132	536-6131		534-3995

●주　　　소 : 전라남도 해남군 해남읍 중앙1로 18　⑪ 59027

●관할구역 : 전라남도 해남군, 완도군, 진도군, 강진군, 장흥군

●E-mail : haenam@nts.go.kr

◇강진지서 주소 : 전라남도 강진군 강진읍 사의재길 1　⑪ 59226
　☎강진지서 DID : 061)4300-구내번호 (대표 200)

※완도민원실 주소 : 전라남도 완도군 완도읍 중앙길 11　⑪ 59123 (☎ 061-552-2100)

※진도민원실 주소 : 전라남도 진도군 진도읍 남문길 13　⑪ 58922 (☎ 061-544-5997)

과장	납세자보호담당관		강진지서 (4300-DID)	
	하상진 210		백홍교 201	
팀장	납세자보호실	민원봉사실	납세자보호실	세원관리
		문 식 221	김영하 210	박철우 300
DID	211	222-4	211	361-2 481-3 511-2 401-2 321-2
국세조사관				노미경 이지영 이재남 정미진
	이재성			박병민 오윤정 서경무 박형민 백지원 김태준
		박명식 유상원(진도) 강기호		강예은
		박신우 박지연	전성준	김혜원
Fax	534-3540	534-3541	433-0021	434-8214

대구지방국세청

청 장 한 경 선

☎ 053)6617-201

대표전화 : 053)6617-200

주소 : 대구광역시 달서구 화암로 301 정부대구지방합동청사 6~9층

우 42768

코드번호 : 500   계좌번호 : 040756

E-mail : daegurto@nts.go.kr

대구지방국세청

- 대표전화 : 053)6617-200
- 코드번호 : 500
- 계좌번호 : 040756
- DID번호 : 053)6617-구내번호
- 주   소 : 대구광역시 달서구 화암로 301
  정부대구지방합동청사 6~9층
  ㉾ 42768
- E-mail : daegurto@nts.go.kr

청 장 한 경 선 ☎ 053)6617-201

국장							
과장	운영지원			감사관		납세자보호담당관	
	최종기 240			김상섭 300		이 진 330	
팀장	행정	인사	경리	감사	감찰	납세자보호	심사
	박진영 252	이상헌 242	정경남 262	명기룡 302	김정환 312	이형우 332	이병주 342
국세조사관	김동욱 253 황길례 254	김대훈 243 남동우 244	오주경 263	한정환 303 장현기 304 오춘식 305	김경한 313 김상우 314		한재진 343
	이영주 255 공성웅 256 서인현 257 소충섭 258 도민지 259	정중현 245 이혜란 246	이경아 264 김경희 265	김자헌 306 김상균 307 김연희 308	김 인 315 김민창 316 임채홍 317 김태형 318	배영옥 333 김민주 334 이유지 335	박지연 344 김경수 345 김영은 346
	손근희 260 김소연 261	서장은 247 김지민 248	박정희 266	최병준 309			
Fax	661-7052			661-7054		661-7055	

● **한경선 [대구지방국세청장]**
 －67년생, 충남 보령, 서울 성보고, 세무대학 6기, 경희대 대학원
 －국세청 국세공무원교육원 원장, 개인납세국 부가가치세과 과장, 납세자보호관 납세자보호담당과 과장, 조사
　국 조사2과 과장, 조사국 조사분석과 과장, 서울청 감사관 과장, 조사1국 조사1과장, 중부청 남인천세무서장,
　대전청 서산세무서장
● **김범구 [성실납세지원국장]**
 －77년생, 경북 안동, 포항고, 고려대 경영학과, 행시 46회
 －국세청 기획조정관실 기획재정담당관실 과장, 법인납세국 소비세과 과장, 서울청 국제거래조사국 국제조사
　관리과 과장, 중부청 조사4국 조사2과 과장

국장	성실납세지원국 김범구 400						
과장	부가가치세			소득재산세			
	최은호 401			이병주 431			
팀장	부가1	부가2	소비세	소득	재산	복지세정1	복지세정2
	이소영 402	김효경 412	김태형 422	김혜진 432	정호선 442	이선희 452	오향아 456
국세조사관	양미례 403	김재환 413	도인현 423 최민석 424			조은경 453	
	임정관 404 권민규 405	장근철 414 유현숙 415	정대석 425	정경미 433 이동균 434 이선이 435	조명석 443 이주석 444 김지향 445		
	남정민 406	도이광 416	박재규 426	박시현 436	박수빈 446	권은경 454	김규식 457
Fax	661-7056			661-7057			

대구지방국세청

- 대표전화 : 053)6617-200
- 코드번호 : 500
- 계좌번호 : 040756
- DID번호 : 053)6617-구내번호

국장	성실납세지원국 김범구 400						
과장	법인세			정보화관리			
	이동일 461			정영순 621			
팀장	법인1	법인2	법인3	관리1	관리2	포렌식 지원	센터1
	임치수 462	김지인 472	정창근 482	최상복 622	정이천 632	송재준 682	서계주 642
국세조사관		김규진 473		김은진 623 서영지 624 박경련 625 강지용 626	손동민 633	박주환 683	김연숙 643 주명오 644
	김정환 463 이동규 464 김종연 465	이 슬 474 안진희 475 김두영 476	김선영 483 양세영 484 장한슬 485 권순모 486	채명신 627	김미량 634 이은주 635		이해진 645
	정혜진 466 김종석 467	최유철 477	이승휘 487			김남규 684 안지민 685	
Fax	661-7058			661-7059			

● 이동훈 [징세송무국장]
　－71년생, 세무대
　－부산청 거창세무서장

국장		징세송무국 이동훈 7500					
과장	정보화관리	징세		송무		체납추적	
	621	김자영 501		정희석 521		유종호 541	
팀장	센터2	징세	체납관리	송무1	송무2	체납추적관리	체납추적
	전현정 662	강경미 502	안해찬 512	김부자 522	이정국 532	최지숙 542	김정철 552
국세조사관	박경미 663			서은혜 523 이한솔 524		김경택 543	김구하 553 김지윤 554
	최유진 664	조은영 503 박수범 504	이연진 513 배태호 514	최현주 525 유병모 526	정수호 533 이호열 534	박현하 544 이상욱 545 권순홍 546	김혜진 555 서소담 556
	김윤호 665	조남철 505	장선희 515	김지은 527	정정하 535	임효신 547 김태완 548	진언지 557
Fax	661-7059	661-7060		661-7061		661-7062	

대구지방국세청

- 대표전화 : 053)6617-200
- 코드번호 : 500
- 계좌번호 : 040756
- DID번호 : 053)6617-구내번호

국장	조사1국 강동훈 700					
과장	조사관리					
	권병일 701					
팀장	조사관리1	조사관리2	조사관리3	조사관리4	조사관리5	조사관리6
	이장환 702	황지영 712	김성균 722	장경희 733	황재섭 742	황보웅 792
국세조사관	남상헌 703					
	박찬녕 704 허성은 705	황지성 713	권소연 723 박재찬 724 우상준 725 채주희 726 신성용 727	최지영 734 김성호 735 임영진 736	김연희 743 김수민 744 김혁동 745	이상훈 793
	손가영 706 송민준 707	장은영 714	임재학 728 이수정 729	정지헌 737	신진우 746	
	이가영 153					
Fax	661-7063					

국장	조사1국 강동훈 700						
과장	조사1				조사2		
	김성호 751				이동원 801		
팀장	조사1	조사2	조사3	조사4	조사1	조사2	조사3
	이석진 752	김태영 762	이기동 772	오세민 782	정윤철 802	하성호 812	윤근희 822
국세조사관	이채윤 753						
	김재락 754 김덕현 755	류춘식 763 김경림 764	윤종훈 773 이주형 774	김상우 783	이정호 803 서민수 804	손세규 813 추혜진 814	김종민 823 배진희 824
		조성민 765	이지영 775	정현우 784	허정미 805	박청진 815	홍준혁 825
Fax	661-7065				661-7066		

대구지방국세청

- 대표전화 : 053)6617-200
- 코드번호 : 500
- 계좌번호 : 040756
- DID번호 : 053)6617-구내번호

국장	조사2국 이병탁 900					
과장	조사관리 김기형 901			조사1 조희선 931		
팀장	조사관리1	조사관리2	조사관리3	조사1	조사2	조사3
	박정길 902	김성제 912	이현수 922	권갑선 932	이홍규 942	최영윤 952
국세조사관		김민호 913	조현덕 923			
	백승훈 903	서동원 914	성원용 924 이강석 925 김나영 926	박종원 933 서정은 934	배재현 943	김소희 953
	김송원 904	박민주 915 홍은지 916 장진영 917	정학기 927	김길영 935	김정미 944	권대호 954
	배금숙 154 김애영 905			김현정 936		
Fax	661-7067			661-7068		

● 이병탁 [조사2국장]
 ﹣70년생, 경상북도, 경원고등학교, 세무대 8기
 ﹣ 대구청 영덕세무서장

국장	조사2국 이병탁 900		
과장	조사2		
	박경춘 961		
팀장	조사1	조사2	조사3
	김영인 962	이승은 972	박순출 982
국세조사관	구근랑 963		
	안지연 964	김미현 973 고광환 974	배건한 983 송시운 984
	박승호 965	최도영 975	이창우 985
Fax	661-7069		

대구지방국세청 관할세무서

남대구세무서

- 대표전화 : 053)659-0200
- 코드번호 : 514
- 계좌번호 : 040730
- DID번호 : 053)6590-구내번호

서 장 | 김진업 ☎ 053)659-0201

과장	징세		부가가치세		소득세		재산세		법인세	
	전찬범 240		이대희 280		홍경란 360		이현종 480		이창규 400	
팀장	운영지원	체납추적	부가1	부가2	소득1	소득2	재산1	재산2	법인1	법인2
	정환동 241	박재진 441	장현미 281	이제욱 301	전미자 381	신상우 621	김성종 481	정문제 501	도영수 401	황왕규 421
DID	242-9	442-52 262-4	282-9	302-8	382-9	622-8	482-7 510	502-7	402-6	422-6
국세조사관	이성훈	조호연 김태우 전영현 장형순 정동철	윤석천	김병훈 곽철규	이명수		엄경애 김동훈 윤미경	최종운 김경훈		김상철
	장명진 정민주 배시환 민재영 이안섭	이경숙 김혜정 최기용 정현정 임성훈	이연경 최윤영 김현진 신익철 장현정 안소진	김혜영 김동원 천정희	김경현 배은경 배진우	정연옥 김유진 김재형	신원경 정민아 김현정	조영태 정다운 박재형	김석호 최재협 이경민	김안나 임정훈 김지수
	정찬호	김은경 성민지	안진우 신지연	노현진	최주영 이혜영 이승환	최경미 진미란			이순임	
	정녕현	최유나 하나정 이홍엽	이도겸	소혜령	김태원 조은비	노현우 이대헌 전소원	송은지	박혜영	박상욱	이상분 장유진
Fax	627-0157	625-9726	627-7164		627-5281		626-3742		627-0262	

- 주　　　소 : 대구광역시 남구 대명로 55(대명10동 1593-20)　〒 42479
- 관할구역 : 대구광역시 남구, 달서구 중 월성동·대천동·월암동·상인동·도원동·
　진천동·대곡동·유천동·송현동·본동, 달성군
- E-mail : namdaegu@nts.go.kr

◇ 달성지서 주소 : 대구광역시 달성군 현풍읍 테크노대로 40(M큐브빌딩 2층)　〒 43020

☎ 달성지서 DID : 053)662-구내번호 (대표 200)

과장	조사		납세자보호담당관		달성지서 (6620-DID)				
	이승괄 640		공정원 210		김경식 662-0201				
팀장	정보관리	조사	납세자 보호실	민 원 봉사실	체납추적	납세자 보호실	부가	소득	재산법인
	허재훈 641		연상훈 211	손예정 221	신근수 241	여제현 221	고재근 301	오찬현 401	황수진 601
DID	642-5	651-65	212-5	222-8	242-8	222-4	302-11	402-7	602-7 501-1
국 세 조 사 관		1팀 윤희진 김대업 박진아	김도숙 정경희	권현주	이정선 장연숙	이백춘	정현규	이재현 윤희범	강대일
	민은연	2팀 소현철 조재영 이지하		이윤주 우병호	김형욱 이재홍	정미연	양철승 강용철 김도민 유보아 송홍준 이은주		김영록 구병모 김상온 이상민 박원돈
		3팀 배창식 이현영 하예진							
	이영재 이선영 이선애	4팀 김승년 김은경 한규리	배리라 김유진	장호우	신문정	함희원	정승아 박효임 김정현 이보람	안재근 이시형	임완수
		5팀 조용길 김민수		강대화 이승은 이지미	오진석		최원준	안대근 이은석	유창진 류광오 허　환
Fax	627-0261		627-2100	622-7635	662-0259	662-0229	662-0329	662-0329	662-0259

동대구세무서

- 대표전화 : 053)749-0200
- 코드번호 : 502
- 계좌번호 : 040769
- DID번호 : 053)7490-구내번호

서 장 김지훈 ☎ 053)749-0201

과장	징세		부가가치세		소득세	
	유병길 240		김대중 280		이춘희 360	
팀장	운영지원	체납추적	부가1	부가2	소득1	소득2
	최재혁 241	이용균 441	박정환 281	박영진 301	정인현 361	이금순 381
DID	242-9	442-50 262-3	282-7	302-9 313	362-6 373	382-8 373
국세조사관	신대환	이동호 백경은 우명주	길성구	박주현 김혜경 김정국	이경순	김하수 이승환 이원명
	도세영 송혜정	마성혜 방미주 이상협 이나현 박수현	김보정 양준호 복현경	김남정	진민혜 성소현	도명선
	이형욱 장수연 박판식 김진규	하은석		이상미 서애영	이인호 백종헌	이동민 송채연
	공인호	최유미 구소림	김동영 박민경	김성우 김예민	강지원	은혜민 배한준
Fax	756-8837		754-0392		756-8106	

● 주　　소 : 대구광역시 동구 국채보상로 895(신천동)
　　　　⑰ 41253

● 관할구역 : 대구광역시 동구

● E-mail : dongdaegu@nts.go.kr

과장	재산법인세		조사		납세자보호담당관	
	김성진 400		김민웅 640		장시원 210	
팀장	재산	법인	정보관리	조사	납세자보호실	민원봉사실
	전영호 481	조철호 401	권용덕 641		권영대 211	김 훈 221
DID	482-9	402-9	642-5	651-7	212-4	222-7
국세조사관			김하영	1팀 류재현 이성욱 정지혜	윤성아	유영숙
	이경향 신미영 한성욱 이미선 신유림	신진연 백근민 김재홍	유수현 최재우	2팀 황성진 권민정	이창구 조라경	임수경 박자윤 정성희
	이가영 오가은	최경화 김재연 김동범	손신혜	3팀 김미애 조민제		서이현
	안규민 최영은	강민경 김대성				정상열
Fax	744-5088	756-8104	742-7504		756-8111	

수성세무서

- 대표전화 : 053)749-6200
- 코드번호 : 516
- 계좌번호 : 026181
- DID번호 : 053)7496-구내번호

서 장 최 재 현 ☎ 053)749-6201

과장	징세		부가가치세		소득세	
	박영언 240		김상훈 280		한순국 360	
팀장	운영지원	체납추적	부가1	부가2	소득1	소득2
	김정석 241	윤원정 441	김정섭 281	임한경 301	이도영 361	황일성 381
DID	242-4 247	442-51 262-4	282-6 271	302-7	362-70 272	382-9
국세조사관	류기환	이해봉 최성실 변지흠 이정훈		권혁도	김봉수	류상효
	이미영 고영석 윤태희 배경순	김경석 최현희 이민해 김현희 서현지	이승택 이정훈 박선희 여소정	이재복 서미정	서대영 박정길 안미경 도성희 윤성욱	김광련 김수호 조준서 박선혜 김진영
			이성한	황준순	김주영	
	안준현	권덕환 유영환 김영민 이수현	박정아	김진희 김은정	박나은 김민정 양유림	신유정 조예흠
Fax	749-6602	749-6623	749-6603		749-6604	

- 주　　소 : 대구광역시 수성구 달구벌대로 2362(수성동3가 5-1)
  ㉾ 42115
- 관할구역 : 대구광역시 수성구
- E-mail : suseong@nts.go.kr

과장	재산법인세			조사		납세자보호담당관	
	장경숙 400			이동범 640		지재홍 210	
팀장	재산1	재산2	법인	정보관리	조사	납세자보호실	민원봉사실
	김광석 501	이원희 541	이영철 401	이유조 641		임채현 211	이경옥 221
DID	502-10 274	542-8	402-9	642-4	651-8	212-3	222-8
국세조사관	정호태 김영화 최재화	안영길 징재현 김종현 윤일식	김옥현 이상원		1팀 김상균 장교준 우상훈	배재호	김수현
	정소영 김현진 이정순	박서형 강은진		김대열 안성덕	2팀 도해민 이대호	박종연	전재희 정수현
	이재락 김윤종		손태우 서용준 김하나 김정숙		3팀 이종현 신영준 김지연		이동우
	김동현 박예진	예성진	장유나 김관형	임수현			임정아 김송희 조인애
Fax	749-6605			749-6606		749-6607	749-6608

북대구세무서

서 장 이미애 ☎ 053)350-4201

- 대표전화 : 053)350-4200
- 코드번호 : 504
- 계좌번호 : 040772
- DID번호 : 053)3504-구내번호

과장	징세			부가가치세			소득세		
	최지안 240			이충형 280			이창훈 360		
팀장	운영지원	체납추적1	체납추적2	부가1	부가2	부가3	소득1	소득2	소득3
	이지안 241	김용한 441	김창구 461	하철수 281	정영일 301	임주환 321	이동우 361	고재봉 371	석수현 381
DID	242-7	442-50	422-8 262-5	282-92 573	302-10 312	322-31	362-8 572	372-8	382-7
국세조사관	김일룡	임유선 이도경	박승용 김삼규 이춘복 배익준	정현중 김현두 이광민	정성희 손경수	엄유섭 신정연	권순식 이인우	김연희	정호용 이광재
	박수정 백효정	조윤주 이근호 이충호	여창숙 박동열 양혜진	천해자 이병영 조준환 전지희 김혜영 하영미	박진희 장창호 신재은 최지은 오형주	김민철 강덕주 이치욱	정형태 이영애	이상규 박미정	김순자 조미경 김이레
		김도훈 정지환	서빛나 강고운	염지혜 김정훈 주현정	류재리 황다영 강은비	최혜경 정은진 최은애	김향희		
	김지원 김민석	허규진 김수지 권유심	박성우 김혜영	김혜인	김시현	이승언 박정은	조혜원 심형철	안창남 김문민	임상희 박소연
Fax	354-4190			356-2557			355-7511		

- 주　　소 : 대구광역시 북구 원대로 118(침산동)
  - ㉾ 41590
- 관할구역 : 대구광역시 북구, 중구
- E-mail : bukdaegu@nts.go.kr

과장	재산세		법인세		조사		납세자보호담당관	
	권성구 480		박성학 400		강정석 640		이정범 210	
팀장	재산1	재산2	법인1	법인2	정보관리	조사	납세자보호실	민 원봉사실
	김진건 481	유현종 501	백미주 401	박정성 421	김규수 641		추은경 211	권영숙 221
DID	482-9 575	502-5	402-7	422-7	642-7	651-68	211-5	222-9
국세조사관	신윤숙		이현수			1팀 고기태 김상련 엄수민	송재민	
	김태호 유혜진 전은혜 황주미 강수은	이재욱 황순영 석종국 서상순	김덕환 안우형 장진욱	추시은 김상조 김혜인	노은미 전혜진 서보연	2팀 윤종현 윤지연 임지수	김병모 천혜정 유진선	이혜경 신은정
						3팀 김성대 이민우 우현지		
	오은비 박은옥			구수목 이종현	김진경 김도훈	4팀 김희정 김진희 오정훈	최재은	김은경 이현정 노동영 신지애 손은식
						5팀		
	조은미 박근영		이윤주 이지은 김동범	이수연		한창수 장창걸		유헌정
						6팀 정성호 이하나 김호승		
Fax	356-2556		356-2030		357-4415	351-4434	356-2016	358-3963

서대구세무서

- 대표전화 : 053)659-1200
- 코드번호 : 503
- 계좌번호 : 040798
- DID번호 : 053)6591-구내번호

서 장 **조 성 래** ☎ 053)659-1201

과장	징세			부가가치세			소득세		
	권대명 240			최병달 280			김재섭 360		
팀장	운영지원	체납추적1	체납추적2	부가1	부가2	부가3	소득1	소득2	소득3
	박형우 241	홍동훈 441	이기연 461	이종숙 281	김상희 301	이상호 321	이정노 361	임용규 381	마명희 621
DID	242-5	442-8	463-9 262-4	282-90 314	302-9 314	322-9	362-6	382-4 389	622-6 389
국세조사관		이은정	김인덕 하경섭 배현숙	김준우 신정석	배소영		양희정	박만용	우제경
	김완섭 구혜림	정운월 남미숙 이동하 박순주	백유정 좌혜미 이선영 김대영 김현숙 김현주	황영숙 김민주 신혜경 이수영 손소희	정순재 박영주 김정옥 이승훈 이현정 김단아	배영환 전은미 이경준 배혜진 이종휘	이승아	이연숙 구광모	박석흠 박준욱
	전현진	장효경	강주원 이진욱	조현진 이영수		박미선	문진희		이종민
	도지회	황은아		정나영 김선진	권성현 박수빈	정강훈	김유진 이승현	원종화	박수호 공혜민
Fax	627-6121	629-3642		622-4278		653-2515		624-6001	

● 주　　　소 : 대구광역시 달서구 당산로 38길 33(두류동)

　　　　⑨ 42645

● 관할구역 : 대구광역시 서구 전체, 경상북도 고령군 전체
　　　　달서구 갈산동, 감삼동, 두류동, 본리동, 성당동, 신당동, 용산동, 이곡동,
　　　　장기동, 장동, 죽전동, 호산동, 파호동, 호림동

● E-mail : seodaegu@nts.go.kr

과장	재산법인세				조사		납세자보호담당관	
	김종근 400				장석현 640		김선민 210	
팀장	재산1	재산2	법인1	법인2	정보관리	조사	납세자 보호실	민　원 봉사실
	김진환 481	조래성 501	전상규 401	박환협 421	김진도 641		이명희 211	강정호 221
DID	482-5 492	502-5	402-8	422-7	642-4	651-9 671-6	212-4	222-9
국세조사관	이은영	김은희 변영철	김영숙 황은영	김미현 정은주 이기돈	이새원	1팀 이덕원 최선희 이수지	김상무	김현수 (고령) 박명우
	강인순 서소진 김태희 김선미	도연정	강승묵 이진욱	권정석	신선혜 유미나	2팀 이중구 임중균 강률인	남영호 이유진	김민지 권오신 최미나
						3팀 김종인 복소정 강민지		
	김성민	박해정	나지윤			4팀 윤판호 주홍준 김혜림		최은진
			김민정 이소희	구신영 김은영		5팀 허성길 손윤령 김효인		최근재 최정은 엄주영
Fax	624-6003		629-3643		629-3373	624-6002	627-5761	625-2103

경산세무서

- 대표전화 : 053)819-3200
- 코드번호 : 515
- 계좌번호 : 042330
- DID번호 : 053)8193-구내번호

서 장 **조 승 현** ☎ 053)819-3201

과장	징세		부가소득	
	권호경 240		백희태 280	
팀장	운영지원	체납추적	부가	소득
	류희열 241	장수정 441	장현우 281	이영우 301
DID	242-3 246	442-50 262-3	282-7 289-92 294-6	302-10 312
국세조사관		전창훈	이동곤	박무성
	이효진 윤상환	이선미 김형준 이광용 이보영	공윤미 김서희 박영미 이지영 이원형 김준엽	이경옥 조정혜 강현구
	차재익	이윤정 전호종	전수진	이주안 김상운 심규민
		서지현 김민애 정현정 김도혁	임현지 서효일 안혜리 정재한 배동찬	정혜림 이유정 정정오 하연정 강재훈
Fax	811-8307	802-8300	802-8303	

●주 　　　소 : 경상북도 경산시 박물관로3(사동 633-2)
　　　　　㊴ 38583

●관할구역 : 경상북도 경산시, 청도군

●E-mail : gyeongsan@nts.go.kr

※ 청도민원실 주소 : 경상북도 청도군 화양읍 청화로 70(범곡리 133) 청도군청 내 　㊴ 38330
　　　　　（☎ 054-372-2100)

과장	재산법인세		조사		납세자보호담당관	
	이동훈 400		김순석 620		이종훈 210	
팀장	재산	법인	정보관리	조사	납세자보호실	민원봉사실
	정재호 481	정이열 401	문창규 621		신옥희 211	이동준 221
DID	482-8	402-11	622-4	631-7	212	222-5
국세조사관	임상진 김홍경	김병욱		1팀 김진도 심재훈 박주현	황성만	백경엽(청도)
	장 훈 김지숙 최용훈 강동호	박정용 채승훈 정인회 이언주	이승엽	2팀 김태겸 장병호		배민경 박승현 정쌍화
		김세현 김소현 오준오	김지은	3팀 박영호 엄슬희		원효주
	권인석 성주희 김채은	김민주 홍진주	이동명			
Fax	802-8305	802-8304	802-8306		802-8301	802-8302

경주세무서

- 대표전화 : 054)779-1200
- 코드번호 : 505
- 계좌번호 : 170176
- DID번호 : 054)7791-구내번호

| 서 장 | 전 재 달 | ☎ 054)779-1201 |

과장	징세		부가소득세			재산법인세	
	우병옥 240		김병석 280			김성열 400	
팀장	운영지원	체납추적	부가1	부가2	소득	재산	법인
	전갑수 241	양정화 441	이주형 281	이유상 301	김용민 361	김현숙 481	정재기 401
DID	242-4 246, 611	442-50 262-3	282-6	302-5 311	362-9	482-7	402-10
국세조사관	은종온	정은성 조 현 나현숙				최병구	우인호
	예동희 설진우	윤민희 남옥희 이태희	이성호 최윤형 정현진 장근영	나상일 하영미 김형준	김상기	이인원 이형준	김도형 이은희
	이나경				채민화 선광재 김재영	정혜원	임지은
	유재현	홍민영 박준영 권지원 박주영 이 건	현우창	김민혁 문수원	최소아 류정미 이소정 윤영훈	백지영 엄상희	조언혜 한규원 변수영 정성용 김세진
Fax	743-4408	742-2002	749-0917		749-0918	749-0913	745-5000

● 주   소 : 경상북도 경주시 원화로 335(성동동 180-4)
　　　　　㉾ 38138

● 관할구역 : 경상북도 경주시, 영천시

● E-mail : gyeongju@nts.go.kr

◇ 영천지서 주소 : 경상북도 영천시 강변로 12(성내동 230)　㉾ 38841

☎ 영천지서 DID : 054)3309-구내번호 (대표 200)

과장	조사		납세자보호담당관		영천지서 (3309-DID)			
	한청희 640		배세령 210		이광오 201			
팀장	정보관리	조사	납세자 보호실	민　원 봉사실	체납추적	납세자 보호실	부가소득	재산법인
	유성만 641		김성희 211	김　미 221	변재완 261		문성연 231	최기영 241
DID	642-5	651-59	212-3	222-5	262-5	251-3	232-9	242-7
국 세 조 사 관	김병훈	1팀 서지훈 전종경 이규호	김성홍		박현주	김선영	이철호 최　진	박윤형
	정유철	2팀 민갑승 이향옥 이승렬			이준식 박춘영		강미화 김남연 박유민 이영지	우주형 이근애 김은경
	김혜지	3팀 김도연 추민성 이윤재		김덕년 배혜윤	진미정	이채원	송인준 정세희	정종권 성은애
	이동주		오주희	정승하 오승주		정원용		
Fax	771-9402		773-9605	749-9206	338-5100	333-3943	338-5100	331-0910

구미세무서

- 대표전화 : 054)468-4200
- 코드번호 : 513
- 계좌번호 : 905244
- DID번호 : 054)4684-구내번호

서 장 성병모 ☎ 054)468-4201

과장	징세			부가가치세		소득세	
	남정근 240			석용길 280		이상경 360	
팀장	운영지원	체납추적1	체납추적2	부가1	부가2	소득1	소득2
	김진우 241	이승명 441	유세은 461	권태혁 281	변정안 301	민태규 361	마일명 381
DID	242-6	442-9	462-8 262-4	282-93	302-11 299	362-9	382-8
국세조사관				서경영 곽민경	성영순	김세권	김은주
	김인자 이한샘 서이현	진소영 김신규 박자임 이찬우 조화영	이미선 황선정 최은영 손준표 빈승주	도선정 김재준 김현수 왕 화	김상희 김소연 김민준 임종호	김정수 정현민 안현창 이지연	김보경 이은정 임향원
	문정혁	노은진	조현태	조여경	김충모 이계훈	김영미	김주영 장문수 정경식
	김규리	김나영	김보배 박준영 정진후 박종훈	권나율 우수경 윤동연 금민서 김선혜	김유정 최재영 이하영 이태규	김보림 강서현	한지영
Fax	468-4203	464-0537		461-4057		461-4666	

- **주　　　소** : 경상북도 구미시 수출대로 179(공단동)
  　　　　⏷ 39269
- **관할구역** : 경상북도 구미시, 칠곡군
- **E-mail** : gumi@nts.go.kr

※ 칠곡민원실 주소 : 경상북도 칠곡군 왜관읍 공단로 1길 7(삼청리 1101) (☎ 054-973-2100)

과장	재산법인세				조사		납세자보호담당관	
	김영중 400				이종우 640		최세영 210	
팀장	재산1	재산2	법인1	법인2	정보관리	조사	납세자 보호실	민　원 봉사실
	백유기 481	민택기 501	이선호 401	이경민 421	김준식 641		강태윤 211	박기탁 221
DID	482-7	502-5	402-8	422-7	642-6	651-9	212-3	222-7
국세조사관		황보정여	손은숙	이비남	이준익	1팀 이성환 김병욱 문호영		박세일
	홍현정 박은영 하수진	정현모 최윤영 송성근	이보라	박규진 남지원	백성철 유지연	2팀 조한규 최재성 이지민	박선옥	이승엽 최은선 (칠곡) 장성주 강지현
	강덕훈 김세철 배민정		김세온	양서안		3팀 김민국 장해탁 옥승오	이선정	황지원
			천승렬 권순근 강예림 성혜원	김승현 남효정	김휘민 안예지			김우주 (칠곡) 이현지
Fax	461-4665				461-4144		463-5000	463-2100

김천세무서

- 대표전화 : 054)420-3200
- 코드번호 : 510
- 계좌번호 : 905257
- DID번호 : 054)4203-구내번호

서 장 김 대 중 ☎ 054)420-3201

과장	징세			세원관리	
	박정숙 240			이강훈 280	
팀장	운영지원	체납추적	조사	부가	소득
	장철현 241	정성민 441	최상규 651	최재영 281	정석호 361
DID	242-3	442-7 263	652-6	282-9	362-6
국세조사관		김용기 이수미	전 근	시진기	황윤식
	오호석 유선희	정동준 조경희 김수희	고광현 하효준 최용훈	김명국 김정숙 장진영 이소연	김정협
		이정은 변연주	전지영	박가람	
				윤현식 박소영 이세인	신예람 홍민아 천요한
Fax	433-6608			430-8764	

● 주　　소 : 경상북도 김천시 평화길 128(평화동)

　　　　　　㉾ 39610

● 관할구역 : 경상북도 김천시, 성주군

● E-mail : gimcheon@nts.go.kr

※ 성주민원실 주소 : 경상북도 성주군 성주읍3길 57(예산리 334-1) (☎ 054-933-2100)

과장	세원관리		납세자보호담당관	
	이강훈 280		김종석 210	
팀장	재산법인		납세자보호실	민원봉사실
	재산	법인		
	천상수 481	최승필 401		김경남 221
DID	482-7	402-7	211	222-3
국세조사관	우영재			조원영(성주) 최수진
	이주원	전성우 오승훈	이상민	강진영
	박경태 윤기한 김현호			
	하주연	권준용 홍수림 안유진 이원영		
Fax	430-8763		432-2100	432-6604

상주세무서

- 대표전화 : 054)530-0200
- 코드번호 : 511
- 계좌번호 : 905260
- DID번호 : 054)5300-구내번호

서 장 최 원 수 ☎ 054)530-0201

과장	징세			세원관리	
	이미숙 240			엄기범 280	
팀장	운영지원	체납추적	조사	부가	소득
	김종훈 241	김성우 441	배재홍 651	김창환 281	안홍서 361
DID	242-3 245	442-5 261	652-5	282-7 291	362-5
국세조사관			이선육		
	김성순 정해진	김광현 이주미	김상헌	강미진 안수진	박남진 김성준
		양지혜	김민주	김난주 우용민 조원배 문지윤	한경태
	조경숙	윤주희 황도연	신유진	성도현	박소영
Fax	534-9026	534-9025	534-8024	535-1454	

●주　　　소 : 경상북도 상주시 경상대로 3173-11(만산동)
　　　　　　ⓤ 37161

●관할구역 : 경상북도 상주시, 문경시

●E-mail : sangju@nts.go.kr

※문경민원실 주소 : 경상북도 문경시 당교로 225 문경시청 내　ⓤ 36982
　　　　　　　　(☎ 054-552-9100)

과장	세원관리		납세자보호담당관	
	엄기범 280		안병수 210	
팀장	재산법인		납세자보호실	민원봉사실
	재산	법인		
	임광혁 401			
DID	482-5	402-5	211	222-4
국세조사관		권순형		이순기 조강호(문경)
	최유일 김민정	권현목	강정화	구태훈
	윤준웅	허성혁		채미연(문경)
	김태희	윤희정		안예지
Fax	535-1454		534-9017	536-0400

안동세무서

서 장　이 기 각　☎ 054)851-0201

- 대표전화 : 054)851-0200
- 코드번호 : 508
- 계좌번호 : 910365
- DID번호 : 054)8510-구내번호

과장	징세			세원관리			
	황하늘 240			전익성 280			
팀장	운영지원	체납추적	조사	부가	소득	재산	법인
	우정호 241	황병석 441	권상빈 651	김동춘 281	이재성 361	권오규 481	배동노 401
DID	242-3	442-5 262-3	652-7	282-90	362-6	482-7	402-6
국세조사관		권미영 김영아 노현정 김순남		박철순 박성욱	안수경	남효주	김용석 황상준
	김현욱 최은숙	오현직	김종택 박상혁	김진희 황석현 이태환	하헌욱 이호인	권영한 조순행	김수현
			박주성 최승훈	성용제		김세훈	
		이도한	이소현 이은비	윤강훈 이전형 김현정 김소연	홍헌민 김지우	석귀희 김소정	홍정우 정민지
Fax	859-6177	852-9992	857-8411	857-8412	857-8414	857-8413	857-8415

- 주　　　소 : 경상북도 안동시 서동문로 208　⊕ 36702
- 관할구역 : 경상북도 안동시, 영양군, 청송군, 의성군, 군위군
- E-mail : andong@nts.go.kr

◇ 의성지서 주소 : 경상북도 의성군 의성읍 후죽5길 27　⊕ 37337
　　☎ 의성지서 DID : 054)8307-구내번호 (대표 200)

※ 청송·양양민원실 : 경상북도 청송군 진보면 진안동2길 4-10　⊕ 37405　(☎ 054-873-2100)
※ 군위민원실 : 경상북도 군위군 군위읍 군청로 200　⊕ 39013　(☎ 054-382-2103)
※ 진보민원실 : 경상북도 청송군 진보면 진안동2길 4-11　(☎ 054-873-2100)

과장	납세자보호담당관		의성지서 (8307-DID)		
	김일우 210		송명철 601		
팀장	납세자보호실	민원봉사실	납세자보호실	부가소득	재산법인
		김동찬 221	송영진 210	김영만 300	김중영 400
DID	211-2	222-5	211-2	301-7	401-2 471-2
국세조사관	권은순 이정욱	김주영		우남구 박근일 심상운	장병호 우승하
		김민정 박성현	김인경 전양호	김태운 이승준	
		김윤정			이푸름
				손효빈 이유진	최승현
Fax	852-7995	859-0919	832-2123	832-9477	832-7334

영덕세무서

- 대표전화 : 054)730-2200
- 코드번호 : 507
- 계좌번호 : 170189
- DID번호 : 054)7302-구내번호

서 장 전 강 식 ☎ 054)730-2201

과장	징세			세원관리	
	황병록 240			손정완 280	
팀장	운영지원	체납추적	조사	부가소득	
	박문수 241	이정희 441	최경애 651	이경철 281	
DID	242-3	442-3 262	652-3	282-3	284-5
국세조사관			김득수		
	김월하 여세영	손태욱		권지숙 김두희	김재미
		박미희 김태훈	양유나		한상국
Fax	730-2504		730-2505	730-2314	

● 주　　소 : 경상북도 영덕군 영덕읍 영덕로 35-11(남산리 61-1)
　　　　　㉾ 36441

● 관할구역 : 경상북도 영덕군, 울진군

● E-mail : yeondeok@nts.go.kr

◇ 울진지서 주소 : 경상북도 울진군 울진읍 월변2길 48(읍내리 346-2)　㉾ 36326
　☎ 울진지서 DID : 054)7805-구내번호 (대표번호 100)

과장	세원관리과		납세자보호담당관		울진지서 (7805-DID)	
	손정완 280		김혁준 210		최남숙 101	
팀장	재산법인		납세자보호실	민원봉사실	납세자보호실	세원관리
	최준호 401				송윤선 120	박상희 140
DID	482-3	402-3	212	221-3	121	141-2 151 161-2 171-2
국세조사관	이상건	이동희	서우형			채충우 양병열
				박용우		안정환 김민식 김선규 반아성
				박소정 이주하		김태훈
	이세희	윤지승			김교민	
Fax	730-2314		730-2625		780-5181	780-5182

영주세무서

- 대표전화 : 054)639-5200
- 코드번호 : 512
- 계좌번호 : 910378
- DID번호 : 054)6395-구내번호

서 장 ┃ 윤 재 복 ☎ 054)639-5201

과장	징세			세원관리	
	이훈희 240			류재무 280	
팀장	운영지원	체납추적	조사	부가	소득
	이범구 241	배석관 441	엄세영 651	손증렬 281	김진모 361
DID	242-3 247	442-3 445-7 262	652-5 610	282-91	362-6
국세조사관		임종철 정용구	안성엽	김효삼 신동연	문지현 장외자
	우병재 정지원 최미란	김수정	전상주 정유나	이복남 이미자 고병열 김혜림 이상환	박중억
		남창희	황무근 권민정		이도현
		김길희 이지유		이언우 강우석 권용택	한민우
Fax	633-0954			635-5214	

- 주　　　소 : 경상북도 영주시 중앙로 15(가흥동 2-15)
  ⑨ 36099
- 관할구역 : 경상북도 영주시, 봉화군, 예천군
- E-mail : yeongju@nts.go.kr
※ 예천민원실 주소 : 경상북도 예천군 예천읍 군청길 11(서본리 70-11) (☎ 054-654-2100)　⑨ 36823
※ 봉화민원실 주소 : 경상북도 봉화군 봉화읍 봉화로 1111(내성리 537) (☎ 054-673-2100)　⑨ 36239

과장	세원관리		납세자보호담당관	
	류재무 280		윤윤오 210	
팀장	재산법인		납세자보호실	민원봉사실
	오조섭 401			김두곤 221
DID	482-6	402-6	211	222-3
국세조사관	장덕진	이은영	우운하	김미경 금대호
	전우정	유승헌		
	이수경 여정현 김정한	김종혁 박은정		김상근(예천)
		양윤정		
Fax	639-5214		634-2111	

포항세무서

- 대표전화 : 054)254-2200
- 코드번호 : 506
- 계좌번호 : 170192
- DID번호 : 054)2452-구내번호

| 서 장 | 육 규 한 ☎ 054)245-2201 |

과장	징세			부가가치세		소득세		재산법인세	
	김복성 240			이홍환 280		유창석 360		이문태 400	
팀장	운영지원	체납추적1	체납추적2	부가1	부가2	소득1	소득2	재산1	재산2
	박경호 241	김찬태 441	박기영 461	권대훈 281	배형수 301	한종관 361	조금옥 381	박종욱 481	이건옥 501
DID	242-3 245	442-7	462-8 261-2	282-91	302-10 314	362-8	382-7 315	482-7 492	502-5
국세조사관		박종국	구정숙	고순태	박상국 박점숙				김형국 박지철
	서은우 최미애	김지웅 박귀영	서은호 최정혜 이영진	천기문 김영철 김영훈 임지원	김은윤 오규열 정성윤	김정은 이은호 하경숙	강수련 송인순 이승재 이예원 강준혁	박금희 박홍수 김종한	
	김영엽	김병수	윤강로	김정영 박기호	권준혜 이미선	이동욱		이은행 윤중호 손명주 김유진	배재호
		김희연 한혜영 남희욱	박관석 김도곤 강희은 김도연	김주경 금다정 이정환	조이은 김규현 김진하 정영훈	김근형 김주희 김선주	이윤채 이영심		송의진
Fax	248-4040	241-0900		249-2665		246-9013		242-9434	

- ●주　　　소 : 경상북도 포항시 북구 중앙로 346(덕수동 46-1)　⑨ 37727
- ●관할구역 : 경상북도 포항시, 울릉군
- ●E-mail : pohang@nts.go.kr
- ◇울릉지서 주소 : 경상북도 울릉군 울릉읍 도동2길 76(도동리 226)　⑨ 40221
  - ☎ 울릉지서 DID : 054)7912-구내번호 (대표 100)
- ※ 오천민원실 주소 : 경상북도 포항시 남구 오천읍 세계길5(오천읍주민센터 별관)　⑨ 37912
  - (☎ 054-245-2231)

과장	재산법인세		조사		납세자보호담당관		울릉지서 (8582-DID)
	이문태 400		조범제 640		이민우 210		김창신 601
팀장	법인1	법인2	정보관리	조사	납세자 보호실	민원봉사실	세원관리
	이상훈 401	이재혁 421	이재훈 641		이향석 211	박현주 221	하태운 602
DID	402-6	422-6	642-5	651-62	212-3	222-8	603-4 606
국세조사관	이동욱			1팀 권준혁 허소영 최원제	류승우		김관태 이승모
	임경희 배윤제	정주영	박노진 박준영 전윤현	2팀 조재일 최영준 이채민	박재성	이도현 윤태영	
	우승형 이주현	박상현 장세황 손석호		3팀 박필규 정중수 성혜원		김신희	
		박슬기	안서윤	4팀 고남우 오영빈 진유빈		조해린 최영철 손채원 이수빈	이동준
Fax	249-2549		241-3886		248-2100		791-4250

부산지방국세청

청장 이 동 운

☎ 051)750-7201

비서 : 이종건 ☎ 051) 750-7205
　　　　손채현 ☎ 051) 750-7206

대표전화 : 051)750-7200

주소 : 부산광역시 연제구 연제로 12(연산2동 1557번지)　⍨ 47605
코드번호 : 600　계좌번호 : 030517
E-mail : busanrto@nts.go.kr

부산지방국세청

- 대표전화 : 051)750-7200
- 코드번호 : 600
- 계좌번호 : 030517
- DID번호 : 051)750-구내번호
- 주　　소 : 부산광역시 연제구 연제로 12 (연산2동 1557번지) ⑫ 47605
- E-mail : busanrto@nts.go.kr

청 장 이동운 ☎ 051)750-7201

국장					
과장	운영지원			감사관	
	최만석 7240			김대일(3급) 7300	
팀장	행정	인사	경리	감사	감찰
	현경훈 7252	장영호 7242	김태은 7262	백주현 7302	허성준 7322
국세조사관	김동원 7253 정원대 7254 김남영 7255	황정민 7243 한동훈 7244 이성재 7245	손보경 7263	김　호 7303 최영선 7304 이선우 7305 허태민 7306	이호상 7323 최윤겸 7324 전봉민 7325 한정민 7326 변민석 7328
	최근식 7256 박재우 7257 금도훈 7611 박두제 7625 김동신 7627 김동욱 7627 금병호 7628 김종월 7629	이정웅 7246 홍승현 7247 설　전 7248	윤정원 7264 서유희 7265 조강훈 7266 김은수 7267	김성기 7307 김민정 7308 정성화 7309 최윤미 7310 양서영 7311	고주환 7327 박진우 7329
	하승훈 7258 박준영 7259 이현승 7260	이제연 7249 박주희 7250 이승훈 7251	박소현 7268 정다윗 7269		최안욱 7320
Fax	711-6446		711-6455	758-2747	754-8481

● 이동운 [부산지방국세청장]
－70년생, 서울, 현대고, 서울대 경영학과, 행시 37회
－국세청 법인납세국 국장, 기획조정관실 국장, 조사국 조사기획과 과장, 서울청 조사4국 국장, 조사2국 국장,
　성동세무서서장, 중부청 성실납세지원국 국장, 조사2국 국장, 납세자보호1담당관 과장, 부산청 성실납세지원
　국장

국장				성실납세지원국 윤성호 7370		
과장	납세자보호담당관			부가가치세		
	박찬욱(3급) 7330			이광호 7371		
팀장	납보1	납보2	심사	부가1	부가2	소비
	심정미 7332	전동호 7342	김종웅 7352	조현진 7372	노영일 7382	오세두 7392
국세조사관	제상훈 7333 유지현 7334	김지현 7343 문서연 7344	김미아 7353 오쇄행 7354 김태훈 7355	한창용 7373	최창우 7383	김봉진 7393
	서미영 7335	안혜영 7345 박경민 7346	박진희 7356 박유나 7357	이소애 7374 장성근 7375 주은진 7376	박종현 7384 우동윤 7385 김민영 7386	이승훈 7394 조재승 7395
			김보경 7358	박용훈 7377	이윤서 7387	김애진 7396 양기혁 7397
						신지혜 7398
Fax	711-6456		751-4617	711-6451		

부산지방국세청

- 대표전화 : 051)750-7200
- 코드번호 : 600
- 계좌번호 : 030517
- DID번호 : 051)750-구내번호

국장	성실납세지원국 윤성호 7370						
과장	소득재산세				법인세		
	임정일 7401				신관호 7431		
팀장	소득	재산	복지세정1	복지세정2	법인1	법인2	법인3
	박경민 7402	홍충훈 7412	신옥미 7422	배은주 7492	차무환 7432	곽한식 7442	강은아 7452
국세조사관	지연주 7403 소현아 7404	허남현 7413 정혜원 7414 배재연 7415	이도경 7423		홍민표 7433 최대림 7434	이진경 7443 허종주 7444	강희경 7453 김수재 7454 하서연 7455 유홍주 7456
	이정규 7405 서호성 7406	조형석 7416 박하나 7418	박성민 7424	김판신 7493	김동영 7435 서수현 7436 김호승 7437 박진영 7438 김현주 7439	하민혜 7445 채여정 7446	서자원 7457
	김효진 7407 김영화 7408	백지훈 7417	박소정 7425		백상훈 7440	조준우 7447	박모영 7458 박보중 7459
							전윤지 7460
Fax	711-6461				711-6432		

● 윤성호 [성실납세지원국장]
- 70년생, 전북 군산, 경기고, 서울대 경제학과, 서울대 법대대학원, 사시 44회
- 서울청 납세자보호담당관실 과장, 서대문세무서장, 중부청 감사관 과장, 성실납세지원국 법인납세2과 과장,
  경기광주세무서장, 국세청 개인납세국 소득세과 과장, 징세법무국 법령해석과 과장

국장	성실납세지원국 윤성호 7370					
과장	정보화관리					
	7471					
팀장	지원	보안감사	포렌식지원	정보화센터1	정보화센터2	정보화센터3
	신정곤 7472	김형걸 7482	이상운 7162	김영주 7102	문승구 7122	한희석 7142
국세조사관	이동면 7473 유미영 7474 남창현 7475 김필순 7476 김경선 7477 신주영 7478 강기모 7479	이한준 7483 장원창 7484	정석우 7163 장석문 7164	최윤실 7103		
	김지현 7480 정전화 7481		주지홍 7165 박서연 7166 이효정 7167			
		조학래 7485	유효진 7168		박가영 7123	정미선 7143
				허수정 7112 송영아 7111 장인숙 7104 임태순 7110 정의지 7107 임미선 7109 김정남 7105 김소연 7108	최진숙 7128 허윤진 7124 이주연 7127 이복재 7130 정정희 7125 석이선 7129 장은경 7131 김외숙 7126	예성미 7146 손명숙 7144 김애란 7150 조외숙 7148 박선애 7151 이정애 7147 최진민 7149 이진경 7145
Fax	711-6457	711-6592		711-6590	711-6597	

부산지방국세청

- 대표전화 : 051)750-7200
- 코드번호 : 600
- 계좌번호 : 030517
- DID번호 : 051)750-구내번호

국장	징세송무국 김승민 7500						
과장	징세		송무				
	박형민 7501		황순민 7521				
팀장	징세	체납관리	총괄	법인	개인1	개인2	상증
	조명익 7502	이상곤 7512	박혜경 7522	이수형 7526	김분숙 7532	우미라 7536	배영호 7542
국세조사관	정수진 7503 박정수 7504	임종진 7513 이수임 7514	이민희 7523	심은정 7527 이상현 7528	김주완 7533 김문정 7534	이진영 7537 이준한 7538	김혜영 7543 이현만 7544
	양현정 7505 서명진 7506	김성진 7515 정하선 7516	김도형 7524	김성훈 7529 박욱현 7530	이혜진 7535	김선기 7539	이희진 7545
	박소영 7507	김동현 7517	김민후 7525			이상현 7540	
Fax	758-2746		758-2746				

● 김승민 [징세송무국장]
- 69년생, 충북 옥천, 부천고, 한양대, 7급 공채
- 서울청 징세관 과장, 성북세무서장, 조사2국 조사2과 과장, 국세청 조사국 조사2과 과장, 소득지원국 장례세
  제운영과 과장, 중부청 북인천세무서장

● 윤승출 [조사1국장]
- 72년생, 충남 보령, 충주고, 서울대 경제학과, 미국 미네소타주립대 석사, 행시 44회
- 중부청 납세자보호담당관 과장, 대전청 조사1국 국장, 서울청 첨단탈세방지담당관실 과장, 국제거래조사국
  국제조사1과장, 국세청 조사국 조사기획과 과장, 기획재정부 세제실 재산소비세정책관 과장

국장	징세송무국 김승민 7500			조사1국 윤승출 7630			
과장	체납추적			조사관리			
	권상수 7551			고동환 7631			
팀장	체납추적	추적1	추적2	조사관리1	조사관리2	조사관리3	조사관리4
	김대옥 7552	홍후진 7562	이세풍 7572	조용택 7632	정상봉(4급) 7652	박주현 7662	류용운 7672
국세조사관	방유진 7553	김보경 7563 주형석 7564	장원대 7573	정성훈 7633 이병택 7634	윤영근 7653 허성온 7654 김민수 7655	이현진 7663 정해영 7664 정민경 7665	강혜윤 7676 박종무 7677
	김용현 7556	정미리 7565 이규현 7566	황미경 7574 문하윤 7575	황동일 7635 박치호 7636 정경미 7637 서은혜 7648	김가은 7656	이미영 7666 김민재 7667	이현지 7678 양소라 7674 박정환 7675
	강슬아 7557	정선두 7567	김경진 7576 김동한 7577	임도훈 7639 장수연 7640	배수진 7657	김나영 7668	권진아 7679 강승훈 7680
Fax	758-2746			711-6442			711-6429

부산지방국세청

- 대표전화 : 051)750-7200
- 코드번호 : 600
- 계좌번호 : 030517
- DID번호 : 051)750-구내번호

국장	조사1국 윤승출 7630						
과장	조사관리 고동환 7631			조사1 연제민 7711			
팀장	조사관리5	조사관리6	조사관리7	조사1	조사2	조사3	조사4
	차상진 7682	한성삼 7702	이용재 7642	조준호 7712	심희정 7718	황규석 7723	김종각 7728
국세조사관	이현희 7683 마혜진 7684 김영진 7685	김병찬 7703 마순옥 7704		구수연 7713 허영수 7714	손석주 7719 장희라 7720	정희종 7724	이지민 7729
	이지민 7686 김태근 7687 신혜진 7688 임부은 7689	어윤필 7705 최은경 7706	정호성 7643 박상준 7644	강성민 7715 서기원 7716	박승찬 7721	경수현 7725 박경주 7726	이재영 7730 김준영 7731
	김정대 7690	민규홍 7707 박희진 7708 안상언		민선희 7717	김진수 7722	윤주련 7727	지현민 7732
Fax	711-6433			711-6454			

국장	조사1국 윤승출 7630						
과장	조사1	조사2					조사3
	연제민 7711	위찬필 7741					김영하 7771
팀장	조사5	조사1	조사2	조사3	조사4	조사5	조사1
	엄인성 7733	김창일 7742	윤현아 7747	한현국 7752	강동희 7756	주종기(4급) 7760	유승명 7772
국세조사관	김세진 7734	홍윤종 7743 강보경 7744	심우용 7748 하진우 7749	박웅종 7753 최해성 7754	안준건 7757	하은미 7761	김평섭 7773 김종현 7774
	추병욱 7735 김경화 7736	이윤미 7745 박세준 7746	노지원 7750	문희진 7755 김희선 7765	이은주 7758 이상언 7759	박 건 7762 이수진 7763	장명수 7775 추지희 7776
	강민규 7737	박지영 7764	조민희 7751		이한솔 7766	정대교 7767	유창경 7789
Fax	711-6454	711-6435					711-6445

부산지방국세청

- 대표전화 : 051)750-7200
- 코드번호 : 600
- 계좌번호 : 030517
- DID번호 : 051)750-구내번호

국장	조사1국 윤승출 7630			조사2국 박병환 7800			
과장	조사3			조사관리			
	김영하 7771			정동주 7801			
팀장	조사2	조사3	조사4	조사관리1	조사관리2	조사관리3	조사관리4
	조형주 7777	강성태 7781	문효상 7785	김환중 7802	윤상봉(4급) 7812	김동업 7822	김경무 7832
국세조사관	김성호 7778	황재민 7782	강동희 7786 김종길 7587	김도연 7803 권영록 7804	박성훈 7813 이제헌 7814	조주호 7823 이강식 7824 이보은 7825	이혜정 7833 김민경 7834
	김두식 7779 김태원 7780	김고은 7783 김상현 7784	김미숙 7788	김주영 7805	윤근호 7815	우나경 7826 김혜원 7827 이상묵 7828	박수경 7835
	김보민 7790	황지영 7791	유동준 7792	김지현 7806 김효진 7807		김성훈 7829	배지홍 7836 배성원
Fax	711-6445			711-6443			

● 박병환 [조사2국장]
- 69년생, 경북 영주, 영주 영광고, 서울대 경영학과, 행시 44회
- 인천청 조사1국 국장, 대구청 조사1국 국장, 국세청 감사관 감사담당관 과장, 개인납세국 전자세원과장, 중부청 감사관 과장

국장	조사2국 박병환 7800					
과장	조사관리		조사1			조사2
	정동주 7801		손해수 7861			김종진 7881
팀장	조사관리5	조사관리6	조사1	조사2	조사3	조사1
	홍석주 7842	조민래 7852	이창렬 7862	임정환 7866	정승우 7872	임지은 7882
국세조사관	박영곤 7843	김난희 7853 김지훈 7854	김병삼 7863	김이규 7867	임병훈 7873	원성택 7883
	조현진 7844 최숙경 7845 성환석 7846 이예지 7847	박영진 7855	김정현 7864	박종군 7868	정수연 7874	김선경 7884 안세희 7885
	허준호 7848 김경민 7849	이강욱 7856	김동민 7865 하태영 7876	하소영 7869	김상훈 7875	
Fax	711-6443		711-6462			711-6434

부산지방국세청

- 대표전화 : 051)750-7200
- 코드번호 : 600
- 계좌번호 : 030517
- DID번호 : 051)750-구내번호

국장	조사2국 박병환 7800						
과장	조사2		조사3				
	김종진 7881		김정태 7901				
팀장	조사2	조사3	조사1	조사2	조사3	조사4	조사5
	김 호 7886	김경철 7892	정준기 7902	최용훈 7906	손희영 7912	이영재 7916	권익근 7921
국세조사관	안부환 7887	박선영 7893	하지경 7903	한재영 7907	전지현 7913	이성호 7917	박지숙 7922
	김진홍 7888	권성준 7894	박건영 7904	김혜진 7908	안경호 7914 양수워 7915	김정환 7918 김소영 7919	이재성 7923
	박다정 7889	이민주 7895	이상준 7910	임채영 7911			조홍규 7924
Fax	711-6434		711-6444				

부산지방국세청 관할세무서

금정세무서

- 대표전화 : 051)580-6200
- 코드번호 : 621
- 계좌번호 : 031794
- DID번호 : 051)5806-구내번호

서 장 노충환 ☎ 051)580-6201

과장	징세		부가가치세		소득세	
	신정훈 240		이상명 280		김현철 320	
팀장	운영지원	체납추적	부가1	부가2	소득1	소득2
	박선영 241	문경덕 441	노세현 281	하인선 301	윤혜경 321	조성래 341
DID	242-7	442-53 261-3	282-9 292, 302	303-11 292	322-8	342-7 292
국세조사관		조인국 김상덕 김지윤	전병일 장노기 황종하	추병일	이미향	홍정수
	박헌숙 손동주 박지우	노윤희 남수빈 정영호 전수진 임성미 최원진	정우영 송은영 임혜경 이효진 정기원	상은선 김병인 정은정 송창훈 정세나	신하나금 안은주 위부일	박수경 강경숙
	백광민 최주연	신은숙 김세은 김민희		강수연	신선미 황지혜	오주영 곽세욱
	박준용	이동환 백수희 노주선	장두수 이혜수	이유화 최정아 추언우	김승용	정미나 정유선
팩스	711-6419		516-9939		711-6415	

● 주　　　소 : 부산광역시 금정구 중앙대로 1636(부곡2동 266-5)
　　　　　　🛈 46272

● 관할구역 : 부산광역시 금정구, 기장군

● E-mail : geumjeong@nts.go.kr

※ 기장민원실 주소 : 부산광역시 기장군 기장읍 기장대로 560 기장군청 내
　　　　　　(☎ 051-724-0700~1)

과장	재산법인세			조사		납세자보호담당관	
	감경탁 480			윤광철 640		엄영환 210	
팀장	재산신고	재산조사	법인	정보관리	조사	납세자 보호실	민 원 봉사실
	이재열 481	김연종 501	신용하 401	전희원 641		신용현 211	김덕성 221
DID	482-9 494	502-4	402-12	642-4	651, 653 655-9	212-4	222-7
국세조사관	제범모 서재은	박건대	이용수	조수동	김영란 정원석 김주훈	문경희	김은경 성기일(기장) 박정화
	김현미 김인경 권유화	강지훈 박용규	손선희 안창현 허 현 김정우	성봉준	최대현 안민경 신수미	성상진 김병윤	권익현 문진선 박미라(기장)
	김민정 박은영		박영순 이희령 서가은		박진하 이종욱		김미옥
	한정희 김지윤		최낙훈 박정현 문혜진	전혜원			우세훈 이재욱
팩스	711-6418			516-9549	711-6421	711-6413	516-9456

양산세무서

- 대표전화 : 055)389-6200
- 코드번호 : 624
- 계좌번호 : 026194
- DID번호 : 055)3896-구내번호

서 장	송진호 ☎ 055)389-6201

과장	징세		부가소득세			재산세	
	공성원 240		유은주 280			임정섭 480	
팀장	운영지원	체납추적	부가1	부가2	소득	재산신고	재산조사
	서정균 241	김성찬 261	유진희 281	이장환 301	이묘금 321	이수미 481	
DID	242-4	442-52 262-4	282-90 274	302-7 274, 310	322-31	482-6 275	501 503-4
국세조사관		민승기			이호영	김숙례 이순영	이종건 김구환
	김세운 이현진	이미숙 김희정 심서현 송인출 우성락	정종근 김윤주 김건우 이지은 전봄내 강병수 제홍주	권미정 추원희 김동욱 박재희 김현아 김명미 문희준	김정은 김양희 조세영 김길선	최학선 하원경	오종민
		김민준 양은지 김다예 황 영	박효영		이혜림 이영재 황나래 김한솔	배형철	
	이준호	배성윤 이옥주 허정윤 이현수	박은경 이예함	김은지 최연정	신소영 김수연 이동현	장지윤	
팩스	389-6602	389-6603	389-6604			389-6605	

- 주　　　소 : 경상남도 양산시 물금읍 증산역로 135(퍼스트조양 9~10층)
  ㉾ 50653
- 관할구역 : 경상남도 양산시
※ 웅상민원실 주소 : 경상남도 양산시 진등길 40(주진동) (☎ 055-781-2267~8)

과장	법인세		조사		납세자보호담당관	
	양기화 400		김태우 640		진우영 210	
팀장	법인1	법인2	정보관리	조사	납세자보호실	민원봉사실
	김경우 401	황민주 421	정해룡 641		김동건 211	김연주 221
DID	402-6	422-7	642-644	651-7	212-3	222-6
국세조사관	이태호	우을숙	김수진	1팀 안상재 김지현 김정헌		김윤경
	김태호 김지현	이정관 김태민 노미향	김현희 정미선	2팀 김병창 박정은	이창일	손지혜(웅상) 장현진 박지민
	공휘람	장윤정 김동현		3팀 정성용 서예진	백승훈	백제흠
	우지희					황인성
팩스	389-6606		389-6607		389-6609	389-6610

동래세무서

- 대표전화 : 051)860-2200
- 코드번호 : 607
- 계좌번호 : 030481
- DID번호 : 051)8602-구내번호

서 장   박 민 기   ☎ 051)860-2201

과장	징세			부가가치세			소득세	
	백영상 240			성인섭 280			김홍기 360	
팀장	운영지원	체납추적1	체납추적2	부가1	부가2	부가3	소득1	소득2
	강보길 241	조재성 441	진영숙 461	박형호 281	서귀자 301	박창열 321	김대철 361	장인철 381
DID	242-9	442-50	262-3 462-5	282-7 291	302-6	322-7 291	362-70 375	382-9
국세조사관		김동일 김연희	김금주 최연덕 이동훈	김용주	조정민 윤은미 심영주	윤성훈 신도현 이영주	김필곤	주철우
	하회성 오주영 천원철 김남희 양승철 서종율	최소윤 이은옥 김태영 김혜진	김옥진 황현정	김은연 이세호 최호성 김소연	손성락 윤지연	정부원 조형래 최정운 강숙현	문상영 김숙희 김명지 구경아 이규형	곽현숙 박종욱 문소원 유화윤
	이남호	정혜진	김민지	강혜진			김동겸 오지혜	김지현
	김민주	배소희 이예원		이지영			이상일 김동현	송 강 김재훈
팩스	711-6579			711-6574			866-1182	

- 주　　소 : 부산광역시 연제구 거제천로 269번길 16(거제1동 1463-4)
　　　　　ⓤ 47517
- 관할구역 : 부산광역시 동래구, 연제구
- E-mail : dongnae@nts.go.kr

과장	재산법인세				조사		납세자보호담당관	
	최강식 400				유성욱 640		김기중 210	
팀장	재산신고	재산조사	법인1	법인2	정보관리	조사	납세자 보호실	민　원 봉사실
	박정하 481	김상우 501	천태근 401	이수원 421	임윤영 691	장유진 651	조창현 211	홍정자 221
DID	482-90 495	502-3 505-7	402-7	422-7	691-5	652-3 655-63	212-5	222-30
국세조사관	강호현	유영진	백종렬	김성환		안병만 이성재	전인석	
	장혜경 이배삼 김수연 안재원 배현경	노근석 김경숙 이상훈 조은해	민영신 정준용 김병욱 김영은	정정민 김대원 이민우 서수빈	최한호 김형종 이동현	이성철 김재준 윤호영 성현영 박장훈	서진선 유연숙	김정이 양선미 한준희 김선광 이은정
	이윤경 성민주 백선우 김선혁				서미영	유승주 황미진		윤가영 임미희 김민준
	추아민		배준호	박혜림		임예인 권영민	권태원	정현명 박서우
팩스	711-6577				866-5476		711-6572	866-2657

부산진세무서

- 대표전화 : 051)461-9200
- 코드번호 : 605
- 계좌번호 : 030520
- DID번호 : 051)4619-구내번호

[서 장] **박광룡** ☎ 051)461-9201

과장	징세			부가가치세				소득세	
	김상태 240			박종헌 280				이상곤 320	
팀장	운영지원	체납추적1	체납추적2	부가1	부가2	부가3	부가4	소득1	소득2
	김명렬 241	박정호 441	최갑순 461	유민자 281	김철태 381	박병철 301	최민준 361	지광민 321	윤상필 341
DID	242-9	442-8	262-4 462-70	282-8	382-7 295	302-6 295	362-8	322-9 295	342-9 295
국세조사관	양규복	이치권	이은정	전영심	이남범	김은영	김승환 공을상	김민수 박지현	곽원일 이동우
	박희종 김상희 정주영 김덕봉 오보람	김민진 이선주	김미지 송재경 김금순 이종국 조영진 이동형 임나경 강덕영	정해선 박태훈 형서우 김민진	박지영 최아라 임혜정 고정애	이소영 이상혁	최정웅 박정현 김경우	김대원 장상원 전다혜	박정화 송세미
	최민서 김병수	이미경	남예나	최태영	하민경	이미연 김 진 이수경	서유리 강준구		오지현 반승희
		박영민 최규진 김성일	박다현 최지현	공민호	전수민			제민지 양인애 황건영 석희원	박세현 방선윤 표혜선
팩스	464-9552	466-9097		465-0336				711-6478	

● 주　　　소 : 부산광역시 동구 진성로 23(수정동 247-7)

　　　　　　　　⑨ 48781

● 관할구역 : 부산광역시 부산진구, 동구

● E-mail : busanjin@nts.go.kr

과장	재산세		법인세		조사		납세자보호담당관	
	손희경 480		채한기 400		김용정 640		차규상 210	
팀장	재산신고	재산조사	법인1	법인2	정보관리	조사	납세자 보호실	민　원 봉사실
	전병도 481		김태희 401	조석권 421	박정인 641		이상호 211	김미영 221
DID	482-90 494	501-6	402-7 411	422-9	642-6	651-61	212-4	222-31
국 세 조 사 관	서계영 조소현 우경화 서정규	김도윤	이정숙			백순종 이광섭 이형원		김재철
	정성주 노경환 임윤지	이정호 권선주 박재군	김형섭 김상우	장두진 이경희 김은주	최원태 신성용 김양욱	김은혜 박성환 박창준 백승우	김상욱 윤노영	최순봉 주연신 엄송미 손성웅
	박은우 김문재 박영규 이지연	박원호 이민정	조연수	강양욱 홍수민 김수빈	김명선	안대호	김문정	오서영 허유미 임규빈 서금주
			석혜연 박다겸 박기덕	강승지 김향미	김연수	이진주 김이현		김은지 김동연
팩스	468-7175		466-8538		466-8537		466-2648	

북부산세무서

- 대표전화 : 051)310-6200
- 코드번호 : 606
- 계좌번호 : 030533
- DID번호 : 051)3106-구내번호

서 장 **김종일** ☎ 051)310-6201

과장	징세			부가가치세		소득세	
	연경태 240			김민주 280		송성욱 360	
팀장	운영지원	체납추적1	체납추적2	부가1	부가2	소득1	소득2
	전지용 241	양은주 441	강성문 461	신성만 281	김병선 301	신미정 361	조미애 381
DID	242-7 249	442-52	463-6 261-2 442	282-9 291-2 608	302-11	362-9 608	382-8 608
국세조사관		정현주 김인숙	한대섭 신현우	김형천 임정훈	김정수 조은하	윤성기 이영진	진종희 이영일
	박노성 이우정 최두환 김종월	민연배 이수경 김도연 이현진 박석훈	박혜원 김용제 최희숙 안도영	허순미 김민수 임상현 김순정 주미균 김주영	구경임 박미선 황승현 이채은	제민경 박선남 김혜진	이수정 송향기
	이정민 박민수	심창훈 이민영	김도헌	박선연	정도영	민 정 손다희	박경화
	안태익	이소연 김지후	공미영	전수미 김서영	김시윤 김미연	고종원 이인혜	허금희 윤혜경 강민구
팩스	711-6389			711-6377		711-6379	

- 주　　　소 : 부산광역시 사상구 학감대로 263(감전동)

　　　　　　⑤ 46984

- 관할구역 : 부산광역시 북구, 사상구

- E-mail : bukbusan@nts.go.kr

과장	재산법인세			조사		납세자보호담당관	
	조형나 400			김현도 640		신언수 210	
팀장	재산1	재산2	법인	정보관리	조사	납세자보호실	민원봉사실
	조재화 481	김점준 501	김경대 401	김진삼 641	류정희 651	안분훈 211	조준영 221
DID	482-8 557	502-3	402-14	642 644-6	652-61 663-5 667-9	212-4	222-8
국세조사관	박미연		이호성	김용태	김동수 김형수	지　만	신미옥 정명환
	이혜경 김권하 유지혜 조하연 서화영 박하니	조승연 박영훈	최성준 황은영 송보경 김시현 김영인 박영재	하승희 박건태 서주영	박민우 한석복 주선영 정희선 박미영 손다영 윤홍규	백종욱 김나은	김인경 안언형 서자영
			김혜빈	김보현	오현아 김지민 석진백		박홍제 강소영
	김남현		구자양 이희진 박언준 이나영 조은비		김보은 서정미 김민경		정은미
팩스	711-6381		711-6380	314-8143		711-6385	314-8144

부산강서세무서

- 대표전화 : 051)740-9200
- 코드번호 : 625
- 계좌번호 : 027709
- DID번호 : 051)7409-구내번호

서 장 서승희 ☎ 051)740-9201

과장	징세		부가소득세		
	최해수 240		김병수 280		
팀장	운영지원	제납추적	부가1	부가2	소득
	이혁섭 241	이병준 441	최명환 281	김승철 301	김주홍 361
DID	242-4	442-8 261-2	282-8	302-7	362-7
국세조사관	문선희	이만호	이민경	박보경	배명한
	이미애	김태인 이수영	신성일 김지혜 임윤정 박판기	임인섭 송치호 진현진	김주민
		박하영 김경옥 김태훈 안승현 추수연	강한솔	김혜린	이대현 김대희
	최서우	김의영	이빛나 최훈정	이승우	박민정 최현진 이영서
팩스	294-9506	294-9507	294-9508		

- 주   소 : 부산광역시 강서구 명지국제7로 44, 퍼스트월드 브라이튼 3~6층

    ㉾ 46726

- 관할구역 : 부산광역시 강서구

- E-mail : busangangseo@nts.go.kr

과장	재산법인세			조사		납세자보호담당관	
	김동원 400			김수영 640		이필용 210	
팀장	재산1	재산2	법인	정보관리	조사	납세자보호실	민원봉사실
	류현철 481	채규욱 501	이동목 401	김찬일 641	임선기 651	천호철 211	전태회 221
DID	482-5 490	502-3	402-13	642-4 691	652-3 655-6 659, 661	212-3	222-4 226
국세조사관			정민석		1팀 명진아 장호정		
	신영승 명상희 정효주	이광재	정호진 이성훈 박희령 신민정 김승현	임득균 구영범	2팀 안종규 유지향	장선우 강선실	김경민
		황지언	김효민 홍고은 이재연	최예영	3팀 김영경 박주현		김지혜 이상민 양세실리아
	박민영 김민수		추민재 강두석 정수빈	안정희			박혜선
팩스	294-9509			294-9510		295-9511	

서부산세무서

- 대표전화 : 051)250-6200
- 코드번호 : 603
- 계좌번호 : 030546
- DID번호 : 051)2506-구내번호

서 장 정도식 ☎ 051)250-6201

과장	징수		부가가치세		소득세	
	성한기 240		이홍구 280		구경식 360	
팀장	운영지원	체납추적	부가1	부가2	소득1	소득2
	이태호 241		윤태우 281	신동훈 301	유치현 361	박문호 381
DID	242-7	442-50 262-4	282-9 341	302-7 341	362-7 342	382-8
국세조사관		이옥임	엄애화	조병녕	배기윤	김성민
	이성민 강지선	배영태 손찬희 이재성 김현정 서솔지	차윤주 장재필 강영미 송윤희 김지훈 김민정	정연재 이지연 박정운	김한신 송현주 김미희	강유신 신미경 이탁희
	정승현 최정훈 김승용 손미숙	윤숙현 김사라 이승걸		박선애 박병태	백진서	이현실
		손현정 김다희 이정은	이나연 고명진	이수민 정지훈	이효진 배희주	김혜정 강나운 한예향
팩스	241-7004		253-6922	256-4490	256-4492	

- 주　　소 : 부산광역시 서구 대영로 10(서대신동2가 288-2)
  - ㉾ 49228
- 관할구역 : 부산광역시 서구, 사하구
- E-mail : seobusan@nts.go.kr

과장	재산법인세				조사		납세자보호담당관	
	하치석 400				박행옥 640		이미숙 210	
팀장	재산신고	재산조사	법인1	법인2	정보관리	조사	납세자 보호실	민　원 봉사실
	김성홍 481	김태정 501	이형석 401	박성진 421	조석주 641		박필근 211	하성준 221
DID	482-8	502-4	402-6	422-6	643-7	651-4 656-8 661-3	212-4	222-7
국세조사관		김현숙	우성현	전종태		전충선 김종철 이혜령	강희영	윤덕희
	전하윤 김화선	박종민	박화경 이경희	이주현 황소정	이근환 구태효 김경진	강유정 박승종 송봉근	김희련	조태성
	허태구 권혜수 안혜령	백승옥			이예영 박경원	이은희 김은비		오애란 허재호
	조채영 박가람		김민석 강보경	이지원 박선호		허지언	최재용	장서영 한지현
팩스	256-7147		253-2707		257-0170	255-4100	256-4489	256-7043

수영세무서

- 대표전화 : 051)620-9200
- 코드번호 : 617
- 계좌번호 : 030478
- DID번호 : 051)6209-구내번호

서 장 이종현 ☎ 051)620-9201

과장	징세			부가가치세		소득세	
	임채일 240			김효숙 280		강연태 360	
팀장	운영지원	체납추적1	체납추적2	부가1	부가2	소득1	소득2
	이인권 241	최명길 441	맹수업 461	박은주 281	서경심 301	이상근 361	최고진 381
DID	242-8	442-9	462-5 262-3	282-91	302-11	362-8	382-90
국세조사관	진채영	손석민	박수경	박진수 박인혁	김진영 유옥근 서순연	조인순	안양후 오정임 김동한
	박성우 김동신	박은숙 김미영 강인숙 김해영 손채은 김슬아	박지훈 김영주	최보경 강정대 이영란 이영희 전현주	장해미 강병진 정원미 정경민 최지혜	정은희 김종호 신정아 천승현	조정훈 양효진 최정훈
	최혜진 서예주		박윤희 이유정	장유나 정대화	백아름	배다래 오규진 조정은	하선유 조상운
	박지원 양승찬	이다영	예신우	안선희	김애진 이유성	김은아	박혜경 임보람
팩스	711-6152			711-6149		622-2084	

- 주　　　소 : 부산광역시 수영구 남천동로 19번길 28(남천동)
　　　　 ⑨ 48306
- 관할구역 : 부산광역시 수영구, 남구
- E-mail : suyeong@nts.go.kr

과장	재산법인세			조사		납세자보호담당관	
	윤선태 400			이승준 640		이종호 210	
팀장	재산1	재산2	법인	정보관리	조사	납세자보호실	민원봉사실
	김정욱 481		류정모 401	박찬만 641		이수용 211	윤성조 221
DID	482-91	501-5	402-12	642-4	651-3 661-3 671-3	212-4	222-9
국세조사관	장광웅 장재윤 김태성	이동준	송진욱	백은주 양은수	1팀 김경태 이재석 곽우정	강준오	이승희 양문석
	이정필 정슬기 최은빈 김초이 방은혜	추종완 고은경 최정주	김지현 김지원 류영선 김성준	강남호	2팀 강양동 문홍섭 배지현	노윤주 이신애	이상덕 이가영 엄미라 고상희
	박현주	문민지	김태헌 성재경		3팀 이종배 정성욱 조미주		김민진
	박혜경 김나현		오영동 성현진 김다빈 김초원				조은정
팩스	711-6153	623-9203		711-6154		711-6148	626-2502

중부산세무서

- 대표전화 : 051)240-0200
- 코드번호 : 602
- 계좌번호 : 030562
- DID번호 : 051)2400-구내번호

서 장 김도균 ☎ 051)240-0201

과장	징세		부가소득세		
	강대선 240		구연수 280		
팀장	운영지원	체납추적	부가1	부가2	소득
	강승묵 241	김현배 441	박재완 281	박정신 301	문원수 361
DID	242-4 248	442-9 262-3	282-6	302-6 313-4	362-8
국세조사관		김세현		강호인 최재호	
	정재철 안대협 박성재	이규호 백운기 조혜윤	김병환 김호진	박효진	안태영
	구화란 김영민	편지현 이창호 전현명 정성민	구상은	서지원 박미화 박민주	이명호 윤혜정 최우석
	김세은	노화선 황태훈	최영철 남선애	성원우	엄정은 한유진 신아영
Fax	240-0554	711-6537	711-6535		253-5581

- 주　　소 : 부산광역시 중구 충장대로6(한진중공업 빌딩) 4, 5, 6, 10층
  ㉾ 48941
- 관할구역 : 부산광역시 중구, 영도구
- E-mail : jungbusan@nts.go.kr

과장	재산법인세		조사		납세자보호담당관	
	정경주 400		김무열 640		김민주 210	
팀장	재산	법인	정보관리	조사	납세자보호실	민원봉사실
	김대엽 481	박동기 401	조창래 641	성대경 651	이지하 211	박미영 221
DID	482-5 487	402-10	642-4	652-3 661-3 671-3	212-4	222-5
국세조사관		김동건	박지혜	김수연 하승민		주성민
	이일구 최성희 박동철 홍정희	손민정 이정화 이정호	김미현 이장석	임완진 전태용 박민정	이택건 김효정	김혜영
	신민기	황지영		신병전 김지언 김현정	윤지영	
		천지은 문권선 김지원 박규라				이현아 곽건우
Fax	240-0419		711-6538		240-0628	

해운대세무서

- 대표전화 : 051)660-9200
- 코드번호 : 623
- 계좌번호 : 025470
- DID번호 : 051)6609-구내번호

서장 정규진 ☎ 051)660-9201

과장	징세			부가가치세		소득세	
	현은식 240			조선제 280		강헌구 360	
팀장	운영지원	체납추적1	체납추적2	부가1	부가2	소득1	소득2
	박병진 241	윤석중 441	윤영우 451	김현철 281	김영숙 301	신용대 361	손연숙 621
DID	242-5 247	442-9	452-6 262-3	282-9 613	302-8 311, 613	362-9 613	622-8
국세조사관			박상길 송미정			심은경	김명수
국세조사관	이지은 배용현	박종국 현지훈 강성룡	심정희 김규한 전문숙 옥호근	김도곤 채승아 김유리 박지영 이하경	김은희 심정보 김희경 김현범 금인숙	노진명 김지혜 김종선 권수현 김민정	김민정 박경수 이상은 김재곤
국세조사관	권 산 박수진	김지현 이소정 안수현		옥건주 이민옥	배주원	최재혁	
국세조사관	안일찬	신예진 김진수	김예지	이재진 하수민	이아름 최유림 조민영	정가영 신동현	정재호 김나겸 배소언
Fax	512-3917	660-9200		660-9602		660-9603	

- ●주　　　소 : 부산광역시 해운대구 좌동순환로 17(좌동)
　　　　　　우 48084

　※ 별관 : 부산광역시 해운대구 해운대로 726(중동, 대동빌딩) 4층

- ●관할구역 : 부산광역시 해운대구

과장	재산법인세			조사		납세자보호담당관	
	정창원 400			윤동수 640		이수연 210	
팀장	재산신고	재산조사	법인	정보관리	조사	납세자보호실	민원봉사실
	김성연 481		배진만 401	한면기 641		김정도 211	양순관 221
DID	482-92 614	501-7	402-15	642-6	652-4 662-3 672-3 682-3	212-4	222-8
국세조사관		1팀 화종원 김명철 2팀 정태옥 허윤형 3팀 안영준 김가령			1팀 조경배 최창호 천지영 2팀 윤현식 오혁기 김화진 3팀 임우철 박용진 강가빈 4팀 민경진 진효영 김준성		
Fax	660-9604			660-9605		660-9607	660-9608

동울산세무서

- 대표전화 : 052)219-9200
- 코드번호 : 620
- 계좌번호 : 001601
- DID번호 : 052)2199-구내번호

서 장 최흥길 ☎ 052)219-9201

과장	징세			부가가치세		소득세		재산법인세	
	윤남식 240			안수만 280		이성근 360		김창수 400	
팀장	운영지원	체납추적1	체납추적2	부가1	부가2	소득1	소득2	재산신고	재산조사1
	도현종 241	신상수 441	김종요 461	고영준 281	김형래 301	장호철 361	류진열 621	신용도 481	김일권 501
DID	242-7 200	442-8	462-7 262-4	282-90	302-7 315-6 255	362-9	622-9	482-9 236	502
국세조사관	김은주	윤달영	임경주 유상선	공미경 최우영	김경화 강병문	홍성민	이희정	김영미	
	우정순 이정애 이위형	이선교 안재필 김석민 양지윤	백승연 정경임 고광철	윤영자 윤경출 나희연	허규석 권병수 강희정	전국화 김령우 윤예진	김진경 황상준 박재한	박준성 박주아 안지현 김은호 한혜숙 문예지 박정연	
	김일희 김광덕	이주미	김희애 김소영	정인철	임나영 김현진	민병현		문정현	박유진
	백가윤	오주하 정혁철	조중현 박재원 손예린	김 현 이은아 황미정	백동재 이지영 이한슬	정윤지 김나현 임종훈	정대성 주현수 신지은 이현정		
Fax	713-5176			289-8367		289-8375		287-0729	

- 주 　 　 소 : 울산광역시 북구 사청2길 7　㉾ 44239
- 관할구역 : 울산광역시 동구, 중구, 북구, 울주군(언양읍 · 범서읍 · 두동면 · 두서면 · 삼남면 · 삼동면 · 상북면)
- E-mail : dongulsan@nts.go.kr
- ◇ 울주지서 주소 : 울산광역시 울주군 언양읍 동문길 21　㉾ 44941
- ☎ 울주지서 DID : 052)2914-구내번호 (대표 200)

과장	재산법인세		조사		납세자보호담당관		울주지서 (2914-DID)		
	김창수 400		한정홍 640		이재춘 210		이선영 201		
팀장	재산조사2	법인	정보관리	조사	납세자보호실	민원봉사실	납세자보호실	부가소득	재산법인
	김종명 503	박진관 401	전성화 641		김갑이 211	최재우 221		이은희 300	박종수 400
DID	504	402-11	642-4	651-3 661-3 671-3	212-4	222-7	211-3	301-5 311-4	401-2 411-4 421-3
국세조사관		박정의 김미옥	엄태준	1팀 권윤호 정수희 정재현	배영애	김명훈 안수연	이지영 권지혜	장덕희	박용섭 조성래
	최민식	고인식		2팀 윤 한 김봉준 김나현	류장식	김현기 엄제현		김미경 정영록 이혜란 박민영 강영희	김서형 이상도 주선돈 이한빈
		남나은 여효정 이수연 유재랑 최고은 이승익 박혜지	심지영 이진수 고윤학	3팀 임영희 임종근 하선우	손주희	김아름		류호림 노학준 권순영	김보희 허준영 권동민
		백지원				문가현	서지훈		이지유
Fax	287-0729	289-8368	289-8360		289-8370	289-8371	291-4210	291-4410	

울산세무서

- 대표전화 : 052)259-0200
- 코드번호 : 610
- 계좌번호 : 160021
- DID번호 : 052)2590-구내번호

서 장 김동근 ☎ 052)259-0201

과장	징세			부가가치세		소득세	
	손완수 240			백선기 280		허서영 360	
팀장	운영지원	체납추적1	체납추적2	부가1	부가2	소득1	소득2
	남경호 241	김대연 441	박종민 461	이재원 281	조숙현 301	엄상원 361	박현순 621
DID	242-4 247	442-50	462-70 262-4	282-90	302-9 314-5	362-7 512	622-7
국세조사관		김성희	김종오 김태순	김장석 신민채	제재호 이현동		김기범 박복자
	이진희 황경호	노동율 장지영 최항호 박찬익 정영희	허명화 고현주 진성은 김형진 박지민	정선경 김준호 조재천 차기숙 이선화	김언선 김선희 이현주 한건희 변혜정 엄기동 김혜은	곽민석 강보화 한윤주 박진영 이한라	양승민 장미진
		최진영 김나영	최성임 이다솜 김은영	천혜미	최원우	김태완	
	김유진 김태형	김승규	김유정	송재훈	안현수	장한나	윤혜원 배승준
Fax	266-2135			266-2136		257-9435	

- 주　　　소 : 울산광역시 남구 갈밭로 49(삼산동 1632-1)
  - ㉾ 44715
- 관할구역 : 울산광역시 남구, 울주군(온산읍 · 온양읍 · 청량면 · 웅촌면 · 서생면)
- E-mail : ulsan@nts.go.kr

과장	재산세			법인세		조사		납세자보호담당관	
	윤종식 480			남관길 400		강경구 640		임종훈 210	
팀장	재산신고	재산조사1	재산조사2	법인1	법인2	정보관리	조사	납세자 보호실	민 원 봉사실
	이승진 481	이주영 501	김상엽 502	전제영 401	강도현 421	장세철 641		이동혁 211	최주영 221
DID	482-9 519	503	504	402-9	422-8	642-4	651-3 655-7 659-61 691-2	212-5	222-9 253
국세조사관	김현성			김미옥	김정인		1팀	배달환	
							우형수 홍민지 정주희		
	류임정 최경은 신병준	남윤석		김도헌 최현정 이다은	김연진 박일동 이소영	우인영 최낙상 윤석미	2팀	박선희 진선미	김정미 김은애 전성곤 박정은
							홍영숙 김라은 구승현		
	이기정 김윤서 김민정			이형근 오초롱	이지희 이성은 전승록		3팀		이미진
							강정환 최수현 이창훈		
	장바롬 손혜원		장유진	정보겸 김인주	최윤영		4팀	김지연	이소정 김 숙 김시우 장수은
							신민혜 설도환		
Fax	257-9434					266-2139	273-1636	273-1636	273-2100

거창세무서

- 대표전화 : 055)940-0200
- 코드번호 : 611
- 계좌번호 : 950419
- DID번호 : 055)9400-구내번호

서 장 조 성 용 ☎ 055)940-0201

과장	징세			세원관리	
	이성환 240			김명경 280	
팀장	운영지원	체납추적	조사	부가소득	
				부가	소득
	김충일 241	김병우 441	김재년 651	김재중 281	
DID	242-3 245-6	442-5	652-3 655	282-7 637-8	290-3
국세조사관			강길순 류혜미	박호용 염인균 김현준	송우용
	김환진 이준희	이성규 박주영 하승범		박미혜	배정환 김한석
		박세웅	노종근	백영규	
	정유진 현선재			허지혜 이지우 오은서	이채희
Fax	942-3616			944-0382	

- 주　　　소 : 경상남도 거창군 거창읍 상동2길 14(상림리 80)　ⓤ 50132

- 관할구역 : 경상남도 거창군, 함양군, 합천군

- E-mail : geochang@nts.go.kr

※ 함양민원실 주소 : 경상남도 함양군 함양읍 고운로 34 함양군기관단체청사 1층　ⓤ 50041
　　　　　　　　　（☎ 055-964-2100)

※ 합천민원실 주소 : 경상남도 합천군 합천읍 황강체육공원로 93 합천문화예술회관 207호　ⓤ 50238
　　　　　　　　　（☎ 055-931-2224)

과장	세원관리		납세자보호담당관	
	김명경 280		봉지영 210	
팀장	재산법인		납세자보호실	민원봉사실
	재산	법인		
	윤영수 481		윤창중 211	김원희 221
DID	482-5	402-6		222-3
국세조사관	이현재 김도년	한임절		권경숙
	조재형 김현수 최지현	김경은 안재현 박민석		강민준(합천) 고진수
				진현호(함양)
		이미희		
Fax	944-5448		944-0381	

김해세무서

- 대표전화 : 055)320-6200
- 코드번호 : 615
- 계좌번호 : 000178
- DID번호 : 055)3206-구내번호

서 장 천용욱 ☎ 055)320-6201

과장	징세			부가가치세			소득세		재산세	
	곽귀명 240			서재균 280			권성호 360		성낙진 480	
팀장	운영지원	체납추적1	체납추적2	부가1	부가2	부가3	소득1	소득2	신고	조사
	한종창 241	김일규 441	최인식 461	신호철 281	이유만 301	김풍겸 321	원 욱 361	강태규 621	이송우 481	정회영 501
DID	242-8	442-51	462-71 262-4	282-90	302-10	322-7 330-1	362-70	622-9	482-90	502-6
국세조사관	곽영근	손민지 김경용	김슬기론 조병환 김지연 김선임	박수성 은기남	선병우 윤 정	이봉철 윤정훈 노희옥	박흥수		김미숙	김동우
	손영미 강재희	정춘영 김민석 윤세영 이정현 서주희 이동민	정숙희 이용환 홍지영 전홍미 오은주 박상미 선은미	최수식 김미영 이혜령 위지혜 박진호	김지아 이문호 정지현 김지희 김 솔 서충석	오영주 정인구 이은미 한가영 임하나	김희범 김록수 한은숙	최윤실 이태호 박지은 정세미 김동길	강은순 심상형 김아람 허지윤 김슬지	하정욱 백상순 김미정 전진하
	최성민		김경이	오채은 황상진	강혜은		문지민 김현정 김영현 김가영	조예언	한정예 송다성 김병주	
	김현준 정은이 김명섭 김민재	김지현 곽혜지 오하나	이유정 조영미 표민경	최주영		곽미숙	노유남	황홍비 천성운		
Fax	335-2250	329-3471		329-3476			329-3473		329-4902	

- 주　　소 : 경상남도 김해시 호계로 440(부원동)　⑨ 50922

- 관할구역 : 경상남도 김해시, 밀양시

- E-mail : gimhae@nts.go.kr

◇ 밀양지서 주소 : 경상남도 밀양시 밀양대로 1892(내이동 1048-1) 밀양 KT지사 4층　⑨ 50423
　☎ 밀양지서 DID : 055)3590-구내번호 (대표 200)

※ 장유민원실 주소 : 경상남도 김해시 부곡로 57　⑨ 50990 (☎ 055-331-1133, 8787)

과장	법인세		조사		납세자보호담당관		밀양지서 (3590-DID)		
	최정식 400		신기준 640		정철규 210		김현두 201		
팀장	법인1	법인2	정보관리	조사	납세자 보호실	민 원 봉사실	납세자 보호실	부가소득	재산법인
	이강우 401	장 준 421	여지은 641	강선미 651	엄병섭 211	김준평 221	김주수 211	김유진 300	김기업 400
DID	402-11	422-30	642-4 691-2	652-5 661-5 671-4	212-5	222-7	212-3 215	301-12	401-3 512-4
국세조사관	이주현 김명윤 이세훈 서준영	장광택 정성만	전태호	송창희 고태혁 이용진 공민석	안승훈	조경진 유문희		김민정 서기석 진훈미	전영수
	제갈형	신연정 장성욱	조상래 이훈희 정상훈	정창국 이경훈 이선규 하승민 김창영	김정혜 김민숙	최혜선 배선미 신민수 정수영	박미영 박일호	이성웅 김진석 정미연 주지훈 이채은	이수길 최혜선 최제환 김형민
	남연주 최미녀 배은지	안성태 김진영 서유진 김예원	서준영	김은영 송연지	문아현			이현도 김준호	유도권
	김나영 강수진	권창현		최지나 최재은 김미경		최하은 정인률	이우형	김수진 김민정	
Fax	329-3477		329-4903		335-2100	329-4901	355-8462	359-0612	3535-2228

마산세무서

- 대표전화 : 055)240-0200
- 코드번호 : 608
- 계좌번호 : 140672
- DID번호 : 055)2400-구내번호

서 장 이 석 중 ☎ 055)240-0201

과장	징세			부가가치세			소득세	
	최태전 240			정학식 280			주민혁 360	
팀장	운영지원	체납추적1	체납추적2	부가1	부가2	부가3	소득1	소득2
	이동욱 241	박욱상 441	하재현 461	천효순 281	박성규 301	임창수 321	박태원 361	조민경 381
DID	242-9	442-9	462-8 262-4	282-8 272, 290	302-8 272	322-6 329-30	362-8 273	382-8 273
국세조사관	이지현	김태호 조현용 송대섭	구 본 윤정미 이효영	김성준	정수환 이은순	김세영	김태균	황진희
	허준영 안대철 주혜진 김태철 이기영	이한아 이부경 전종호	김봉재 김수진 오정민 차민식	김윤진 권보란 김가은 강곡지	김성택 정건화	서윤경 황성업 서학근 정권술	오승희 정대희 최은진 문숙미	진석주 김용백 권은경 김현석
		채경연	김대현 신동근	김규민 김승미 최지선	홍민정 강대석 이재열	강호윤	김영혜	송효진
	박성현 김영식	신유진	김미소	김다현	박수완 이화영	엄희지	변광률 박세언 이윤기	도준혁 노가영
Fax	223-6881			241-8634			245-4883	

- 주　　　소 : 경상남도 창원시 마산합포구 3·15대로 211(중앙동3가 3-8)
  ㉾ 51265
- 관할구역 : 경상남도 창원시(마산합포구, 마산회원구), 함안군, 의령군, 창녕군
- E-mail : masan@nts.go.kr

※ 창녕민원실 주소 : 경상남도 창녕군 창녕읍 군청길1 창녕군청 (☎ 055-240-0231)

과장	재산법인세				조사		납세자보호담당관	
	안정희 400				이진화 640		김헌국 210	
팀장	재산신고	재산조사	법인1	법인2	정보관리	조사	납세자 보호실	민　원 봉사실
	윤봉원 481		김정국 401	임희택 421	이병국 641	김형훈 651	신성원 211	이상현 221
DID	482-9 274	501-4	402-9	422-8	642-3 691-2	652-9 661-7	212-4	222-8
국세조사관	김경승 정유진	배광한 김도영	김형두	임상조	김영주	홍원의 김창윤 이동규	이재관 김대희	이은상 (창녕)
	배미영 변은희 김미진	곽용석 이진화	우현하 윤현화 박윤경 황선주	조미희 황민훈 전세훈	최지영 조정목	김진아 김성철 서성덕 임지혜 이주석 문두열 김도헌 박은경 허유정 조은서	서기정	이재웅 권영철 김혜영 임병섭
	정유진 최인영 이지수		배지현	조현아 김년성		이아름 박지은 박수인	이은상	김나현 권수경
	김다운		박지향 서찬일	이현지	조정선			정현정
Fax	223-6911		245-4885		244-0850		245-4884	223-6880

진주세무서

서 장 신민섭 ☎ 055)751-0201

- 대표전화 : 055)751-0200
- 코드번호 : 613
- 계좌번호 : 950435
- DID번호 : 055)7510-구내번호

과장	징세		부가소득세			재산법인세				조사	
	정현대 240		이광자 280			김남배 400				박해근 640	
팀장	운영지원	체납추적	부가1	부가2	소득	재산신고	재산조사	법인1	법인2	조사관리	조사
	김용대 241	오영권 441	손은경 281	강동수 301	김창현 361	강신태 481		하병욱 401	이동희 421	배준철 641	
DID	242-7 613	442-52 243 262	282-90	302-10 296 607	362-71 606	482-8 608	501-4	402-6	422 424-5 404	642-3 691	651-4 661-4 671-3
국세조사관		고병렬 임태수 정옥상 이보라	김덕원	천승민 이정훈	하민수	임원희	여정민	김재철	김병기		박미희 최대경 강상원 조희정
	임상만 박용선 이은미	박상우 이영미 최서윤 정하정 정성원 이경구	김화영 김아영 진현탁 민병려	안원기 곽진우 배승현 김은주 최욱경 송민국	김영민 여명철 박수민 배영은	김정식 하정란 정은미	오성현 류태경 정소영	김태성 조기현	조기현	김재환 박용희 박지용	장승일 우동훈 천승리
	정연국 윤경현	장윤화	김준영			허지영 황미정			이현우		공보선 정수영
	성정현 이경환	이희정	김예지 백승혜 허진혁	박태준 오연정 서유나 성예나	김시은 김태환 고흥주 김성목 안승원 강혜린 황기훈	박지훈		강지현 성승민	김현주 강혜령		김정민 손우현
Fax	753-9009		752-2100		761-3478	762-1397				758-9060	

- 주　　　소 : 경상남도 진주시 진주대로 908번길 15(칠암동)　㉾ 52724
- 관할구역 : 경상남도 진주시, 사천시, 하동군
- E-mail : jinju@nts.go.kr
- ◇ 하동지서 주소 : 경상남도 하동군 하동읍 하동공원길 8　㉾ 52331
- ☎ 하동지서 DID : 055)8800-구내번호 (대표 200)
- ◇ 사천지서 주소 : 경상남도 사천시 용현면 용현2길 27-20　㉾ 52539
- ☎ 사천지서 DID : 055)8300-구내번호 (대표 200)
- ※ 남해민원실 : 경상남도 남해군 남해읍 화전로 28　㉾ 52423 (☎ 055-863-2341)
- ※ 산청민원실 : 경상남도 산청군 산청읍 산엔청로 1　㉾ 52221 (☎ 055-970-6207)

과장	납세자보호담당관		하동지서 (8800-DID)			사천지서 (8300-DID)		
	김병성 210		신웅기 201			이우석 201		
팀장	납세자 보호실	민 원 봉사실	납세자 보호실	부가소득	재산법인	납세자 보호실	부가소득	재산법인
	김용원 211	정준규 221		권성표 300	허치환 400		강욱중 301	모규인 401
DID	212-4	222-7	211-3	301-7	401-2 501-2	211-3	302-4 306-8 601-4	402-4 501 4
국세조사관	김현석	이정례 이전승 (산청) 907-6207 고계명	박병규	이종원 전영철		이인재	하경혜 김성혁 우희준 이진경	서정운 진경준 김영경
	권은정 김태식	윤성혜 강경옥	김인수 (남해) 강중희	김현우 김재형 박지혜	유민호 강철구 서형선	김 진 김규진	류정훈 정의웅 이환선 유재학	이설희 정진우
		아송해 박수영	허진웅	구경택 송희진			김혜은 김미송	백지은 신기한
			문라형		김세원			
Fax	753-9269	758-9061	883-9931		882-9627	835-2105	835-0570	835-0571

창원세무서

- 대표전화 : 055)239-0200
- 코드번호 : 609
- 계좌번호 : 140669
- DID번호 : 055)2390-구내번호

서 장 허 종 ☎ 055)239-0201

과장	징세			부가가치세			소득세	
	정준갑 240			김태경 280			김동현 360	
팀장	운영지원	체납추적1	체납추적2	부가1	부가2	부가3	소득1	소득2
	현경민 241	예종옥 441	최경희 461	윤간오 281	백성경 301	김희준 321	이승규 361	이상미 381
DID	242-6 249	442-51	462-70 261-3	282-90	302-10	322, 324 326-30 339-40	362-70 392	382-9
국세조사관			정성욱 송인수 배선경	이종욱	문성배 심연주	김희문	서재필	김계영 이봉화 전창석
	노미해 고명순 최호영 김진수	노재진 송미연 이경미 이정숙 박미숙 김영수	이대구 최상덕 성지혜 이병철 이은진 서지혜	남동현 정지완 이영수 류서현	김예정 강민정 이승진	이진호 명영빈 임수정 옥채순 김소영	최정애 구현진 김태경 박주희 이소은	곽윤영 이동윤 장혜원
		이단비 김동현	정수진	정유영 이경민 윤태영	김민서 정성윤 박세린 박상우	이은주	홍경숙 양예주	주현진
	박재홍 이규영	김민채 김유리	문영신 강진경	부미혜 김수인	강지수	진소정 오선우	김동현 황준호 박경리	송연욱 이동근
Fax	287-1394			285-0161			285-0163	

● 주　　　소 : 경상남도 창원시 성산구 중앙대로105 STX 오션타워 5층, 7~9층(중앙동 93-3)
　　　　　　⑨ 51430

● 관할구역 : 경상남도 창원시 의창구, 성산구, 진해구

● E-mail : changwon@nts.go.kr

※ 진해민원실 주소 : 경상남도 창원시 진해구 진해대로 719(진해상공회의소 1층)　⑨ 51582
　　　　　　　　（☎ 055-543-2110)

과장	재산세		법인세		조사		납세자보호담당관	
	신승환 480		손성주 400		김도암 640		강경보 210	
팀장	재산신고	재산조사	법인1	법인2	정보관리	조사	납세자보호실	민　원봉사실
	이장호 481	김정호 501	배기득 401	임주경 421	이재철 641	하복수 651	이종면 211	문병찬 221
DID	482-9	502-5	402-10 412	422-30	642-4 646-7	652-9 671-6 681	212-6	222-9
국세조사관	권지은	윤중해	김병철	정월선 이점순	김태수	주광수 임창섭 최병철	정유영	정성우 강성호 서상율 박해경
	최인아 양예진 곽다혜 우윤중 지우석	정현옥	강정선 안수진 김준수 강　희	박정오 박현경 남송이 강효경	이현우 김현정	최윤혁 정창재 최진숙 김성진 이혜경 김수창 이정옥 손병열 최제희	이현정 김회정	황수영
	서민경 김수현 조근비	이현재 박현주	양재영 김승훈 박구슬	김현민	김성범			곽은미 김령언 김정은
	홍자빈		조예슬 김영빈	류선아 김신애	김윤지	함수민 심수진 박혜림	옥상하 강이나	장홍정 박장영
Fax	285-0165		287-1332		285-0166		285-2492	

통영세무서

- 대표전화 : 055)640-7200
- 코드번호 : 612
- 계좌번호 : 140708
- DID번호 : 055)6407-구내번호

서 장 임종철 ☎ 055)640-7201

과장	징세				부가소득세		재산법인세	
	정경일 240				송인범 280		정용섭 480	
팀장	운영지원	체납추적	조사	정보관리	부가	소득	재산법인	
							재산	법인
	정유진 241	홍덕희 441		최진관 691	김민규 281	정희봉 361	오대석 481	권태훈 401
DID	242-5	442-8 262-3	654-8	692-4	282-9	362-9	482-6	402-6
국세조사관	이용정	김동호 최은경	전종원 이상훈 김경인		정연욱	김수영	윤연갑	이창희
	임현진 한명진	김재준 박용남 황성택 강수원	박재형 김나래 최승훈	이성훈 최선우 박인홍	조경혜 김행은	허춘도 유송화 김난영 김동길	심상길 윤진명 정시은	강대현
		전지민 정소윤 석대겸	하상우 장주환		하이레		주명진	최현빈
	황종하	박도현			손성인 구미주 허슬기	김리완 류시철 김난영		이세희 옥충경
Fax	645-0397				644-4010		648-2748	649-5117

- 주　　　소 : 경상남도 통영시 무전5길 20-9(무전동 1065-1)
  ㉾ 53036

- 관할구역 : 경상남도 통영시, 거제시, 고성군

- E-mail : tongyeong@nts.go.kr

◇ 거제지서 주소 : 경상남도 거제시 계룡로 11길 9(고현동 577)　㉾ 53257
　☎ 거제지서 DID : 055)6307-구내번호 (대표 200)

과장	납세자보호담당관		거제지서 (6307-DID)					
	노광수 210		성병규(4급) 201					
팀장	납세자 보호실	민원봉사실	체납추적	납세자 보호실	부가소득		재산법인	
					부가	소득	재산	법인
	서수정 211	이상표 221	김문수 441	이구현 211	김정면 300		전영욱 401	
DID	212-3	222-5	442-7	213-6	301-7	311-7	482-6	402-6
국 세 조 사 관	이태진	박규업 김정분 강민호	백상현	진호근	허진호		서효진	오승현 박미영
	추상미	서형숙	이태형 엄준호 성미로	서용오 김혜경	홍성기 박동홍 조윤주 최혜리	김명희 임수정 이현정 최윤정	윤덕원	박성준
	손정화	하현주	전용준 이재빈	박성환	김주완 우재진 임지현	김마리아 도진주	조윤서 배소연	이지연 정해식 김영중
						오경언	이창주	
Fax	645-7287	646-9420	635-5002		636-5456		636-5457	

제주세무서

- 대표전화 : 064)720-5200
- 코드번호 : 616
- 계좌번호 : 120171
- DID번호 : 064)7205-구내번호

서 장 박인호 ☎ 064)720-5201

과장	징세			부가가치세		소득세		재산세	
	백인수 240			박병관 280		최경수 360		김영창 480	
팀장	운영지원	체납추적1	체납추적2	부가1	부가2	소득1	소득2	재산신고	재산조사
	강보성 241	박희찬 441	홍영균 461	김유철 281	강영식 301	홍성수 361	조용문 381	부상석 481	고영조 521
DID	242-5	442-53	462-7 470-1 262-3	282-95	302-12 314-5	362-71	382-91	482-93	522-8
국세조사관		윤상동 변관우 고영남	양용석 변숙자 이경상	김완철 강담연	천명일 강영진 정인태	김평화	김효경 양석재	고규진 박양희 문영수	진준식 고봉국 강종근
	김민경 송정민	김성면 최파란 차유나 고지은	김대훈 좌용준 이혜선	문영순 김양수 이부형 정경주 강유리	고창우 김우석 강상임 박은미	이승환 이은영	고영배 고유림 김원경	양제문 이혜지 허윤숙	김순섭
	문혜정	한상명 김지영	황현석	추현희	김지희 문민희	김성주 고희주 김태환	강창희	양창혁 고민하 김수민	김민규 김연순 박진형
	정우현	오미진 오혜원 이성민	강은빈 장민석 김보은	김택우 임은지 김미정 김현진 송해은 김지현	장소영 고지원 박혜연 강수현	신정아 김민건 김용재 문수영	이철종 강지훈 현수연 윤수현	송하연 박수진 한승일	
Fax	724-1107			724-2272		724-2274		724-2273	

- 주　　　소 : 제주특별자치도 제주시 청사로 59(도남동)
　　　　⑨ 63219

- 관할구역 : 제주특별자치도 전체

- E-mail : jeju@nts.go.kr

◇ 서귀포지서 주소 : 제주특별자치도 서귀포시 신중로55 서귀포시청 제2청사 1층
　　　　（☎ 064-730-9200）

과장	법인세		조사		납세자보호담당관		서귀포지서 (7309-DID)		
	김지훈 400		최희경 640		양용선 210		강승구 201		
팀장	법인1	법인2	정보관리	조사	납세자 보호실	민 원 봉사실	납세자 보호실	부가소득	재산
	양원혁 401	이창림 421	고창기 641	정수연 651	이철수 211	이현정 221		최재훈 220	윤희관 250
DID	402-11	422-30	642-7	652-63	212-4	222-30	210-3	221-6 228-35 240-5	251-5 261-5
국세조사관	이도헌	김영훈 지현철	한창림	오창곤 강민종 정홍도 홍명하 김임년 이창환	부종철	강희언 진경희 양영혁	박희선 임주영	강화동 변시철 임정훈 구인서 김선인 정해연	정재조 김보균 문주경
	김형익 강해영 김진열 고예나 이승환	이상희 김현목	김유선 안동주 신담호 서 준	김성민 김재환 신은주 변경옥	한성민	이상진 구세현	박태성	변현영 최수미 강정림 이보영 오경훈 박경태 신미영 노은지	김남준 박상용 정시온 최정은 이지희 김수연
							이지환 경 진 최효선 변은희		
	김혜림 김성은		서현경	이정한 오지섭 변민정	홍수은	김진호 김찬희 박연주 박소영	조인태	서지희 박종일	장익준
	윤소미 김준석	임경표 이지은 김도연 박근호 윤예진		김용준 오제곤		김주혜			
Fax	724-2276		724-2280		720-5217		730-9280		

유관기관

행정안전부 지방세정책관실

• DID번호 : 044)205-구내번호
• 주소 : 세종특별자치시 도움6로 42
  정부세종청사 중앙동 행정안전부
  ㉾ 30112

정책관 김 성 기 ☎ 044)205-3600

	지방세정책과	부동산세제과
과장	정유근 3802	김정선 3831
서기관		손은경 3843 천혜원 3845
사무관	서원주 3803 김선희 3804 금동선 3807 박진우 3808 서명자 3811 송양미 3814 이동렬 3816 한 현 3819 심동보 3820 이동혁 3821	박은희 3835 김대철 3836 이영휘 3846 채가람 3847
주무관	남건욱 3805 공지훈 3809 이재용 3813	신진주 3833 이수호 3837 여환수 3838 김효주 3840
사무원	유수연 3806 이영우 3810 서정주 3812	김다혜 3841 김원웅 3844
Fax	204-8968	204-8969

과장	지방소득소비세제과	지방세특례제도과
	김민정 3871	서은주 3851
서기관	오경석 3881	
사무관	나병진 3872 손동주 3875 이주현 3876 하현균 3878 권진옥 3883 임규진 3889	주영욱 3852 박현정 3856 이소영 3858 조익현 3861 김재홍 3862
주무관	정유진 3873 김민준 3874 구해리 3880 이재호 3882 배인호 3884	김성기 3853 조형진 3855 김영호 3857 장은영 3859 황인산 3860
사무원	엄세열 3877	장민영 3854
Fax	204-8971	204-8970

국민권익위원회 재정세무민원과

- DID전화 : 044)200-내선번호
- FAX : 044)200-7932
- 주   소 : 세종특별자치시
  도움5로 20(세종청사 7동)
  ㉾ 30102

| 과 장 | 이 성 섭 | ☎ 044)200-7401 |

성명	담당업무	전화번호
이성섭	재정세무민원과 업무 총괄	044-200-7401
유준호	(국세)고충민원 조사 및 처리	044-200-7413
이제희	국세재정분야 고충민원 처리	044-200-7402
권현주	(국세)고충민원 조사 및 처리	044-200-7406
최 건	(국세)고충민원 조사 및 저리	044-200-7410
권영훈	(금융)고충민원 조사 및 처리	044-200-7409
이은주	(국세)고충민원 조사 및 처리	044-200-7405
장유정	(지방세)고충민원 조사 및 처리	044-200-7411
박은서	재정세무민원과 서무	044-200-7407
정민희	(금융)고충민원 조사 및 처리	044-200-7408
정현주	(국세)고충민원 조사 및 처리	044-200-7404
김현선	재정세무민원조사	044-200-7403

한국조세재정연구원

- 대표전화 : 044)414-2114
- 대표FAX : 044)414-2179
- DID전화 : 044)414-내선번호
- 주　　소 : 세종특별자치시 시청대로 336 ㉾ 30147

원　장 이　영　☎ 044)414-2101

원 장 실		
원　　　　　장	이 영	2101
선 임 전 문 원	홍유남	2100
감 사 실		
실　　　　　장	배현호	2118
감　　사　　역	김정현	2117
특 수 전 문 직 2 급	김재경	2485
행　　정　　원	현호석	2119
부원장		
부　　원　　장	정재호	2400
연구기획본부		
본　　부　　장	박한준	2120
책 임 행 정 원	조종읍	2561
선 임 연 구 원	김정원	2504
선 임 행 정 원	안상숙	2381
선 임 연 구 원	유재민	
선 임 행 정 원	윤혜순	2264
선 임 행 정 원	이현영	2255
선 임 전 문 원	정경순	
선 임 행 정 원	최미영	2265
위 촉 연 구 원	이아영	2399
위 촉 연 구 원	표창환	
위 촉 연 구 원	홍성아	2451
기획예산팀		
팀　　　　　장	이태우	2121
선 임 행 정 원	문지영	2122
행　　정　　원	윤영민	2123
부 행 정 원	이소정	2125
부 행 정 원	임주리	2124
성과확산팀		
팀　　　　　장	송남영	2520
선 임 전 문 원	송진민	2522
선 임 전 문 원	이슬기	2524
전　　문　　원	정문정	2523

위 촉 연 구 원	김선화	2512
연구사업팀		
팀　　　　　장	조혜진	2500
선 임 연 구 원	성유경	2503
선 임 행 정 원	오승민	2502
선 임 연 구 원	이세미	2507
선 임 연 구 원	정빛나	2501
행　　정　　원	길민선	2504
행　　정　　원	김태은	2506
행　　정　　원	최인탁	2508
행　　정　　원	한유미	2505
연구출판팀		
팀　　　　　장	장정순	2130
선 임 행 정 원	변경숙	2132
선 임 전 문 원	신지원	2134
선 임 전 문 원	장은정	2137
전　　문　　원	손유진	2135
부 행 정 원	임철주	2138
조세연구본부		
본　　부　　장	오종현	2289
연 구 위 원	강신혁	2312
연 구 위 원	권성오	
연 구 위 원	권성준	
연 구 위 원	김문정	
연 구 위 원	김빛마로	
연 구 위 원	정다운	2243
부 연 구 위 원	고지현	2321
부 연 구 위 원	최인혁	
부 연 구 위 원	홍병진	2315
선 임 연 구 원	김미정	2371
선 임 연 구 원	김상현	2376
선 임 연 구 원	서주영	2471
선 임 행 정 원	최미영	
선 임 연 구 원	황미연	2369

한국조세재정연구원

- 대표전화 : 044)414-2114
- 대표FAX : 044)414-2179
- DID전화 : 044)414-내선번호

연　구　원	김달유	2427
연　구　원	배현경	2279
연　구　원	이희선	2525
세제연구센터		
센　터　장	권성오	2248
초빙전문위원	이종철	
선임행정원	최미영	
선임연구원	현하영	
위촉연구원	김선화	
정부청년인턴	정미주	2317
세제연구팀		
팀　　　장	홍성희	2418
특수전문직1급	박수진	2412
책임연구원	송은주	2262
선임연구원	김민경	2325
선임연구원	노수경	2405
특수전문직2급	서동연	2215
특수전문직2급	이형민	2201
특수전문직3급	김수린	2207
특수전문직3급	김혜림	2404
특수전문직3급	박하영	2472
관세연구팀		
팀　　　장	최인혁	2446
선임연구원	노영예	2335
선임연구원	박지우	2292
특수전문직2급	이재선	2419
특수전문직3급	나지수	2372
연　구　원	양지영	2278
조세지출분석팀		
팀　　　장	김용대	2238
책임연구원	강미정	2261
책임연구원	이은경	2273
선임연구원	김효림	2239
선임연구원	허윤영	2308

세정연구센터		
센　터　장	김문정	2342
명예책임행정원	성주석	
선임행정원	최미영	2265
정부청년인턴	정미주	
세정연구팀		
팀　　　장	박주철	2211
특수전문직2급	권정교	2422
특수전문직2급	김재경	2216
선임연구원	박하얀	2466
특수전문직2급	이희경	2408
특수전문직3급	김현정	2483
특수전문직3급	문교현	2220
특수전문직3급	이미현	2450
특수전문직3급	정효림	2202
조세·개발협력팀		
선임연구원	김세인	2349
선임연구원	심태완	2461
선임연구원	오현빈	2334
연　구　원	송주영	2229
연　구　원	안정빈	2575
연　구　원	윤소영	2324
연　구　원	장석민	2347
위촉연구원	김민준	2230
세수추계센터		
팀　　　장	권성준	2360
책임행정원	조종읍	
선임연구원	김영직	2318
선임연구원	오은혜	2302
연　구　원	임연빈	2413
재정패널팀		
팀　　　장	권성준	
선임연구원	김유현	2473
연　구　원	최하영	2411

한국조세재정연구원

- 대표전화 : 044)414-2114
- 대표FAX : 044)414-2179
- DID전화 : 044)414-내선번호

조세교육센터		
센터장 직무대리	이준성	2484
책 임 행 정 원	조종읍	
선 임 전 문 원	박주희	2219
연 구 원	김예원	2394
연 구 원	이형석	2407

조세교육팀		
팀 장	나진희	2460
연 구 원	서은혜	2433
연 구 원	장아론	2402

재정연구본부		
본 부 장	김현아	2214
선 임 연 구 위 원	원종학	2234
선 임 연 구 위 원	이은경	2231
선 임 연 구 위 원	장우현	2286
선 임 연 구 위 원	최성은	2288
선 임 연 구 위 원	최준욱	2221
선 임 연 구 위 원	하세정	
연 구 위 원	고창수	
부 연 구 위 원	김정환	
부 연 구 위 원	김평식	
부 연 구 위 원	박정흠	
부 연 구 위 원	이경훈	2455
부 연 구 위 원	이기쁨	2213
책 임 연 구 원	박선영	2251
책 임 연 구 원	임현정	2275
선 임 연 구 원	김종혁	2393
선 임 연 구 원	오지연	2225
선 임 행 정 원	윤혜순	
선 임 연 구 원	이수연	2336
선 임 연 구 원	정보름	2332
선 임 연 구	현하영	2499
연 구 원	박진우	2406
연 구 원	설지수	2304
연 구 원	이재국	2410
연 구 원	정세희	2345

재정평가연구실		
소 장	강희우	2224
선 임 행 정 원	이현영	2255

재정성과평가센터		
센 터 장	강희우	
선 임 연 구 원	하세정	
선 임 연 구 원	백종선	2333
선 임 행 정 원	이현영	
언 구 원	이아름	2270
연 구 원	이응준	2441

성과분석팀		
팀 장	봉재연	2323
선 임 연 구 원	박성훈	2485
선 임 연 구 원	박은정	2378
선 임 연 구 원	심백교	2438
선 임 연 구 원	장운정	2365
선 임 연 구 원	최윤미	2449
선 임 연 구 원	한경진	2330
연 구 원	강경민	2444
연 구 원	배지현	2212
연 구 원	안소연	2487
연 구 원	유고은	2322
연 구 원	최한영	2482

성과관리팀		
팀 장	김평강	2329
선 임 연 구 원	곽원욱	2223
선 임 연 구 원	권선정	2263
선 임 연 구 원	김인애	2327
선 임 연 구 원	김현숙	2277
선 임 연 구 원	박창우	2344
선 임 연 구 원	우지은	2351
선 임 연 구 원	이보화	2245
선 임 연 구 원	장민혜	2382
선 임 연 구 원	조은빛	2416
연 구 원	김준혁	2210
연 구 원	이은솔	2434

한국조세재정연구원

- 대표전화 : 044)414-2114
- 대표FAX : 044)414-2179
- DID전화 : 044)414-내선번호

평가제도팀		
팀　　　　　장	장낙원	2456
선 임 연 구 원	김경훈	2447
선 임 연 구 원	변이슬	2294
선 임 연 구 원	안새롬	2293
선 임 연 구 원	장문석	2448
연　　구　　원	신우상	2417
위 촉 연 구 원	심규헌	2314
위 촉 연 구 원	한재현	2391
정부투자분석센터		
센　　터　　장	송경호	2247
초 빙 연 구 위 원	김혜련	2492
선 임 연 구 원	박유미	2442
선 임 행 정 원	이현영	2255
분석지원팀		
팀　　　　　장	최미선	2240
특 수 전 문 직 2 급	김다랑	2331
선 임 연 구 원	김종원	2362
선 임 연 구 원	신동준	2364
선 임 연 구 원	이남주	2565
선 임 연 구 원	정경화	2310
선 임 연 구 원	정은경	2226
선 임 연 구 원	주재민	2320
연　　구　　원	서동규	2496
위 촉 연 구 원	정유진	2428
인프라사업조사팀		
팀　　　　　장	이순향	2105
선 임 연 구 원	김정현	2481
연　　구　　원	최시원	2424
위 촉 연 구 원	정다영	2256
인구정책평가센터		
센　　터　　장	하세정	2091
책 임 연 구 원	김정은	2235

선 임 행 정 원	이현영	2255
위 촉 연 구 원	이아영	2399
위 촉 연 구 원	홍성아	
전략연구팀		
팀　　　　　장	박정흠	2420
선 임 연 구 원	현하영	
연　　구　　원	구남규	2227
연　　구　　원	이재원	2352
연　　구　　원	허현정	2236
위 촉 연 구 원	박민수	2354
정책평가팀		
팀　　　　　장	김평식	2218
책 임 연 구 원	김창민	2350
선 임 연 구 원	이정인	2478
재정지출분석센터		
센　　터　　장	김빛마로	2339
선 임 행 정 원	윤혜순	2264
재정제도분석팀		
팀　　　　　장	김정환	2328
선 임 연 구 원	강민채	2458
선 임 연 구 원	구윤모	2452
선 임 연 구 원	김은숙	2453
선 임 연 구 원	김인유	2280
선 임 연 구 원	김진아	2343
선 임 연 구 원	박신아	2253
선 임 연 구 원	박지혜	2244
선 임 연 구 원	이정은	2475
선 임 연 구 원	장준희	2474
선 임 연 구 원	하에스더	2326
선 임 연 구 원	한혜란	2463
선 임 연 구 원	황보경	2367
연　　구　　원	염보라	2271
연　　구　　원	오윤서	2257

한국조세재정연구원

● 대표전화 : 044)414-2114

● 대표FAX : 044)414-2179

● DID전화 : 044)414-내선번호

위 촉 연 구 원	김도현	2313
위 촉 연 구 원	김미영	
재정전망센터		
센 터 장	고창수	2370
연 구 위 원	강신혁	
선 임 연 구 원	권미연	3274
선 임 연 구 원	노지영	2246
선 임 연 구 원	백가영	2454
선 임 연 구 원	오수정	2307
선 임 행 정 원	윤혜순	
선 임 연 구 원	정상기	2287
연 구 원	주남균	2497
아태재정협력센터		
센 터 장	허경선	2241
선 임 행 정 원	윤혜순	
펨나운영팀		
팀 장	최승훈	2340
선 임 연 구 원	김윤옥	2385
선 임 연 구 원	김윤지	2395
선 임 연 구 원	김의주	2389
선 임 연 구 원	이재영	2384
연 구 원	김난유	2395
연 구 원	박도현	2392
연 구 원	오한울	2297
위 촉 연 구 원	강호준	2390
위 촉 연 구 원	조정우	2465
공공기관연구센터		
소 장	이남국	
초 빙 연 구 위 원	유은지	2338
초 빙 연 구 위 원	이민상	2228
초 빙 연 구 위 원	이윤규	2341
선 임 연 구 원	송경호	2348
선 임 행 정 원	안상숙	2381
공공정책부		

공공정책1팀		
팀 장	송현진	2432
선 임 연 구 원	김신정	2291
선 임 연 구 원	김준성	2573
특 수 전 문 직 2 급	안윤선	2498
선 임 연 구 원	이강신	2459
선 임 연 구 원	임미화	2272
연 구 원	소병욱	2282
연 구 원	송빈나	2493
공공정책2팀		
팀 장	최근호	2495
선 임 연 구 원	박화영	2357
선 임 연 구 원	오소영	2205
선 임 연 구 원	윤다솜	2298
선 임 연 구 원	허미혜	2316
연 구 원	강선희	2443
연 구 원	성연주	2423
위 촉 연 구 원	강지원	
위 촉 연 구 원	김나영	2316
위 촉 연 구 원	이유빈	2436
위 촉 연 구 원	진소미	2526
위 촉 연 구 원	황예찬	2337
정책사업팀		
팀 장	변민정	2306
선 임 연 구 원	강석훈	2356
선 임 연 구 원	김은정	2303
선 임 연 구 원	남지현	2574
선 임 연 구 원	오윤미	2377
선 임 연 구 원	유승현	2457
선 임 연 구 원	이 슬	2366
연 구 원	김정은	2435
위 촉 연 구 원	이가을	2490
경영평가부		
부 소 장	문창오	2305

한국조세재정연구원

- 대표전화 : 044)414-2114
- 대표FAX : 044)414-2179
- DID전화 : 044)414-내선번호

선 임 행 정 원	강민주	2430
경영컨설팅팀		
팀 장	이주경	2266
선 임 연 구 원	서니나	2396
선 임 연 구 원	임소영	2290
선 임 연 구 원	정예슬	2358
선 임 연 구 원	허민영	2479
연 구 원	양다연	2401
위 촉 연 구 원	김나영	2375
계량평가·검증팀		
팀 장	임형수	2209
특 수 전 문 직 2 급	김윤미	2319
특 수 전 문 직 2 급	남승오	2551
특 수 전 문 직 2 급	최지영	
특 수 전 문 직 2 급	현지용	2572
특 수 전 문 직 3 급	김소현	2281
특 수 전 문 직 3 급	양도일	2470
연 구 원	유현정	2414
위 촉 연 구 원	김지혜	2242
평가지원팀		
팀 장	심재경	2543
선 임 연 구 원	봉우리	2542
선 임 연 구 원	장정윤	2544
선 임 연 구 원	정혜진	2587
연 구 원	고승희	2545
평가연구팀		
팀 장	유효정	2363
선 임 연 구 원	임희영	2208
선 임 연 구 원	정예슬	
선 임 연 구 원	홍윤진	2361
연 구 원	나 영	2578
연 구 원	이부연	2431
국가회계재정통계센터		
소 장 직 무 대 리	문창오	2305

초 빙 연 구 위 원	윤영훈	2445
책 임 행 정 원	조종읍	
선 임 연 구 원	이정미	2259
연 구 원	임지윤	2403
국가회계팀		
팀 장	진태호	2552
특 수 전 문 직 2 급	오예정	2563
특 수 전 문 직 2 급	임정혁	2553
특 수 전 문 직 3 급	김보성	2415
특 수 전 문 직 3 급	안지현	2426
특 수 전 문 직 3 급	윤병준	2383
특 수 전 문 직 3 급	윤정선	2258
특 수 전 문 직 3 급	장윤지	2518
결산분석팀		
팀 장	윤성호	2562
특 수 전 문 직 2 급	오가영	2567
특 수 전 문 직 2 급	이명인	2555
특 수 전 문 직 2 급	임종권	2581
선 임 행 정 원	정현석	2462
특 수 전 문 직 2 급	한은미	2556
위 촉 연 구 원	임근원	2437
재정통계팀		
팀 장	박윤진	2569
특 수 전 문 직 1 급	한소영	2554
특 수 전 문 직 2 급	유귀운	2566
특 수 전 문 직 2 급	장지원	2557
특 수 전 문 직 2 급	최금주	2558
특 수 전 문 직 2 급	최중갑	2582
특 수 전 문 직 2 급	최지영	2577
특 수 전 문 직 3 급	김소영	2268
연 구 원	왕승현	2398
특 수 전 문 직 3 급	정지윤	2537
경영지원실		
실 장	성주석	2160

한국조세재정연구원

- 대표전화 : 044)414-2114
- 대표FAX : 044)414-2179
- DID전화 : 044)414-내선번호

인사혁신팀

팀　　　　　장	최윤용	2161
선 임 행 정 원	김서영	2163
선 임 행 정 원	박소연	2166
선 임 행 정 원	전승진	2162
행　　정　　원	공요환	2165
행　　정　　원	배지호	2168
행　　정　　원	유준오	2167
행　　정　　원	정율아	2164

총무팀

팀　　　　　장	노걸현	2170
선 임 행 정 원	강신중	2173
선 임 행 정 원	손동준	2177
선 임 행 정 원	신수미	2171
선 임 행 정 원	윤여진	2176
선 임 행 정 원	김선정	2175
행　　정　　원	한용균	2174

재무회계팀

팀　　　　　장	최영란	2180
선 임 행 정 원	이지혜	2183
선 임 행 정 원	김영화	2187
선 임 행 정 원	임상미	2186
부 　행 정 　원	김성미	2188
위 촉 연 구 원	강지원	2184

전산·학술정보팀

팀　　　　　장	김성동	2150
책 임 전 문 원	심수희	2140
선 임 전 문 원	권정애	2142
선 임 전 문 원	이창호	2153
선 임 전 문 원	홍서진	2155
전　　문　　원	김인아	2154
전　　문　　원	김준영	2151
전　　문　　원	최유림	2141

시설구매팀

팀　　　　　장	박현옥	2190
행　　정　　원	강성훈	2191
행　　정　　원	김범수	2192
부 　행 정 　원	문성규	2194
공　　무　　직	강은례	2025
공　　무　　직	강전옥	2025
공　　무　　직	김영관	2020
공　　무　　식	김은성	2025
공　　무　　직	김정구	2025
공　　무　　직	김창록	2021
공　　무　　직	김현아	2023
공　　무　　직	김호수	2026
공　　무　　직	박병수	2024
공　　무　　직	박준미	2025
공　　무　　직	박창순	2025
공　　무　　직	송희진	2024
공　　무　　직	옥영출	2021
공　　무　　직	이미애	2025
공　　무　　직	이한솔	2021
공　　무　　직	조성용	2021
공　　무　　직	이용주	2021
공　　무　　직	이중헌	2024
공　　무　　직	전정완	2024

인 명 색 인

(가나다순)

<table>
<tr><td>ㄱ</td></tr>
</table>

가성원	부평서	232
가재윤	서대전서	279
가주희	수원서	183
가준섭	인천청	222
가혜미	북대전서	277
감경탁	금정서	407
감동윤	마포서	117
강 석	익산서	335
강 용	고양서	242
강 원	북전주서	332
강 준	수원서	182
강 진	광주청	313
강 표	수원서	182
강 현	이천서	196
강 훈	대전청	271
강 휘	수원서	183
강 희	창원서	439
강가빈	해운대서	425
강가윤	송파서	130
강건희	성동서	127
강경관	조세심판원	15
강경구	울산서	429
강경근	안양서	191
강경덕	광명서	244
강경래	평택서	198
강경묵	대전청	269
강경미	대구청	357
강경미	서울청	81
강경민	조세연	451
강경보	창원서	439
강경수	구로서	103
강경수	여수서	348
강경숙	금정서	406
강경식	중부청	166
강경애	조세심판원	12
강경영	강남서	95
강경옥	진주서	437
강경완	광주청	317
강경인	포천서	258
강경진	여수서	349
강경진	역삼서	134
강경진	인천서	231
강경하	상담센터	59
강경호	인천청	221
강경희	광주청	314
강계현	경기광주서	169
강고운	북대구서	370
강곡지	마산서	434
강관호	국세청	41
강구남	순천서	346

강귀희	잠실서	142
강규철	금천서	105
강근영	이천서	197
강근효	강릉서	204
강금여	강남서	94
강기모	부산청	397
강기수	동안산서	188
강기원	상담센터	59
강기진	논산서	292
강기철	천안서	304
강기헌	서대문서	122
강기호	해남서	351
강길란	상담센터	59
강길순	거창서	430
강길주	정읍서	338
강나루	양천서	133
강나영	관악서	100
강나영	의정부서	255
강나운	서부산서	418
강남영	서울청	65
강남호	수영서	421
강다애	도봉서	110
강다여	남동서	238
강다영	관악서	100
강다영	서울청	91
강다은	국세청	45
강다향	청주서	286
강다현	국세청	27
강다희	수원서	183
강담연	제주서	442
강대규	도봉서	110
강대석	마산서	434
강대선	서울청	87
강대선	중부산서	422
강대식	국세청	21
강대일	남대구서	365
강대현	통영서	440
강대화	남대구서	365
강덕근	이천서	196
강덕성	대전청	262
강덕수	성남서	180
강덕영	부산진서	412
강덕주	북대구서	370
강덕훈	구미서	379
강도현	울산서	429
강동근	세재실	7
강동석	동작서	114
강동수	진주서	436
강동우	서울청	80
강동원	중부서	148
강동인	삼성서	120
강동진	서울청	75
강동호	경산서	375

강동효	성동서	126
강동훈	대구청	358
강동훈	천안서	304
강동훈	춘천서	214
강동휘	서울청	72
강동희	부산청	401
강동희	부산청	402
강두석	부산강서서	417
강률인	서대구서	373
강리복	상담센터	57
강명부	삼성서	121
강명수	국세청	26
강명신	역삼서	134
강명은	남대문서	107
강명준	중부서	149
강명호	분당서	179
강명호	원주서	212
강문승	서광주서	327
강문이	구리서	171
강문자	구로서	102
강문자	춘천서	215
강문현	서울청	70
강미경	상담센터	56
강미나	반포서	118
강미선	성남서	180
강미성	용산서	138
강미수	노원서	109
강미순	중랑서	147
강미애	수원서	182
강미영	서울청	86
강미영	수원서	182
강미영	홍성서	306
강미정	조세연	450
강미정	중부청	164
강미진	구로서	102
강미진	상주서	382
강미하	순천서	344
강미화	경주서	377
강미화	광주청	315
강민경	동대구서	367
강민구	북부산서	414
강민구	중부청	155
강민규	부산청	401
강민규	북광주서	324
강민균	중부서	149
강민기	평택서	198
강민석	대전청	263
강민석	성동서	127
강민성	국세청	29
강민수	국세청	18
강민수	국세청	22
강민수	노원서	109
강민수	서울청	62

강민영	은평서	140	강상식	중부청	152	강성태	부산청	402
강민완	중랑서	147	강상원	진주서	436	강성팔	국세청	27
강민우	익산서	334	강상임	제주서	442	강성필	동안산서	189
강민재	강릉서	205	강상준	중부청	158	강성헌	국세청	40
강민정	강남서	94	강상현	서울청	82	강성현	광주청	314
강민정	부평서	233	강상희	평택서	198	강성현	시흥서	184
강민정	서울청	90	강새롬	중부청	161	강성현	안산서	186
강민정	예산서	302	강서의	영등포서	136	강성호	창원서	439
강민정	창원서	438	강서현	구미서	378	강성화	국세청	46
강민종	제주서	443	강서호	국세청	30	강성환	성북서	128
강민주	금천서	104	강석관	강남서	95	강성훈	고양서	242
강민주	대전서	274	강석구	동작서	114	강성훈	동안양서	177
강민주	삼성서	121	강석구	목포서	342	강성훈	조세연	455
강민주	안산서	186	강석균	서인천서	235	강성희	북전주서	332
강민주	은평서	140	강석순	삼성서	120	강세정	포천서	259
강민주	조세연	454	강석원	경기광주서	168	강세희	의정부서	254
강민준	거창서	431	강석제	목포서	342	강소라	김포서	246
강민지	도봉서	111	강석종	종로서	145	강소라	상담센터	57
강민지	동화성서	203	강석훈	광명서	244	강소라	연수서	236
강민지	목포서	343	강석훈	조세연	453	강소령	청주서	287
강민지	서대구서	373	강선경	중부청	164	강소여	부평서	233
강민채	조세연	452	강선규	논산서	293	강소연	국세청	26
강민형	종로서	145	강선대	순천서	347	강소영	북부산서	415
강민호	동작서	115	강선미	김해서	433	강소정	광산서	322
강민호	통영서	441	강선미	노원서	108	강송현	성북서	128
강범준	잠실서	143	강선실	부산강서서	417	강수경	금천서	105
강병관	나주서	340	강선양	남원서	331	강수련	육규한	390
강병구	성남서	181	강선영	남동서	239	강수림	중부청	159
강병극	중부청	155	강선영	용산서	138	강수미	기흥서	194
강병문	동울산서	426	강선이	중랑서	147	강수민	반포서	118
강병수	광산서	322	강선홍	대전청	266	강수빈	서초서	125
강병수	대전청	269	강선희	구리서	170	강수빈	안양서	190
강병수	양산서	408	강선희	목포서	342	강수성	북전주서	332
강병수	중부청	155	강선희	영등포서	137	강수아	기흥서	194
강병순	용산서	139	강선희	조세연	453	강수연	금정서	406
강병조	북대전서	276	강설화	해남서	350	강수원	서울청	72
강병진	수영서	420	강성구	구리서	171	강수원	통영서	440
강병희	조세심판원	14	강성기	북광주서	325	강수은	북대구서	371
강보경	국세청	48	강성길	성남서	180	강수지	강동서	97
강보경	부산청	401	강성대	세종서	298	강수지	세종서	299
강보경	서부산서	419	강성룡	해운대서	424	강수진	김해서	433
강보길	동래서	410	강성률	동대문서	112	강수현	분당서	179
강보미	국세청	24	강성문	북부산서	414	강수현	제주서	442
강보성	제주서	442	강성민	부산청	400	강수현	평택서	199
강보아	도봉서	110	강성민	순천서	344	강숙현	동래서	410
강보은	분당서	179	강성민	인천청	227	강순택	중부청	163
강보화	울산서	428	강성수	용인서	192	강슬기	포천서	259
강복길	노원서	108	강성식	서광주서	327	강슬아	부산청	399
강복희	상담센터	57	강성우	논산서	293	강승구	양천서	133
강봉선	서울청	72	강성윤	광주서	321	강승구	제주서	443
강부덕	용인서	192	강성은	삼성서	121	강승룡	동고양서	248
강삼원	익산서	334	강성은	영등포서	137	강승묵	서대구서	373
강상길	성북서	128	강성준	광주청	315	강승묵	중부산서	422

이름	소속	쪽	이름	소속	쪽	이름	소속	쪽
강승조	경기광주서	168	강욱중	진주서	437	강인혜	서울청	88
강승지	부산진서	413	강원경	대전서	275	강임현	국세청	39
강승현	서울청	82	강원식	세제실	6	강장욱	중랑서	146
강승현	연수서	236	강유나	서울청	62	강장환	파주서	256
강승호	경기광주서	169	강유나	화성서	200	강재근	논산서	293
강승훈	부산청	399	강유리	제주서	442	강재신	양천서	133
강승희	동대문서	113	강유미	구로서	103	강재원	국세청	46
강신국	경기광주서	169	강유미	서초서	124	강재원	서울청	88
강신웅	전주서	336	강유신	서부산서	418	강재형	서대문서	123
강신준	인천청	227	강유정	서부산서	419	강재훈	경산서	374
강신중	조세연	455	강유정	이천서	196	강재희	김해서	432
강신태	성동서	127	강유정	인천서	231	강전옥	조세연	455
강신태	진주서	436	강유진	인천서	231	강정구	동대문서	113
강신혁	보령서	294	강유진	중부서	149	강정규	강서서	98
강신혁	조세연	449	강윤경	중부청	156	강정님	광주서	321
강신혁	조세연	453	강윤성	광주청	315	강정대	수영서	420
강아라	순천서	344	강윤영	김포서	246	강정림	제주서	443
강아람	안산서	186	강윤정	충주서	288	강정모	광명서	245
강아름	금천서	105	강윤지	광주청	311	강정목	서울청	65
강안나	대전청	270	강윤지	중부청	161	강정미	강동서	97
강양구	강릉서	204	강윤학	서대전서	279	강정민	원주서	212
강양구	세재실	9	강윤형	수원서	183	강정민	포천서	258
강양동	수영서	421	강윤화	세천서	284	강정석	북대구서	371
강양우	춘천서	214	강은례	조세연	455	강정선	중부청	159
강양욱	부산진서	413	강은비	북대구서	370	강정선	창원서	439
강여울	여수서	349	강은빈	제주서	442	강정수	서울청	65
강여정	중부청	166	강은선	금정서	406	강정숙	대전청	264
강연성	노원서	108	강은솔	고양서	242	강정원	부평서	233
강연우	의정부서	255	강은숙	서대문서	122	강정일	삼성서	121
강연태	수영서	420	강은순	김해서	432	강정현	대전청	264
강영구	분당서	179	강은실	관악서	100	강정호	동안산서	188
강영묵	마포서	117	강은실	서울청	71	강정호	서대구서	373
강영미	서부산서	418	강은실	아산서	300	강정화	금천서	105
강영식	제주서	442	강은아	부산청	396	강정화	상주서	383
강영자	대전청	265	강은영	분당서	178	강정환	울산서	429
강영진	제주서	442	강은영	서울청	86	강정훈	구리서	170
강영화	춘천서	215	강은지	광산서	322	강정희	북광주서	324
강영희	동울산서	427	강은진	수성서	369	강정희	서울청	91
강예린	김포서	246	강은호	동작서	115	강종근	제주서	442
강예림	구미서	379	강은희	평택서	199	강종만	광주청	311
강예원	순천서	344	강이근	여수서	348	강종식	잠실서	142
강예은	해남서	351	강이나	창원서	439	강주빈	구로서	103
강예진	서울청	68	강이은	서울청	62	강주연	중부청	159
강오라	부천서	251	강인석	북전주서	333	강주영	분당서	179
강옥향	부천서	250	강인성	서대전서	278	강주영	서울청	84
강용구	목포서	343	강인숙	수영서	420	강주원	서대구서	372
강용규	조세심판원	15	강인순	서대구서	373	강주은	중부서	148
강용명	목포서	343	강인영	연수서	237	강주현	중부청	163
강용석	서울청	91	강인욱	영월서	210	강준구	부산진서	412
강용수	중부청	159	강인태	역삼서	135	강준오	수영서	421
강용철	남대구서	365	강인한	양천서	133	강준원	서울청	74
강우석	영주서	388	강인행	서인천서	234	강준혁	육규한	390
강우진	서울청	73	강인혜	마포서	117	강준호	이천서	197

강중희	진주서	437	강태길	경기광주서	168	강혜수	송파서	131
강지만	광산서	322	강태민	여수서	348	강혜수	파주서	257
강지석	역삼서	134	강태양	광주청	311	강혜연	동안양서	176
강지선	광주청	311	강태양	국세청	23	강혜연	서대문서	123
강지선	서부산서	418	강태완	포천서	259	강혜윤	부산청	399
강지성	영등포서	137	강태욱	국세청	24	강혜은	김해서	432
강지수	동고양서	249	강태윤	구미서	379	강혜은	역삼서	135
강지수	연수서	236	강태진	영월서	210	강혜인	남부천서	252
강지수	창원서	438	강태진	익산서	335	강혜정	반포서	119
강지안	서울청	64	강태현	홍천서	217	강혜정	순천서	344
강지연	천안서	304	강태호	마포서	116	강혜지	강동서	96
강지연	파주서	256	강태훈	동안양서	177	강혜진	고양서	243
강지용	대구청	356	강택훈	교육원	52	강혜진	동래서	410
강지우	충주서	288	강필원	청주서	286	강혜진	동수원서	175
강지원	국세청	22	강하규	송파서	130	강혜진	인천청	222
강지원	동대구서	366	강하영	역삼서	134	강호성	상담센터	56
강지원	조세연	453	강한나	강서서	98	강호윤	마산서	434
강지원	조세연	455	강한덕	종로서	144	강호인	중부산서	422
강지원	중부청	166	강한솔	부산강서서	416	강호종	국세청	23
강지윤	화성서	201	강한수	동수원서	175	강호준	조세연	453
강지은	동대문서	112	강한얼	인천청	227	강호현	동래서	411
강지은	북대전서	277	강해영	제주서	443	강화동	제주서	443
강지은	서울청	65	강헌구	해운대서	424	강화리	중부청	159
강지은	화성서	200	강현구	경산서	374	강화수	용산서	139
강지인	삼성서	121	강현규	화성서	201	강회영	서부산서	419
강지하	목포서	342	강현미	국세청	48	강효경	창원서	439
강지현	강남서	95	강현성	구로서	102	강효석	세재실	8
강지현	구로서	103	강현아	광주청	311	강효정	김포서	246
강지현	구미서	379	강현애	대전청	270	강흥수	연수서	237
강지현	수원서	182	강현영	대전청	270	강희경	부산청	396
강지현	연수서	236	강현우	양천서	132	강희경	서울청	72
강지현	진주서	436	강현우	인천청	227	강희다	목포서	343
강지현	포천서	259	강현웅	서울청	68	강희석	북대전서	277
강지혜	강서서	99	강현정	세종서	298	강희언	제주서	443
강지훈	금정서	407	강현정	중랑서	146	강희우	조세연	451
강지훈	서울청	70	강현주	강동서	97	강희웅	제천서	284
강지훈	제주서	442	강현주	김포서	246	강희윤	성동서	127
강지훈	제천서	284	강현주	도봉서	110	강희은	육규한	390
강진경	창원서	438	강현주	서울청	85	강희정	광주청	312
강진선	중부청	165	강현주	천안서	304	강희정	동고양서	249
강진성	상담센터	56	강현창	인천청	226	강희정	동울산서	426
강진아	상담센터	56	강현철	남대문서	106	강희중	세재실	9
강진영	김천서	381	강형규	국세청	33	강희천	인천서	231
강진영	중부청	164	강형석	성동서	126	강희호	동수원서	174
강찬호	서울청	74	강혜경	잠실서	142	경 진	제주서	443
강창호	서울청	74	강혜란	조세심판원	14	경수현	부산청	400
강창희	제주서	442	강혜령	진주서	436	경재찬	용인서	193
강채업	목포서	343	강혜리	예산서	303	경지민	청주서	286
강철구	진주서	437	강혜린	광산서	322	경지수	의정부서	255
강체윤	송파서	130	강혜린	진주서	436	계예슬	충주서	289
강초희	순천서	344	강혜림	동대문서	112	계준범	양천서	133
강태경	시흥서	184	강혜성	서대문서	122	계현희	강서서	98
강태규	김해서	432	강혜송	남원서	330	계희재	고양서	242

이름	소속	쪽	이름	소속	쪽	이름	소속	쪽
고 결	국세청	23	고병덕	평택서	198	고영수	은평서	140
고 현	서인천서	235	고병렬	진주서	436	고영숙	영등포서	136
고강민	역삼서	134	고병석	서대문서	122	고영욱	중부청	166
고경균	상담센터	57	고병열	영주서	388	고영일	대전청	263
고경만	서대문서	122	고병재	중부청	158	고영임	서대전서	279
고경수	국세청	40	고병준	대전청	269	고영조	제주서	442
고경아	동화성서	203	고병준	분당서	178	고영주	인천청	225
고경아	중부청	152	고보해	송파서	131	고영준	동울산서	426
고경진	중부청	166	고복님	광주청	314	고영지	송파서	131
고계명	진주서	437	고봉국	제주서	442	고영철	동수원서	175
고광덕	서울청	65	고봉균	부천서	251	고영필	안산서	186
고광철	동울산서	426	고부경	광산서	323	고영환	고양서	242
고광현	김천서	380	고빛나	동화성서	203	고영훈	용산서	139
고광환	대구청	361	고상권	파주서	256	고예나	제주서	443
고규진	제주서	442	고상기	청주서	286	고예지	서울청	81
고균석	나주서	340	고상석	성북서	128	고완구	용산서	139
고근수	서울청	62	고상석	세재실	8	고완병	서울청	83
고근희	상담센터	57	고상용	고양서	242	고우성	서초서	125
고기태	북대구서	371	고상현	서울청	76	고운이	중부청	158
고기훈	상담센터	56	고상희	수영서	421	고원정	상담센터	56
고길현	순천서	344	고서연	광산서	323	고유경	국세청	18
고남우	육규한	391	고석중	국세청	36	고유경	인천서	231
고다혜	동안양서	176	고식철	인천서	231	고유나	동작서	114
고당훈	국세청	49	고석춘	북전주서	333	고유나	인천청	228
고대근	인천청	225	고석희	북대전서	277	고유림	제주서	442
고대훈	국세청	23	고선미	광주청	314	고유영	반포서	118
고덕상	국세청	20	고선주	군산서	329	고유진	화성서	200
고덕환	김포서	246	고선주	전주서	336	고윤석	동화성서	202
고동현	인천청	225	고선하	국세청	30	고윤아	남양주서	172
고동환	부산청	399	고선혜	인천청	221	고윤학	동울산서	427
고만수	마포서	116	고설민	서인천서	234	고윤형	동안양서	177
고명성	양천서	132	고성순	도봉서	111	고은경	수영서	421
고명수	서울청	87	고성진	예산서	303	고은비	안산서	186
고명순	창원서	438	고성헌	반포서	118	고은선	안양서	190
고명진	서부산서	418	고성희	고양서	243	고은선	중부청	154
고명현	인천서	231	고수민	역삼서	134	고은주	구로서	103
고명효	서울청	90	고수영	광산서	322	고은지	중랑서	146
고명훈	대전청	266	고수영	교육원	53	고은혜	중부청	166
고명훈	서인천서	235	고순태	육규한	390	고은희	김포서	247
고문수	광주서	320	고승욱	서울청	86	고의환	대전청	267
고미경	노원서	108	고승현	세종서	298	고의환	전주서	337
고미량	서울청	66	고승희	조세연	454	고인수	성남서	181
고민경	동화성서	203	고아라	서초서	125	고인식	동울산서	427
고민경	의정부서	254	고아라	안산서	186	고일명	국세청	19
고민경	인천서	230	고아영	강남서	95	고재국	서울청	75
고민석	노원서	109	고양숙	중부청	156	고재근	남대구서	365
고민수	서인천서	234	고연우	김포서	246	고재민	서울청	82
고민지	반포서	118	고영경	청주서	287	고재봉	북대구서	370
고민지	서울청	74	고영남	제주서	442	고재성	광주서	321
고민철	대전청	271	고영록	남부천서	252	고재우	세종서	299
고민철	동청주서	281	고영배	제주서	442	고재윤	중부청	160
고민하	제주서	442	고영상	서울청	74	고재환	해남서	350
고배영	남동서	239	고영석	수성서	368	고정근	광명서	244

이름	소속	쪽	이름	소속	쪽	이름	소속	쪽
고정란	강남서	95	고호석	국세청	43	곽귀명	김해서	432
고정선	강서서	98	고흥주	진주서	436	곽길영	시흥서	184
고정수	도봉서	111	고희경	서울청	72	곽다혜	창원서	439
고정애	부산진서	412	고희선	은평서	140	곽동대	서울청	63
고정연	국세청	47	고희주	제주서	442	곽동윤	구로서	102
고정은	국세청	32	공기영	금천서	104	곽동훈	서인천서	234
고정주	남동서	239	공다인	광주서	320	곽락원	홍천서	216
고정진	강동서	96	공대귀	북광주서	325	곽무철	국세청	49
고정환	대전청	268	공덕환	서울청	64	곽문희	대전서	274
고종관	광명서	245	공동준	세제실	6	곽미경	송파서	130
고종원	북부산서	414	공미경	동울산서	426	곽미나	서울청	70
고종철	세종서	298	공미영	북부산서	414	곽미선	전주서	337
고주석	국세청	34	공미자	북전주서	333	곽미송	중부청	154
고주연	서초서	124	공민석	김해서	433	곽미숙	김해서	432
고주환	부산청	394	공민지	인천청	220	곽민경	구미서	378
고준석	서울청	74	공민호	부산진서	412	곽민경	순천서	344
고지원	제주서	442	공병국	목포서	343	곽민석	동작서	114
고지은	제주서	442	공보선	진주서	436	곽민석	울산서	428
고지현	조세연	449	공석룡	중부청	164	곽민정	서울청	89
고지현	중부청	166	공석환	중부청	153	곽민정	성북서	129
고진곤	부평서	233	공선미	상담센터	58	곽민지	대전서	274
고진수	거창서	431	공선영	기흥서	194	곽민혜	국세청	24
고진수	군산서	329	공선영	남대문서	106	곽민호	광산서	323
고진숙	기흥서	194	공성웅	대구청	354	곽병길	종로서	145
고창기	제주서	443	공성원	양산서	408	곽병철	중부청	154
고창수	조세연	451	공신혜	수원서	182	곽보경	이천서	196
고창수	조세연	453	공영은	평택서	198	곽봉섭	강동서	96
고창우	제주서	442	공요환	조세연	455	곽상민	조세심판원	12
고채영	광주서	320	공용성	계양서	240	곽새미	북광주서	324
고천호	영동서	282	공원재	인천청	220	곽성용	계양서	241
고태영	역삼서	135	공원택	아산서	300	곽성순	반포서	118
고태일	노원서	108	공윤미	경산서	374	곽세욱	금정서	406
고태혁	김해서	433	공은주	북대전서	277	곽세운	남대문서	106
고택수	교육원	52	공을상	부산진서	412	곽수연	역삼서	134
고필권	전주서	336	공인호	동대구서	366	곽수진	평택서	199
고한빛	북전주서	332	공자빈	역삼서	135	곽승훈	인천청	221
고혁준	송파서	131	공정원	남대구서	365	곽영경	국세청	37
고현숙	강서서	99	공주희	서초서	124	곽영근	김해서	432
고현숙	분당서	179	공지훈	지방세제	446	곽영미	중부서	149
고현웅	노원서	108	공진배	역삼서	134	곽용석	동대문서	112
고현일	강서서	99	공채원	수원서	183	곽용석	마산서	435
고현재	군산서	328	공태운	마포서	117	곽용세	충주서	289
고현주	강서서	99	공태웅	고양서	242	곽용은	교육원	52
고현주	관악서	101	공현주	서울청	85	곽용재	순천서	346
고현주	울산서	428	공혜민	서대구서	372	곽우정	수영서	421
고현주	중부청	156	공효신	송파서	131	곽원욱	조세연	451
고현준	서울청	76	공효정	중부청	154	곽원일	부산진서	412
고현호	남동서	239	공휘람	양산서	409	곽윤영	창원서	438
고형관	반포서	118	공희현	인천서	230	곽윤정	고양서	243
고혜진	국세청	46	곽 훈	구리서	170	곽윤정	안양서	190
고혜진	남원서	330	곽건우	중부산서	423	곽윤희	구로서	103
고혜진	잠실서	142	곽경미	동수원서	174	곽은미	창원서	439
고호경	화성서	201	곽경훈	역삼서	134	곽은선	동수원서	174

이름	소속	쪽
권기수	강남서	94
권기연	마포서	116
권기완	인천청	227
권기정	중부청	158
권기주	이천서	197
권기중	세제실	8
권기현	노원서	108
권기홍	은평서	140
권나율	구미서	378
권다혜	부천서	251
권대근	대전청	271
권대명	서대구서	372
권대식	용산서	138
권대영	고양서	243
권대웅	용인서	192
권대호	대구청	360
권대훈	육규한	390
권덕환	수성서	368
권도진	고양서	243
권도현	인천서	230
권동민	동울산서	427
권동원	대전청	268
권두홍	포천서	259
권륜아	북전주서	332
권명윤	대전청	269
권문경	화성서	200
권미경	종로서	144
권미경	중부청	154
권미애	동수원서	175
권미연	조세연	453
권미영	안동서	384
권미정	양산서	408
권미희	중부청	164
권민경	분당서	178
권민규	대구청	355
권민선	동작서	115
권민선	성남서	180
권민수	구로서	102
권민수	동작서	114
권민수	분당서	178
권민재	고양서	242
권민정	국세청	47
권민정	동대구서	367
권민정	서울청	66
권민정	영주서	388
권민지	강남서	94
권민지	서초서	124
권민철	반포서	118
권민형	동청주서	280
권범준	성남서	180
권범진	양천서	132
권병묵	인천청	224
권병수	동울산서	426
권병일	대구청	358
권병준	조세심판원	15
권병학	세제실	8
권보란	마산서	434
권보성	금천서	105
권보현	은평서	140
권부환	강남서	94
권상빈	안동서	384
권상수	부산청	399
권상일	여수서	348
권서영	서인천서	235
권서영	성남서	180
권석용	충주서	288
권석주	서울청	85
권석현	구로서	102
권선정	조세연	451
권선주	부산진서	413
권선화	동화성서	202
권설진	서울청	64
권성구	북대구서	371
권성대	서초서	125
권성미	남부천서	253
권성오	조세연	449
권성오	조세연	450
권성준	부산청	404
권성준	조세연	449
권성준	조세연	450
권성표	진주서	437
권성현	서대구서	372
권성호	김해서	432
권세혁	중랑서	146
권소연	광산서	322
권소연	남부천서	252
권소연	대구청	358
권소현	평택서	199
권수경	마산서	435
권수진	익산서	335
권수현	해운대서	424
권순규	부평서	232
권순근	구미서	379
권순락	중부청	159
권순모	대구청	356
권순배	세제실	6
권순식	북대구서	370
권순엽	삼성서	121
권순영	동울산서	427
권순일	아산서	300
권순일	용산서	138
권순재	잠실서	142
권순찬	마포서	117
권순형	상주서	383
권순호	강서서	99
권순홍	대구청	357
권순환	서인천서	234
권승소	춘천서	215
권승희	경기광주서	169
권아영	연수서	236
권영균	부평서	232
권영대	동대구서	367
권영록	부산청	402
권영림	중부청	156
권영민	동래서	411
권영빈	평택서	198
권영서	평택서	198
권영선	상담센터	56
권영숙	북대구서	371
권영승	서울청	90
권영은	안산서	186
권영인	시흥서	185
권영조	대전서	275
권영주	서울청	72
권영진	구로서	103
권영진	안산서	186
권영진	중부청	163
권영철	마산서	435
권영칠	마포서	117
권영한	안동서	384
권영호	동안양서	176
권영훈	광주서	320
권영훈	국세청	36
권영훈	권익위	448
권영희	남부천서	253
권예리	수원서	182
권예림	경기광주서	168
권예원	잠실서	142
권예은	인천서	230
권예지	종로서	144
권오광	남양주서	173
권오광	동작서	114
권오규	안동서	384
권오민	노원서	108
권오봉	서울청	79
권오상	서울청	62
권오석	중부서	149
권오성	성동서	126
권오성	청주서	286
권오신	서대구서	373
권오정	영등포서	137
권오진	중부청	156
권오찬	충주서	289
권오찬	포천서	259
권오현	강남서	94
권오현	영등포서	136
권오현	조세심판원	14
권오홍	서울청	62
권옥기	국세청	45

권용덕	동대구서	367	권정희	마포서	117	권혁준	인천청	224
권용상	노원서	108	권종기	동대문서	112	권혁진	도봉서	110
권용익	도봉서	111	권종욱	역삼서	134	권혁찬	삼척서	206
권용택	영주서	388	권주희	서울청	63	권혁찬	서울청	87
권용학	구로서	103	권준경	대전청	267	권혁희	천안서	304
권용훈	상담센터	56	권준용	김천서	381	권현목	상주서	383
권우건	영등포서	137	권준혁	육규한	391	권현서	성동서	127
권우태	국세청	31	권준혜	육규한	390	권현식	서초서	125
권우택	도봉서	111	권준화	동작서	114	권현신	금천서	104
권원호	대전청	267	권중훈	시흥서	184	권현옥	서울청	71
권유림	세재실	8	권지숙	영덕서	386	권현정	화성서	200
권유미	삼성서	120	권지용	평택서	198	권현주	권익위	448
권유빈	대전청	262	권지원	경주서	376	권현주	남대구서	365
권유심	북대구서	370	권지원	의정부서	255	권현택	인천서	230
권유화	금정서	407	권지은	종로서	145	권현회	이천서	197
권윤구	국세청	42	권지은	창원서	439	권현희	서울청	81
권윤섭	마포서	116	권지혜	동울산서	427	권혜경	홍천서	217
권윤호	동울산서	427	권진록	역삼서	135	권혜련	광명서	245
권윤회	용산서	138	권진솔	중부청	162	권혜미	삼성서	120
권윤희	동작서	115	권진아	부산청	399	권혜민	동수원서	175
권윤희	세종서	298	권진영	충주서	289	권혜수	서부산서	419
권은경	국세청	41	권진옥	지방세제	447	권혜연	서울청	71
권은경	남동서	238	권진혁	강서서	99	권혜연	천안서	304
권은경	대구청	355	권진혁	국세청	21	권혜영	성남서	180
권은경	마산서	434	권창위	동안산서	189	권혜원	예산서	302
권은경	종로서	145	권창현	김해서	433	권혜정	국세청	41
권은숙	군산서	329	권창호	상담센터	56	권혜정	서울청	82
권은숙	금천서	104	권채윤	서울청	65	권혜지	대전청	262
권은순	안동서	385	권철균	평택서	198	권혜지	반포서	118
권은영	세재실	7	권충구	서울청	67	권혜화	인천서	230
권은영	역삼서	134	권태민	대전서	275	권호경	경산서	374
권은정	남양주서	173	권태우	성동서	126	권호용	천안서	305
권은정	진주서	437	권태원	동래서	411	권효정	인천서	231
권은호	삼성서	120	권태윤	서울청	78	권효준	삼성서	120
권이혁	용인서	193	권태인	용산서	138	권흥일	경기광주서	169
권익근	부산청	404	권태인	은평서	141	권희갑	용인서	192
권익현	금정서	407	권태준	용산서	138	권희숙	이천서	196
권인석	경산서	375	권태혁	구미서	378	권희은	서울청	81
권인숙	대전청	265	권태훈	통영서	440	금가비	반포서	119
권인오	목포서	343	권택경	중부청	152	금기태	충주서	288
권자인	고양서	242	권택만	강릉서	205	금다정	육규한	390
권재선	동작서	115	권택형	경기광주서	169	금대호	영주서	389
권재효	세제실	9	권해영	서울청	70	금도훈	부산청	394
권정교	조세연	450	권혁도	수성서	368	금동선	지방세제	446
권정기	동작서	115	권혁란	남부천서	252	금민서	구미서	378
권정석	경기광주서	169	권혁빈	종로서	144	금민진	은평서	140
권정석	서대구서	373	권혁성	서초서	125	금병호	부산청	394
권정순	서울청	71	권혁수	공주서	290	금봉호	동대문서	113
권정애	조세연	455	권혁순	역삼서	135	금상화	수원서	183
권정용	남원서	330	권혁일	해남서	350	금승수	용산서	139
권정우	구로서	103	권혁주	경기광주서	168	금영송	대전청	269
권정운	마포서	117	권혁주	천안서	304	금윤순	북전주서	332
권정은	기흥서	194	권혁준	익산서	335	금인숙	해운대서	424

이름	소속	쪽	이름	소속	쪽	이름	소속	쪽
금잔디	동대문서	112	김 윤	서울청	81	김강휘	금천서	104
금종희	영동서	282	김 인	대구청	354	김강휘	이천서	197
금진희	강남서	94	김 준	서울청	88	김건식	강서서	98
금현정	역삼서	135	김 준	인천서	230	김건영	국세청	40
금현지	천안서	304	김 진	부산진서	412	김건영	세제실	9
기남국	북광주서	324	김 진	진주서	437	김건우	구리서	170
기노선	분당서	178	김 찬	안산서	187	김건우	국세청	25
기대원	남원서	331	김 찬	은평서	141	김건우	양산서	408
기두현	수원서	182	김 철	서울청	65	김건우	용산서	138
기민아	광주청	311	김 혁	영등포서	137	김건우	중부청	161
기민정	세종서	299	김 현	동울산서	426	김건웅	고양서	243
기승호	남부천서	252	김 현	서초서	125	김건웅	영등포서	136
기아람	파주서	257	김 현	정읍서	338	김건중	상담센터	56
기연희	남원서	330	김 호	부산청	394	김건형	인천서	231
기영준	인천서	231	김 호	부산청	404	김건호	김포서	247
기은지	광주서	320	김 호	역삼서	135	김건호	분당서	178
기은진	서대문서	123	김 호	파주서	256	김건희	부천서	251
기재희	서울청	89	김 환	광주청	310	김경국	동대문서	113
기중화	양천서	132	김 환	시흥서	185	김경난	구리서	170
기태경	서울청	86	김 훈	동대구서	367	김경남	김천서	381
기하민	나주서	340	김 훈	순천서	347	김경달	중부서	149
기회훈	예산서	302	김 훈	인천청	228	김경대	북부산서	415
길기윤	서대전서	278	김 훈	평택서	199	김경덕	남대문서	106
길동환	인천서	230	김 경우	부산진서	412	김경돈	춘천서	215
길미정	동고양서	248	김 경우양산서		409	김경두	용산서	138
길민석	서울청	89	김가람	국세청	46	김경라	도봉서	111
길민선	조세연	449	김가람	인천청	225	김경란	분당서	178
길성구	동대구서	366	김가령	해운대서	425	김경란	원주서	213
길수정	인천청	224	김가림	도봉서	111	김경랑	중부청	160
길영은	동대문서	113	김가민	용인서	192	김경례	광주청	313
길요한	이천서	196	김가연	심포서	246	김경록	국세청	20
길은영	부천서	250	김가연	용인서	192	김경록	도봉서	110
길혜선	잠실서	143	김가영	김해서	432	김경록	삼척서	207
김 강	경기광주서	169	김가영	마포서	116	김경림	대구청	359
김 권	중랑서	146	김가영	서대문서	122	김경만	수원서	183
김 란	서울청	62	김가영	성북서	128	김경모	기흥서	195
김 린	동화성서	202	김가영	연수서	236	김경모	은평서	141
김 미	경주서	377	김가원	중부청	160	김경무	부산청	402
김 민	시흥서	184	김가원	충주서	289	김경미	구로서	102
김 민	인천청	220	김가윤	안양서	191	김경미	대전청	263
김 봄	기흥서	194	김가은	동청주서	280	김경미	분당서	179
김 산	강릉서	205	김가은	마산서	434	김경미	서울청	91
김 선	평택서	198	김가은	부산청	399	김경미	영등포서	137
김 솔	김해서	432	김가이	역삼서	135	김경미	인천청	222
김 솔	송파서	130	김가인	강릉서	205	김경민	국세청	27
김 숙	울산서	429	김감채	고양서	243	김경민	국세청	41
김 영	서대문서	123	김갑이	동울산서	427	김경민	기흥서	195
김 완	중부청	165	김강미	분당서	178	김경민	동작서	115
김 용	관악서	101	김강산	용인서	193	김경민	부산강서서	417
김 웅	고양서	243	김강주	원주서	213	김경민	부산청	403
김 웅	은평서	140	김강현	잠실서	143	김경민	여수서	348
김 웅	중부청	153	김강훈	국세청	39	김경민	역삼서	134
김 윤	서울청	74	김강훈	삼성서	120	김경민	용인서	193

이름	소속	쪽	이름	소속	쪽	이름	소속	쪽
김경민	인천청	223	김경진	동작서	114	김관우	남동서	238
김경민	중부청	162	김경진	부산청	399	김관태	육규한	391
김경복	서울청	77	김경진	서부산서	419	김관형	수성서	369
김경빈	논산서	292	김경진	안양서	191	김관호	남원서	330
김경석	수성서	368	김경철	국세청	40	김관홍	인천청	224
김경선	국세청	24	김경철	부산청	404	김광괄	북전주서	332
김경선	부산청	397	김경태	구로서	102	김광대	원주서	212
김경선	성북서	129	김경태	국세청	36	김광덕	동울산서	426
김경성	동대문서	112	김경태	금천서	105	김광래	국세청	21
김경수	대구청	354	김경태	수영서	421	김광련	수성서	368
김경수	조세심판원	13	김경택	대구청	357	김광록	강남서	95
김경숙	광산서	323	김경필	서울청	70	김광묵	속초서	208
김경숙	동래서	411	김경하	강동서	96	김광미	삼성서	121
김경숙	동안양서	176	김경한	대구청	354	김광미	종로서	144
김경숙	동작서	114	김경해	국세청	19	김광민	중부청	155
김경숙	서울청	75	김경향	분당서	179	김광석	남대문서	106
김경숙	성남서	181	김경현	남대구서	364	김광석	수성서	369
김경숙	예산서	302	김경현	송파서	131	김광섭	광주서	321
김경숙	홍천서	217	김경현	여수서	349	김광섭	충주서	288
김경승	마산서	435	김경현	이천서	197	김광성	광산서	322
김경식	남대구서	365	김경혜	강서서	99	김광성	북광주서	324
김경식	종로서	145	김경호	서울청	87	김광수	서울청	64
김경아	국세청	22	김경호	천안시	304	김광수	서울청	68
김경아	노원서	109	김경화	동울산서	426	김광순	대전청	265
김경아	동대문서	113	김경화	부산청	401	김광식	김포서	246
김경아	안산서	187	김경환	교육원	52	김광식	삼척서	206
김경아	역삼서	134	김경환	은평서	141	김광연	고양서	243
김경아	의정부서	254	김경환	전주서	336	김광영	광명서	245
김경애	세종서	298	김경환	홍성서	306	김광용	춘천서	215
김경애	인천청	221	김경훈	남대구서	364	김광준	중부청	158
김경업	강서서	98	김경훈	서울청	63	김광천	김포서	246
김경업	동고양서	249	김경훈	조세연	452	김광태	중부청	153
김경연	성남서	181	김경훈	중부청	166	김광현	금천서	105
김경오	서대전서	278	김경훈	춘천서	214	김광현	북광주서	325
김경옥	부산강서서	416	김경희	대구청	354	김광현	상주서	382
김경옥	서울청	91	김경희	성북서	129	김광현	서울청	76
김경용	김해서	432	김경희	안산서	187	김광현	중부청	159
김경욱	서대문서	122	김경희	양천서	132	김광현	해남서	350
김경원	노원서	109	김경희	양천서	133	김광혜	중부청	158
김경원	성동서	127	김경희	익산서	335	김광호	강남서	94
김경은	거창서	431	김경희	파주서	256	김광호	순천서	345
김경은	반포서	118	김계영	송파서	130	김광환	성동서	127
김경은	익산서	335	김계영	창원서	438	김광희	군산서	329
김경이	김해서	432	김계정	의정부서	254	김교민	영덕서	387
김경익	중랑서	147	김계희	국세청	26	김교성	안양서	191
김경인	송파서	130	김고은	구로서	103	김구름	서울청	64
김경인	통영서	440	김고은	부산청	402	김구봉	천안서	304
김경일	원주서	212	김고은	서울청	65	김구하	대구청	357
김경임	광주청	313	김고환	동대문서	112	김구호	구리서	170
김경자	노원서	108	김고희	기흥서	194	김구환	양산서	408
김경주	광주청	310	김공해	광산서	322	김국성	홍천서	216
김경준	포천서	259	김관수	충주서	288	김국현	동안양서	176
김경진	국세청	31	김관오	북전주서	332	김국현	동청주서	281

김국현	인천청	220
김권하	북부산서	415
김귀종	전주서	337
김규리	구로서	103
김규리	구미서	378
김규림	파주서	257
김규민	마산서	434
김규성	강서서	98
김규성	양천서	132
김규수	북대구서	371
김규식	대구청	355
김규완	마포서	116
김규원	동수원서	175
김규원	영동서	282
김규원	인천청	225
김규진	노원서	108
김규진	대구청	356
김규진	진주서	437
김규태	광주서	320
김규표	광산서	322
김규한	해운대서	424
김규혁	동화성서	203
김규현	육규한	390
김규호	남양주서	173
김규호	서인천서	234
김규환	서울청	88
김규희	경기광주서	169
김규희	남동서	238
김균열	광산서	323
김균태	대전서	274
김극돈	서울청	89
김근수	동고양서	249
김근수	중부청	157
김근아	대전청	270
김근영	고양서	242
김근우	나주서	340
김근우	포천서	259
김근하	청주서	286
김근한	평택서	199
김근형	육규한	390
김근화	고양서	242
김근환	충주서	289
김금립	세종서	298
김금순	부산진서	412
김금영	여수서	348
김금정	북광주서	324
김금주	동래서	410
김기남	영등포서	137
김기덕	경기광주서	168
김기덕	노원서	108
김기동	전주서	337
김기동	정읍서	338
김기만	양천서	133

김기미	서대전서	279
김기미	서초서	124
김기민	구리서	171
김기배	동화성서	203
김기범	울산서	428
김기선	서울청	77
김기선	안양서	190
김기성	예산서	303
김기송	인천서	230
김기숙	서대전서	278
김기식	서인천서	234
김기식	중부청	152
김기아	광산서	323
김기업	김해서	433
김기연	은평서	141
김기열	종로서	144
김기영	평택서	199
김기완	포천서	258
김기웅	이천서	196
김기은	교육원	53
김기은	용산서	138
김기정	광주청	316
김기중	동래서	411
김기중	서초서	125
김기천	잠실서	143
김기태	서울청	71
김기태	제천서	284
김기현	서울청	76
김기현	용산서	138
김기형	대구청	360
김기홍	서울청	82
김기홍	이천서	197
김기홍	조세심판원	12
김기환	남부천서	252
김기환	노원서	108
김기환	수원서	183
김기환	아산서	300
김기훈	부평서	232
김기훈	중부청	163
김길선	양산서	408
김길영	대구청	360
김길희	영주서	388
김꽃말	서울청	74
김나겸	해운대서	424
김나경	동수원서	175
김나나	중랑서	147
김나래	통영서	440
김나리	서울청	80
김나리아	천안서	305
김나미	동고양서	249
김나연	국세청	48
김나연	금천서	105
김나연	서울청	69

김나연	서초서	124
김나연	역삼서	134
김나영	구리서	171
김나영	구미서	378
김나영	국세청	30
김나영	국세청	48
김나영	김해서	433
김나영	대구청	360
김나영	부산청	399
김나영	부천서	250
김나영	성동서	126
김나영	역삼서	134
김나영	울산서	428
김나영	조세연	453
김나영	조세연	454
김나예	이천서	196
김나윤	남양주서	172
김나은	남동서	239
김나은	북대전서	277
김나은	북부산서	415
김나현	동안양서	176
김나현	동울산서	426
김나현	동울산서	427
김나현	마산서	435
김나현	상담센터	59
김나현	서울청	86
김나현	성동서	126
김나현	수영서	421
김나휘	춘천서	214
김나희	대전서	274
김낙용	중부서	149
김난경	종로서	144
김난미	서울청	64
김난영	구리서	171
김난영	통영서	440
김난유	조세연	453
김난주	상주서	382
김난형	중랑서	147
김난희	부산청	403
김난희	서초서	125
김남구	서초서	124
김남규	대구청	356
김남덕	군산서	329
김남배	진주서	436
김남수	북광주서	324
김남연	경주서	377
김남열	중부청	164
김남영	부산청	394
김남영	중부청	154
김남용	국세청	27
김남은	파주서	256
김남이	광주청	310
김남이	화성서	200

김남정	동대구서	366	김다정	삼성서	121	김대철	동래서	410
김남정	역삼서	134	김다현	도봉서	111	김대철	서울청	82
김남주	성북서	129	김다현	마산서	434	김대철	지방세제	446
김남주	시흥서	184	김다현	송파서	131	김대학	광주서	321
김남주	안산서	186	김다현	제천서	284	김대혁	안산서	187
김남주	원주서	212	김다형	연수서	237	김대현	나주서	341
김남준	제주서	443	김다혜	광산서	322	김대현	마산서	434
김남중	부평서	233	김다혜	지방세제	446	김대현	성동서	127
김남중	세종서	299	김다혜	청주서	286	김대현	의정부서	254
김남철	의정부서	255	김다혜	해남서	350	김대현	포천서	259
김남헌	경기광주서	169	김다희	서부산서	418	김대호	북광주서	324
김남현	북부산서	415	김다희	평택서	198	김대호	서울청	86
김남호	경기광주서	169	김단비	기흥서	195	김대환	구로서	103
김남훈	보령서	294	김단비	목포서	343	김대환	국세청	32
김남훈	종로서	145	김단아	서대구서	372	김대환	동안산서	189
김남희	관악서	101	김단아	용산서	138	김대훈	대구청	354
김남희	남양주서	173	김달님	춘천서	215	김대훈	성북서	129
김남희	동래서	410	김달유	조세연	450	김대훈	제주서	442
김남희	서대문서	122	김대관	김포서	246	김대희	강서서	99
김내리	서울청	74	김대길	노원서	108	김대희	마산서	435
김내현	서초서	125	김대범	인천청	225	김대희	부산강서서	416
김년성	마산서	435	김대범	인천청	227	김덕교	인천청	223
김년호	서대전서	278	김대석	익산시	334	김덕규	농청수서	280
김노섭	서울청	86	김대성	동대구서	367	김덕기	강서서	98
김누리	성남서	181	김대업	남대구서	365	김덕년	경주서	377
김다람	화성서	200	김대연	동수원서	175	김덕민	천안서	304
김다랑	조세연	452	김대연	세제실	9	김덕봉	부산진서	412
김다미	서초서	124	김대연	울산서	428	김덕성	금정서	407
김다민	서울청	82	김대연	중랑서	147	김덕영	대전청	264
김다빈	수영서	421	김대열	수성서	369	김덕원	진주서	436
김다빈	원주서	212	김대엽	중부산서	423	김덕은	서울청	81
김다솔	기흥서	195	김대영	남동서	238	김덕진	북전주서	333
김다솔	분당서	178	김대영	서대구서	372	김덕진	서울청	68
김다솜	서울청	88	김대옥	강릉서	205	김덕현	대구청	359
김다솜	천안서	304	김대옥	부산청	399	김덕호	광주청	310
김다연	금천서	104	김대용	서대문서	123	김덕환	북대구서	371
김다연	춘천서	214	김대우	서울청	72	김도경	반포서	118
김다영	강릉서	205	김대우	서울청	76	김도경	세제실	6
김다영	강서서	98	김대욱	인천서	231	김도경	화성서	200
김다영	동대문서	113	김대운	동청주서	280	김도곤	육규한	390
김다영	동안산서	189	김대원	교육원	52	김도곤	해운대서	424
김다영	북광주서	325	김대원	동래서	411	김도균	은평서	141
김다영	서인천서	234	김대원	동작서	115	김도균	중부산서	422
김다영	안산서	187	김대원	부산진서	412	김도균	포천서	259
김다영	평택서	199	김대윤	서울청	83	김도년	거창서	431
김다예	남원서	330	김대일	고양서	242	김도민	남대구서	365
김다예	양산서	408	김대일	광주청	314	김도숙	남대구서	365
김다운	마산서	435	김대일	부산청	394	김도암	창원서	439
김다운	중부청	152	김대준	서초서	124	김도애	포천서	259
김다원	관악서	100	김대중	동대구서	366	김도연	강서서	98
김다은	서울청	73	김대중	종로서	145	김도연	경기광주서	169
김다이	중부청	154	김대진	서울청	65	김도연	경주서	377
김다정	강동서	96	김대진	세종서	298	김도연	나주서	340

이름	소속	쪽	이름	소속	쪽	이름	소속	쪽
김도연	부산청	402	김동련	홍천서	217	김동은	용산서	138
김도연	북부산서	414	김동만	남대문서	106	김동일	동래서	410
김도연	삼성서	120	김동민	경기광주서	169	김동일	북대전서	276
김도연	서울청	62	김동민	부산청	403	김동조	중부청	159
김도연	육규한	390	김동민	세종서	298	김동준	김포서	246
김도연	제주서	443	김동범	도봉서	110	김동준	부천서	250
김도연	중랑서	146	김동범	동대구서	367	김동준	인천청	227
김도연	천안서	305	김동범	북대구서	371	김동준	중부청	161
김도엽	강동서	97	김동빈	서울청	84	김동직	역삼서	134
김도영	국세청	41	김동석	경기광주서	169	김동진	삼성서	120
김도영	군산서	328	김동선	순천서	346	김동진	서인천서	235
김도영	마산서	435	김동수	국세청	24	김동진	성북서	129
김도영	잠실서	143	김동수	국세청	49	김동진	용인서	192
김도원	수원서	183	김동수	기흥서	194	김동진	인천청	226
김도윤	부산진서	413	김동수	북부산서	415	김동찬	안동서	385
김도윤	서울청	77	김동수	서인천서	235	김동철	강남서	94
김도윤	파주서	256	김동식	속초서	208	김동춘	안동서	384
김도헌	마산서	435	김동신	부산청	394	김동하	도봉서	110
김도헌	북부산서	414	김동신	수영서	420	김동한	부산청	399
김도헌	울산서	429	김동신	해남서	350	김동한	수영서	420
김도헌	중부청	166	김동업	부산청	402	김동혁	대전청	265
김도혁	경산서	374	김동연	부산진서	413	김동현	계양서	241
김도현	조세연	453	김동열	서인천서	235	김동현	국세청	31
김도현	국세청	45	김동열	용인서	192	김동현	국세청	44
김도현	동수원서	175	김동엽	동수원서	174	김동현	대전서	275
김도현	평택서	199	김동영	금천서	105	김동현	동래서	410
김도협	인천청	226	김동영	동대구서	366	김동현	부산청	398
김도형	경주서	376	김동영	부산청	396	김동현	서울청	62
김도형	남양주서	172	김동완	삼성서	120	김동현	성동서	126
김도형	반포서	119	김동완	영등포서	136	김동현	성동서	127
김도형	부산청	398	김동우	고양서	242	김농현	성북서	129
김도형	파주서	257	김동우	국세청	21	김동현	세재실	9
김도훈	경기광주서	169	김동우	기흥서	194	김동현	수성서	369
김도훈	광산서	323	김동우	김해서	432	김동현	양산서	409
김도훈	국세청	26	김동우	분당서	179	김동현	인천청	228
김도훈	동작서	114	김동욱	강동서	97	김동현	중부청	162
김도훈	북대구서	370	김동욱	구로서	102	김동현	창원서	438
김도훈	북대구서	371	김동욱	기흥서	195	김동현	충주서	289
김도훈	중부청	153	김동욱	대구청	354	김동형	보령서	295
김도희	국세청	18	김동욱	부산청	394	김동형	인천청	225
김도희	동고양서	249	김동욱	삼성서	121	김동호	교육원	53
김도희	용인서	193	김동욱	서울청	73	김동호	중부청	159
김동건	양산서	409	김동욱	서울청	76	김동호	통영서	440
김동건	중부산서	423	김동욱	양산서	408	김동환	반포서	119
김동겸	동래서	410	김동원	구로서	102	김동환	서울청	71
김동구	서광주서	326	김동원	남대구서	364	김동환	서울청	88
김동구	중부청	165	김동원	부산강서서	417	김동환	역삼서	135
김동규	대전청	266	김동원	부산청	394	김동훈	공주서	291
김동근	남양주서	172	김동원	서초서	125	김동훈	남대구서	364
김동근	동청주서	280	김동원	조세심판원	14	김동훈	동대문서	112
김동근	울산서	428	김동윤	강릉서	204	김동훈	서울청	65
김동길	김해서	432	김동윤	국세청	26	김동휘	남부천서	252
김동길	통영서	440	김동윤	동안산서	189	김동희	경기광주서	169

김동희	안양서	191	김명수	송파서	131	김문정	조세연	450
김두곤	영주서	389	김명수	해운대서	424	김문철	제천서	285
김두리	이천서	196	김명숙	동수원서	175	김문형	수원서	183
김두섭	아산서	301	김명숙	서광주서	326	김문환	평택서	198
김두섭	조세심판원	13	김명숙	전주서	336	김문희	국세청	30
김두성	서대문서	123	김명숙	중랑서	146	김문희	동안산서	188
김두수	경기광주서	168	김명순	대전청	265	김문희	순천서	344
김두수	서울청	64	김명순	성동서	126	김미경	구로서	102
김두수	홍천서	216	김명열	서울청	75	김미경	국세청	25
김두식	부산청	402	김명원	대전청	266	김미경	군산서	328
김두연	세종서	299	김명윤	김해서	433	김미경	기흥서	194
김두연	중랑서	147	김명인	분당서	178	김미경	김해서	433
김두영	대구청	356	김명제	북대전서	277	김미경	동안산서	189
김두영	원주서	213	김명주	반포서	118	김미경	동울산서	427
김두정	구리서	170	김명준	부평서	232	김미경	삼성서	120
김두환	서울청	76	김명중	광산서	323	김미경	서광주서	326
김두희	동대문서	112	김명지	동래서	410	김미경	서울청	70
김두희	영덕서	386	김명진	대전청	262	김미경	서울청	75
김득수	광주청	312	김명진	대전청	264	김미경	영주서	389
김득중	국세청	42	김명진	서울청	88	김미경	용산서	139
김득화	인천서	230	김명진	성동서	127	김미나	국세청	20
김라영	마포서	116	김명진	인천청	226	김미나	노원서	108
김라온	올신시	429	김녕철	서대선서	278	김미나	마포서	117
김란주	중부청	162	김명철	해운대서	425	김미나	수원서	183
김래하	삼성서	120	김명호	안산서	187	김미나	인천청	227
김령도	마포서	117	김명화	남대문서	106	김미나	중부청	157
김령언	창원서	439	김명환	세제실	9	김미덕	노원서	109
김령우	동울산서	426	김명훈	동울산서	427	김미라	세종서	298
김로환	제천서	285	김명희	강남서	94	김미라	시흥서	185
김록수	김해서	432	김명희	광주청	316	김미란	관악서	100
김리완	통영서	440	김명희	송파서	130	김미란	남대문서	106
김마리아	통영서	441	김명희	용산서	138	김미란	도봉서	111
김만기	세재실	7	김명희	통영서	441	김미란	동화성서	202
김만덕	김포서	247	김몽경	동고양서	249	김미란	은평서	141
김만성	광주청	316	김묘정	동안양서	176	김미래	동수원서	175
김만숙	도봉서	110	김무남	파주서	257	김미량	대구청	356
김말숙	국세청	45	김무열	중부산서	423	김미령	안양서	190
김명경	거창서	430	김무영	제천서	285	김미례	서울청	85
김명경	거창서	431	김문건	세제실	6	김미리	목포서	342
김명경	인천청	224	김문균	영등포서	137	김미림	서울청	77
김명국	김천서	380	김문기	용산서	139	김미림	의정부서	254
김명규	잠실서	143	김문길	강동서	96	김미선	구리서	170
김명규	중부서	148	김문민	북대구서	370	김미선	남부천서	252
김명규	파주서	257	김문성	서울청	71	김미선	노원서	109
김명도	국세청	34	김문수	조세심판원	12	김미선	대전서	275
김명렬	부산진서	412	김문수	천안서	305	김미선	세제실	6
김명미	양산서	408	김문수	통영서	441	김미선	정읍서	339
김명선	부산진서	413	김문영	관악서	100	김미성	은평서	141
김명선	양천서	133	김문영	노원서	108	김미소	마산서	434
김명선	중부청	160	김문재	부산진서	413	김미소	서울청	74
김명선	해남서	350	김문정	부산진서	413	김미솔	제천서	285
김명섭	김해서	432	김문정	부산청	398	김미송	진주서	437
김명수	국세청	32	김문정	조세연	449	김미숙	강동서	96

김미숙	관악서	100	김미현	서대구서	373	김민선	강릉서	205
김미숙	김해서	432	김미현	시흥서	185	김민선	동고양서	248
김미숙	부산청	402	김미현	중부산서	423	김민선	동수원서	174
김미순	관악서	101	김미혜	동고양서	249	김민선	역삼서	134
김미아	부산청	395	김미화	광주서	321	김민선	중부청	158
김미애	광주청	312	김미희	강동서	96	김민선	충주서	289
김미애	동대구서	367	김미희	동안산서	189	김민섭	노원서	108
김미애	서울청	81	김미희	서부산서	418	김민성	남양주서	172
김미애	안산서	186	김미희	천안서	304	김민성	서산서	296
김미연	금천서	105	김민건	제주서	442	김민성	서초서	124
김미연	동대문서	113	김민경	광주청	310	김민성	중부청	164
김미연	동작서	114	김민경	국세청	24	김민수	강남서	94
김미연	북부산서	414	김민경	남대문서	106	김민수	구리서	170
김미연	서울청	71	김민경	동화성서	203	김민수	국세청	42
김미연	용산서	138	김민경	부산청	402	김민수	남대구서	365
김미영	조세연	453	김민경	북부산서	415	김민수	노원서	108
김미영	국세청	38	김민경	서울청	74	김민수	동대문서	112
김미영	김포서	247	김민경	양천서	132	김민수	반포서	118
김미영	김해서	432	김민경	용산서	139	김민수	부산강서서	417
김미영	부산진서	413	김민경	은평서	141	김민수	부산진서	412
김미영	서대전서	278	김민경	인천청	221	김민수	부산청	399
김미영	서울청	62	김민경	제주서	442	김민수	북부산서	414
김미영	서울청	72	김민경	조세연	450	김민수	서대문서	122
김미영	성동서	127	김민경	중부청	158	김민수	시흥서	184
김미영	수영서	420	김민경	중부청	162	김민수	인천청	220
김미영	순천서	344	김민관	동안양서	176	김민수	인천청	224
김미영	정읍서	338	김민관	서울청	67	김민수	해남서	350
김미영	평택서	198	김민광	도봉서	111	김민숙	관악서	100
김미옥	금정서	407	김민교	중부청	153	김민숙	김해서	433
김미옥	동울산서	427	김민국	구미서	379	김민승	북광주서	324
김미옥	울산서	429	김민규	세종서	298	김민식	영덕서	387
김미옥	인천서	231	김민규	용인서	193	김민아	강동서	96
김미옥	종로서	145	김민규	제주서	442	김민아	마포서	117
김미원	구로서	103	김민규	통영서	440	김민아	종로서	145
김미정	구로서	103	김민균	수원서	182	김민아	파주서	257
김미정	김해서	432	김민기	동안양서	177	김민애	경산서	374
김미정	도봉서	110	김민기	서대문서	122	김민애	인천서	231
김미정	동작서	115	김민래	역삼서	134	김민양	서울청	80
김미정	분당서	178	김민비	홍천서	217	김민영	강동서	96
김미정	서울청	63	김민상	고양서	242	김민영	국세청	22
김미정	성북서	128	김민상	동고양서	249	김민영	남대문서	107
김미정	연수서	237	김민서	창원서	438	김민영	부산청	395
김미정	제주서	442	김민석	강남서	94	김민영	삼성서	120
김미정	조세연	449	김민석	고양서	242	김민영	은평서	140
김미주	서울청	79	김민석	국세청	31	김민영	잠실서	143
김미지	부산진서	412	김민석	김해서	432	김민영	청주서	287
김미진	관악서	100	김민석	목포서	343	김민완	서인천서	234
김미진	광주청	312	김민석	북대구서	370	김민우	금천서	104
김미진	동대문서	112	김민석	서대전서	279	김민우	서울청	74
김미진	마산서	435	김민석	서부산서	419	김민욱	고양서	242
김미진	성동서	127	김민석	영등포서	136	김민웅	동대구서	367
김미향	동수원서	175	김민석	청주서	286	김민재	강릉서	204
김미현	대구청	361	김민선	강동서	97	김민재	광산서	322

이름	소속	쪽	이름	소속	쪽	이름	소속	쪽
김민재	금천서	104	김민주	서울청	68	김범석	파주서	256
김민재	김해서	432	김민주	서울청	70	김범수	조세연	455
김민재	부산청	399	김민주	영등포서	137	김범전	천안서	305
김민정	강남서	95	김민주	원주서	213	김범준	동안양서	176
김민정	강동서	96	김민주	중부산서	423	김범준	서울청	76
김민정	경기광주서	169	김민주	평택서	199	김범채	삼척서	206
김민정	광주서	321	김민준	강서서	98	김범철	국세청	21
김민정	광주청	311	김민준	구미서	378	김법열	광주서	320
김민정	국세청	45	김민준	동래서	411	김별나	구로서	103
김민정	금정서	407	김민준	북대전서	277	김별아	중부청	164
김민정	기흥서	194	김민준	양산서	408	김별진	서울청	71
김민정	김해서	433	김민준	조세연	450	김병곤	강릉서	204
김민정	남양주서	173	김민준	지방세제	447	김병관	인천서	231
김민정	대전서	275	김민중	남동서	238	김병권	국세청	22
김민정	동고양서	249	김민중	동안산서	189	김병규	김포서	247
김민정	동안산서	188	김민지	동래서	410	김병기	서광주서	327
김민정	동화성서	203	김민지	북대전서	276	김병기	서초서	125
김민정	부산청	394	김민지	서광주서	327	김병기	진주서	436
김민정	삼성서	120	김민지	서대구서	373	김병만	서초서	125
김민정	상주서	383	김민지	서울청	84	김병모	북대구서	371
김민정	서대구서	373	김민지	정읍서	338	김병무	광주서	320
김민정	서부산서	418	김민진	부산진서	412	김병민	연수서	237
김민정	서울청	76	김민진	서울청	64	김병삼	군산서	328
김민정	수성서	368	김민진	수영서	421	김병삼	부산청	403
김민정	순천서	344	김민창	대구청	354	김병석	경주서	376
김민정	안동서	385	김민채	전주서	336	김병석	역삼서	134
김민정	양천서	132	김민채	창원서	438	김병선	북부산서	414
김민정	용인서	193	김민철	광주청	312	김병성	진주서	437
김민정	울산서	429	김민철	남양주서	172	김병수	부산강서서	416
김민정	은평서	141	김민철	북대구서	370	김병수	부산진서	412
김민정	의정부서	254	김민태	남양주서	173	김병수	부천서	251
김민정	인천서	231	김민혁	경주서	376	김병수	육규한	390
김민정	중부청	162	김민형	금천서	105	김병식	국세청	24
김민정	지방세제	447	김민형	논산서	292	김병식	북대전서	277
김민정	충주서	288	김민형	서인천서	235	김병옥	의정부서	255
김민정	해운대서	424	김민혜	금천서	105	김병우	거창서	430
김민정	화성서	201	김민호	강릉서	205	김병우	서초서	125
김민제	중랑서	146	김민호	대구청	360	김병욱	경산서	375
김민조	동고양서	248	김민호	세재실	8	김병욱	구미서	379
김민주	강서서	98	김민후	부산청	398	김병욱	동래서	411
김민주	경기광주서	168	김민후	부평서	233	김병윤	금정서	407
김민주	경산서	375	김민희	강서서	99	김병윤	금천서	104
김민주	계양서	241	김민희	금정서	406	김병인	금정서	406
김민주	국세청	35	김민희	김포서	246	김병일	예산서	302
김민주	군산서	328	김민희	남양주서	172	김병일	용인서	193
김민주	금천서	104	김민희	동화성서	203	김병주	계양서	240
김민주	대구청	354	김민희	의정부서	254	김병주	김해서	432
김민주	동래서	410	김반디	시흥서	184	김병주	정읍서	339
김민주	부천서	251	김반석	교육원	52	김병주	중부청	161
김민주	북부산서	414	김백규	동안산서	188	김병준	서울청	63
김민주	분당서	178	김백승	북광주서	325	김병진	양천서	132
김민주	상주서	382	김범겸	분당서	178	김병찬	부산청	400
김민주	서대구서	372	김범구	대구청	355	김병찬	영등포서	137

김병찬	인천청	228	김보미	종로서	145	김부일	국세청	21
김병창	양산서	409	김보미	중부청	166	김부자	대구청	357
김병철	대전청	268	김보민	부산청	402	김분숙	부산청	398
김병철	세제실	7	김보배	구미서	378	김분희	기흥서	195
김병철	조세심판원	15	김보석	국세청	40	김붕호	충주서	288
김병철	창원서	439	김보석	마포서	116	김비주	강남서	94
김병철	충주서	289	김보선	연수서	237	김빛나	서울청	68
김병현	서울청	81	김보성	구리서	170	김빛누리	부평서	232
김병현	세종서	299	김보성	분당서	179	김빛마로	조세연	449
김병호	중부청	163	김보성	조세연	454	김빛마로	조세연	452
김병홍	용산서	138	김보송	남대문서	107	김사라	서부산서	418
김병환	중부산서	422	김보연	금천서	104	김삼규	북대구서	370
김병훈	경주서	377	김보연	안산서	186	김삼수	삼척서	207
김병훈	남대구서	364	김보연	양천서	132	김상걸	성북서	129
김병휘	국세청	23	김보연	종로서	144	김상경	반포서	118
김병희	부천서	251	김보연	중부서	149	김상곤	서울청	80
김보경	구미서	378	김보영	강남서	94	김상곤	조세심판원	14
김보경	기흥서	194	김보영	서산서	297	김상규	서초서	124
김보경	기흥서	195	김보영	영등포서	137	김상규	서초서	125
김보경	남대문서	106	김보영	평택서	198	김상균	대구청	354
김보경	동안산서	188	김보운	서울청	71	김상균	성동서	126
김보경	부산청	395	김보원	마포서	117	김상균	수성서	369
김보경	부산청	399	김보윤	중부청	158	김상근	영주서	389
김보경	북대전서	276	김보은	북부산서	415	김상근	용산서	138
김보경	분당서	179	김보은	제주서	442	김상기	경주서	376
김보경	송파서	130	김보정	동대구서	366	김상덕	금정서	406
김보경	은평서	140	김보현	광주청	313	김상덕	동수원서	174
김보경	의정부서	254	김보현	북부산서	415	김상동	구리서	171
김보경	인천청	227	김보현	평택서	199	김상련	북대구서	371
김보균	연수서	236	김보혜	대전서	274	김상록	안양서	190
김보균	제주서	443	김보희	동울산서	427	김상린	천안서	305
김보근	의정부서	254	김복기	북전주서	333	김상만	계양서	241
김보나	인천청	226	김복래	인천청	223	김상목	서초서	125
김보라	마포서	117	김복성	육규한	390	김상무	서대구서	373
김보라	삼성서	121	김복희	서울청	74	김상미	국세청	25
김보라	서울청	70	김봉규	인천청	227	김상민	국세청	43
김보라	포천서	258	김봉기	서울청	84	김상민	김포서	247
김보람	분당서	179	김봉섭	서인천서	234	김상민	서광주서	326
김보람	순천서	345	김봉수	남양주서	173	김상민	중부청	159
김보람	인천서	230	김봉수	수성서	368	김상민	화성서	201
김보람	조세심판원	14	김봉승	국세청	19	김상배	서초서	125
김보름	화성서	200	김봉식	동고양서	249	김상범	국세청	19
김보림	구미서	378	김봉완	인천청	226	김상빈	원주서	213
김보미	동안산서	189	김봉재	광산서	322	김상섭	대구청	354
김보미	보령서	294	김봉재	마산서	434	김상숙	대전청	266
김보미	삼성서	120	김봉재	반포서	119	김상아	중부청	165
김보미	서울청	75	김봉재	서인천서	234	김상연	서울청	64
김보미	성동서	126	김봉조	국세청	31	김상연	서울청	74
김보미	양천서	132	김봉준	동울산서	427	김상엽	동청주서	280
김보미	양천서	133	김봉진	부산청	395	김상엽	울산서	429
김보미	원주서	213	김봉진	서산서	296	김상엽	중부청	155
김보미	익산서	334	김봉찬	마포서	117	김상옥	중부청	154
김보미	잠실서	142	김봉호	부평서	233	김상온	남대구서	365

김상용	용인서	192	김새롬	전주서	337	김선미	구로서	102
김상우	구리서	171	김새미	역삼서	135	김선미	대전서	274
김상우	대구청	354	김새봄	동수원서	175	김선미	동안양서	176
김상우	대구청	359	김생분	인천청	226	김선미	서대구서	373
김상우	동래서	411	김서경	용인서	192	김선미	안양서	190
김상우	부산진서	413	김서경	중부청	158	김선미	용산서	139
김상욱	김포서	247	김서미	동수원서	174	김선미	중랑서	146
김상욱	부산진서	413	김서안	국세청	31	김선민	서대구서	373
김상욱	성남서	181	김서연	국세청	26	김선봉	용산서	139
김상운	경산서	374	김서연	삼성서	121	김선수	북대전서	276
김상원	도봉서	110	김서연	서초서	125	김선순	동작서	114
김상원	잠실서	143	김서연	평택서	198	김선아	관악서	101
김상원	중랑서	147	김서영	북부산서	414	김선아	동대문서	113
김상윤	인천청	227	김서영	서대문서	123	김선아	분당서	178
김상은	서울청	74	김서영	조세연	455	김선아	서초서	125
김상이	서울청	81	김서윤	세재실	7	김선애	국세청	22
김상인	국세청	45	김서윤	양천서	132	김선애	대전청	270
김상일	서울청	64	김서은	동안산서	188	김선애	동화성서	202
김상조	북대구서	371	김서은	반포서	119	김선영	강서서	98
김상진	대전청	265	김서은	서울청	71	김선영	경주서	377
김상진	서초서	124	김서이	마포서	116	김선영	국세청	40
김상진	인천청	228	김서현	서울청	88	김선영	대구청	356
김상천	삼성서	121	김서현	세꼐실	7	김선녕	북전주서	332
김상천	시흥서	184	김서현	여수서	349	김선영	영월서	211
김상철	남대구서	364	김서형	동울산서	427	김선영	의정부서	254
김상철	부평서	232	김서희	경산서	374	김선영	인천서	231
김상태	부산진서	412	김석규	강서서	98	김선영	인천청	222
김상헌	상주서	382	김석모	서울청	87	김선영	중랑서	146
김상혁	서울청	64	김석민	동울산서	426	김선영	중부청	153
김상혁	성북서	128	김석일	원주서	212	김선옥	서인천서	235
김상혁	속초서	209	김석제	서울청	89	김선우	용산서	138
김상현	군산서	329	김석주	중부청	165	김선웅	포천서	258
김상현	대전청	270	김석준	서초서	124	김선윤	삼성서	121
김상현	동화성서	202	김석준	수원서	182	김선율	반포서	119
김상현	부산청	402	김석찬	상담센터	58	김선이	화성서	200
김상현	조세연	449	김석채	제천서	284	김선인	제주서	443
김상현	중랑서	147	김석현	서대전서	279	김선일	서울청	76
김상호	강서서	98	김석현	영등포서	137	김선일	서울청	78
김상호	북대전서	276	김석호	남대구서	364	김선임	구로서	103
김상호	순천서	344	김석훈	동안양서	177	김선임	김해서	432
김상훈	공주서	290	김선경	부산청	403	김선자	국세청	41
김상훈	광주서	320	김선경	송파서	130	김선정	상담센터	57
김상훈	부산청	403	김선경	익산서	335	김선정	상담센터	58
김상훈	수성서	368	김선광	동래서	411	김선정	조세연	455
김상훈	순천서	344	김선규	영덕서	387	김선종	구리서	171
김상훈	안산서	187	김선규	잠실서	142	김선주	구로서	103
김상훈	역삼서	135	김선균	경기광주서	169	김선주	동청주서	280
김상희	구미서	378	김선근	영월서	210	김선주	북대전서	276
김상희	금천서	104	김선기	대전청	270	김선주	서울청	83
김상희	부산진서	412	김선기	부산청	398	김선주	서울청	84
김상희	서대구서	372	김선덕	성북서	128	김선주	육규한	390
김상희	중랑서	146	김선돌	천안서	304	김선주	인천서	231
김새롬	수원서	182	김선면	교육원	52	김선중	시흥서	184

김선진	서대구서	372	김성민	국세청	30	김성주	국세청	48
김선진	성남서	180	김성민	대전청	270	김성주	서대문서	122
김선하	성동서	127	김성민	서대구서	373	김성주	제주서	442
김선한	송파서	131	김성민	서부산서	418	김성준	광주청	314
김선항	마포서	116	김성민	서울청	62	김성준	남양주서	172
김선혁	동래서	411	김성민	서인천서	234	김성준	마산서	434
김선혜	구미서	378	김성민	제주서	443	김성준	상주서	382
김선호	서울청	64	김성민	춘천서	214	김성준	수영서	421
김선화	기흥서	194	김성범	안산서	187	김성준	양천서	133
김선화	남대문서	106	김성범	창원서	439	김성준	포천서	258
김선화	부천서	250	김성수	노원서	109	김성진	구로서	103
김선화	조세연	449	김성수	북광주서	324	김성진	국세청	39
김선화	조세연	450	김성수	세재실	6	김성진	대전청	266
김선휘	잠실서	143	김성수	시흥서	184	김성진	동대구서	367
김선희	삼척서	207	김성숙	동작서	114	김성진	마포서	117
김선희	서울청	80	김성순	상주서	382	김성진	부산청	398
김선희	울산서	428	김성식	이천서	196	김성진	수원서	183
김선희	지방세제	446	김성연	서대전서	278	김성진	여수서	348
김설빈	춘천서	214	김성연	해운대서	425	김성진	인천서	230
김성경	경기광주서	168	김성열	경주서	376	김성진	창원서	439
김성곤	중부청	157	김성열	계양서	240	김성진	천안서	305
김성규	순천서	347	김성엽	국세청	42	김성진	포천서	258
김성균	대구청	358	김성엽	군산서	328	김성찬	양산서	408
김성근	동수원서	175	김성엽	조세심판원	13	김성철	마산서	435
김성근	상담센터	57	김성영	남동서	239	김성철	서인천서	234
김성기	국세청	20	김성영	파주서	256	김성택	마산서	434
김성기	부산청	394	김성용	남양주서	172	김성표	동작서	115
김성기	인천서	231	김성용	서울청	75	김성필	서울청	64
김성기	지방세제	446	김성용	전주서	337	김성한	국세청	20
김성기	지방세제	447	김성우	동대구서	366	김성한	이천서	196
김성길	광명서	244	김성우	삼성서	120	김성향	강남서	94
김성길	화성서	201	김성우	상주서	382	김성향	서초서	124
김성대	북대구서	371	김성우	세재실	9	김성혁	진주서	437
김성대	영등포서	136	김성우	포천서	258	김성현	시흥서	184
김성덕	성동서	127	김성욱	강남서	94	김성현	이천서	196
김성덕	양천서	132	김성욱	서울청	81	김성현	종로서	144
김성동	인천청	221	김성욱	송파서	131	김성혜	강서서	99
김성동	조세연	455	김성욱	평택서	198	김성호	군산서	328
김성두	구로서	102	김성윤	강남서	95	김성호	나주서	341
김성렬	광산서	323	김성율	은평서	140	김성호	남대문서	107
김성록	인천청	228	김성은	국세청	48	김성호	대구청	358
김성룡	평택서	199	김성은	논산서	292	김성호	대구청	359
김성면	제주서	442	김성은	성남서	180	김성호	부산청	402
김성목	진주서	436	김성은	시흥서	184	김성호	중부청	153
김성묵	용산서	138	김성은	제주서	443	김성홍	경주서	377
김성문	서울청	78	김성의	안양서	191	김성홍	서부산서	419
김성문	중부청	161	김성일	동작서	114	김성환	동래서	411
김성미	반포서	118	김성일	부산진서	412	김성환	잠실서	142
김성미	분당서	178	김성일	서울청	64	김성환	청주서	287
김성미	조세연	455	김성재	인천청	221	김성훈	부산청	398
김성미	중부청	153	김성제	대구청	360	김성훈	부산청	402
김성미	화성서	200	김성종	남대구서	364	김성훈	서울청	78
김성민	국세청	20	김성주	국세청	26	김성훈	이천서	196

이름	소속	쪽	이름	소속	쪽	이름	소속	쪽
김성훈	중부청	164	김세훈	화성서	200	김소정	안동서	384
김성희	경주서	377	김세희	서울청	83	김소정	중부청	158
김성희	광산서	323	김소나	서울청	89	김소정	파주서	257
김성희	국세청	37	김소담	인천서	230	김소현	경산서	375
김성희	울산서	428	김소라	도봉서	110	김소현	서울청	87
김성희	종로서	144	김소라	서울청	76	김소현	안양서	191
김세건	포천서	258	김소리	용산서	139	김소현	조세연	454
김세곤	광주청	310	김소망	순천서	345	김소현	평택서	199
김세권	구미서	378	김소민	공주서	290	김소희	남대문서	106
김세나	광주서	320	김소연	강동서	96	김소희	대구청	360
김세라	국세청	25	김소연	강서서	99	김소희	도봉서	111
김세령	반포서	118	김소연	계양서	240	김소희	동대문서	112
김세령	서대전서	279	김소연	구미서	378	김소희	서대문서	123
김세리	세제실	8	김소연	김포서	246	김솔아	남대문서	106
김세린	국세청	24	김소연	남양주서	172	김송심	북광주서	325
김세린	서울청	90	김소연	대구청	354	김송연	서울청	85
김세린	해남서	350	김소연	동대문서	113	김송원	대구청	360
김세명	도봉서	110	김소연	동래서	410	김송이	경기광주서	168
김세민	서울청	63	김소연	동작서	114	김송이	중부청	162
김세민	시흥서	184	김소연	부산청	397	김송정	인천청	223
김세빈	금천서	105	김소연	분당서	178	김송주	중부청	166
김세빈	성동서	126	김소연	삼성서	121	김송화	용산서	139
김세식	안산서	186	김소연	서울청	71	김숭희	수성서	369
김세연	익산서	335	김소연	서울청	90	김수경	삼성서	121
김세영	마산서	434	김소연	수원서	182	김수경	성동서	127
김세영	서인천서	234	김소연	안동서	384	김수경	영등포서	136
김세온	구미서	379	김소연	양천서	133	김수경	익산서	334
김세욱	보령서	294	김소연	예산서	303	김수경	잠실서	142
김세운	양산서	408	김소연	용산서	139	김수남	상담센터	58
김세웅	익산서	335	김소연	용인서	193	김수량	대전서	275
김세원	원주서	213	김소연	인천서	230	김수린	조세연	450
김세원	진주서	437	김소영	관악서	100	김수명	국세청	24
김세은	금정서	406	김소영	광주서	320	김수미	아산서	300
김세은	서인천서	235	김소영	기흥서	194	김수민	교육원	52
김세은	중부산서	422	김소영	남양주서	172	김수민	대구청	358
김세인	조세연	450	김소영	동수원서	174	김수민	동안양서	176
김세일	구로서	102	김소영	동울산서	426	김수민	목포서	342
김세종	김포서	246	김소영	동화성서	203	김수민	용산서	138
김세진	경주서	376	김소영	부산청	404	김수민	인천서	230
김세진	구리서	171	김소영	분당서	179	김수민	인천서	231
김세진	동청주서	280	김소영	세제실	9	김수민	제주서	442
김세진	부산청	401	김소영	송파서	130	김수민	종로서	145
김세철	구미서	379	김소영	수원서	182	김수빈	강남서	95
김세하	강동서	96	김소영	용인서	193	김수빈	강동서	97
김세현	경산서	375	김소영	전주서	336	김수빈	남부천서	252
김세현	서대전서	279	김소영	조세연	454	김수빈	노원서	108
김세현	서초서	125	김소영	창원서	438	김수빈	부산진서	413
김세현	성동서	126	김소윤	인천서	230	김수빈	천안서	305
김세현	중부산서	422	김소윤	인천청	220	김수섭	남양주서	172
김세호	북대전서	276	김소윤	춘천서	215	김수아	인천서	231
김세환	국세청	46	김소은	용인서	193	김수아	중부청	161
김세훈	서대문서	123	김소정	동안산서	188	김수연	강동서	96
김세훈	안동서	384	김소정	서울청	70	김수연	금천서	104

이름	소속	쪽
김수연	동대문서	112
김수연	동래서	411
김수연	부천서	251
김수연	부평서	233
김수연	성남서	180
김수연	수원서	182
김수연	양산서	408
김수연	제주서	443
김수연	중부산서	423
김수연	중부서	148
김수연	중부서	149
김수연	중부청	164
김수연	천안서	305
김수열	용산서	138
김수영	계양서	240
김수영	구리서	171
김수영	노원서	109
김수영	대전청	265
김수영	부산강서서	417
김수영	서울청	71
김수영	용산서	139
김수영	통영서	440
김수영	해남서	350
김수옥	논산서	292
김수용	국세청	23
김수용	서울청	76
김수용	역삼서	135
김수원	대전청	269
김수원	부천서	250
김수원	분당서	179
김수월	대전청	267
김수인	성동서	126
김수인	수원서	183
김수인	창원서	438
김수인	화성서	201
김수일	서울청	85
김수재	부산청	396
김수정	동작서	115
김수정	동화성서	202
김수정	부천서	250
김수정	북대전서	277
김수정	삼성서	120
김수정	서대전서	279
김수정	서울청	90
김수정	송파서	131
김수정	영주서	388
김수정	이천서	197
김수정	인천청	225
김수정	인천청	226
김수정	조세심판원	14
김수정	종로서	145
김수정	화성서	201
김수종	화성서	200
김수지	계양서	240
김수지	북대구서	370
김수지	분당서	178
김수지	삼성서	121
김수지	안양서	190
김수지	중부청	152
김수지	중부청	161
김수진	구로서	103
김수진	국세청	18
김수진	국세청	40
김수진	국세청	48
김수진	금천서	104
김수진	김해서	433
김수진	대전청	270
김수진	동안양서	176
김수진	동청주서	280
김수진	동화성서	203
김수진	마산서	434
김수진	반포서	119
김수진	보령서	294
김수진	분당서	179
김수진	서울청	73
김수진	송파서	131
김수진	양산서	409
김수진	영등포서	137
김수진	용산서	138
김수진	은평서	140
김수진	중랑서	147
김수진	중부청	154
김수진	중부청	160
김수진	평택서	198
김수창	창원서	439
김수한	연수서	236
김수헌	노원서	109
김수현	경기광주서	168
김수현	관악서	100
김수현	국세청	26
김수현	국세청	36
김수현	국세청	46
김수현	금천서	105
김수현	동화성서	203
김수현	반포서	118
김수현	북전주서	332
김수현	삼성서	120
김수현	서산서	296
김수현	서울청	65
김수현	서울청	85
김수현	서울청	86
김수현	서초서	124
김수현	송파서	131
김수현	수성서	369
김수현	안동서	384
김수현	역삼서	135
김수현	중부청	153
김수현	창원서	439
김수현	홍성서	306
김수현	화성서	200
김수형	서울청	80
김수호	상담센터	58
김수호	수성서	368
김수환	원주서	213
김수희	광주청	316
김수희	김천서	380
김수희	성남서	181
김숙경	중부청	162
김숙기	국세청	34
김숙례	양산서	408
김숙영	성남서	180
김숙영	종로서	144
김숙자	송파서	131
김숙희	대전청	266
김숙희	동래서	410
김순근	도봉서	110
김순남	안동서	384
김순복	아산서	300
김순석	경산서	375
김순석	남부천서	252
김순아	상담센터	56
김순영	남동서	239
김순영	서울청	71
김순옥	경기광주서	168
김순옥	서울청	77
김순자	북대구서	370
김순정	동작서	115
김순정	북부산서	414
김슬기	광명서	245
김슬기론	김해서	432
김슬기	반포서	119
김슬기	서인천서	235
김슬빛	평택서	198
김슬아	수영서	420
김슬아	안양서	190
김슬지	김해서	432
김승구	서초서	125
김승국	국세청	23
김승국	용인서	192
김승규	울산서	428
김승년	남대구서	365
김승래	이천서	196
김승룡	잠실서	142
김승미	경기광주서	168
김승미	마산서	434
김승민	부산청	398
김승범	국세청	20
김승범	동화성서	202
김승범	청주서	286

김승석	구리서	171	김시홍	영등포서	137	김양희	양산서	408
김승수	광주청	310	김시훈	성동서	127	김양희	이천서	196
김승용	금정서	406	김신규	구미서	378	김언선	울산서	428
김승용	서부산서	418	김신덕	중부청	163	김엘리야	정읍서	338
김승욱	상담센터	57	김신애	경기광주서	168	김여경	춘천서	214
김승욱	서초서	125	김신애	동수원서	174	김여진	용산서	139
김승원	서인천서	234	김신애	서울청	89	김연경	조세심판원	12
김승일	서대문서	122	김신애	창원서	439	김연광	평택서	198
김승임	연수서	236	김신우	금천서	104	김연규	역삼서	134
김승주	구리서	170	김신자	남대문서	107	김연서	인천서	230
김승주	대전청	262	김신정	조세연	453	김연수	부산진서	413
김승주	화성서	201	김신철	조세심판원	15	김연수	북전주서	332
김승진	광주서	321	김신홍	북대전서	276	김연수	청주서	287
김승철	부산강서서	416	김신희	육규한	391	김연수	파주서	256
김승태	파주서	257	김아경	대전청	271	김연숙	대구청	356
김승하	조세심판원	15	김아란	나주서	341	김연숙	서울청	72
김승현	고양서	242	김아람	김해서	432	김연순	제주서	442
김승현	구미서	379	김아람	원주서	212	김연신	서울청	64
김승현	대전청	263	김아름	국세청	24	김연실	상담센터	58
김승현	부산강서서	417	김아름	동울산서	427	김연아	기흥서	194
김승현	양천서	132	김아름	서울청	79	김연이	동청주서	281
김승혜	서울청	86	김아름	이천서	196	김연정	의정부서	254
김승호	아산서	300	김아름	인천서	230	김연중	금징서	407
김승화	농고양서	249	김아리수	관악서	101	김연주	남동서	238
김승환	동작서	114	김아영	김포서	247	김연주	양산서	409
김승환	부산진서	412	김아영	북광주서	325	김연주	용산서	138
김승환	청주서	287	김아영	서산서	297	김연지	마포서	116
김승훈	시흥서	184	김아영	서울청	89	김연지	수원서	182
김승훈	창원서	439	김아영	용인서	192	김연진	울산서	429
김승희	김포서	247	김아영	진주서	436	김연진	조세심판원	15
김승희	남대문서	107	김아정	김포서	246	김연호	동화성서	202
김승희	마포서	116	김아현	서초서	125	김연홍	남대문서	106
김승희	인천서	231	김안나	강남서	95	김연화	강릉서	204
김시곤	상담센터	59	김안나	남대구서	364	김연희	김포서	246
김시백	대전청	266	김안나	성남서	180	김연희	대구청	354
김시아	서울청	65	김안철	광산서	323	김연희	대구청	358
김시연	상담센터	56	김애라	송파서	130	김연희	동래서	410
김시영	목포서	342	김애란	부산청	397	김연희	북대구서	370
김시영	서광주서	326	김애령	전주서	337	김연희	송파서	131
김시온	목포서	343	김애숙	시흥서	185	김영간	북대전서	277
김시우	울산서	429	김애영	군산서	328	김영건	서대전서	279
김시욱	중부청	157	김애영	대구청	360	김영경	부산강서서	417
김시원	서광주서	326	김애진	부산청	395	김영경	진주서	437
김시윤	강릉서	204	김애진	수영서	420	김영곤	동수원서	175
김시윤	북부산서	414	김야영	시흥서	184	김영관	전주서	337
김시은	계양서	241	김양경	마포서	117	김영관	조세연	455
김시은	진주서	436	김양근	송파서	130	김영교	대전청	268
김시정	평택서	199	김양미	대전청	265	김영국	파주서	256
김시태	서울청	64	김양수	관악서	100	김영권	의정부서	254
김시현	북대구서	370	김양수	대전청	267	김영규	군산서	329
김시현	북부산서	415	김양수	제주서	442	김영규	서울청	74
김시현	용산서	138	김양수	중랑서	146	김영규	서인천서	235
김시형	광주청	313	김양욱	부산진서	413	김영균	서산서	296

이름	소속	쪽	이름	소속	쪽	이름	소속	쪽
김영균	역삼서	134	김영석	중부청	161	김영일	영등포서	137
김영근	기흥서	194	김영선	노원서	108	김영일	충주서	288
김영근	노원서	109	김영선	대전청	265	김영재	서울청	83
김영근	분당서	179	김영선	서광주서	327	김영재	의정부서	255
김영근	서울청	79	김영선	서대문서	122	김영재	인천청	228
김영기	광명서	245	김영선	시흥서	184	김영정	국세청	30
김영기	대전청	264	김영선	정읍서	339	김영정	중랑서	146
김영기	부천서	250	김영수	강서서	99	김영조	부평서	233
김영기	서초서	125	김영수	성동서	127	김영종	서울청	66
김영길	홍성서	306	김영수	인천청	222	김영주	고양서	243
김영남	구로서	102	김영수	창원서	438	김영주	동고양서	248
김영남	서울청	62	김영숙	강동서	97	김영주	마산서	435
김영노	남동서	238	김영숙	강릉서	204	김영주	부산청	397
김영달	제천서	284	김영숙	구로서	102	김영주	삼척서	207
김영덕	북대전서	277	김영숙	도봉서	110	김영주	서울청	77
김영동	국세청	41	김영숙	북광주서	325	김영주	서울청	83
김영동	동작서	115	김영숙	서대구서	373	김영주	수영서	420
김영두	아산서	301	김영숙	서대문서	122	김영준	금천서	105
김영란	국세청	39	김영숙	인천청	228	김영준	서광주서	326
김영란	금정서	407	김영숙	해운대서	424	김영준	중부서	148
김영래	서산서	297	김영순	금천서	104	김영중	공주서	290
김영록	남대구서	365	김영순	북광주서	324	김영중	구미서	379
김영만	안동서	385	김영승	구리서	171	김영중	통영서	441
김영면	강남서	94	김영식	마산서	434	김영지	광주청	311
김영명	마포서	116	김영식	분당서	179	김영지	국세청	22
김영목	홍성서	306	김영식	서대전서	278	김영지	역삼서	134
김영무	양천서	133	김영신	서울청	62	김영지	용인서	193
김영문	포천서	258	김영신	성동서	126	김영직	조세연	450
김영미	광주청	313	김영심	북광주서	324	김영진	부산청	400
김영미	구미서	378	김영심	잠실서	143	김영진	서울청	89
김영미	금천서	105	김영아	노원서	108	김영진	전주서	336
김영미	남동서	239	김영아	안동서	384	김영진	중부청	164
김영미	동울산서	426	김영아	인천청	223	김영찬	서울청	81
김영미	서대문서	123	김영아	홍성서	307	김영찬	중부서	149
김영민	국세청	19	김영애	동수원서	174	김영창	제주서	442
김영민	기흥서	195	김영엽	육규한	390	김영천	남대문서	107
김영민	동작서	114	김영오	광주청	313	김영철	북대전서	276
김영민	서울청	75	김영옥	관악서	100	김영철	육규한	390
김영민	수성서	368	김영옥	동대문서	112	김영필	도봉서	111
김영민	전주서	336	김영욱	평택서	198	김영하	광주서	320
김영민	중부산서	422	김영운	강서서	99	김영하	남대문서	107
김영민	중부청	165	김영웅	영등포서	137	김영하	부산청	401
김영민	진주서	436	김영유	서광주서	326	김영하	해남서	351
김영보	논산서	292	김영은	대구청	354	김영한	국세청	18
김영빈	국세청	31	김영은	동래서	411	김영한	부평서	232
김영빈	창원서	439	김영은	부천서	250	김영현	김해서	432
김영빈	춘천서	215	김영은	분당서	179	김영현	세제실	8
김영상	국세청	42	김영은	수원서	182	김영현	홍천서	217
김영석	강서서	99	김영은	중부청	163	김영혜	마산서	434
김영석	광주청	314	김영익	김포서	247	김영호	경기광주서	169
김영석	서초서	125	김영인	대구청	361	김영호	국세청	26
김영석	세종서	298	김영인	북부산서	415	김영호	목포서	343
김영석	중부청	159	김영일	동작서	114	김영호	북광주서	324

이름	소속	쪽	이름	소속	쪽	이름	소속	쪽
김영호	인천청	220	김옥남	경기광주서	169	김용수	전주서	337
김영호	지방세제	447	김옥분	서울청	72	김용연	동안양서	177
김영화	부산청	396	김옥선	강릉서	204	김용오	북광주서	325
김영화	서울청	70	김옥연	서울청	72	김용완	서울청	63
김영화	수성서	369	김옥재	성동서	127	김용우	국세청	32
김영화	조세연	455	김옥진	동래서	410	김용우	인천청	223
김영환	분당서	178	김옥천	광산서	323	김용운	정읍서	339
김영환	서울청	83	김옥현	목포서	342	김용웅	남동서	239
김영환	성동서	126	김옥현	수성서	369	김용원	동대문서	112
김영환	용인서	193	김옥환	성동서	126	김용원	진주서	437
김영환	인천서	230	김옥희	광주청	312	김용일	북광주서	325
김영훈	서인천서	234	김온식	조세심판원	12	김용일	안양서	190
김영훈	육규한	390	김온유	동화성서	203	김용재	국세청	38
김영훈	제주서	443	김완구	대전청	267	김용재	상담센터	56
김영훈	중부청	152	김완석	동고양서	248	김용재	서울청	90
김영희	천안서	304	김완섭	서대구서	372	김용재	제주서	442
김예름	청주서	286	김완수	세제실	9	김용정	동작서	115
김예리	서대문서	122	김완종	홍천서	216	김용정	부산진서	413
김예린	서울청	88	김완주	광주청	317	김용제	북부산서	414
김예림	아산서	300	김완주	서대전서	278	김용주	동래서	410
김예림	예산서	303	김완철	제주서	442	김용주	동청주서	280
김예민	동대구서	366	김완태	서울청	64	김용주	여수서	349
김예성	인천서	230	김외숙	부산청	397	김용준	경기광주서	168
김예숙	동안양서	176	김요수	용산서	138	김용준	서울청	73
김예슬	군산서	328	김요왕	국세청	31	김용준	제주서	443
김예슬	동수원서	174	김요한	국세청	22	김용진	수원서	182
김예슬	서초서	125	김요환	목포서	343	김용진	제천서	285
김예슬	인천청	220	김용곤	서울청	75	김용진	평택서	199
김예실	중부서	148	김용국	시흥서	184	김용진	홍천서	216
김예연	중부청	164	김용극	국세청	25	김용철	남동서	238
김예원	강서서	99	김용기	김천서	380	김용철	삼성서	120
김예원	경기광주서	169	김용남	국세청	45	김용철	이천서	196
김예원	김해서	433	김용대	조세연	450	김용태	북광주서	325
김예원	조세심판원	15	김용대	진주서	436	김용태	북부산서	415
김예원	조세연	451	김용덕	시흥서	185	김용태	삼척서	206
김예은	평택서	198	김용례	익산서	334	김용태	전주서	337
김예정	창원서	438	김용만	동작서	115	김용학	인천청	221
김예주	영등포서	137	김용민	경주서	376	김용한	북대구서	370
김예준	북광주서	325	김용민	남양주서	172	김용현	부산청	399
김예지	강서서	98	김용민	서울청	62	김용현	서울청	88
김예지	경기광주서	169	김용민	인천청	224	김용현	충주서	288
김예지	동대문서	113	김용배	중부서	149	김용호	대전서	275
김예지	영등포서	137	김용백	마산서	434	김용호	동대문서	113
김예지	용인서	193	김용범	정읍서	338	김용환	수원서	183
김예지	은평서	141	김용보	국세청	22	김용희	역삼서	135
김예지	진주서	436	김용삼	구로서	102	김용희	중부청	157
김예지	해운대서	424	김용석	계양서	240	김우석	제주서	442
김예지	화성서	200	김용석	북대전서	276	김우성	국세청	27
김예진	순천서	344	김용석	안동서	384	김우성	성북서	128
김예진	잠실서	143	김용선	동안산서	188	김우성	홍성서	306
김오미	역삼서	135	김용선	동화성서	203	김우수	양천서	133
김오영	서울청	66	김용선	익산서	335	김우신	광주청	310
김오중	강서서	98	김용수	동작서	114	김우영	서울청	82

김윤환	천안서	304	김은숙	영등포서	137	김은정	조세연	455
김윤희	경기광주서	169	김은숙	조세연	452	김은정	평택서	198
김윤희	광주청	316	김은숙	중부청	165	김은주	교육원	52
김윤희	김포서	247	김은숙	화성서	200	김은주	구미서	378
김윤희	북대전서	277	김은순	남양주서	173	김은주	남동서	238
김윤희	서초서	124	김은실	마포서	116	김은주	동울산서	426
김윤희	용인서	193	김은실	송파서	131	김은주	부산진서	413
김윤희	인천서	230	김은실	영등포서	136	김은주	삼척서	206
김율희	잠실서	143	김은실	중부청	160	김은주	서대전서	279
김은경	경주서	377	김은아	국세청	42	김은주	서울청	75
김은경	국세청	44	김은아	군산서	328	김은주	성남서	181
김은경	금정서	407	김은아	서대문서	123	김은주	성북서	129
김은경	남대구서	364	김은아	수영서	420	김은주	안산서	186
김은경	남대구서	365	김은애	울산서	429	김은주	연수서	236
김은경	동청주서	280	김은애	잠실서	142	김은주	잠실서	142
김은경	북대구서	371	김은연	동래서	410	김은주	중부청	153
김은경	북대전서	277	김은영	강남서	94	김은주	진주서	436
김은경	삼성서	121	김은영	광주서	320	김은중	강남서	95
김은경	서울청	75	김은영	김해서	433	김은지	부산진서	413
김은경	시흥서	185	김은영	동안양서	177	김은지	삼성서	120
김은경	의정부서	255	김은영	부산진서	412	김은지	순천서	344
김은경	중랑서	146	김은영	분당서	179	김은지	양산서	408
김우규	천안서	304	김은영	상담센디	57	김은시	종로서	145
김은기	남동서	239	김은영	서대구서	373	김은진	국세청	26
김은기	대전청	266	김은영	성동서	127	김은진	국세청	43
김은기	동청주서	280	김은영	순천서	345	김은진	대구청	356
김은덕	서대전서	278	김은영	울산서	428	김은진	동안산서	189
김은령	강서서	98	김은영	종로서	145	김은진	동안양서	177
김은령	안양서	191	김은영	중랑서	146	김은진	분당서	178
김은령	중부서	149	김은영	파주서	257	김은진	서울청	66
김은미	도봉서	111	김은오	광산서	323	김은진	송파서	130
김은미	목포서	342	김은옥	군산서	329	김은진	시흥서	184
김은미	서울청	69	김은윤	육규한	390	김은진	양천서	133
김은미	성동서	126	김은의	서대전서	279	김은진	여수서	349
김은미	익산서	335	김은자	강동서	96	김은철	서대전서	278
김은미	정읍서	339	김은자	광주청	313	김은태	국세청	47
김은민	구로서	102	김은자	서울청	87	김은하	남부천서	252
김은비	김포서	246	김은재	은평서	140	김은하	성동서	126
김은비	서부산서	419	김은정	강동서	97	김은하	아산서	301
김은서	동화성서	202	김은정	광주청	315	김은해	서대문서	123
김은석	남대문서	106	김은정	나주서	341	김은향	인천서	231
김은선	동안양서	176	김은정	동대문서	112	김은혜	강서서	99
김은선	서울청	85	김은정	부천서	250	김은혜	관악서	100
김은설	의정부서	254	김은정	북전주서	332	김은혜	부산진서	413
김은성	중부청	160	김은정	삼성서	121	김은혜	서대전서	278
김은솔	광주청	313	김은정	서울청	70	김은혜	중랑서	146
김은송	인천청	224	김은정	서울청	73	김은혜	중부청	163
김은수	부산청	394	김은정	서울청	77	김은혜	중부청	165
김은수	송파서	130	김은정	서초서	125	김은호	동울산서	426
김은수	중부청	157	김은정	수성서	368	김은호	삼성서	121
김은숙	강남서	95	김은정	은평서	140	김은호	서울청	75
김은숙	강서서	98	김은정	인천청	221	김은호	중부청	152
김은숙	구로서	102	김은정	조세연	453	김은화	성북서	128

이름	소속	쪽	이름	소속	쪽	이름	소속	쪽
김은화	중부서	148	김인애	조세연	451	김재관	국세청	38
김은희	강동서	97	김인애	파주서	256	김재광	도봉서	110
김은희	구리서	170	김인욱	연수서	237	김재구	서산서	296
김은희	국세청	22	김인유	조세연	452	김재권	동고양서	249
김은희	대전청	266	김인자	구미서	378	김재규	강동서	96
김은희	동작서	115	김인주	울산서	429	김재년	거창서	430
김은희	서대구서	373	김인찬	고양서	242	김재락	대구청	359
김은희	서울청	80	김인천	남부천서	252	김재련	남대문서	107
김은희	송파서	130	김인철	동화성서	203	김재만	서광주서	326
김은희	영월서	211	김인태	북대전서	277	김재만	전주서	337
김은희	해운대서	424	김인호	북대전서	276	김재미	영덕서	386
김을령	남대문서	106	김인호	영등포서	137	김재민	경기광주서	168
김응남	북대전서	276	김인화	공주서	291	김재민	대전청	265
김의규	아산서	300	김인화	성동서	127	김재민	충주서	288
김의동	이천서	196	김인환	김포서	246	김재백	서울청	75
김의연	동고양서	248	김인희	김포서	247	김재산	광명서	244
김의연	서대전서	278	김일국	국세청	48	김재석	국세청	27
김의영	부산강서서	416	김일권	동울산서	426	김재석	부천서	250
김의주	조세연	453	김일규	김해서	432	김재석	연수서	237
김의택	세제실	9	김일도	서울청	83	김재섭	서대구서	372
김이경	북전주서	332	김일동	성북서	129	김재성	강서서	98
김이규	부산청	403	김일두	서울청	73	김재성	시흥서	184
김이레	북대구서	370	김일룡	북대구서	370	김재실	전주서	336
김이섭	남부천서	253	김일용	김포서	246	김재연	김포서	246
김이수	대전청	269	김일우	안동서	385	김재연	동대구서	367
김이영	충주서	288	김일하	노원서	108	김재연	성동서	126
김이준	국세청	40	김일환	국세청	45	김재열	북대전서	277
김이준	시흥서	184	김일희	동울산서	426	김재영	경주서	376
김이현	부산진서	413	김임경	서대문서	122	김재완	광산서	323
김익상	해남서	350	김임년	제주서	443	김재완	동청주서	281
김익환	금천서	104	김임순	순천서	344	김재완	서울청	84
김인겸	서울청	62	김자경	서대전서	279	김재용	영월서	211
김인겸	수원서	183	김자림	서울청	88	김재우	노원서	108
김인경	금정서	407	김자영	대구청	357	김재우	이천서	196
김인경	도봉서	111	김자영	동고양서	248	김재욱	광주청	312
김인경	북부산서	415	김자헌	대구청	354	김재욱	국세청	48
김인경	안동서	385	김자현	관악서	101	김재욱	반포서	119
김인덕	서대구서	372	김자회	서광주서	327	김재욱	서울청	74
김인성	인천서	230	김자희	광주서	320	김재욱	중부청	161
김인수	분당서	178	김장근	서대문서	122	김재웅	국세청	19
김인수	인천서	230	김장년	예산서	303	김재원	광명서	244
김인수	진주서	437	김장석	울산서	428	김재원	광주청	311
김인숙	구리서	170	김장섭	분당서	179	김재원	도봉서	110
김인숙	금천서	104	김장용	대전청	269	김재윤	서울청	64
김인숙	동수원서	175	김장현	천안서	304	김재윤	인천청	224
김인숙	북부산서	414	김재경	광주청	310	김재은	광주청	311
김인숙	연수서	236	김재경	남부천서	252	김재은	송파서	130
김인숙	잠실서	143	김재경	정읍서	339	김재은	여수서	349
김인숙	중랑서	146	김재경	조세연	449	김재일	동안양서	176
김인승	서울청	91	김재경	조세연	450	김재일	분당서	178
김인아	서울청	70	김재곤	동작서	115	김재준	구미서	378
김인아	조세연	455	김재곤	시흥서	184	김재준	동래서	411
김인애	성남서	181	김재곤	해운대서	424	김재준	원주서	212

김재준	통영서	440	김정근	서대전서	278	김정숙	수성서	369
김재중	거창서	430	김정기	분당서	178	김정식	이천서	196
김재중	부천서	251	김정기	서인천서	234	김정식	진주서	436
김재중	중부청	159	김정남	남양주서	172	김정식	파주서	257
김재진	분당서	179	김정남	부산청	397	김정실	상담센터	57
김재찬	순천서	344	김정남	서울청	91	김정아	광산서	322
김재철	남대문서	107	김정담	서울청	88	김정아	북광주서	325
김재철	논산서	293	김정대	부산청	400	김정아	세재실	8
김재철	부산진서	413	김정대	인천청	224	김정연	강남서	95
김재철	인천청	227	김정도	해운대서	425	김정연	광주서	320
김재철	진주서	436	김정동	인천서	230	김정열	영등포서	136
김재춘	서광주서	327	김정란	삼성서	121	김정엽	강동서	97
김재한	서울청	63	김정래	안산서	186	김정엽	서울청	63
김재현	강남서	95	김정륜	김포서	246	김정영	육규한	390
김재현	국세청	23	김정림	화성서	201	김정오	조세심판원	13
김재현	국세청	49	김정면	통영서	441	김정옥	서대구서	372
김재현	반포서	118	김정미	남부천서	252	김정옥	아산서	300
김재현	서울청	63	김정미	대구청	360	김정우	강동서	96
김재현	서울청	87	김정미	동고양서	249	김정우	금정서	407
김재형	강릉서	204	김정미	동화성서	203	김정우	평택서	199
김재형	김포서	246	김정미	서울청	91	김정욱	수영서	421
김재형	남대구서	364	김정미	성동서	126	김정운	서광주서	326
김재형	종로서	145	김정미	용신시	138	심성원	교육원	52
김재형	중부청	164	김정미	울산서	429	김정원	북전주서	332
김재형	진주서	437	김정미	잠실서	143	김정원	조세연	449
김재호	남부천서	252	김정민	강서서	98	김정윤	중부서	149
김재호	부천서	251	김정민	국세청	18	김정은	구로서	102
김재호	서대문서	122	김정민	동작서	114	김정은	남대문서	107
김재호	순천서	345	김정민	진주서	436	김정은	동수원서	174
김재홍	동대구서	367	김정배	역삼서	134	김정은	동화성서	203
김재홍	용인서	192	김정범	분당서	178	김정은	북전주서	333
김재홍	지방세제	447	김정범	은평서	140	김정은	속초서	208
김재환	국세청	20	김정분	통영서	441	김정은	양산서	408
김재환	대구청	355	김정석	광산서	323	김정은	여수서	349
김재환	서광주서	327	김정석	수성서	368	김정은	육규한	390
김재환	서울청	72	김정선	나주서	340	김정은	인천서	230
김재환	제주서	443	김정선	지방세제	446	김정은	정읍서	338
김재환	진주서	436	김정섭	고양서	242	김정은	조세연	452
김재훈	도봉서	111	김정섭	금천서	104	김정은	조세연	453
김재훈	동래서	410	김정섭	수성서	368	김정은	창원서	439
김재훈	성동서	127	김정섭	안양서	191	김정은	화성서	200
김재훈	종로서	145	김정섭	제천서	284	김정은	화성서	201
김재희	강동서	97	김정수	구미서	378	김정이	동래서	411
김재희	안산서	186	김정수	논산서	292	김정이	부천서	250
김재희	중부서	149	김정수	대전청	264	김정인	서울청	81
김점준	북부산서	415	김정수	부평서	232	김정인	서인천서	235
김정건	남양주서	173	김정수	북부산서	414	김정인	울산서	429
김정관	중부청	159	김정수	세재실	9	김정임	광산서	322
김정구	조세연	455	김정수	예산서	302	김정주	광주서	320
김정국	동대구서	366	김정숙	관악서	100	김정주	세제실	7
김정국	마산서	435	김정숙	관악서	101	김정주	잠실서	142
김정권	서인천서	235	김정숙	김천서	380	김정준	시흥서	185
김정규	동화성서	203	김정숙	서울청	63	김정진	북광주서	325

김정진	서광주서	326	김정희	순천서	347	김종일	상담센터	56
김정진	용인서	193	김정희	영등포서	136	김종일	청주서	286
김정철	대구청	357	김정희	원주서	212	김종일	해남서	350
김정태	부산청	404	김제봉	포천서	259	김종주	인천청	222
김정태	수원서	182	김제석	국세청	34	김종진	부산청	403
김정표	화성서	201	김제성	동작서	115	김종진	은평서	141
김정하	안양서	191	김제성	서울청	66	김종천	평택서	198
김정학	국세청	18	김제우	반포서	119	김종철	서부산서	419
김정한	서울청	68	김제은	관악서	100	김종철	여수서	348
김정한	연수서	236	김제주	연수서	236	김종택	안동서	384
김정한	영주서	389	김종각	부산청	400	김종필	제천서	284
김정헌	양산서	409	김종곤	남부천서	253	김종학	이천서	197
김정혁	동고양서	249	김종국	은평서	140	김종한	육규한	390
김정현	남대구서	365	김종근	서대구서	373	김종혁	영주서	389
김정현	동대문서	112	김종길	부산청	402	김종혁	조세연	451
김정현	부산청	403	김종두	은평서	140	김종현	국세청	38
김정현	순천서	344	김종만	수원서	182	김종현	부산청	401
김정현	조세연	449	김종명	동울산서	427	김종현	수성서	369
김정현	조세연	452	김종문	마포서	117	김종현	용산서	138
김정현	중부청	158	김종문	세종서	298	김종현	제천서	285
김정협	김천서	380	김종문	포천서	258	김종협	반포서	118
김정혜	김해서	433	김종민	대구청	359	김종호	상담센터	59
김정혜	동안양서	177	김종민	영등포서	136	김종호	수영서	420
김정호	국세청	18	김종민	중부청	162	김종호	시흥서	185
김정호	남원서	331	김종빈	구리서	170	김종호	전주서	336
김정호	동작서	114	김종서	의정부서	254	김종호	정읍서	338
김정호	창원서	439	김종석	김천서	381	김종화	고양서	243
김정호	포천서	258	김종석	대구청	356	김종화	북전주서	332
김정화	목포서	343	김종석	서울청	64	김종환	의정부서	254
김정화	아산서	301	김종선	중부청	164	김종훈	부천서	251
김정화	양천서	133	김종선	해운대서	424	김송훈	상주서	382
김정화	중부청	153	김종성	송파서	130	김종훈	중부청	152
김정환	대구청	354	김종수	중부청	154	김종훈	중부청	153
김정환	대구청	356	김종숙	서광주서	327	김종흠	강릉서	204
김정환	부산청	404	김종식	종로서	144	김주강	국세청	39
김정환	서인천서	234	김종연	대구청	356	김주경	육규한	390
김정환	조세연	451	김종연	성북서	129	김주란	중부청	158
김정환	조세연	452	김종오	울산서	428	김주만	영등포서	137
김정효	국세청	38	김종요	동울산서	426	김주미	동안양서	177
김정효	서울청	91	김종우	성남서	181	김주민	부산강서서	416
김정훈	교육원	52	김종욱	국세청	18	김주상	원주서	213
김정훈	논산서	292	김종운	남원서	330	김주생	은평서	140
김정훈	북대구서	370	김종웅	부산청	395	김주수	김해서	433
김정훈	세제실	9	김종원	조세연	452	김주수	잠실서	142
김정훈	안양서	191	김종월	부산청	394	김주식	국세청	18
김정훈	영등포서	136	김종월	북부산서	414	김주아	금천서	105
김정훈	의정부서	255	김종윤	조세심판원	15	김주아	인천청	220
김정흠	남대문서	106	김종율	순천서	347	김주애	강남서	94
김정희	동화성서	203	김종율	연수서	237	김주애	구리서	170
김정희	삼척서	206	김종의	광주서	321	김주애	송파서	130
김정희	상담센터	57	김종인	국세청	27	김주연	남양주서	172
김정희	서울청	70	김종인	서대구서	373	김주연	중부청	161
김정희	서울청	74	김종일	북부산서	414	김주연	중부청	164

김주엽	국세청	32	김준상	삼성서	121	김중영	안동서	385
김주영	구미서	378	김준석	북전주서	333	김중우	삼성서	121
김주영	대전청	266	김준석	서광주서	326	김중재	광명서	245
김주영	부산청	402	김준석	제주서	443	김중헌	시흥서	185
김주영	북대전서	276	김준섭	제주서	442	김중현	성남서	181
김주영	북부산서	414	김준성	서산서	296	김중휘	군산서	328
김주영	서울청	86	김준성	조세연	453	김지만	성동서	126
김주영	서인천서	235	김준성	해운대서	425	김지미	동대문서	112
김주영	서초서	125	김준수	성동서	126	김지민	광주청	311
김주영	수성서	368	김준수	창원서	439	김지민	국세청	22
김주영	안동서	385	김준식	구미서	379	김지민	국세청	42
김주영	잠실서	143	김준연	군산서	328	김지민	대구청	354
김주예	송파서	130	김준연	남대문서	107	김지민	목포서	342
김주옥	성남서	180	김준엽	경산서	374	김지민	북부산서	415
김주옥	시흥서	185	김준영	부산청	400	김지민	서울청	80
김주완	부산청	398	김준영	서울청	91	김지민	용산서	138
김주완	통영서	441	김준영	아산서	300	김지민	중부청	159
김주원	관악서	100	김준영	인천청	222	김지범	금천서	105
김주원	서울청	73	김준영	조세연	455	김지석	세재실	6
김주원	중부청	152	김준영	중부청	160	김지선	국세청	25
김주원	중부청	154	김준영	진주서	436	김지선	서초서	125
김주은	춘천서	215	김준오	이천서	197	김지선	수원서	183
긴주일	시흥주시	327	김순봉	상담센터	57	김지성	수원서	182
김주찬	동대문서	112	김준우	국세청	28	김지수	광산서	322
김주찬	화성서	201	김준우	동대문서	113	김지수	구로서	102
김주하	성동서	127	김준우	서대구서	372	김지수	남대구서	364
김주헌	구리서	170	김준이	용인서	192	김지수	동고양서	248
김주헌	종로서	145	김준익	대전청	271	김지수	동안양서	177
김주현	관악서	101	김준철	양천서	133	김지수	동화성서	202
김주현	광산서	323	김준철	인천청	224	김지수	인천청	222
김주현	광주청	314	김준평	김해서	433	김지수	전주서	336
김주현	상담센터	56	김준하	삼성서	121	김지숙	경산서	375
김주현	서울청	82	김준하	잠실서	143	김지숙	서인천서	234
김주현	서울청	86	김준하	홍성서	306	김지아	김해서	432
김주현	예산서	302	김준혁	부평서	232	김지안	동수원서	174
김주현	용산서	139	김준혁	조세연	451	김지안	중랑서	147
김주현	전주서	336	김준혁	평택서	199	김지암	경기광주서	169
김주형	남양주서	172	김준형	의정부서	255	김지애	부평서	233
김주형	송파서	131	김준호	국세청	40	김지애	중부청	158
김주혜	제주서	443	김준호	국세청	42	김지언	안산서	186
김주홍	부산강서서	416	김준호	김해서	433	김지언	중부산서	423
김주홍	서울청	77	김준호	남부천서	253	김지연	국세청	40
김주홍	포천서	258	김준호	연수서	237	김지연	김해서	432
김주환	평택서	198	김준호	울산서	428	김지연	동안양서	177
김주훈	금정서	407	김준호	중부청	152	김지연	동작서	114
김주희	남동서	239	김준환	인천서	230	김지연	동화성서	202
김주희	동대문서	113	김준희	서인천서	234	김지연	삼성서	120
김주희	삼성서	120	김준희	중부청	166	김지연	상담센터	56
김주희	육규한	390	김중규	동고양서	248	김지연	서울청	64
김주희	의정부서	254	김중규	영동서	282	김지연	서울청	72
김준기	마포서	117	김중삼	원주서	212	김지연	서울청	76
김준기	영동서	283	김중석	전주서	336	김지연	서울청	79
김준범	평택서	198	김중연	나주서	340	김지연	성동서	126

이름	소속	쪽	이름	소속	쪽	이름	소속	쪽
김지연	수성서	369	김지은	경산서	375	김지현	천안서	305
김지연	용인서	192	김지은	국세청	32	김지현	해운대서	424
김지연	울산서	429	김지은	국세청	45	김지혜	고양서	243
김지연	중부서	149	김지은	대구청	357	김지혜	국세청	37
김지엽	남부천서	253	김지은	마포서	117	김지혜	군산서	329
김지영	강동서	96	김지은	삼성서	121	김지혜	남양주서	172
김지영	관악서	100	김지은	서초서	124	김지혜	노원서	108
김지영	국세청	23	김지은	안양서	191	김지혜	동안양서	177
김지영	국세청	46	김지은	영등포서	137	김지혜	동작서	115
김지영	남대문서	107	김지은	용인서	192	김지혜	동화성서	202
김지영	동대문서	113	김지은	원주서	212	김지혜	부산강서서	416
김지영	동화성서	202	김지은	은평서	140	김지혜	부산강서서	417
김지영	동화성서	203	김지은	의정부서	254	김지혜	서대문서	122
김지영	부천서	250	김지은	인천서	230	김지혜	서울청	65
김지영	성동서	127	김지인	대구청	356	김지혜	양천서	133
김지영	수원서	182	김지인	종로서	145	김지혜	조세연	454
김지영	여수서	348	김지태	춘천서	214	김지혜	종로서	144
김지영	영등포서	137	김지학	서초서	125	김지혜	중부청	163
김지영	은평서	141	김지향	대구청	355	김지혜	평택서	198
김지영	인천청	225	김지향	중부청	154	김지혜	해운대서	424
김지영	제주서	442	김지헌	마포서	116	김지호	국세청	21
김지완	양천서	132	김지혁	인천청	222	김지호	북전주서	332
김지우	국세청	29	김지현	강릉서	205	김지호	상담센터	56
김지우	서산서	297	김지현	강서서	98	김지호	홍성서	307
김지우	안동서	384	김지현	고양서	243	김지홍	전주서	336
김지우	파주서	257	김지현	광명서	244	김지후	북부산서	414
김지욱	노원서	109	김지현	국세청	31	김지훈	고양서	243
김지운	강릉서	204	김지현	국세청	41	김지훈	관악서	100
김지운	교육원	53	김지현	김해서	432	김지훈	국세청	31
김지운	천안서	304	김지현	남대문서	107	김지훈	국세청	49
김지웅	국세청	31	김지현	대전서	275	김지훈	동대구서	366
김지웅	육규한	390	김지현	동대문서	113	김지훈	목포서	343
김지원	국세청	21	김지현	동래서	410	김지훈	부산청	403
김지원	국세청	40	김지현	부산청	395	김지훈	서부산서	418
김지원	동안산서	189	김지현	부산청	397	김지훈	세재실	9
김지원	북대구서	370	김지현	부산청	402	김지훈	이천서	196
김지원	서울청	74	김지현	북대전서	277	김지훈	제주서	443
김지원	수영서	421	김지현	분당서	178	김지희	김해서	432
김지원	중부산서	423	김지현	삼성서	120	김지희	제주서	442
김지원	중부서	148	김지현	삼척서	206	김지희	충주서	288
김지원	중부청	152	김지현	성북서	128	김진건	북대구서	371
김지원	화성서	201	김지현	송파서	131	김진경	동울산서	426
김지유	북전주서	332	김지현	수영서	421	김진경	북대구서	371
김지윤	국세청	44	김지현	순천서	346	김진경	삼척서	206
김지윤	금정서	406	김지현	안양서	190	김진경	성동서	126
김지윤	금정서	407	김지현	양산서	409	김진곤	송파서	131
김지윤	대구청	357	김지현	영등포서	137	김진관	강릉서	205
김지윤	도봉서	111	김지현	제주서	442	김진광	광주청	315
김지윤	서대전서	278	김지현	중랑서	146	김진광	성남서	180
김지윤	속초서	209	김지현	중부서	148	김진교	김포서	247
김지윤	수원서	183	김지현	중부청	157	김진구	관악서	100
김지윤	중부청	154	김지현	중부청	161	김진규	동대구서	366
김지은	강동서	97	김지현	중부청	163	김진규	순천서	346

이름	소속	쪽	이름	소속	쪽	이름	소속	쪽
김진규	의정부서	255	김진영	김해서	433	김진희	순천서	346
김진기	대전청	264	김진영	동수원서	174	김진희	안동서	384
김진기	동고양서	248	김진영	북대전서	276	김진희	잠실서	142
김진달래	강남서	95	김진영	서울청	78	김진희	중부청	159
김진덕	중부청	155	김진영	수성서	368	김진희	천안서	304
김진도	경산서	375	김진영	수영서	420	김차남	용산서	139
김진도	계양서	241	김진영	원주서	213	김찬규	예산서	303
김진도	서대구서	373	김진오	평택서	198	김찬기	동화성서	202
김진동	국세청	29	김진우	구미서	378	김찬미	금천서	105
김진만	군산서	329	김진우	동안양서	177	김찬섭	중부청	161
김진만	속초서	209	김진우	서울청	85	김찬수	광명서	244
김진모	영주서	388	김진우	순천서	346	김찬수	용인서	192
김진몽	은평서	140	김진우	인천청	223	김찬옥	은평서	140
김진미	부천서	251	김진웅	계양서	241	김찬우	구리서	170
김진배	제천서	284	김진원	고양서	242	김찬우	금천서	104
김진범	서울청	70	김진재	여수서	349	김찬웅	반포서	119
김진삼	북부산서	415	김진주	강남서	95	김찬일	부산강서서	417
김진서	예산서	303	김진주	강서서	98	김찬일	용산서	138
김진석	국세청	29	김진주	대전청	268	김찬주	부평서	232
김진석	김해서	433	김진주	분당서	179	김찬주	역삼서	134
김진석	남대문서	106	김진주	포천서	258	김찬진	파주서	257
김진석	영등포서	136	김진철	익산서	334	김찬태	육규한	390
김진섭	포천서	259	김진태	용인서	193	김찬희	역삼서	134
김진성	서울청	81	김진하	육규한	390	김찬희	제주서	443
김진세	연수서	236	김진현	국세청	41	김창구	북대구서	370
김진솔	마포서	117	김진형	시흥서	184	김창권	국세청	49
김진수	국세청	24	김진형	천안서	304	김창근	국세청	18
김진수	동작서	114	김진호	광산서	323	김창기	국세청	18
김진수	동화성서	202	김진호	구리서	170	김창록	조세연	455
김진수	목포서	342	김진호	노원서	109	김창명	성동서	127
김진수	부산청	400	김진호	마포서	116	김창미	서울청	70
김진수	잠실서	142	김진호	제주서	443	김창미	청주서	286
김진수	창원서	438	김진홍	부산청	404	김창민	조세연	452
김진수	해운대서	424	김진홍	서대문서	123	김창민	파주서	257
김진수	홍천서	217	김진홍	세제실	6	김창범	성동서	126
김진숙	경기광주서	169	김진화	동화성서	202	김창수	관악서	101
김진술	대전청	269	김진화	서산서	296	김창수	동울산서	426
김진슬	안양서	191	김진환	경기광주서	168	김창순	영동서	283
김진식	관악서	100	김진환	동화성서	202	김창신	육규한	391
김진식	보령서	295	김진환	북대전서	277	김창영	김해서	433
김진아	강서서	98	김진환	북전주서	332	김창오	나주서	340
김진아	강서서	99	김진환	서대구서	373	김창우	용인서	193
김진아	마산서	435	김진희	강동서	97	김창윤	마산서	435
김진아	성북서	129	김진희	광주서	320	김창윤	중부청	161
김진아	세제실	7	김진희	남동서	238	김창일	부산청	401
김진아	인천청	226	김진희	동작서	115	김창진	광주서	321
김진아	조세연	452	김진희	반포서	119	김창현	광주청	314
김진아	포천서	259	김진희	북대구서	371	김창현	남부천서	253
김진업	남대구서	364	김진희	삼척서	206	김창현	진주서	436
김진열	제주서	443	김진희	서울청	67	김창호	반포서	119
김진영	광산서	323	김진희	서울청	88	김창호	인천서	231
김진영	국세청	22	김진희	송파서	130	김창환	상주서	382
김진영	국세청	23	김진희	수성서	368	김창훈	해남서	350

김창희	국세청	39	김태규	남동서	238	김태용	인천청	222
김채린	동화성서	202	김태규	부천서	251	김태용	중부청	153
김채민	여수서	348	김태규	천안서	304	김태우	강동서	97
김채아	기흥서	194	김태균	남대문서	106	김태우	남대구서	364
김채아	동화성서	202	김태균	마산서	434	김태우	남양주서	173
김채연	이천서	196	김태균	성동서	126	김태우	안양서	191
김채원	은평서	141	김태균	천안서	304	김태우	양산서	409
김채은	경산서	375	김태근	부산청	400	김태욱	서울청	78
김천섭	원주서	213	김태기	춘천서	214	김태욱	서인천서	234
김철권	서울청	65	김태두	동고양서	248	김태운	안동서	385
김철민	영등포서	137	김태랑	삼성서	121	김태웅	계양서	240
김철민	잠실서	143	김태린	계양서	241	김태원	광주청	311
김철웅	청주서	287	김태민	강서서	99	김태원	국세청	24
김철태	부산진서	412	김태민	삼척서	207	김태원	남대구서	364
김철현	관악서	101	김태민	양산서	409	김태원	부산청	402
김철호	광주청	314	김태범	원주서	212	김태원	순천서	345
김철호	남양주서	173	김태범	중부청	152	김태원	인천서	231
김철호	동안산서	189	김태서	강동서	97	김태윤	관악서	101
김철호	북광주서	324	김태서	대전청	264	김태윤	대전서	274
김청일	강남서	95	김태석	강남서	95	김태윤	성동서	127
김초롱	서초서	125	김태석	국세청	31	김태은	강동서	97
김초아	성북서	128	김태선	서울청	75	김태은	구리서	170
김초원	남원서	331	김태섭	서울청	83	김태은	부산청	394
김초원	수영서	421	김태성	수영서	421	김태은	서초서	124
김초이	수영서	421	김태성	진주서	436	김태은	용인서	193
김초현	순천서	346	김태수	김포서	246	김태은	은평서	140
김초혜	논산서	293	김태수	서울청	70	김태은	조세연	449
김초희	평택서	198	김태수	서울청	84	김태은	천안서	305
김춘경	성동서	127	김태수	창원서	439	김태은	평택서	198
김춘광	남원서	330	김태순	대전청	265	김태인	부산강서서	416
김춘동	파주서	257	김태순	울산서	428	김태인	시울청	87
김춘례	반포서	118	김태승	김포서	246	김태정	서부산서	419
김춘배	군산서	328	김태식	구로서	102	김태준	해남서	351
김충만	중부서	149	김태식	진주서	437	김태진	구리서	170
김충모	구미서	378	김태언	서초서	125	김태진	분당서	179
김충배	중부청	162	김태연	경기광주서	168	김태진	순천서	345
김충상	성동서	127	김태연	동안양서	176	김태진	이천서	196
김충순	인천청	223	김태연	동작서	114	김태진	인천청	226
김충일	거창서	430	김태영	관악서	100	김태철	마산서	434
김충현	관악서	101	김태영	국세청	33	김태헌	대전청	263
김치우	서울청	77	김태영	김포서	246	김태헌	수영서	421
김치태	수원서	182	김태영	대구청	359	김태현	동화성서	203
김치호	남동서	239	김태영	도봉서	110	김태현	서울청	71
김치호	반포서	119	김태영	동래서	410	김태현	서울청	85
김태건	대전청	264	김태영	동안양서	177	김태현	시흥서	185
김태겸	경산서	375	김태영	상담센터	59	김태현	잠실서	143
김태경	남양주서	172	김태영	안산서	186	김태형	강동서	96
김태경	삼척서	207	김태영	화성서	201	김태형	고양서	243
김태경	서울청	82	김태오	강서서	99	김태형	국세청	27
김태경	세제실	6	김태완	계양서	241	김태형	대구청	354
김태경	순천서	347	김태완	국세청	26	김태형	대구청	355
김태경	이천서	196	김태완	대구청	357	김태형	동수원서	175
김태경	창원서	438	김태완	울산서	428	김태형	동작서	115

김태형	서울청	70	김필곤	동래서	410	김한솔	의정부서	255
김태형	울산서	428	김필선	정읍서	339	김한슬	마포서	117
김태호	강서서	99	김필순	부산청	397	김한신	서부산서	418
김태호	국세청	18	김필식	영등포서	136	김한오	관악서	101
김태호	노원서	108	김하강	동화성서	202	김한울	파주서	256
김태호	마산서	434	김하경	전주서	336	김한율	서초서	124
김태호	북대구서	371	김하나	경기광주서	168	김한진	부평서	232
김태호	양산서	409	김하나	수성서	369	김한진	인천청	227
김태호	중부청	157	김하나	연수서	236	김한진	중부청	159
김태화	남동서	238	김하나	은평서	140	김한태	영등포서	137
김태화	춘천서	214	김하늘	서울청	62	김항로	중부청	160
김태환	고양서	243	김하늘	시흥서	185	김항범	서울청	67
김태환	대전청	262	김하니	구리서	170	김항중	인천서	231
김태환	제주서	442	김하림	구로서	102	김해강	익산서	334
김태환	진주서	436	김하림	양천서	133	김해경	용인서	193
김태효	중부청	157	김하성	인천청	228	김해리	남동서	239
김태훈	관악서	101	김하수	동대구서	366	김해리	용산서	138
김태훈	국세청	23	김하얀	인천청	221	김해림	영등포서	137
김태훈	국세청	36	김하연	국세청	25	김해서	국세청	42
김태훈	대전청	262	김하연	서대문서	122	김해아	부천서	251
김태훈	마포서	117	김하영	동대구서	367	김해영	서울청	70
김태훈	부산강서서	416	김하운	서인천서	234	김해영	수영서	420
김태훈	부산청	305	김하원	서인천서	234	김해운	상담센터	57
김태훈	서인천서	234	김하은	경기광주서	169	김해인	서울청	73
김태훈	영덕서	386	김하은	송파서	131	김해진	영등포서	136
김태훈	영덕서	387	김하은	원주서	212	김해진	중부청	165
김태훈	인천서	230	김하임	보령서	294	김햇님	시흥서	185
김태훈	중부청	164	김하중	조세심판원	13	김햇살	남양주서	173
김태희	교육원	52	김학규	김포서	246	김행곤	순천서	344
김태희	김포서	246	김학민	광주청	316	김행복	노원서	108
김태희	남동서	239	김학선	대전청	268	김행순	양천서	132
김태희	부산진서	413	김학송	중부청	155	김행은	통영서	440
김태희	부평서	232	김학수	익산서	334	김향미	동안양서	177
김태희	상주서	383	김학진	국세청	38	김향미	부산진서	413
김태희	서대구서	373	김학진	안산서	187	김향숙	남동서	239
김태희	송파서	130	김한결	서울청	75	김향숙	부천서	251
김택근	서울청	91	김한규	서초서	125	김향숙	서울청	77
김택우	인천서	231	김한근	국세청	37	김향일	강릉서	205
김택우	제주서	442	김한기	국세청	32	김향주	인천청	223
김택준	시흥서	184	김한나	인천청	220	김향희	북대구서	370
김택창	천안서	305	김한나	인천청	223	김헌국	마산서	435
김판신	부산청	396	김한림	광주청	316	김헌우	남양주서	172
김판준	김포서	247	김한민	아산서	301	김혁동	대구청	358
김평강	조세연	451	김한범	인천청	220	김혁준	영덕서	387
김평섭	부산청	401	김한별	마포서	117	김혁준	조세심판원	13
김평섭	서울청	86	김한비	정읍서	338	김혁희	서울청	63
김평식	조세연	451	김한석	거창서	430	김현경	구로서	103
김평식	조세연	452	김한석	교육원	53	김현경	구리서	171
김평화	북광주서	324	김한선	용인서	193	김현경	서울청	64
김평화	제주서	442	김한성	국세청	18	김현경	인천청	227
김푸른솔	반포서	118	김한성	용산서	138	김현경	중부청	162
김푸름	서울청	73	김한솔	광명서	244	김현경	평택서	198
김풍겸	김해서	432	김한솔	양산서	408	김현곤	금천서	105

김현규	고양서	243	김현아	서대문서	122	김현준	반포서	119
김현근	역삼서	134	김현아	양산서	408	김현준	수원서	182
김현기	동안양서	177	김현아	조세연	451	김현준	양천서	132
김현기	동울산서	427	김현아	조세연	455	김현준	은평서	140
김현기	부천서	250	김현아	종로서	144	김현중	천안서	304
김현도	북부산서	415	김현아	천안서	305	김현지	국세청	27
김현두	김해서	433	김현영	강동서	97	김현지	국세청	44
김현두	북대구서	370	김현옥	서광주서	326	김현지	국세청	45
김현목	제주서	443	김현옥	잠실서	142	김현지	남동서	239
김현미	금정서	407	김현우	관악서	100	김현지	예산서	303
김현미	동화성서	202	김현우	서울청	87	김현지	파주서	256
김현미	동화성서	203	김현우	성동서	127	김현진	강서서	98
김현미	평택서	199	김현우	진주서	437	김현진	광산서	322
김현민	공주서	290	김현욱	안동서	384	김현진	광주서	320
김현민	서울청	77	김현웅	영등포서	137	김현진	광주청	310
김현민	서인천서	234	김현웅	대전청	262	김현진	국세청	25
김현민	역삼서	135	김현일	부평서	233	김현진	국세청	26
김현민	창원서	439	김현일	중부청	159	김현진	남대구서	364
김현배	경기광주서	168	김현자	북광주서	325	김현진	동울산서	426
김현배	중부산서	422	김현재	광주청	314	김현진	동화성서	202
김현범	해운대서	424	김현재	서울청	73	김현진	서울청	87
김현서	강남서	94	김현정	강서서	98	김현진	성동서	127
김현서	고양서	243	김현정	금천서	105	김현진	수성서	369
김현석	동화성서	203	김현정	김해서	432	김현진	인천서	231
김현석	마산서	434	김현정	남대구서	364	김현진	제주서	442
김현석	진주서	437	김현정	대구청	360	김현철	광산서	323
김현선	구로서	103	김현정	동고양서	249	김현철	금정서	406
김현선	권익위	448	김현정	마포서	116	김현철	삼성서	121
김현선	서울청	65	김현정	분당서	178	김현철	해남서	350
김현선	송파서	130	김현정	서대문서	122	김현철	해운대서	424
김현섭	국세청	40	김현정	서부산서	418	김현태	관악서	101
김현성	광주청	311	김현정	서울청	64	김현태	서산서	296
김현성	국세청	38	김현정	송파서	130	김현태	서산서	297
김현성	속초서	209	김현정	순천서	345	김현하	세종서	299
김현성	울산서	429	김현정	시흥서	185	김현호	김천서	381
김현성	이천서	197	김현정	안동서	384	김현호	서울청	65
김현수	거창서	431	김현정	조세연	450	김현호	인천청	221
김현수	구미서	378	김현정	중랑서	147	김현희	상담센터	56
김현수	반포서	119	김현정	중부산서	423	김현희	서초서	125
김현수	서대구서	373	김현정	창원서	439	김현희	수성서	368
김현숙	경주서	376	김현정	파주서	256	김현희	양산서	409
김현숙	대전청	264	김현정	화성서	200	김현희	은평서	140
김현숙	서대구서	372	김현종	국세청	49	김형걸	부산청	397
김현숙	서부산서	419	김현주	동대문서	112	김형국	광주서	320
김현숙	의정부서	255	김현주	동수원서	174	김형국	육규한	390
김현숙	조세연	451	김현주	부산청	396	김형기	천안서	305
김현숙	중랑서	147	김현주	북전주서	333	김형두	마산서	435
김현숙	중부청	156	김현주	서대구서	372	김형래	강남서	94
김현숙	중부청	166	김현주	서울청	77	김형래	동울산서	426
김현숙	청주서	286	김현주	서울청	91	김형래	서울청	63
김현승	춘천서	214	김현주	진주서	436	김형만	전주서	336
김현승	화성서	201	김현준	거창서	430	김형묵	강남서	95
김현아	대전청	266	김현준	김해서	432	김형미	동대문서	112

김형미	서울청	71	김혜령	중부청	163	김혜원	중부청	153
김형민	김해서	433	김혜리	대전서	274	김혜원	해남서	351
김형민	동화성서	202	김혜리	동안양서	177	김혜윤	인천청	222
김형봉	부평서	232	김혜리	서울청	75	김혜은	계양서	241
김형석	서울청	70	김혜린	부산강서서	416	김혜은	울산서	428
김형석	서울청	82	김혜린	인천서	230	김혜은	진주서	437
김형선	시흥서	184	김혜림	서대구서	373	김혜인	동화성서	203
김형섭	부산진서	413	김혜림	성북서	128	김혜인	반포서	118
김형섭	은평서	141	김혜림	영주서	388	김혜인	북대구서	370
김형수	강릉서	205	김혜림	제주서	443	김혜인	북대구서	371
김형수	북부산서	415	김혜림	조세연	450	김혜인	연수서	237
김형수	용산서	139	김혜미	국세청	34	김혜인	정읍서	338
김형숙	광주서	320	김혜미	북대전서	277	김혜정	강동서	96
김형식	동안산서	188	김혜미	서울청	82	김혜정	경기광주서	169
김형연	해남서	350	김혜민	국세청	25	김혜정	계양서	241
김형완	역삼서	134	김혜민	국세청	45	김혜정	광주서	321
김형우	중랑서	146	김혜민	반포서	118	김혜정	국세청	37
김형욱	남대구서	365	김혜민	원주서	213	김혜정	금천서	105
김형욱	마포서	116	김혜빈	북부산서	415	김혜정	남대구서	364
김형욱	중부청	153	김혜빈	서울청	83	김혜정	남동서	238
김형익	제주서	443	김혜빈	인천서	231	김혜정	동작서	114
김형정	중랑서	147	김혜빈	중부서	149	김혜정	서광주서	326
김형종	동래서	411	김혜선	평택서	108	김혜징	서부산서	418
김형주	광주청	315	김혜성	관악서	100	김혜정	서울청	84
김형주	반포서	118	김혜성	인천청	224	김혜정	영등포서	136
김형주	성동서	126	김혜수	포천서	258	김혜정	종로서	144
김형준	경산서	374	김혜숙	노원서	108	김혜지	경주서	377
김형준	경주서	376	김혜숙	서울청	70	김혜지	속초서	209
김형준	동화성서	202	김혜연	남부천서	252	김혜진	경기광주서	169
김형준	서울청	88	김혜연	성남서	181	김혜진	고양서	242
김형준	이천서	196	김혜연	인천청	226	김혜진	구로서	103
김형준	중부청	159	김혜영	광주청	313	김혜진	국세청	22
김형진	마포서	117	김혜영	구로서	102	김혜진	남동서	238
김형진	울산서	428	김혜영	남대구서	364	김혜진	남양주서	172
김형천	북부산서	414	김혜영	남동서	238	김혜진	대구청	355
김형태	국세청	36	김혜영	노원서	109	김혜진	대구청	357
김형태	마포서	117	김혜영	마산서	435	김혜진	동대문서	112
김형후	서울청	87	김혜영	마포서	116	김혜진	동래서	410
김형훈	마산서	435	김혜영	부산청	398	김혜진	동안산서	189
김혜경	대전청	270	김혜영	북대구서	370	김혜진	부산청	404
김혜경	동대구서	366	김혜영	서울청	62	김혜진	북부산서	414
김혜경	동화성서	202	김혜영	서울청	90	김혜진	안산서	186
김혜경	여수서	348	김혜영	수원서	182	김혜진	잠실서	142
김혜경	용인서	193	김혜영	은평서	140	김혜현	중랑서	146
김혜경	통영서	441	김혜영	중부산서	423	김호겸	천안서	305
김혜경	포천서	258	김혜원	계양서	240	김호경	강남서	94
김혜란	광주청	314	김혜원	고양서	242	김호근	강서서	99
김혜란	남대문서	106	김혜원	광주청	316	김호서	용산서	139
김혜란	동수원서	174	김혜원	마포서	117	김호수	조세연	455
김혜랑	원주서	212	김혜원	부산청	402	김호승	부산청	396
김혜련	조세연	452	김혜원	서대전서	279	김호승	북대구서	371
김혜령	계양서	241	김혜원	성동서	126	김호영	서울청	68
김혜령	분당서	178	김혜원	성북서	129	김호영	성남서	180

김호준	속초서	209	김효상	서울청	65	김희대	관악서	100
김호준	은평서	141	김효선	충주서	288	김희란	대전청	264
김호진	강남서	95	김효섭	남대문서	107	김희련	서부산서	419
김호진	중부산서	422	김효수	광주청	315	김희명	의정부서	254
김호찬	부천서	251	김효숙	수영서	420	김희문	창원서	438
김호현	동수원서	174	김효숙	수원서	182	김희범	김해서	432
김홍경	경산서	375	김효순	대전청	270	김희봉	서광주서	327
김홍경	인천청	221	김효영	성동서	126	김희석	광주청	317
김홍균	중부청	152	김효용	부평서	232	김희선	마포서	116
김홍근	대전청	264	김효원	남원서	330	김희선	부산청	401
김홍기	국세청	24	김효원	서울청	74	김희선	상담센터	56
김홍기	동래서	410	김효은	부천서	250	김희선	성동서	127
김홍란	대전청	265	김효인	서대구서	373	김희선	용산서	139
김홍래	서초서	124	김효일	동안양서	177	김희선	은평서	140
김홍선	대전서	274	김효정	광명서	245	김희선	중부청	158
김홍식	인천청	222	김효정	동작서	115	김희수	광명서	245
김홍용	국세청	45	김효정	삼성서	121	김희숙	광주청	313
김화경	북광주서	324	김효정	서초서	125	김희숙	동수원서	174
김화도	성동서	127	김효정	순천서	347	김희숙	서울청	63
김화선	서부산서	419	김효정	역삼서	135	김희숙	전주서	337
김화숙	서울청	65	김효정	예산서	302	김희승	북광주서	324
김화숙	역삼서	135	김효정	중부산서	423	김희애	동울산서	426
김화영	광주청	312	김효정	중부서	148	김희애	중부서	149
김화영	서울청	67	김효주	지방세제	446	김희연	강동서	96
김화영	진주서	436	김효진	국세청	32	김희연	강동서	97
김화완	춘천서	214	김효진	동작서	115	김희연	성남서	180
김화은	용산서	138	김효진	마포서	116	김희연	양천서	132
김화정	서인천서	235	김효진	마포서	117	김희연	육규한	390
김화준	서울청	86	김효진	보령서	294	김희영	고양서	243
김화진	해운대서	425	김효진	부산청	396	김희영	아산서	301
김환국	북광주서	325	김효신	부산청	402	긴희영	의정부서	254
김환규	동작서	114	김효진	서울청	62	김희윤	중부서	149
김환옥	북전주서	333	김효진	서울청	64	김희은	구로서	102
김환중	부산청	402	김효진	익산서	335	김희은	논산서	292
김환진	거창서	430	김효진	인천청	220	김희재	국세청	24
김환진	이천서	196	김효진	중부청	159	김희재	중부청	157
김환희	연수서	237	김효희	광주서	321	김희정	강남서	94
김황경	천안서	304	김훈구	상담센터	58	김희정	광주서	321
김회광	북전주서	333	김훈기	평택서	199	김희정	국세청	23
김회정	창원서	439	김훈민	이천서	197	김희정	노원서	108
김효경	대구청	355	김훈수	보령서	295	김희정	북대구서	371
김효경	제주서	442	김훈태	춘천서	215	김희정	삼성서	120
김효근	대전청	267	김휘민	구미서	379	김희정	서울청	71
김효근	서광주서	327	김휘영	국세청	46	김희정	서초서	124
김효남	구로서	102	김휘영	국세청	47	김희정	성북서	129
김효남	조세심판원	13	김휘호	속초서	208	김희정	양산서	408
김효동	국세청	37	김흥곤	성동서	127	김희정	파주서	256
김효림	서울청	81	김흥기	은평서	141	김희정	포천서	259
김효림	조세연	450	김희겸	은평서	141	김희주	서울청	85
김효미	분당서	178	김희경	마포서	117	김희주	익산서	334
김효민	남부천서	252	김희경	부천서	250	김희주	포천서	258
김효민	부산강서서	417	김희경	해운대서	424	김희준	역삼서	134
김효삼	영주서	388	김희관	북광주서	325	김희준	창원서	438

이름	소속	쪽
김희중	서울청	65
김희진	광주청	316
김희진	서울청	88
김희찬	교육원	53
김희창	서광주서	327
김희창	제천서	285
김희철	나주서	340
김희태	북전주서	332
김희화	경기광주서	168
김희환	부천서	250

이름	소속	쪽
나 선	용인서	193
나 영	부천서	251
나 영	전주서	337
나 영	조세연	454
나경미	북대전서	276
나경아	서울청	72
나경영	서울청	70
나경태	동인천서	189
나경훈	파주서	257
나기석	동화성서	203
나길제	동고양서	249
나누리	북광주서	325
나덕희	서울청	78
나동일	국세청	42
나명균	국세청	32
나명호	강남서	95
나미선	북광주서	324
나민수	서울청	68
나병진	지방세제	447
나상일	경주서	376
나상진	분당서	178
나선영	남원서	330
나선이	여수서	348
나선일	고양서	242
나선회	포천서	258
나성빈	관악서	101
나소영	해남서	350
나송현	동화성서	202
나승운	국세청	24
나승창	해남서	350
나연주	남부천서	253
나영미	용산서	138
나영수	경기광주서	168
나영주	서울청	69
나예영	동안양서	177
나용선	상담센터	56
나용호	동청주서	281
나우영	종로서	145
나유림	파주서	257
나유민	광주청	316
나유선	천안서	304
나유숙	대전청	264
나윤미	북광주서	325
나윤수	중부청	164
나은경	용산서	138
나은비	안양서	191
나인애	용산서	139
나인엽	광주청	314
나정학	남양주서	173
나정현	제천서	285
나종엽	조세심판원	14
나종일	인천청	220
나종현	양천서	132
나지수	조세연	450
나지윤	서대구서	373
나진순	서울청	90
나진희	북광주서	325
나진희	성북서	128
나진희	조세연	451
나채용	광주청	313
나태춘	인천시	231
나하은	기흥서	195
나한결	관악서	101
나한솔	여수서	348
나혁균	고양서	242
나현규	분당서	178
나현숙	경주서	376
나형배	여수서	349
나형욱	동화성서	202
나혜경	북광주서	325
나혜영	삼성서	121
나혜정	익산서	334
나환영	남양주서	172
나환웅	국세청	43
나희선	평택서	199
나희연	동울산서	426
나희영	은평서	141
남 경	예산서	302
남가인	경기광주서	169
남건욱	지방세제	446
남경민	강릉서	204
남경민	중부서	148
남경아	성남서	180
남경일	양천서	132
남경자	양천서	133
남경호	울산서	428
남경희	용인서	192
남경희	중부청	154
남관길	울산서	429
남관덕	인천청	221
남궁민	국세청	37
남궁민아	광명서	244
남궁은	춘천서	214
남궁재옥	성북서	129
남궁준	중부청	158
남궁화순	광주서	320
남궁훈	파주서	256
남기범	세제실	6
남기범	천안서	304
남기선	구리서	170
남기연	강서서	98
남기은	부천서	251
남기정	서광주서	327
남기태	대전청	268
남기현	시흥서	184
남기형	고양서	243
남기홍	남양주서	172
남기홍	종로서	144
남기훈	남대문서	107
남기훈	서울청	77
남꽃별	서울청	84
남나은	동울산서	427
남다미	동수원서	174
남다영	국세청	24
남도경	남부천서	252
남도영	화성서	201
남도욱	국세청	32
남도현	강동서	96
남동균	관악서	100
남동완	부천서	251
남동우	대구청	354
남동현	창원서	438
남만우	남대문서	106
남명기	중부청	154
남무정	남부천서	252
남미라	남대문서	107
남미숙	서대구서	372
남민기	국세청	41
남보라	청주서	286
남보영	서대문서	123
남봉근	성남서	180
남상균	청주서	287
남상웅	중부청	164
남상준	춘천서	215
남상진	여수서	348
남상헌	대구청	358
남상훈	북광주서	324
남서윤	대전서	274
남석주	동고양서	248
남선애	국세청	47
남선애	중부산서	422
남성윤	강서서	99
남성호	국세청	24
남세라	국세청	26

이름	소속	번호	이름	소속	번호	이름	소속	번호
남송이	서울청	90	남중화	국세청	49	노동승	역삼서	134
남송이	창원서	439	남지원	구미서	379	노동영	북대구서	371
남수빈	금정서	406	남지윤	경기광주서	168	노동율	울산서	428
남수주	노원서	109	남지은	서대문서	123	노동호	북전주서	332
남수진	상담센터	58	남지현	조세연	453	노마로	남동서	239
남숙경	동안양서	177	남지형	세제실	7	노명진	전주서	337
남승규	서울청	81	남창현	부산청	397	노명환	평택서	198
남승오	조세연	454	남창환	강남서	94	노명희	잠실서	143
남승원	나주서	340	남창희	영주서	388	노미경	해남서	351
남승호	서초서	124	남채윤	남부천서	253	노미선	잠실서	142
남승훈	동화성서	202	남택원	대전청	262	노미해	창원서	438
남아주	국세청	34	남한샘	세재실	7	노미향	양산서	409
남애숙	나주서	341	남현두	이천서	196	노미현	강서서	99
남연경	이천서	196	남현승	교육원	52	노미현	송파서	131
남연주	김해서	433	남현우	동청주서	281	노민경	북광주서	325
남연화	조세심판원	15	남현정	분당서	178	노민경	서대문서	122
남영안	국세청	48	남현주	강동서	96	노민정	서대문서	123
남영안	국세청	49	남현주	광명서	244	노병현	관악서	101
남영우	삼척서	207	남현준	남대문서	106	노상우	인천청	224
남영우	중부서	149	남현철	인천청	227	노석봉	잠실서	143
남영철	강남서	94	남현희	국세청	26	노성은	광주청	310
남영탁	서인천서	235	남형주	김포서	247	노성지	광주서	320
남영호	서대구서	373	남혜숙	세제실	9	노세영	상담센터	56
남예나	부산진서	412	남혜윤	반포서	118	노세현	금정서	406
남예리	부평서	232	남혜진	도봉서	110	노소영	성북서	128
남예원	부평서	233	남호규	홍천서	217	노솔비	수원서	183
남예진	남양주서	173	남호성	영등포서	137	노수경	조세연	450
남옥희	경주서	376	남호철	용산서	138	노수연	서울청	87
남용우	중부청	153	남화영	파주서	256	노수정	서울청	66
남용희	중부서	148	남효정	구미서	379	노수정	은평서	141
남우창	서울청	64	남효정	안양서	190	노수시	용인시	192
남유승	중부청	163	남효주	안동서	384	노수진	춘천서	214
남유진	동안양서	177	남훈현	이천서	196	노수현	송파서	131
남유현	동화성서	202	남희욱	육규한	390	노승규	순천서	347
남윤석	울산서	429	노가영	마산서	434	노승미	성남서	181
남윤수	서울청	87	노강래	마포서	116	노승옥	동안양서	176
남윤정	강서서	98	노걸현	조세연	455	노승진	중부청	155
남윤종	구로서	103	노경민	마포서	116	노승환	국세청	19
남은빈	인천청	223	노경민	원주서	212	노시인	동안양서	176
남은영	인천서	230	노경수	서초서	125	노신남	중부청	163
남은정	인천청	225	노경환	부산진서	413	노아영	관악서	100
남일현	인천청	227	노관우	동청주서	280	노아영	삼성서	120
남자세	충주서	288	노광수	통영서	441	노연숙	남동서	238
남장우	송파서	131	노규현	고양서	243	노연우	북광주서	324
남전우	영등포서	136	노근석	동래서	411	노영돈	삼성서	120
남정근	구미서	378	노기란	성남서	180	노영명	해남서	350
남정림	홍천서	217	노기숙	상담센터	56	노영배	서초서	125
남정민	대구청	355	노기우	북대전서	276	노영실	대전청	268
남정식	인천서	231	노기훈	포천서	259	노영예	조세연	450
남정태	성동서	127	노남종	북광주서	325	노영인	국세청	37
남종현	영등포서	137	노다혜	시흥서	185	노영일	부산청	395
남주희	전주서	336	노동균	국세청	35	노영하	대전서	274
남준서	광산서	322	노동렬	서울청	78	노영훈	안양서	190

류나리	잠실서	143
류다현	청주서	287
류대현	동안양서	176
류대훈	삼성서	120
류동균	성동서	127
류두현	영등포서	137
류매란	고양서	243
류명옥	서초서	124
류명지	국세청	27
류문환	서울청	84
류민경	인천서	231
류민하	안산서	187
류병욱	세제실	9
류병호	강서서	99
류보람	논산서	292
류상효	수성서	368
류서현	창원서	438
류선남	순천서	344
류선아	은평서	141
류선아	창원서	439
류선주	송파서	130
류성권	대전청	263
류성돈	동청주서	280
류성백	여수서	349
류성주	순천서	344
류수현	남동서	239
류숙현	여수서	349
류순영	송파서	130
류승남	서울청	81
류승우	동화성서	203
류승우	육규한	391
류승윤	동안양서	177
류승중	서울청	71
류승진	파주서	256
류승현	서울청	78
류승혜	용인서	193
류승화	분당서	179
류시철	통영서	440
류시현	조세심판원	14
류신우	양천서	133
류아영	군산서	328
류양훈	조세심판원	13
류여경	서인천서	235
류영길	순천서	344
류영리	파주서	257
류영상	동청주서	281
류영선	수영서	421
류예림	중부청	162
류오진	서초서	124
류옥희	역삼서	135
류용운	부산청	399
류원석	아산서	300
류유선	성북서	128
류윤정	서울청	67
류은미	여수서	348
류은영	국세청	25
류인용	구로서	102
류일한	군산서	328
류임정	울산서	429
류자영	포천서	258
류장식	동울산서	427
류장혁	도봉서	110
류장훈	경기광주서	169
류재리	북대구서	370
류재무	영주서	388
류재성	동안산서	189
류재현	동대구서	367
류정모	수영서	421
류정미	경주서	376
류정윤	남양주서	173
류정훈	진주서	437
류정희	북부산서	415
류제성	국세청	35
류제현	성남서	181
류종규	익산서	335
류종수	동수원서	174
류지용	송파서	130
류지윤	광산서	322
류지은	삼성서	120
류지현	서울청	62
류지혜	서울청	84
류지호	국세청	38
류지호	서울청	77
류지훈	순천서	346
류진규	서울청	80
류진열	동울산서	426
류진영	광주청	312
류진희	기흥서	194
류춘식	대구청	359
류치선	김포서	247
류태경	진주서	436
류필수	국세청	42
류한상	성북서	129
류해경	전주서	336
류현수	포천서	258
류현준	서울청	75
류현철	부산강서서	417
류혜미	거창서	430
류혜영	용인서	193
류호근	국세청	27
류호림	동울산서	427
류호민	성동서	126
류호정	남양주서	173
류호진	목포서	343
류훈민	성남서	181
류희식	충주서	288
류희열	경산서	374
류희정	중부서	148

ㅁ

마경진	중부서	148
마동운	동화성서	202
마명희	서대구서	372
마민화	강남서	94
마삼호	천안서	304
마선희	잠실서	142
마성혜	동대구서	366
마숙연	천안서	305
마순옥	부산청	400
마승진	공주서	290
마일명	구미서	378
마재정	고양서	242
마정윤	금천서	105
마준호	상담센터	56
마현주	광산서	322
마혜진	부산청	400
마효민	강남서	95
맹선영	광명서	245
맹수업	수영서	420
맹창호	대전서	274
맹충호	구로서	102
맹환준	시흥서	185
명거동	서울청	63
명경자	중부청	159
명경철	부천서	250
명기룡	대구청	354
명상희	부산강서서	417
명영빈	창원서	438
명은정	세종서	298
명인범	서울청	89
명진아	부산강서서	417
명혜란	제천서	284
모규인	진주서	437
모상용	양천서	132
모성하	광산서	322
모재완	조세심판원	14
모충서	파주서	257
모혜연	시흥서	184
모희산	성동서	126
목영주	광주청	311
목완수	서울청	63
문 경	동수원서	174
문 식	해남서	351
문 혁	용인서	192
문 현	서인천서	235
문가영	정읍서	338

문가은	용인서	192	문선영	마포서	117	문용원	국세청	26
문가현	동울산서	427	문선우	동안양서	176	문용인	부평서	232
문강민	동화성서	202	문선웅	이천서	197	문원수	중부산서	422
문강수	서산서	296	문선진	충주서	289	문윤정	종로서	145
문경덕	금정서	406	문선택	전주서	336	문윤진	광주청	316
문경애	광주청	316	문선희	부산강서서	416	문윤호	성동서	127
문경호	세제실	6	문선희	중부청	154	문은서	나주서	341
문경희	금정서	407	문성규	조세연	455	문은성	해남서	350
문관덕	국세청	48	문성배	창원서	438	문은수	군산서	329
문광섭	도봉서	110	문성연	경주서	377	문은식	화성서	201
문교현	조세연	450	문성운	중부청	158	문은진	연수서	236
문권선	중부산서	423	문성원	홍천서	217	문은희	익산서	335
문권주	서울청	69	문성윤	해남서	350	문인섭	인천청	228
문규환	중부청	155	문성은	포천서	258	문장환	양천서	132
문극필	관악서	100	문성인	의정부서	254	문재창	교육원	52
문근나	서울청	78	문성일	충주서	289	문재희	서울청	66
문다영	노원서	109	문성진	마포서	117	문재희	세제실	8
문대우	서광주서	326	문성호	국세청	47	문전안	구리서	171
문도연	국세청	42	문성호	천안서	304	문정기	대전청	263
문동배	국세청	18	문성희	인천청	224	문정미	전주서	336
문동호	해남서	350	문소웅	서울청	67	문정민	역삼서	134
문두열	마산서	435	문소원	동래서	410	문정식	중랑서	147
문라형	진주서	437	문소천	서울청	87	문정오	잠실서	143
문명진	서울청	80	문수미	서광주서	327	문정우	조세심판원	12
문미경	관악서	100	문수영	제주서	442	문정혁	구미서	378
문미나	전주서	337	문수원	경주서	376	문정현	동울산서	426
문미라	송파서	130	문숙미	마산서	434	문정희	성동서	127
문미란	아산서	300	문숙자	국세청	25	문정희	화성서	200
문미선	광주청	317	문숙현	서울청	71	문제출	인천청	224
문미영	북대전서	276	문순철	서울청	63	문종걸	동화성서	202
문미진	서울청	64	문승구	부산청	397	문종빈	노원서	108
문미희	대전청	264	문승덕	강릉서	205	문주경	제주서	443
문민규	서울청	82	문승민	서울청	80	문주란	성동서	126
문민숙	남대문서	106	문승식	목포서	342	문주연	나주서	340
문민지	북대전서	276	문승진	반포서	119	문주희	원주서	213
문민지	수영서	421	문시현	분당서	179	문준규	광주청	317
문민호	영월서	211	문아연	역삼서	135	문준웅	상담센터	59
문민희	제주서	442	문아현	김해서	433	문준현	삼척서	206
문병권	천안서	305	문여리	잠실서	143	문지만	국세청	18
문병남	안양서	190	문영건	기흥서	194	문지민	김해서	432
문병찬	창원서	439	문영권	광주청	315	문지선	안산서	187
문보경	충주서	289	문영규	광주서	321	문지선	중부청	158
문보라	나주서	341	문영미	인천청	228	문지영	조세연	449
문삼식	파주서	257	문영수	제주서	442	문지원	북광주서	324
문상균	천안서	305	문영순	제주서	442	문지원	충주서	289
문상묵	조세심판원	14	문영신	창원서	438	문지윤	상주서	382
문상영	동래서	410	문영은	서울청	82	문지은	동화성서	203
문상철	서울청	87	문영임	세종서	298	문지현	고양서	242
문서림	보령서	295	문영한	성동서	127	문지현	영주서	388
문서연	부산청	395	문예린	부천서	250	문지혜	국세청	27
문서영	서울청	86	문예서	종로서	145	문지홍	고양서	243
문서윤	파주서	256	문예지	동울산서	426	문진선	금정서	407
문석빈	남대문서	107	문용식	관악서	101	문진영	세종서	298

이름	소속	쪽
문진혁	서울청	66
문진호	송파서	130
문진희	고양서	243
문진희	서대구서	372
문찬식	논산서	292
문찬영	정읍서	338
문찬우	대전청	266
문찬웅	논산서	292
문창규	경산서	375
문창수	동화성서	202
문창오	조세연	453
문창오	조세연	454
문창전	중부청	159
문창환	평택서	198
문채은	충주서	289
문태범	동안양서	177
문태정	강남서	95
문태흥	동대문서	113
문하나	용인서	192
문하림	서인천서	234
문하윤	부산청	399
문한별	성남서	181
문한솔	순천서	345
문해령	동고양서	248
문해수	북광주서	324
문현희	노원서	109
문형민	광주청	315
문형민	삼성서	120
문형민	서울청	69
문형민	청주서	286
문형빈	서대문서	122
문형식	보령서	294
문형일	여수서	348
문형진	광주서	320
문혜경	중부청	157
문혜림	국세청	39
문혜영	천안서	304
문혜원	남대문서	106
문혜정	제주서	442
문혜진	금정서	407
문호균	분당서	179
문호승	반포서	118
문호영	구미서	379
문호영	홍성서	306
문홍규	서울청	90
문홍배	광주청	316
문홍섭	수영서	421
문홍승	용인서	192
문효상	부산청	402
문희원	군산서	328
문희원	화성서	201
문희제	수원서	183
문희준	양산서	408
문희진	부산청	401
민　샘	서울청	89
민　정	북부산서	414
민　강	논산서	292
민갑승	경주서	377
민경삼	부천서	251
민경상	성동서	126
민경석	중부청	164
민경원	김포서	246
민경은	국세청	25
민경은	삼성서	120
민경준	남동서	238
민경준	상담센터	58
민경진	상담센터	56
민경진	해운대서	425
민경화	도봉서	110
민경훈	익산서	334
민경희	관악서	101
민규홍	부산청	400
민근혜	종로서	145
민기원	시흥서	185
민다연	세재실	7
민덕기	동안산서	189
민동준	순천서	346
민백기	남양주서	172
민병려	진주서	436
민병웅	동안양서	177
민병현	동울산서	426
민상원	동작서	115
민선희	부산청	400
민성기	남부천서	253
민성희	평택서	198
민소윤	광명서	244
민수지	강동서	96
민수진	고양서	243
민수호	청주서	287
민승기	양산서	408
민승기	종로서	144
민애희	분당서	178
민양기	대전청	271
민연배	북부산서	414
민영신	동래서	411
민예지	연수서	237
민옥정	중부청	166
민용우	의정부서	255
민우빈	역삼서	135
민윤선	동고양서	248
민윤식	계양서	240
민은연	남대구서	365
민인녀	역삼서	134
민재영	남대구서	364
민재영	중부청	160
민정기	포천서	258
민정대	서울청	71
민정은	서울청	76
민정은	안산서	187
민종권	계양서	241
민주원	국세청	46
민준기	광주청	310
민지은	구로서	102
민지현	금천서	105
민지혜	서초서	124
민지호	김포서	247
민지홍	광주청	312
민진기	중랑서	146
민차형	서울청	75
민찬근	보령서	294
민천일	동수원서	174
민태규	구미서	378
민택기	구미서	379
민현석	강릉서	205
민현순	서울청	63
민혜민	광주청	317
민혜선	성동서	126
민혜아	서초서	125
민호성	광주청	315
민호정	서울청	65
민회준	국세청	29
민효정	천안서	305
민훈기	전주서	336
민희망	남부천서	252

ㅂ

이름	소속	쪽
박　건	부산청	401
박　민	순천서	347
박　연	광주청	310
박　영	삼성서	121
박　용	충주서	289
박　웅	서울청	79
박　인	익산서	335
박　혁	여수서	348
박　환	광주청	310
박가람	김천서	380
박가람	서부산서	419
박가영	군산서	328
박가영	부산청	397
박가영	화성서	200
박가은	구로서	103
박가희	서초서	125
박강수	서울청	81
박건규	동고양서	248
박건대	금정서	407
박건영	부산청	404

이름	소속	쪽	이름	소속	쪽	이름	소속	쪽
박건우	중부청	159	박광석	중부청	161	박기영	육규한	390
박건웅	서울청	84	박광수	서산서	297	박기우	원주서	213
박건준	춘천서	215	박광식	동작서	114	박기정	대전청	262
박건태	북부산서	415	박광용	영등포서	137	박기정	송파서	130
박경근	서울청	87	박광욱	연수서	237	박기탁	구미서	379
박경단	서광주서	327	박광종	광주청	310	박기태	속초서	209
박경란	강동서	96	박광천	순천서	345	박기태	용산서	139
박경란	고양서	243	박광춘	국세청	37	박기택	화성서	200
박경란	남원서	331	박광태	시흥서	184	박기현	시흥서	185
박경련	대구청	356	박구슬	창원서	439	박기호	육규한	390
박경록	국세청	41	박구영	강동서	97	박기호	전주서	336
박경리	창원서	438	박국진	서울청	74	박기홍	광산서	323
박경림	강동서	96	박권조	서울청	82	박길대	동수원서	174
박경미	광주서	321	박권진	서광주서	326	박길우	상담센터	59
박경미	대구청	357	박귀숙	순천서	345	박길원	대전서	274
박경미	춘천서	214	박귀영	육규한	390	박나리	강동서	96
박경민	남양주서	173	박귀자	광주청	313	박나연	시흥서	184
박경민	부산청	395	박귀화	서울청	75	박나영	경기광주서	168
박경민	부산청	396	박규동	국세청	44	박나예	목포서	342
박경복	동작서	114	박규라	중부산서	423	박나은	수성서	368
박경빈	서초서	124	박규미	강남서	95	박나혜	구리서	171
박경수	나주서	340	박규빈	부평서	232	박남규	서울청	71
박경수	마포서	116	박규서	홍성서	306	박남숙	동화성서	202
박경수	중부청	164	박규송	서울청	85	박남주	광주청	314
박경수	해운대서	424	박규업	통영서	441	박남중	해남서	350
박경아	남양주서	173	박규진	구미서	379	박남진	상주서	382
박경애	잠실서	142	박규하	기흥서	194	박노성	북부산서	414
박경오	중부서	149	박균득	서울청	81	박노승	동고양서	248
박경옥	중부청	164	박근식	구로서	102	박노욱	대전청	267
박경완	남동서	238	박근애	의정부서	255	박노진	육규한	391
박경원	서부산서	419	박근열	안동서	385	박노헌	금천서	104
박경은	서울청	62	박근엽	인천청	228	박노훈	국세청	31
박경은	서울청	78	박근영	구로서	102	박다겸	부산진서	413
박경은	인천서	230	박근영	북대구서	371	박다빈	중부청	159
박경일	시흥서	184	박근용	화성서	200	박다슬	서울청	90
박경주	부산청	400	박근재	인천청	224	박다인	경기광주서	169
박경주	시흥서	184	박근호	제주서	443	박다인	남동서	238
박경춘	대구청	361	박근호	파주서	257	박다정	부산청	404
박경태	김천서	381	박금배	강동서	97	박다현	부산진서	412
박경태	제주서	443	박금숙	서대전서	278	박달영	서산서	296
박경호	북광주서	324	박금숙	잠실서	143	박담비	경기광주서	168
박경호	육규한	390	박금옥	광산서	323	박대경	국세청	46
박경화	강서서	99	박금옥	서울청	74	박대광	용산서	139
박경화	북부산서	414	박금지	송파서	131	박대순	포천서	259
박경환	고양서	243	박금찬	구리서	170	박대윤	양천서	132
박경휘	동안산서	189	박금철	세제실	6	박대은	국세청	46
박경희	국세청	18	박금철	용인서	193	박대현	대전서	275
박경희	국세청	39	박금희	육규한	390	박대현	중부청	157
박계희	성북서	128	박기덕	부산진서	413	박대현	춘천서	215
박관석	육규한	390	박기룡	김포서	247	박대협	남부천서	252
박관중	평택서	198	박기민	아산서	300	박대희	국세청	26
박광덕	강서서	98	박기백	동안산서	188	박도영	여수서	348
박광룡	부산진서	412	박기범	부천서	250	박도윤	서울청	84

박도은	성동서	126	박미경	대전청	266	박미진	마포서	117
박도현	조세연	453	박미경	보령서	295	박미진	인천청	228
박도현	통영서	440	박미경	청주서	286	박미진	전주서	336
박동규	동작서	115	박미경	포천서	258	박미진	청주서	286
박동균	경기광주서	169	박미나	부평서	233	박미현	중부청	159
박동기	중부산서	423	박미라	금정서	407	박미현	천안서	304
박동민	성남서	181	박미라	시흥서	184	박미혜	거창서	430
박동수	남부천서	252	박미란	동청주서	280	박미화	중부산서	422
박동수	중부서	148	박미란	역삼서	134	박미희	성남서	180
박동열	북대구서	370	박미란	조세심판원	13	박미희	영덕서	386
박동완	중부청	165	박미래	남부천서	253	박미희	진주서	436
박동일	경기광주서	169	박미래	부평서	232	박민경	동대구서	366
박동일	천안서	304	박미리	서인천서	234	박민국	국세청	23
박동진	군산서	329	박미리	중부청	165	박민규	김포서	247
박동진	순천서	344	박미림	동화성서	202	박민규	서인천서	235
박동찬	부천서	250	박미선	동화성서	203	박민규	수원서	183
박동철	중부산서	423	박미선	북광주서	324	박민근	청주서	287
박동현	안양서	190	박미선	북부산서	414	박민기	동래서	410
박동홍	통영서	441	박미선	분당서	179	박민서	중랑서	147
박두용	예산서	303	박미선	삼성서	121	박민서	포천서	259
박두원	인천서	231	박미선	서대구서	372	박민석	거창서	431
박두제	부산청	394	박미선	인천서	231	박민선	동안양서	176
박라영	경기광주서	168	박미성	안양서	191	박민솔	광산서	322
박란수	송파서	130	박미소	연수서	237	박민수	조세연	452
박란영	광주청	310	박미숙	북대전서	276	박민수	동작서	114
박래인	삼성서	120	박미숙	의정부서	254	박민수	북부산서	414
박마래	중랑서	146	박미숙	중부청	157	박민수	성남서	180
박만경	평택서	198	박미숙	창원서	438	박민아	강남서	94
박만기	중부청	156	박미애	목포서	343	박민아	천안서	304
바만용	서대구서	372	박미연	부천서	251	박민영	동울산서	427
박명수	목포서	342	박미연	북부산서	415	박빈영	부신강시서	417
박명수	시흥서	184	박미연	서울청	83	박민영	중랑서	146
박명식	해남서	351	박미연	서인천서	235	박민우	노원서	108
박명열	송파서	131	박미연	양천서	133	박민우	대전청	262
박명우	서대구서	373	박미영	경기광주서	168	박민우	북부산서	415
박명진	삼성서	120	박미영	김해서	433	박민우	서울청	90
박명철	광산서	322	박미영	북부산서	415	박민욱	분당서	179
박명하	성동서	126	박미영	성북서	128	박민원	목포서	343
박명희	잠실서	143	박미영	송파서	130	박민원	서울청	86
박모린	서인천서	235	박미영	중부산서	423	박민재	성동서	126
박모영	부산청	396	박미영	통영서	441	박민정	강남서	94
박모우	인천서	231	박미영	포천서	258	박민정	부산강서서	416
박무성	경산서	374	박미정	강남서	95	박민정	중부산서	423
박무수	서광주서	326	박미정	강릉서	205	박민정	화성서	200
박문상	북광주서	325	박미정	북대구서	370	박민주	광주청	314
박문수	대전서	274	박미정	서울청	89	박민주	금천서	105
박문수	서울청	75	박미정	양천서	133	박민주	대구청	360
박문수	영덕서	386	박미정	청주서	286	박민주	보령서	294
박문숙	서대문서	123	박미주	강서서	99	박민주	중부산서	422
박문영	서울청	71	박미진	강남서	95	박민중	종로서	145
박문철	성동서	126	박미진	국세청	23	박민지	동작서	115
박문호	서부산서	418	박미진	대전청	263	박민채	세종서	299
박미경	경기광주서	168	박미진	동고양서	249	박민철	삼성서	121

이름	관서	쪽	이름	관서	쪽	이름	관서	쪽
박민호	서산서	297	박봉철	안양서	190	박상훈	구리서	171
박민희	남동서	239	박봉현	목포서	343	박상훈	마포서	116
박민희	영등포서	136	박삼용	보령서	295	박상훈	부천서	251
박배근	삼성서	120	박상경	영동서	283	박상흠	평택서	199
박배열	서초서	124	박상곤	군산서	328	박상희	강동서	97
박범규	서초서	125	박상국	육규한	390	박상희	여수서	349
박범석	서울청	79	박상규	김포서	246	박상희	영덕서	387
박범석	중부청	156	박상기	국세청	19	박상희	영동서	283
박범수	국세청	19	박상길	삼성서	120	박상희	영등포서	137
박범수	연수서	237	박상길	해운대서	424	박상희	평택서	198
박범우	삼성서	121	박상돈	연수서	236	박새롬	동화성서	202
박범진	국세청	48	박상미	김해서	432	박샛별	강서서	98
박범진	영등포서	137	박상미	서초서	125	박서빈	서울청	86
박범진	잠실서	142	박상미	잠실서	143	박서연	동고양서	248
박병곤	부평서	232	박상민	동안양서	177	박서연	동화성서	203
박병관	용인서	192	박상민	이천서	197	박서연	부산청	397
박병관	제주서	442	박상민	천안서	304	박서연	서대문서	122
박병규	대전서	274	박상배	주류센터	59	박서연	서울청	85
박병규	진주서	437	박상범	국세청	35	박서연	역삼서	135
박병남	시흥서	185	박상별	양천서	132	박서우	동래서	411
박병문	청주서	287	박상봉	고양서	242	박서우	인천서	231
박병민	김포서	247	박상봉	송파서	131	박서정	동대문서	112
박병민	해남서	351	박상연	심칙서	207	박서정	북광주서	324
박병선	화성서	200	박상언	중랑서	147	박서진	국세청	26
박병수	북대전서	277	박상영	인천청	220	박서진	서울청	85
박병수	조세연	455	박상영	조세심판원	13	박서현	역삼서	135
박병영	서울청	74	박상옥	대전청	265	박서형	수성서	369
박병일	남원서	330	박상용	제주서	443	박서희	은평서	141
박병주	관악서	100	박상우	안산서	187	박석민	조세심판원	15
박병주	천안서	305	박상우	중부청	158	박석현	이천서	197
박병진	해운대서	424	박상우	진주서	436	박석환	광주청	316
박병철	부산진서	412	박상우	창원서	438	박석훈	북부산서	414
박병태	광명서	244	박상욱	남대구서	364	박석흠	서대구서	372
박병태	서부산서	418	박상욱	대전청	269	박선규	서울청	69
박병헌	기흥서	194	박상원	동대문서	112	박선남	북부산서	414
박병환	부산청	402	박상율	서울청	75	박선미	강릉서	205
박병환	여수서	349	박상은	광주서	321	박선미	인천청	224
박병훈	중부청	154	박상일	서광주서	326	박선민	남부천서	253
박보경	국세청	18	박상정	서대문서	123	박선민	서대전서	278
박보경	남양주서	173	박상종	정읍서	338	박선범	중부청	165
박보경	부산강서서	416	박상주	중부청	165	박선수	파주서	256
박보경	서초서	125	박상준	광산서	323	박선아	서울청	70
박보경	안산서	186	박상준	국세청	20	박선애	부산청	397
박보름	아산서	300	박상준	국세청	41	박선애	서부산서	418
박보민	의정부서	254	박상준	마포서	117	박선양	시흥서	184
박보영	분당서	179	박상준	부산청	400	박선연	북부산서	414
박보중	부산청	396	박상태	속초서	209	박선열	중부청	160
박보화	잠실서	143	박상혁	안동서	384	박선영	광주서	320
박복심	서광주서	326	박상현	반포서	119	박선영	광주청	312
박복영	은평서	141	박상현	서초서	124	박선영	국세청	21
박복자	울산서	428	박상현	세제실	6	박선영	금정서	406
박봉선	정읍서	338	박상현	육규한	391	박선영	동안양서	177
박봉주	목포서	342	박상현	파주서	256	박선영	마포서	117

이름	소속	번호
박선영	부산청	404
박선영	서대전서	278
박선영	서울청	87
박선영	성북서	128
박선영	양천서	132
박선영	익산서	335
박선영	조세연	451
박선영	천안서	304
박선영	파주서	256
박선영	화성서	200
박선옥	구미서	379
박선용	중랑서	146
박선욱	중부서	149
박선은	강동서	96
박선임	조세심판원	15
박선주	구로서	103
박선혜	수성서	368
박선호	서부산서	419
박선화	김포서	246
박선화	동안산서	189
박선희	도봉서	110
박선희	삼성서	120
박선희	수성서	368
박선희	아산서	300
박선희	울산서	429
박설희	광주청	312
박성경	천안서	305
박성규	마산서	434
박성근	삼성서	120
박성기	서울청	80
박성란	군산서	328
박성룡	대전청	268
박성무	서울청	72
박성민	강서서	99
박성민	부산청	396
박성민	부천서	250
박성민	양천서	133
박성배	남양주서	173
박성수	군산서	328
박성수	송파서	131
박성수	포천서	259
박성신	송파서	130
박성애	노원서	109
박성용	중부청	162
박성우	국세청	49
박성우	북대구서	370
박성우	수영서	420
박성욱	안동서	384
박성원	동화성서	203
박성윤	군산서	329
박성은	국세청	25
박성은	국세청	48
박성은	분당서	179
박성일	강남서	94
박성일	김포서	246
박성일	아산서	301
박성재	부평서	232
박성재	북대전서	277
박성재	중부산서	422
박성정	목포서	343
박성주	전주서	337
박성준	강동서	97
박성준	강서서	98
박성준	국세청	44
박성준	삼척서	207
박성준	통영서	441
박성진	광주청	314
박성진	서부산서	419
박성진	안산서	186
박성찬	마포서	117
박성찬	안산서	187
박성찬	연수서	236
박성탄	동작서	115
박성태	남부천서	253
박성하	은평서	140
박성학	북대구서	371
박성한	의정부서	254
박성혁	김포서	247
박성현	도봉서	111
박성현	동화성서	203
박성현	마산서	434
박성현	안동서	385
박성혜	강남서	95
박성호	계양서	241
박성호	도봉서	111
박성호	용산서	138
박성환	부산진서	413
박성환	통영서	441
박성훈	남양주서	172
박성훈	부산청	402
박성훈	조세연	451
박성희	구리서	171
박성희	도봉서	111
박성희	북대전서	276
박성희	상담센터	57
박세국	공주서	291
박세근	춘천서	214
박세라	부평서	233
박세라	분당서	179
박세령	서울청	69
박세린	강서서	98
박세린	창원서	438
박세림	구로서	102
박세민	서울청	63
박세민	중부청	166
박세언	마산서	434
박세연	동안양서	177
박세영	남동서	238
박세용	경기광주서	168
박세웅	거창서	430
박세웅	송파서	131
박세원	시흥서	185
박세윤	인천청	224
박세인	목포서	342
박세인	성동서	127
박세인	종로서	145
박세일	구미서	379
박세일	서울청	64
박세준	부산청	401
박세진	동청주서	280
박세진	포천서	258
박세창	국세청	22
박세하	서울청	70
박세현	교육원	52
박세현	부산진서	412
박세환	대전청	263
박세환	송파서	130
박세희	국세청	42
박세희	북대전서	276
박소미	송파서	131
박소미	순천서	347
박소미	역삼서	134
박소미	종로서	145
박소연	계양서	240
박소연	공주서	291
박소연	도봉서	111
박소언	동인양시	176
박소연	북대구서	370
박소연	북대전서	277
박소연	분당서	179
박소연	서대전서	279
박소연	서울청	64
박소연	역삼서	135
박소연	연수서	237
박소연	영등포서	137
박소연	조세연	455
박소연	화성서	200
박소영	국세청	37
박소영	김천서	380
박소영	마포서	117
박소영	부산청	398
박소영	북광주서	324
박소영	상주서	382
박소영	서울청	84
박소영	용산서	138
박소영	의정부서	254
박소영	제주서	443
박소영	중부서	149
박소영	충주서	289

박소윤	안양서	191	박수정	동고양서	248	박승권	제천서	284
박소은	반포서	119	박수정	북대구서	370	박승규	국세청	46
박소정	국세청	19	박수정	북전주서	332	박승문	노원서	109
박소정	부산청	396	박수정	서울청	73	박승연	광주청	310
박소정	성동서	126	박수지	광명서	244	박승용	북대구서	370
박소정	영덕서	387	박수지	서울청	81	박승욱	안산서	186
박소정	용산서	138	박수지	시흥서	184	박승욱	충주서	289
박소정	인천청	228	박수지	영등포서	137	박승원	세종서	298
박소현	기흥서	194	박수지	인천청	225	박승재	반포서	119
박소현	부산청	394	박수진	대전청	265	박승종	서부산서	419
박소현	북광주서	325	박수진	동대문서	112	박승진	동안양서	177
박소현	분당서	179	박수진	안산서	187	박승찬	부산청	400
박소현	용산서	139	박수진	안양서	191	박승찬	홍천서	217
박소현	포천서	259	박수진	의정부서	254	박승철	중부청	161
박소혜	남동서	238	박수진	인천청	225	박승필	반포서	118
박소희	반포서	119	박수진	제주서	442	박승현	경기광주서	169
박소희	영등포서	137	박수진	조세연	450	박승현	경산서	375
박소희	전주서	337	박수진	파주서	257	박승현	대전청	265
박송복	의정부서	254	박수진	해운대서	424	박승혜	성북서	128
박송이	안양서	191	박수춘	광명서	245	박승호	대구청	361
박송이	은평서	140	박수태	경기광주서	168	박승호	역삼서	135
박송희	김포서	246	박수한	성북서	129	박승효	서울청	81
박수경	고양서	242	박수현	동대구서	366	박승훈	북전주서	332
박수경	금정서	406	박수현	동안양서	177	박승훈	원주서	212
박수경	부산청	402	박수현	동청주서	280	박승희	서울청	72
박수경	수영서	420	박수현	동청주서	281	박시연	나주서	341
박수경	수원서	183	박수현	종로서	144	박시용	용산서	139
박수련	동화성서	203	박수현	중부청	153	박시원	익산서	335
박수미	광명서	245	박수혜	조세심판원	13	박시춘	도봉서	110
박수미	대전서	274	박수호	서대구서	372	박시현	국세청	22
박수미	서대문서	123	박수홍	시흥서	185	박시현	대구청	355
박수민	진주서	436	박숙영	양천서	132	박시현	동화성서	203
박수범	대구청	357	박숙정	국세청	25	박시형	청주서	286
박수범	수원서	183	박숙희	나주서	341	박시후	국세청	39
박수빈	대구청	355	박숙희	성동서	126	박신아	조세연	452
박수빈	서대구서	372	박순규	서산서	296	박신아	광주서	320
박수성	김해서	432	박순애	서울청	72	박신애	서울청	91
박수아	북대전서	276	박순영	수원서	183	박신영	관악서	101
박수안	중부청	157	박순용	시흥서	184	박신영	대전청	266
박수연	동작서	115	박순주	서대구서	372	박신영	전주서	336
박수연	마포서	117	박순주	서울청	69	박신영	포천서	258
박수연	삼성서	120	박순준	성남서	181	박신우	부천서	250
박수연	서울청	73	박순진	영등포서	136	박신우	해남서	351
박수연	충주서	289	박순천	원주서	212	박신정	대전청	267
박수열	평택서	199	박순철	이천서	196	박신정	용산서	138
박수영	국세청	18	박순출	대구청	361	박신해	강남서	94
박수영	진주서	437	박순희	영등포서	136	박신현	북전주서	332
박수옥	용인서	193	박슬기	광주청	315	박아름	양천서	133
박수완	마산서	434	박슬기	도봉서	110	박아연	서울청	69
박수용	안산서	186	박슬기	서울청	69	박안제라	관악서	101
박수용	평택서	198	박슬기	육규한	391	박애경	중랑서	146
박수인	광주청	316	박슬기	인천청	223	박애란	노원서	108
박수인	마산서	435	박승권	대전청	270	박애리	영월서	211

박애슬	서울청	72	박영주	은평서	140	박운영	국세청	40
박애심	의정부서	254	박영진	국세청	43	박웅종	부산청	401
박애자	서울청	69	박영진	동대구서	366	박원경	동수원서	174
박애자	영등포서	136	박영진	부산청	403	박원규	국세청	35
박양규	국세청	18	박영호	경산서	375	박원규	홍천서	217
박양숙	경기광주서	169	박영훈	동수원서	175	박원균	서울청	91
박양운	노원서	109	박영훈	북부산서	415	박원기	속초서	209
박양희	제주서	442	박예규	동청주서	280	박원돈	남대구서	365
박언준	북부산서	415	박예림	서초서	125	박원석	광주청	313
박엘리	세종서	299	박예은	고양서	242	박원영	영등포서	136
박여준	수원서	183	박예지	인천서	230	박원준	구리서	170
박연미	분당서	179	박예진	서광주서	327	박원준	상담센터	58
박연서	순천서	344	박예진	수성서	369	박원준	서울청	64
박연선	동대문서	112	박옥길	대전청	267	박원호	부산진서	413
박연수	원주서	213	박옥련	노원서	108	박원희	은평서	140
박연옥	동청주서	281	박옥임	경기광주서	168	박유광	강동서	96
박연우	동화성서	202	박옥주	영등포서	136	박유나	부산청	395
박연정	중부서	148	박옥진	중부서	148	박유나	서광주서	326
박연주	역삼서	134	박옥희	양천서	132	박유라	인천청	225
박연주	영등포서	136	박완다	북대전서	277	박유리	동작서	114
박연주	제주서	443	박완식	경기광주서	168	박유리	마포서	116
박연주	종로서	144	박요안나	대전청	268	박유리	서인천서	234
박연진	강서서	99	박요철	용인서	192	박유린	안양서	190
박영건	서울청	90	박용관	국세청	47	박유미	남원서	330
박영곤	부산청	403	박용규	금정서	407	박유미	마포서	116
박영규	부산진서	413	박용남	통영서	440	박유미	서울청	64
박영규	평택서	199	박용문	순천서	344	박유미	조세연	452
박영기	김포서	247	박용범	속초서	208	박유민	경주서	377
박영길	계양서	241	박용병	대전청	266	박유자	서대전서	279
박영래	국세청	47	박용석	역삼서	134	박유정	동대문서	113
박영미	경산서	374	박용선	진주서	436	박유성	화성서	201
박영민	부산진서	412	박용섭	동울산서	427	박유진	동울산서	426
박영민	아산서	300	박용업	송파서	130	박유진	성남서	180
박영민	안양서	191	박용우	광산서	323	박유진	순천서	344
박영수	남부천서	252	박용우	영덕서	387	박유천	평택서	198
박영수	서광주서	327	박용운	김포서	246	박윤경	마산서	435
박영수	순천서	347	박용주	파주서	256	박윤규	군산서	329
박영숙	금천서	104	박용진	교육원	53	박윤미	파주서	257
박영순	금정서	407	박용진	서울청	81	박윤배	안산서	187
박영식	서울청	69	박용진	해운대서	425	박윤석	성남서	181
박영실	안산서	186	박용태	남대문서	107	박윤수	동수원서	174
박영애	구로서	102	박용태	서울청	72	박윤수	마포서	117
박영언	수성서	368	박용현	포천서	258	박윤정	구로서	103
박영용	포천서	259	박용훈	기흥서	195	박윤정	삼성서	121
박영웅	중부청	152	박용훈	부산청	395	박윤주	북대전서	276
박영은	분당서	179	박용희	목포서	342	박윤주	포천서	259
박영인	안산서	187	박용희	진주서	436	박윤지	동고양서	249
박영일	대전청	270	박우경	역삼서	135	박윤진	강서서	98
박영임	제천서	284	박우영	인천청	220	박윤진	조세연	454
박영재	북부산서	415	박우정	국세청	23	박윤채	시흥서	184
박영종	용인서	193	박우현	동작서	115	박윤하	김포서	246
박영주	대전청	270	박욱상	마산서	434	박윤형	경주서	377
박영주	서대구서	372	박욱현	부산청	398	박윤환	관악서	101

박윤희	수영서	420	박은혜	삼성서	121	박장미	반포서	119
박으뜸	서울청	82	박은혜	잠실서	142	박장수	남동서	239
박은경	마산서	435	박은화	서울청	63	박장영	창원서	439
박은경	북대전서	276	박은화	여수서	348	박장훈	동래서	411
박은경	서울청	71	박은희	구로서	102	박재곤	아산서	300
박은경	양산서	408	박은희	부천서	250	박재광	서울청	78
박은미	서울청	85	박은희	서울청	71	박재군	부산진서	413
박은미	제주서	442	박은희	서울청	81	박재규	대구청	355
박은미	청주서	287	박은희	안양서	191	박재근	대전서	274
박은미	화성서	200	박은희	지방세제	446	박재만	전주서	336
박은비	동안산서	188	박의현	동안양서	176	박재민	강릉서	205
박은비	중부청	164	박이진	북광주서	324	박재민	동청주서	280
박은서	강남서	94	박인경	기흥서	195	박재성	공주서	290
박은서	권익위	448	박인국	대전서	274	박재성	성동서	127
박은서	동화성서	203	박인국	마포서	116	박재성	송파서	131
박은선	남대문서	107	박인규	구로서	102	박재성	육규한	391
박은숙	수영서	420	박인규	서울청	89	박재신	남원서	330
박은숙	중부청	156	박인선	계양서	240	박재영	동대문서	112
박은아	중부청	155	박인선	대전서	274	박재완	중부산서	422
박은영	구미서	379	박인수	나주서	340	박재우	기흥서	194
박은영	금정서	407	박인수	서산서	296	박재우	대전청	267
박은영	보령서	295	박인수	연수서	237	박재우	부산청	394
박은영	북광주서	324	박인숙	북선주서	332	박재우	평택서	199
박은영	서광주서	327	박인숙	전주서	336	박재욱	국세청	29
박은영	서초서	124	박인순	파주서	256	박재욱	아산서	300
박은영	세제실	8	박인애	성남서	180	박재원	동울산서	426
박은영	인천서	230	박인원	세재실	7	박재원	서울청	65
박은옥	북대구서	371	박인제	인천청	227	박재윤	화성서	201
박은우	부산진서	413	박인철	금천서	105	박재진	남대구서	364
박은재	광주청	310	박인혁	수영서	420	박재찬	대구청	358
박은정	강남서	95	박인혜	조세심판원	15	박재철	국세청	27
박은정	구리서	171	박인호	제주서	442	박재춘	영등포서	137
박은정	대전청	268	박인홍	성북서	129	박재한	동울산서	426
박은정	도봉서	111	박인홍	통영서	440	박재현	성남서	181
박은정	북대전서	277	박인환	북광주서	325	박재현	역삼서	134
박은정	분당서	178	박인환	예산서	302	박재현	잠실서	142
박은정	수원서	182	박인희	남양주서	172	박재형	남대구서	364
박은정	영주서	389	박일도	북대전서	276	박재형	남양주서	172
박은정	조세연	451	박일동	울산서	429	박재형	역삼서	135
박은정	종로서	144	박일병	서대전서	279	박재형	예산서	302
박은정	중랑서	146	박일수	서인천서	234	박재형	중부청	152
박은정	중부청	165	박일수	인천청	227	박재형	통영서	440
박은주	동작서	114	박일주	평택서	199	박재홍	강남서	94
박은주	수영서	420	박일찬	강릉서	205	박재홍	강서서	98
박은주	역삼서	134	박일호	김해서	433	박재홍	상담센터	56
박은지	경기광주서	169	박일호	인천청	226	박재홍	중부청	164
박은지	동화성서	202	박일환	이천서	196	박재홍	창원서	438
박은지	목포서	343	박임선	군산서	328	박재홍	충주서	289
박은지	부평서	233	박자영	동작서	114	박재환	광주청	317
박은지	서울청	71	박자윤	동대구서	367	박재훈	안산서	186
박은지	의정부서	254	박자음	송파서	130	박재희	양산서	408
박은지	종로서	145	박자임	구미서	378	박점숙	육규한	390
박은진	경기광주서	168	박장기	상담센터	59	박정곤	성북서	128

박정국	광주청	311	박정은	울산서	429	박종무	부산청	399
박정권	서울청	80	박정은	은평서	140	박종무	영등포서	136
박정기	강남서	94	박정은	인천청	226	박종민	서부산서	419
박정길	대구청	360	박정의	동울산서	427	박종민	서울청	82
박정길	수성서	368	박정인	부산진서	413	박종민	울산서	428
박정남	국세청	24	박정일	광주청	311	박종빈	천안서	305
박정란	순천서	344	박정임	강서서	98	박종서	종로서	144
박정린	포천서	258	박정임	서울청	83	박종석	동수원서	174
박정미	동수원서	175	박정재	전주서	336	박종석	서울청	84
박정민	관악서	101	박정주	세재실	8	박종석	인천청	225
박정민	구로서	103	박정준	연수서	236	박종성	국세청	31
박정민	동작서	115	박정진	남동서	238	박종성	연수서	237
박정민	서울청	68	박정하	동래서	411	박종수	동울산서	427
박정민	서초서	125	박정한	반포서	119	박종연	수성서	369
박정민	조세심판원	13	박정현	금정서	407	박종영	천안서	305
박정민	중부청	152	박정현	남양주서	173	박종욱	동래서	410
박정민	중부청	163	박정현	동수원서	174	박종욱	육규한	390
박정민	화성서	200	박정현	부산진서	412	박종원	군산서	328
박정배	순천서	347	박정현	서울청	81	박종원	대구청	360
박정배	인천서	231	박정현	서울청	88	박종원	서인천서	235
박정섭	송파서	131	박정현	파주서	257	박종윤	서초서	124
박정성	북대구서	371	박정호	부산진서	412	박종인	대전서	275
박정수	강릉서	204	박정호	서울청	80	박종인	동대문서	113
박정수	부산청	398	박정호	의정부서	254	박종일	제주서	443
박정수	북대전서	276	박정화	국세청	31	박종주	동대문서	112
박정숙	군산서	328	박정화	금정서	407	박종주	파주서	256
박정숙	김천서	380	박정화	반포서	119	박종진	김포서	247
박정숙	대전서	274	박정화	부산진서	412	박종찬	동안양서	177
박정숙	삼성서	120	박정화	서울청	82	박종태	송파서	130
박정숙	성동서	126	박정환	광주서	320	박종헌	부산진서	412
박정순	목포서	342	박정환	동대구서	366	박종현	국세청	31
박정순	양천서	132	박정환	목포서	343	박종현	부산청	395
박정식	광주서	321	박정환	부산청	399	박종현	서광주서	327
박정신	중부산서	422	박정훈	평택서	198	박종현	조세심판원	12
박정아	광주청	312	박정흠	조세연	451	박종호	대전청	269
박정아	서초서	124	박정흠	조세연	452	박종호	동안양서	177
박정아	수성서	368	박정희	광주서	320	박종호	서울청	91
박정연	대전서	275	박정희	남대문서	107	박종호	안산서	187
박정연	동울산서	426	박정희	대구청	354	박종호	전주서	336
박정연	동작서	114	박정희	종로서	145	박종호	홍성서	306
박정열	세재실	6	박제상	용인서	193	박종화	북광주서	324
박정열	중부청	162	박제영	대전청	268	박종화	서초서	125
박정오	창원서	439	박제영	영등포서	137	박종화	중부청	153
박정옥	동안산서	189	박제웅	중부청	160	박종환	남양주서	173
박정용	경산서	375	박제효	동안양서	177	박종훈	구미서	378
박정우	교육원	53	박조은	용인서	193	박종훈	도봉서	110
박정우	역삼서	135	박종경	서울청	70	박종훈	서산서	296
박정욱	수원서	182	박종국	육규한	390	박종희	국세청	42
박정운	서부산서	418	박종국	해운대서	424	박좌준	인천청	226
박정은	북대구서	370	박종군	부산청	403	박주담	중부서	149
박정은	분당서	178	박종근	광주청	310, 311	박주리	중부청	153
박정은	성동서	126	박종렬	동작서	115	박주미	고양서	242
박정은	양산서	409	박종률	김포서	246	박주성	안동서	384

박주아	동울산서	426	박준영	구미서	378	박지영	노원서	109
박주연	동대문서	113	박준영	기흥서	195	박지영	도봉서	111
박주연	연수서	237	박준영	부산청	394	박지영	동화성서	202
박주연	화성서	200	박준영	세재실	6	박지영	부산진서	412
박주열	강동서	97	박준영	안산서	187	박지영	부산청	401
박주열	이천서	196	박준영	연수서	237	박지영	해운대서	424
박주영	거창서	430	박준영	육규한	391	박지예	중부청	159
박주영	경주서	376	박준용	강남서	95	박지완	남대문서	106
박주영	국세청	24	박준용	금정서	406	박지용	진주서	436
박주영	노원서	109	박준용	서울청	73	박지우	금정서	406
박주영	부천서	250	박준우	노원서	108	박지우	성남서	181
박주영	역삼서	134	박준욱	서대구서	372	박지우	이천서	196
박주오	대전청	270	박준원	강동서	96	박지우	조세연	450
박주원	국세청	30	박준현	성동서	126	박지원	관악서	101
박주철	구로서	103	박준현	영등포서	137	박지원	수영서	420
박주철	조세연	450	박준형	대전서	275	박지원	양천서	133
박주하	순천서	346	박준호	강동서	96	박지원	인천청	220
박주항	논산서	292	박준홍	강동서	97	박지원	전주서	337
박주해	중랑서	146	박준홍	송파서	131	박지원	중부청	159
박주현	경산서	375	박준후	광주서	321	박지윤	서산서	296
박주현	동대구서	366	박준희	은평서	141	박지은	계양서	241
박주현	부산강서서	417	박준희	화성서	200	박지은	광주청	314
박주혀	부산청	399	박중기	중부청	162	박지은	김해서	432
박주현	삼성서	120	박중억	영주서	388	박지은	대전서	275
박주현	서울청	72	박지명	북전주서	333	박지은	동수원서	174
박주현	연수서	237	박지민	국세청	24	박지은	마산서	435
박주형	전주서	337	박지민	양산서	409	박지은	성동서	127
박주혜	서초서	124	박지민	울산서	428	박지은	순천서	346
박주호	계양서	241	박지상	서초서	124	박지은	익산서	334
박주환	대구청	356	박지선	고양서	243	박지은	잠실서	142
박주효	서울청	68	박지선	광산서	323	박지인	동안양서	177
박주희	부산청	394	박지선	안산서	187	박지철	육규한	390
박주희	서울청	79	박지성	서초서	124	박지해	계양서	240
박주희	인천청	220	박지성	용인서	192	박지향	마산서	435
박주희	조세연	451	박지수	김포서	246	박지현	강남서	94
박주희	창원서	438	박지수	서산서	296	박지현	남양주서	172
박준규	공주서	291	박지수	용인서	193	박지현	부산진서	412
박준규	광산서	322	박지숙	부산청	404	박지현	북광주서	324
박준규	서대문서	122	박지숙	서울청	91	박지현	상담센터	56
박준규	예산서	303	박지숙	서초서	125	박지현	서울청	64
박준명	노원서	109	박지암	국세청	40	박지현	세재실	7
박준미	조세연	455	박지양	강서서	98	박지현	순천서	344
박준배	국세청	34	박지언	순천서	345	박지혜	조세연	452
박준범	교육원	53	박지언	역삼서	135	박지혜	강서서	99
박준범	남양주서	173	박지연	광주청	317	박지혜	고양서	242
박준서	남대문서	107	박지연	구로서	102	박지혜	나주서	340
박준서	서울청	84	박지연	남양주서	173	박지혜	남원서	330
박준선	시흥서	185	박지연	대구청	354	박지혜	대전청	262
박준성	동울산서	426	박지연	동대문서	113	박지혜	마포서	116
박준성	충주서	289	박지연	의정부서	254	박지혜	성동서	127
박준식	성동서	127	박지연	해남서	351	박지혜	조세심판원	14
박준식	인천청	225	박지영	경기광주서	169	박지혜	중부산서	423
박준영	경주서	376	박지영	국세청	18	박지혜	중부청	160

이름	소속	번호	이름	소속	번호	이름	소속	번호
박지혜	진주서	437	박진형	제주서	442	박채연	여수서	349
박지혜	화성서	201	박진호	김해서	432	박채영	예산서	302
박지호	국세청	45	박진호	이천서	197	박채영	춘천서	214
박지호	상담센터	58	박진홍	상담센터	58	박채은	성남서	181
박지화	금천서	105	박진홍	구리서	171	박천수	조세심판원	15
박지환	서울청	78	박진희	경기광주서	168	박천우	마포서	116
박지훈	수영서	420	박진희	부산청	395	박천주	여수서	349
박지훈	역삼서	134	박진희	북대구서	370	박천호	조세심판원	15
박지훈	진주서	436	박진희	삼성서	121	박철민	분당서	178
박지희	강서서	99	박진희	서울청	91	박철성	서광주서	326
박지희	목포서	342	박찬경	영등포서	137	박철수	청주서	286
박지희	연수서	236	박찬규	서울청	65	박철순	안동서	384
박진갑	여수서	349	박찬규	아산서	301	박철완	강남서	95
박진관	동울산서	427	박찬녕	대구청	358	박철우	서울청	78
박진규	익산서	335	박찬만	금천서	104	박철우	해남서	351
박진규	화성서	201	박찬만	수영서	421	박철한	서초서	124
박진서	계양서	240	박찬민	광명서	244	박청진	대구청	359
박진석	동화성서	203	박찬송	동대문서	112	박춘목	세제실	8
박진석	인천청	226	박찬순	상담센터	59	박춘영	경주서	377
박진성	용산서	139	박찬승	국세청	18	박치원	강서서	99
박진수	경기광주서	168	박찬열	광주서	321	박치호	부산청	399
박진수	서대전서	279	박찬영	춘천서	214	박태구	남양주서	173
박진수	수영서	420	박찬오	청주서	287	박태성	제주서	443
박진수	포천서	259	박찬용	포천서	259	박태신	전주서	337
박진숙	대전청	265	박찬우	김포서	246	박태완	광주청	316
박진숙	대전청	269	박찬우	동대문서	112	박태완	인천청	224
박진습	서울청	91	박찬욱	강남서	94	박태우	남부천서	253
박진실	인천청	224	박찬욱	부산청	395	박태원	마산서	434
박진아	광명서	244	박찬웅	강릉서	204	박태윤	평택서	199
박진아	남대구서	365	박찬웅	국세청	20	박태의	조세심판원	13
박진아	양천서	133	박찬웅	영등포서	136	박태징	대전청	265
박진아	인천청	221	박찬익	울산서	428	박태준	광주청	315
박진영	대구청	354	박찬주	홍성서	306	박태준	진주서	436
박진영	동화성서	203	박찬호	반포서	118	박태진	영월서	211
박진영	부산청	396	박찬호	평택서	198	박태호	동대문서	113
박진영	분당서	178	박찬후	광산서	322	박태훈	강서서	99
박진영	영등포서	136	박찬희	대전청	263	박태훈	김포서	247
박진영	용산서	139	박찬희	동안양서	177	박태훈	부산진서	412
박진영	울산서	428	박찬희	서초서	124	박태훈	북광주서	325
박진우	국세청	27	박창길	인천서	231	박태희	연수서	237
박진우	대전서	275	박창묵	종로서	145	박판기	부산강서서	416
박진우	부산청	394	박창선	안산서	186	박판식	동대구서	366
박진우	역삼서	135	박창수	광명서	244	박평식	은평서	140
박진우	조세연	451	박창수	국세청	43	박푸른	서초서	125
박진우	지방세제	446	박창순	조세연	455	박필규	육규한	391
박진웅	광주청	315	박창열	동래서	410	박필근	서부산서	419
박진원	서울청	88	박창오	국세청	22	박하나	부산청	396
박진찬	광주청	316	박창용	서울청	78	박하니	북부산서	415
박진하	금정서	407	박창우	조세연	451	박하니	역삼서	135
박진한	부천서	250	박창준	부산진서	413	박하란	은평서	140
박진혁	광명서	244	박창현	인천청	224	박하송	삼성서	121
박진혁	중부청	154	박창환	인천청	220	박하양	조세연	450
박진현	서대문서	122	박채린	영동서	282	박하영	국세청	23

박하영	부산강서서	416	박현자	양천서	132	박혜림	창원서	439
박하영	조세연	450	박현정	서대전서	278	박혜미	노원서	109
박하용	분당서	179	박현정	서울청	65	박혜민	서광주서	327
박하윤	남대문서	106	박현정	송파서	130	박혜민	서울청	80
박하은	남부천서	252	박현정	이천서	196	박혜빈	북대전서	277
박하홍	수원서	182	박현정	중부청	154	박혜선	부산강서서	417
박한나	분당서	178	박현정	지방세제	447	박혜선	인천청	223
박한빛	서울청	71	박현정	천안서	305	박혜선	전주서	337
박한상	마포서	116	박현종	수원서	183	박혜성	서울청	82
박한석	대전청	262	박현주	경주서	377	박혜숙	관악서	100
박한수	보령서	294	박현주	광주서	321	박혜숙	조세심판원	13
박한승	남대문서	107	박현주	수영서	421	박혜연	제주서	442
박한열	서인천서	235	박현주	원주서	213	박혜영	남대구서	364
박한준	조세연	449	박현주	육규한	391	박혜옥	동대문서	112
박한중	서인천서	234	박현주	창원서	439	박혜원	강남서	94
박해경	창원서	439	박현주	해남서	350	박혜원	북부산서	414
박해근	진주서	436	박현준	나주서	340	박혜원	이천서	196
박해란	동안양서	177	박현준	성동서	126	박혜인	반포서	119
박해연	목포서	342	박현준	중부청	163	박혜정	강동서	96
박해영	서울청	81	박현진	송파서	130	박혜정	성북서	128
박해용	세제실	6	박현진	정읍서	338	박혜정	은평서	141
박해정	서대구서	373	박현철	은평서	141	박혜지	동울산서	427
박행옥	서부산서	419	박현하	대구청	357	빅혜진	상농서	97
박행진	광산서	322	박현혜	관악서	100	박혜진	강릉서	204
박향기	국세청	21	박현화	북광주서	324	박혜진	관악서	101
박향미	잠실서	143	박현희	제천서	284	박혜진	구로서	102
박향엽	서광주서	326	박형규	부천서	250	박혜진	국세청	46
박헌숙	금정서	406	박형기	평택서	198	박혜진	김포서	246
박현경	잠실서	143	박형민	부산청	398	박혜진	동수원서	174
박현경	창원서	439	박형민	부천서	251	박혜진	분당서	178
박현경	춘천서	214	박형민	해남서	351	박혜진	서울청	84
박현규	서초서	124	박형배	국세청	30	박혜진	서초서	124
박현규	양천서	132	박형선	강동서	97	박호빈	부천서	250
박현명	용인서	193	박형우	반포서	118	박호용	거창서	430
박현빈	반포서	118	박형우	서대구서	372	박호일	반포서	118
박현서	원주서	213	박형주	영월서	211	박홍규	수원서	183
박현석	천안서	304	박형주	중부청	155	박홍균	광주서	321
박현수	국세청	42	박형준	동고양서	248	박홍균	종로서	144
박현수	군산서	328	박형준	연수서	237	박홍기	국세청	19
박현수	서울청	82	박형지	남원서	331	박홍기	세제실	8
박현수	안양서	191	박형진	파주서	256	박홍립	교육원	52
박현수	중부청	157	박형호	동래서	410	박홍범	광산서	323
박현숙	서울청	71	박형호	용산서	138	박홍수	육규한	390
박현숙	성북서	129	박형희	목포서	342	박홍일	광주서	320
박현순	울산서	428	박혜경	부산청	398	박홍자	동안산서	189
박현아	군산서	329	박혜경	수영서	420	박홍제	북부산서	415
박현아	홍성서	307	박혜경	수영서	421	박화경	서부산서	419
박현애	세제실	8	박혜경	안산서	186	박화영	조세연	453
박현영	서울청	67	박혜경	종로서	145	박환협	서대구서	373
박현옥	조세연	455	박혜경	천안서	305	박회경	의정부서	254
박현우	서인천서	235	박혜근	마포서	116	박효서	중부청	153
박현우	영월서	210	박혜림	동래서	411	박효선	의정부서	255
박현우	중부청	153	박혜림	용산서	138	박효숙	역삼서	134

이름	소속	쪽	이름	소속	쪽	이름	소속	쪽
박효신	강동서	97	방귀섭	북전주서	332	배다래	수영서	420
박효열	광주서	321	방문용	서울청	83	배달환	울산서	429
박효영	양산서	408	방미경	인천청	225	배덕렬	송파서	131
박효은	인천청	224	방미숙	중부청	154	배동노	안동서	384
박효임	남대구서	365	방미주	동대구서	366	배동찬	경산서	374
박효정	익산서	335	방민식	중부청	162	배동희	인천청	225
박효준	영등포서	137	방민주	이천서	196	배두진	동대문서	113
박효진	관악서	100	방서주	부천서	251	배리라	남대구서	365
박효진	군산서	328	방선미	송파서	130	배명선	파주서	257
박효진	송파서	131	방선아	영월서	210	배명우	나주서	340
박효진	중부산서	422	방선우	구로서	102	배명한	부산강서서	416
박후진	순천서	345	방선윤	부산진서	412	배문경	서울청	72
박훈미	수원서	182	방성자	인천청	221	배문수	북대전서	277
박훈수	기흥서	194	방솔비	종로서	145	배미경	서울청	64
박흥수	김해서	432	방여진	중부청	161	배미영	마산서	435
박흥현	중부청	161	방영화	목포서	342	배미일	서울청	81
박희경	고양서	243	방용익	속초서	209	배민경	경산서	375
박희경	용인서	193	방우리	세제실	9	배민예	광주청	311
박희경	중부청	158	방원석	동작서	115	배민우	노원서	109
박희근	종로서	145	방유미	도봉서	111	배민정	구미서	379
박희근	포천서	258	방유진	부산청	399	배민정	영등포서	137
박희달	서울청	65	방윤희	계양서	240	배민주	서초서	124
박희도	영등포서	137	방은미	화성서	201	배민혜	세종서	299
박희령	부산강서서	417	방은정	서울청	77	배병석	중부청	161
박희상	강서서	99	방은혜	수영서	421	배병윤	조세심판원	14
박희선	제주서	443	방재필	제천서	284	배삼동	순천서	344
박희수	조세심판원	13	방정기	남양주서	173	배상록	국세청	21
박희수	종로서	144	방정원	전주서	337	배상미	중랑서	147
박희연	동수원서	174	방종호	서울청	88	배상연	광명서	245
박희영	성남서	180	방준석	천안서	305	배상용	화성서	201
박희원	김포서	246	방지선	공주서	291	비상인	경기광주서	169
박희자	국세청	38	방치권	중부청	163	배상윤	서울청	75
박희정	동고양서	248	방해준	광주서	320	배상철	강서서	99
박희정	예산서	303	방현정	북광주서	324	배상철	영등포서	136
박희정	청주서	286	방형석	서울청	81	배석관	영주서	388
박희종	부산진서	412	방혜선	김포서	246	배석준	서울청	63
박희진	마포서	116	방훈호	연수서	237	배선경	창원서	438
박희진	부산청	400	방휘연	춘천서	214	배선미	김해서	433
박희진	삼성서	121	배 석	삼성서	120	배설희	원주서	213
박희찬	제주서	442	배 준	북대전서	277	배성관	광주서	321
반미경	성동서	127	배 진	용인서	193	배성수	남동서	239
반병권	제천서	284	배건한	대구청	361	배성심	남부천서	253
반승민	중부청	161	배경순	수성서	368	배성연	서울청	72
반승희	부산진서	412	배경은	인천청	220	배성윤	양산서	408
반아성	영덕서	387	배경직	서울청	87	배성진	서울청	80
반장윤	익산서	334	배경환	동작서	114	배성진	천안서	304
반재욱	인천청	221	배경희	대전청	264	배성한	서대문서	123
반재훈	인천청	221	배광한	마산서	435	배성혜	인천청	220
반종복	성동서	126	배금숙	대구청	360	배성호	종로서	145
반홍찬	경기광주서	169	배기득	창원서	439	배세령	경주서	377
방경규	남원서	330	배기연	상담센터	59	배소언	해운대서	424
방경선	대전서	274	배기윤	서부산서	418	배소연	통영서	441
방경섭	인천청	225	배기헌	계양서	240	배소영	서대구서	372

배소희	동래서	410	배재학	평택서	198	배한솜	순천서	344
배수영	안산서	186	배재현	대구청	360	배한준	동대구서	366
배수영	원주서	213	배재호	수성서	369	배현경	동래서	411
배수일	성북서	128	배재호	연수서	236	배현경	조세연	450
배수진	관악서	100	배재호	육규한	390	배현숙	서대구서	372
배수진	부산청	399	배재홍	상주서	382	배현옥	서광주서	326
배숙희	순천서	345	배정미	부평서	233	배현옥	잠실서	142
배순출	강남서	95	배정민	화성서	201	배현우	영등포서	136
배승준	울산서	428	배정숙	경기광주서	168	배현정	도봉서	110
배승현	진주서	436	배정주	전주서	336	배현주	강남서	94
배시환	남대구서	364	배정현	서울청	64	배현호	조세연	449
배영섭	동수원서	175	배정화	상담센터	56	배형수	육규한	390
배영애	동울산서	427	배정환	거창서	430	배형은	동고양서	248
배영옥	대구청	354	배제섭	여수서	349	배형천	부천서	251
배영은	진주서	436	배종섭	서울청	63	배형철	양산서	408
배영태	북전주서	332	배종진	익산서	334	배혜원	강서서	98
배영태	서부산서	418	배종호	아산서	300	배혜윤	경주서	377
배영호	부산청	398	배주섭	동작서	114	배혜진	서대구서	372
배영환	서대구서	372	배주애	광주청	315	배호기	인천청	228
배예빈	대전서	274	배주원	해운대서	424	배효정	대전서	274
배옥현	용산서	139	배주현	서초서	125	배효정	인천청	223
배용현	해운대서	424	배주환	동작서	115	배휘정	파주서	256
배우리	노원서	108	배준영	광명서	245	배희수	서부산서	418
배원만	용산서	139	배준용	파주서	256	백가연	마포서	117
배원준	동수원서	175	배준철	진주서	436	백가영	조세연	453
배원희	노원서	108	배준호	동래서	411	백가윤	동울산서	426
배유진	국세청	47	배지민	은평서	141	백경령	북대전서	277
배윤정	북전주서	332	배지연	안산서	186	백경모	경기광주서	169
배윤정	인천청	221	배지영	삼성서	121	백경미	서울청	86
배윤제	육규한	391	배지영	역삼서	135	백경엽	경산서	375
배윤진	동안양서	177	배지원	국세청	20	백경은	동대구서	366
배은경	남대구서	364	배지윤	강남서	95	백경훈	서초서	124
배은경	서대전서	279	배지은	연수서	237	백계민	광주청	316
배은경	양천서	133	배지현	마산서	435	백고은	상담센터	56
배은상	인천서	230	배지현	수영서	421	백광민	금정서	406
배은선	해남서	350	배지현	조세연	451	백광호	서광주서	326
배은아	서대문서	123	배지호	조세연	455	백귀순	보령서	294
배은율	용산서	139	배지홍	부산청	402	백규현	안양서	191
배은정	순천서	345	배지환	의정부서	255	백근민	동대구서	367
배은주	부산청	396	배진경	구로서	103	백근허	광주청	313
배은지	김해서	433	배진근	서울청	77	백기량	도봉서	110
배은호	노원서	108	배진령	중부청	163	백기호	순천서	345
배을주	서초서	124	배진만	해운대서	425	백남중	광주서	321
배이화	용산서	138	배진우	남대구서	364	백남훈	도봉서	110
배익준	북대구서	370	배진우	서광주서	327	백다정	인천청	222
배인수	남동서	239	배진원	서초서	125	백동욱	서울청	85
배인순	국세청	26	배진호	수원서	182	백동재	동울산서	426
배인애	김포서	246	배진희	금천서	104	백두산	분당서	179
배인호	지방세제	447	배진희	대구청	359	백두열	역삼서	135
배일규	서울청	90	배창식	남대구서	365	백만리	도봉서	110
배자강	안산서	186	배철숙	서울청	85	백미나	수원서	182
배장완	중부서	149	배철진	인천서	230	백미순	세종서	298
배재연	부산청	396	배태호	대구청	357	백미연	춘천서	215

백미주	북대구서	371	백아름	수영서	420	백지연	구로서	103
백민웅	수원서	183	백아영	남대문서	107	백지연	성남서	181
백민정	대전서	274	백연비	익산서	334	백지영	경주서	376
백범식	고양서	243	백연주	서울청	79	백지원	노원서	108
백보민	성동서	126	백연하	국세청	30	백지원	동울산서	427
백상순	김해서	432	백연희	성동서	127	백지원	해남서	351
백상엽	성동서	126	백영규	거창서	430	백지은	광주서	321
백상현	통영서	441	백영상	동래서	410	백지은	국세청	43
백상훈	부산청	396	백영선	성동서	127	백지은	진주서	437
백선기	울산서	428	백영신	청주서	286	백지훈	국세청	45
백선아	청주서	287	백영일	서울청	88	백지훈	부산청	396
백선애	연수서	237	백오숙	청주서	286	백진서	서부산서	418
백선우	동래서	411	백우현	동작서	115	백진우	역삼서	134
백선주	북대전서	276	백운기	중부산서	422	백진이	동고양서	248
백설희	중랑서	146	백원길	북전주서	333	백진주	서초서	125
백성경	창원서	438	백원일	중부서	149	백진현	안산서	187
백성기	마포서	116	백원철	북전주서	332	백진화	파주서	256
백성옥	천안서	304	백유기	구미서	379	백찬주	인천청	221
백성종	서울청	64	백유림	서울청	71	백철주	광주청	312
백성철	구미서	379	백유영	종로서	145	백태훈	성동서	127
백성태	잠실서	143	백유정	서대구서	372	백하나	중부청	162
백소이	용인서	193	백유진	동안양서	177	백한나	파주서	257
백소희	동수원서	174	백유진	서울청	70	백해정	화성서	200
백송희	서울청	91	백윤용	영월서	210	백현기	서울청	74
백수경	서울청	80	백윤정	영등포서	136	백현심	시흥서	184
백수빈	연수서	236	백윤헌	원주서	213	백혜진	청주서	287
백수아	북대전서	277	백은경	서울청	65	백홍교	해남서	351
백수희	금정서	406	백은경	송파서	130	백효정	북대구서	370
백수희	역삼서	134	백은경	용산서	138	백희태	경산서	374
백순복	서울청	70	백은실	강서서	99	범서희	나주서	340
백순종	부산진서	413	백은주	수영서	421	범수만	남부천서	253
백승권	시흥서	184	백은혜	국세청	19	범정원	성동서	127
백승민	대전청	271	백은혜	중부청	158	범지호	부천서	250
백승범	광명서	245	백인수	제주서	442	변 정	삼성서	121
백승범	종로서	144	백인억	대전청	270	변경숙	조세연	449
백승아	북대전서	276	백인정	대전청	262	변경옥	제주서	443
백승연	동울산서	426	백인희	분당서	179	변관우	제주서	442
백승옥	서부산서	419	백장미	서인천서	234	변광률	마산서	434
백승우	부산진서	413	백재민	조세심판원	12	변광호	중랑서	146
백승우	중부청	158	백정하	광명서	245	변광호	평택서	199
백승윤	부천서	250	백정훈	반포서	119	변다연	논산서	293
백승학	마포서	117	백제흠	양산서	409	변대원	춘천서	215
백승학	익산서	335	백종렬	동래서	411	변동석	강서서	99
백승한	서대문서	123	백종민	국세청	35	변문건	동청주서	280
백승헌	군산서	328	백종선	조세연	451	변민석	부산청	394
백승현	노원서	108	백종욱	북부산서	415	변민정	제주서	443
백승혜	진주서	436	백종헌	동대구서	366	변민정	조세연	453
백승호	서울청	84	백종현	전주서	336	변병돈	영등포서	137
백승화	시흥서	184	백주연	동청주서	280	변상미	구리서	171
백승훈	대구청	360	백주현	반포서	119	변상미	서산서	296
백승훈	양산서	409	백주현	부산청	394	변선정	양천서	133
백승희	국세청	48	백준호	세종서	299	변성경	인천청	221
백신기	국세청	41	백지선	국세청	35	변성구	서울청	62

人

이름	소속	번호	이름	소속	번호	이름	소속	번호
서민경	창원서	439	서영삼	국세청	23	서은지	광주서	320
서민덕	대전서	275	서영순	서대문서	123	서은지	남동서	238
서민성	평택서	198	서영우	광주청	315	서은철	서울청	64
서민수	대구청	359	서영원	동고양서	248	서은혜	대구청	357
서민수	서울청	72	서영일	중부서	149	서은혜	부산청	399
서민우	송파서	131	서영조	광주청	310	서은혜	세재실	7
서민원	청주서	287	서영준	반포서	119	서은혜	조세연	451
서민자	강남서	95	서영지	대구청	356	서은호	육규한	390
서민정	도봉서	110	서영춘	동안양서	176	서은화	중부청	153
서민철	상담센터	57	서영호	중랑서	146	서의성	속초서	208
서민하	광주청	310	서예림	서울청	62	서이현	구미서	378
서범석	국세청	43	서예빈	화성서	200	서이현	동대구서	367
서범석	서광주서	327	서예원	시흥서	185	서익준	국세청	36
서범수	서산서	297	서예율	남대문서	106	서인숙	성북서	128
서병학	동작서	114	서예주	수영서	420	서인창	동안산서	188
서병희	목포서	342	서예진	양산서	409	서인현	대구청	354
서보림	광명서	245	서옥배	보령서	295	서자앵	용산서	138
서보미	관악서	101	서용석	국세청	23	서자영	북부산서	415
서보연	북대구서	371	서용오	통영서	441	서자원	부산청	396
서봉우	삼성서	120	서용준	수성서	369	서장은	대구청	354
서빛나	북대구서	370	서용준	역삼서	135	서재균	김해서	432
서삼미	순천서	346	서용하	천안서	304	서재기	은평서	141
서상범	서울청	88	서용현	서울청	86	서재운	역삼서	135
서상순	북대구서	371	서용훈	안산서	186	서재은	금정서	407
서상율	창원서	439	서우석	광산서	322	서재창	전주서	336
서상호	서광주서	327	서우형	영덕서	387	서재필	금천서	104
서석현	연수서	237	서운용	종로서	144	서재필	창원서	438
서성덕	마산서	435	서원상	화성서	200	서재환	세재실	8
서성철	수원서	182	서원식	분당서	178	서정규	부산진서	413
서성현	국세청	23	서원식	인천서	231	서정균	양산서	408
서세형	남동서	238	서원주	지방세제	446	서정미	북부산서	415
서소담	대구청	357	서원희	대전청	268	서정석	동작서	114
서소진	서대구서	373	서위숙	서인천서	234	서정숙	서광주서	326
서솔지	서부산서	418	서유나	진주서	436	서정아	평택서	199
서수빈	동래서	411	서유리	부산진서	412	서정연	송파서	131
서수아	동안양서	177	서유미	중부청	164	서정우	경기광주서	169
서수정	통영서	441	서유식	중부청	153	서정우	송파서	131
서수현	부산청	396	서유진	김해서	433	서정운	진주서	437
서수현	성북서	129	서유진	북광주서	324	서정원	북대전서	276
서순기	순천서	344	서유진	인천청	224	서정원	평택서	198
서순연	수영서	420	서유희	부산청	394	서정은	대구청	360
서승민	국세청	26	서윤경	마산서	434	서정은	대전청	265
서승원	서초서	125	서윤석	구리서	171	서정은	반포서	119
서승원	파주서	257	서윤정	세제실	8	서정이	노원서	108
서승의	북대전서	276	서윤주	남대문서	106	서정주	지방세제	446
서승현	성동서	127	서윤희	중부청	155	서정호	서울청	76
서승혜	구로서	102	서은애	성남서	181	서정훈	안산서	187
서승화	남양주서	172	서은영	논산서	292	서종율	동래서	410
서승화	안산서	187	서은영	연수서	236	서주아	강동서	96
서승희	부산강서서	416	서은우	육규한	390	서주영	북부산서	415
서애영	동대구서	366	서은정	마포서	117	서주영	조세연	449
서연진	잠실서	142	서은주	서울청	74	서주원	국세청	46
서영미	종로서	145	서은주	지방세제	447	서주원	수원서	182

서주희	김해서	432	서혜진	공주서	291	선승민	이천서	196
서준석	국세청	22	서호성	부산청	396	선아영	여수서	348
서준영	김해서	433	서홍석	기흥서	194	선양기	목포서	343
서준용	아산서	301	서화영	북부산서	415	선연자	서울청	65
서지민	국세청	43	서효영	경기광주서	169	선우영진	분당서	179
서지민	분당서	178	서효우	경기광주서	168	선은미	김해서	432
서지상	속초서	209	서효일	경산서	374	선종국	김포서	247
서지영	국세청	25	서효정	양천서	132	선지원	예산서	303
서지영	성북서	129	서효진	통영서	441	선창규	상담센터	56
서지용	조세심판원	15	서희선	기흥서	194	선현우	김포서	247
서지우	고양서	242	석귀희	안동서	384	선형렬	동안산서	189
서지원	잠실서	142	석대겸	통영서	440	선화영	동화성서	203
서지원	중부산서	422	석민구	상담센터	58	선희숙	정읍서	338
서지은	동안양서	177	석산호	김포서	247	설 전	부산청	394
서지현	경산서	374	석수현	북대구서	370	설 진	북전주서	333
서지형	남동서	238	석승운	성북서	129	설관수	상담센터	59
서지혜	창원서	438	석영일	논산서	293	설도환	울산서	429
서지훈	경주서	377	석용길	구미서	378	설미숙	금천서	105
서지훈	동울산서	427	석용훈	중부청	152	설미현	국세청	38
서지희	연수서	236	석용희	아산서	300	설병환	김포서	246
서지희	제주서	443	석원영	제천서	284	설수미	안산서	186
서진선	동래서	411	석이선	부산청	397	설영석	나주서	341
서진형	서추서	125	석장수	홍천시	217	실엉배	목노서	343
서진혜	연수서	236	석정훈	이천서	197	설재혁	성남서	180
서진호	서울청	90	석종국	북대구서	371	설재형	서초서	124
서진희	노원서	108	석종훈	성동서	126	설정란	성동서	127
서진희	세종서	299	석지영	서울청	85	설종훈	상담센터	57
서찬일	마산서	435	석지원	화성서	201	설지수	조세연	451
서창덕	부천서	251	석지윤	남대문서	107	설진우	경주서	376
서창완	서산서	297	석지훈	대전서	274	설진원	군산서	328
서채은	이천서	197	석진백	북부산서	415	섭지수	인천청	223
서철호	서울청	79	석진서	서대전서	279	성 솔	마포서	116
서충석	김해서	432	석진영	서울청	81	성가현	성동서	127
서태웅	시흥서	184	석진호	동수원서	174	성경옥	금천서	104
서하늘	서대전서	278	석채희	북전주서	332	성경진	서울청	75
서하영	성북서	129	석한결	서울청	77	성기동	종로서	144
서학근	마산서	434	석혜숙	아산서	300	성기영	금천서	105
서한슬	영등포서	137	석혜연	부산진서	413	성기오	국세청	19
서해나	구로서	102	석혜원	용인서	192	성기원	국세청	35
서혁준	성동서	126	석혜조	영등포서	137	성기일	금정서	407
서현경	제주서	443	석호정	관악서	100	성낙진	김해서	432
서현영	순천서	345	석희원	부산진서	412	성다진	부천서	250
서현준	중부청	162	선가희	동수원서	174	성대경	은평서	141
서현지	반포서	119	선경미	정읍서	339	성대경	중부산서	423
서현지	수성서	368	선경숙	광산서	322	성도현	상주서	382
서현희	시흥서	185	선경식	인천청	222	성동연	서광주서	327
서형렬	서울청	77	선광재	경주서	376	성명은	송파서	130
서형민	중부청	157	선명우	대전청	263	성명재	광주청	316
서형선	진주서	437	선병우	김해서	432	성미경	광주청	314
서형숙	통영서	441	선봉관	영등포서	137	성미로	통영서	441
서혜란	서울청	88	선봉래	예산서	302	성민규	마포서	117
서혜수	동화성서	202	선소임	동수원서	175	성민수	중부청	165
서혜숙	청주서	286	선수아	용인서	193	성민주	동래서	411

이름	소속	쪽	이름	소속	쪽	이름	소속	쪽
성민지	남대구서	364	성현일	조세심판원	12	손다영	북부산서	415
성백경	청주서	287	성현주	국세청	18	손다희	북부산서	414
성병규	통영서	441	성현진	국세청	27	손대균	조세심판원	13
성병모	구미서	378	성현진	수영서	421	손동민	대구청	356
성보경	광명서	245	성혜원	구미서	379	손동영	동작서	115
성봉준	금정서	407	성혜원	육규한	391	손동주	금정서	406
성봉준	서울청	86	성혜전	중랑서	147	손동주	지방세제	447
성상진	금정서	407	성화진	세종서	298	손동준	조세연	455
성소현	동대구서	366	성환석	부산청	403	손동칠	포천서	259
성수미	동수원서	174	소 민	서울청	77	손명숙	부산청	397
성수연	동작서	115	소 섭	포천서	258	손명주	육규한	390
성승민	진주서	436	소규철	시흥서	184	손명희	여수서	348
성승용	서초서	124	소미현	동수원서	174	손미견	동작서	115
성시우	동작서	114	소병욱	조세연	453	손미량	양천서	132
성아영	국세청	29	소보윤	세제실	9	손미숙	서부산서	418
성연일	서초서	125	소서희	계양서	240	손미옥	동안양서	176
성연주	조세연	453	소수정	동수원서	175	손민석	중부청	166
성영순	구미서	378	소수혜	전주서	336	손민선	서울청	63
성예나	진주서	436	소연경	수원서	183	손민영	동청주서	280
성용제	안동서	384	소영석	양천서	132	손민자	삼성서	120
성우진	서울청	82	소윤섭	익산서	334	손민정	국세청	23
성원용	대구청	360	소윤지	동작서	114	손민정	종로서	145
성원우	중부산서	422	소재준	서울청	89	손민정	중부산서	423
성유경	조세연	449	소종태	서울청	69	손민지	김해서	432
성유미	평택서	198	소진영	서인천서	234	손범수	북대전서	276
성유빈	분당서	178	소찬희	나주서	340	손병석	강동서	97
성유진	국세청	18	소충섭	대구청	354	손병수	강서서	98
성은경	기흥서	195	소현아	부산청	396	손병양	교육원	53
성은숙	청주서	286	소현철	남대구서	365	손병열	창원서	439
성은애	경주서	377	소혜령	남대구서	364	손병중	구리서	171
성은영	세종서	299	소혜린	동안양서	176	손보경	부산청	394
성은진	충주서	288	손 국	용산서	138	손삼석	광주서	320
성이택	양천서	132	손 명	도봉서	110	손상익	양천서	132
성인섭	동래서	410	손 민	부평서	232	손상필	서광주서	327
성재경	수영서	421	손가영	대구청	358	손상현	서대문서	123
성정민	전주서	337	손가영	평택서	199	손새봄	평택서	199
성정현	진주서	436	손가희	서초서	125	손석민	수영서	420
성종만	고양서	243	손경근	광주서	321	손석임	대전청	266
성주석	조세연	450	손경미	평택서	198	손석주	부산청	400
성주석	조세연	454	손경선	남부천서	252	손석호	육규한	391
성주호	용산서	138	손경수	북대구서	370	손석호	이천서	196
성주희	경산서	375	손경숙	청주서	286	손선미	광주서	321
성준범	국세청	35	손경식	동청주서	280	손선미	종로서	144
성준희	성동서	126	손경아	세종서	298	손선수	홍천서	216
성지연	잠실서	142	손경진	서울청	72	손선아	강동서	97
성지은	동화성서	202	손광민	북광주서	324	손선영	안양서	190
성지혜	창원서	438	손광섭	양천서	133	손선화	송파서	131
성진혁	충주서	288	손권호	천안서	305	손선희	금정서	407
성창임	은평서	141	손규리	동청주서	281	손성국	양천서	133
성창화	시흥서	185	손근희	대구청	354	손성규	국세청	21
성한기	서부산서	418	손기봉	역삼서	135	손성락	동래서	410
성해리	부평서	232	손기혜	삼성서	120	손성수	포천서	259
성현영	동래서	411	손길진	종로서	145	손성웅	부산진서	413

이름	소속	쪽	이름	소속	쪽	이름	소속	쪽
손성인	통영서	440	손은정	마포서	116	손필영	서울청	77
손성임	서울청	82	손은태	서대문서	122	손한준	용산서	138
손성주	창원서	439	손은하	성남서	180	손해수	부산청	403
손성탁	국세청	43	손은희	서울청	90	손현명	부천서	250
손성희	여수서	349	손의철	남동서	238	손현숙	삼성서	120
손세규	대구청	359	손재락	국세청	24	손현정	동청주서	280
손세민	순천서	345	손재원	청주서	287	손현정	서부산서	418
손세종	수원서	183	손재하	동작서	115	손현주	전주서	336
손소희	서대구서	372	손정빈	강남서	94	손현진	부평서	232
손수아	여수서	349	손정서	이천서	196	손현태	북전주서	333
손수정	관악서	100	손정아	남양주서	172	손형주	국세청	46
손수현	익산서	334	손정연	청주서	286	손혜림	국세청	29
손승모	종로서	144	손정완	영덕서	386	손혜민	조세심판원	14
손승재	국세청	47	손정욱	서초서	125	손혜원	울산서	429
손승진	서울청	85	손정인	북광주서	325	손혜은	목포서	343
손승희	강남서	94	손정현	전주서	337	손혜정	서울청	63
손승희	김포서	246	손정화	대전청	269	손호익	부평서	232
손신혜	대전청	268	손정화	통영서	441	손홍필	잠실서	142
손신혜	동대구서	367	손정훈	영동서	282	손화승	예산서	303
손안상	전주서	336	손정희	경기광주서	168	손효빈	안동서	385
손연숙	해운대서	424	손정희	송파서	130	손효정	상담센터	58
손영대	국세청	47	손종대	인천청	225	손효현	국세청	25
손영대	서울청	75	손종현	북전주시	333	손희경	부산진서	413
손영란	관악서	101	손주영	고양서	242	손희영	부산청	404
손영미	김해서	432	손주희	동울산서	427	손희정	영월서	210
손영미	성남서	181	손주희	마포서	116	손희지	평택서	198
손영이	금천서	104	손준성	관악서	100	송 강	동래서	410
손영주	남양주서	172	손준표	구미서	378	송 민	중부서	149
손영주	예산서	303	손준혁	국세청	44	송 숭	인천청	222
손영준	서울청	85	손증렬	영주서	388	송 이	화성서	201
손영준	인천서	230	손지나	서울청	68	송건주	강남서	94
손영진	충주서	288	손지선	송파서	131	송경아	강남서	95
손영희	공주서	291	손지아	도봉서	110	송경원	강남서	94
손예린	동울산서	426	손지아	중부청	155	송경진	충주서	289
손예빈	성남서	181	손지원	관악서	100	송경호	조세연	452
손예정	남대구서	365	손지혜	양산서	409	송경호	조세연	453
손오석	북광주서	325	손진욱	동작서	115	송경희	북광주서	324
손옥주	서울청	66	손진이	천안서	305	송고운	강동서	97
손완수	울산서	428	손찬희	서부산서	418	송광선	서울청	63
손우현	진주서	436	손창수	양천서	133	송권호	교육원	52
손원우	서울청	84	손창호	서울청	87	송규호	교육원	52
손유리	관악서	100	손채령	국세청	29	송기동	잠실서	143
손유승	포천서	258	손채원	광명서	245	송기선	포천서	258
손유진	도봉서	110	손채원	육규한	391	송기순	중부청	158
손유진	조세연	449	손채은	수영서	420	송기영	조세심판원	12
손윤령	서대구서	373	손충식	광주청	310	송기원	구로서	102
손윤섭	교육원	52	손태빈	국세청	47	송기원	평택서	199
손은경	양천서	132	손태영	인천청	222	송기화	서울청	63
손은경	지방세제	446	손태우	수성서	369	송길웅	남동서	238
손은경	진주서	436	손태욱	양천서	132	송나연	동고양서	249
손은숙	구미서	379	손태욱	영덕서	386	송나영	인천서	230
손은식	북대구서	371	손태희	북대전서	276	송남경	김포서	246
손은우	역삼서	134	손택영	동안산서	188	송남영	조세연	449

송다성	김해서	432	송성근	구미서	379	송우용	거창서	430
송다영	정읍서	338	송성욱	북부산서	414	송원기	이천서	196
송다은	국세청	48	송성철	반포서	118	송원영	중부청	163
송대근	상담센터	58	송성호	청주서	287	송원호	광주청	317
송대섭	마산서	434	송성희	용인서	193	송원호	국세청	23
송대섭	서울청	65	송세미	부산진서	412	송유란	성남서	181
송도관	영등포서	137	송송이	정읍서	339	송유민	세제실	6
송도영	남대문서	107	송수빈	동대문서	112	송유석	노원서	109
송동규	부평서	232	송수은	서대전서	278	송유정	양천서	133
송동훈	조세심판원	13	송수인	충주서	289	송유진	국세청	24
송명림	성동서	126	송수현	강남서	94	송윤미	서인천서	234
송명섭	국세청	26	송수희	삼성서	121	송윤민	광주청	310
송명섭	안양서	190	송승아	계양서	240	송윤선	영덕서	387
송명진	고양서	242	송승용	서인천서	234	송윤식	구리서	171
송명철	안동서	385	송승원	구로서	102	송윤정	상담센터	56
송미소	익산서	335	송승윤	공주서	291	송윤정	서울청	82
송미연	창원서	438	송승종	평택서	198	송윤주	여수서	348
송미정	해운대서	424	송승철	반포서	118	송윤태	충주서	289
송미화	삼성서	120	송승한	고양서	243	송윤호	서울청	71
송민경	중부청	166	송승한	시흥서	184	송윤희	서부산서	418
송민국	진주서	436	송승현	동화성서	203	송은선	서광주서	327
송민나	조세연	453	송승호	아산서	300	송은영	금정서	406
송민석	경기광주서	168	송시운	대구청	361	송은영	서광주서	327
송민섭	이천서	196	송알이	서울청	70	송은영	성남서	180
송민수	강서서	99	송애림	순천서	344	송은우	성동서	126
송민영	송파서	131	송양미	지방세제	446	송은주	국세청	19
송민우	서대전서	278	송여경	서대문서	122	송은주	조세연	450
송민준	대구청	358	송연서	서산서	296	송은지	남대구서	364
송민철	중부청	161	송연욱	창원서	438	송은지	서울청	64
송방의	전주서	337	송연주	중랑서	146	송은호	중부청	166
송병섭	마포서	117	송연지	김해서	433	송은희	시흥서	185
송병호	서울청	91	송연호	제천서	284	송의미	구로서	102
송병희	반포서	118	송영빈	광명서	244	송의진	육규한	390
송보경	기흥서	195	송영석	용산서	139	송인경	공주서	290
송보경	북부산서	415	송영석	중부청	161	송인광	대전서	275
송보라	인천청	220	송영아	부산청	397	송인규	광명서	244
송보섭	동안산서	189	송영우	계양서	241	송인범	종로서	145
송보혜	동안산서	188	송영욱	김포서	247	송인범	통영서	440
송보화	노원서	109	송영재	조세심판원	12	송인수	창원서	438
송봉근	서부산서	419	송영지	인천청	220	송인순	육규한	390
송봉선	국세청	44	송영진	안동서	385	송인용	서울청	73
송상민	북전주서	333	송영채	역삼서	135	송인용	예산서	302
송상우	안산서	187	송영춘	중부청	156	송인준	경주서	377
송상율	수원서	183	송영화	공주서	290	송인춘	서울청	65
송석중	청주서	286	송예람	화성서	200	송인출	양산서	408
송석철	안양서	190	송예린	노원서	108	송인한	대전서	275
송석하	세재실	7	송예지	중부청	155	송인형	서울청	71
송선영	경기광주서	169	송오은	금천서	104	송인화	고양서	243
송선영	고양서	243	송옥연	서울청	70	송인희	대전청	265
송선용	국세청	37	송용기	광산서	322	송일훈	파주서	257
송선주	동고양서	249	송우경	남동서	238	송자연	고양서	242
송선태	서울청	81	송우락	동안양서	176	송재경	부산진서	412
송설희	동대문서	112	송우람	중부청	154	송재덕	삼척서	206

송재민	북대구서	371	송지현	서울청	91	송현주	노원서	108
송재봉	시흥서	185	송지협	영월서	210	송현주	서부산서	418
송재성	동안양서	176	송지혜	영등포서	136	송현주	서울청	78
송재열	세제실	9	송지혜	파주서	256	송현진	순천서	345
송재윤	광주청	313	송지훈	성동서	126	송현진	조세연	453
송재은	동안양서	177	송진미	마포서	117	송현철	경기광주서	168
송재준	대구청	356	송진민	조세연	449	송현탁	조세심판원	14
송재중	광주청	314	송진수	영등포서	137	송현화	종로서	145
송재천	서울청	80	송진영	양천서	132	송현희	영동서	283
송재하	천안서	305	송진용	기흥서	194	송형승	노원서	108
송재현	대전서	275	송진욱	수영서	421	송형희	여수서	348
송재호	대전청	265	송진호	양산서	408	송혜리	삼성서	120
송재훈	울산서	428	송진희	광주서	320	송혜린	동대문서	112
송재희	세재실	7	송진희	삼성서	121	송혜연	이천서	197
송정민	제주서	442	송찬규	국세청	20	송혜원	서울청	77
송정숙	성남서	181	송찬미	삼성서	120	송혜원	연수서	237
송정아	마포서	116	송찬빈	계양서	240	송혜인	강남서	94
송정은	구리서	170	송찬주	성남서	180	송혜인	화성서	201
송정은	부평서	232	송창녕	서울청	88	송혜정	동대구서	366
송정하	평택서	199	송창식	성남서	180	송호근	인천서	230
송정현	서울청	66	송창용	수원서	183	송호근	제천서	284
송정화	서울청	65	송창호	광주청	316	송호연	인천서	230
송정희	목포서	342	송창훈	금정서	406	송호필	금천서	105
송종민	국세청	46	송창훈	안양서	191	송홍준	남대구서	365
송종범	분당서	179	송창희	김해서	433	송화영	역삼서	135
송종철	동대문서	113	송채성	논산서	293	송환용	서울청	73
송종호	서울청	65	송채연	동대구서	366	송효선	파주서	256
송종훈	서울청	78	송채영	인천청	225	송효주	천안서	304
송주규	동고양서	249	송채원	익산서	334	송효진	마산서	434
송주영	상담센터	56	송채원	중부서	148	송휘종	중부청	153
송주영	조세연	450	송청자	서울청	86	송흥철	중부청	160
송주한	평택서	198	송춘희	반포서	118	송희성	성동서	126
송주현	국세청	42	송충종	부평서	232	송희조	남원서	331
송주현	서울청	86	송충호	인천청	220	송희진	광주청	316
송주현	서울청	89	송치성	남동서	238	송희진	조세연	455
송주형	인천서	231	송치호	부산강서서	416	송희진	진주서	437
송주희	안산서	187	송칠선	대전청	267	시종원	서울청	82
송준승	서초서	125	송태정	대전청	269	시진기	김천서	380
송준오	상담센터	58	송태준	구로서	103	시현기	마포서	117
송준호	안양서	191	송평근	정읍서	338	시현민	이천서	197
송지미	서울청	65	송필섭	영등포서	136	신 선	성북서	128
송지선	강남서	94	송하늘	서대전서	278	신 혁	충주서	288
송지선	구리서	170	송하연	제주서	442	신가은	분당서	178
송지예	잠실서	142	송하준	북전주서	332	신갑수	삼성서	120
송지우	서울청	76	송해영	서울청	86	신거련	고양서	243
송지원	국세청	22	송해은	제주서	442	신경섭	남동서	239
송지원	군산서	329	송향기	북부산서	414	신경수	서대문서	122
송지원	인천청	228	송향희	대전청	265	신경식	상담센터	57
송지윤	서울청	90	송현권	의정부서	254	신경아	동고양서	249
송지은	국세청	23	송현수	삼성서	120	신경희	천안서	304
송지은	남양주서	172	송현정	동화성서	202	신계희	서대전서	278
송지은	서울청	84	송현정	수원서	182	신관호	부산청	396
송지인	동안양서	177	송현종	분당서	178	신광재	서대전서	279

신광철	대전청	269
신구호	송파서	130
신규식	역삼서	135
신근모	강동서	97
신근수	남대구서	365
신기룡	남부천서	253
신기섭	김포서	246
신기완	서인천서	234
신기용	성북서	129
신기주	인천서	230
신기준	김해서	433
신기철	충주서	288
신기한	진주서	437
신나리	양천서	132
신나영	광주청	310
신나영	용인서	192
신나영	중랑서	147
신나혜	연수서	237
신담호	제주서	443
신대수	서대전서	279
신대환	동대구서	366
신덕규	광주청	314
신덕수	순천서	346
신도현	동래서	410
신동규	서울청	74
신동근	마산서	434
신동민	삼성서	120
신동배	서울청	89
신동연	영주서	388
신동영	의정부서	255
신동용	정읍서	338
신동우	서대전서	278
신동익	국세청	31
신동주	국세청	18
신동주	천안서	304
신동준	마포서	117
신동준	조세연	452
신동진	남동서	238
신동진	영등포서	137
신동한	송파서	130
신동혁	금천서	105
신동현	해운대서	424
신동호	마포서	117
신동호	영등포서	137
신동훈	고양서	242
신동훈	교육원	52
신동훈	서부산서	418
신동훈	서울청	85
신동희	서울청	70
신만호	강서서	99
신명관	구리서	171
신명섭	의정부서	255
신명수	양천서	132
신명숙	남원서	331
신명식	공주서	291
신명진	강릉서	205
신명화	광산서	322
신명희	광주서	320
신무성	상담센터	58
신문정	남대구서	365
신문정	중부청	165
신미경	마포서	116
신미경	서부산서	418
신미경	서울청	77
신미덕	역삼서	135
신미라	강남서	95
신미라	청주서	287
신미리	중부청	165
신미미	파주서	257
신미선	남대문서	106
신미숙	광주청	313
신미순	구로서	103
신미식	동안산서	188
신미애	동화성서	203
신미연	천안서	304
신미영	국세청	32
신미영	대전청	268
신미영	동대구서	367
신미영	제주서	443
신미옥	북부산서	415
신미정	북부산서	414
신민규	원주서	213
신민기	중부산서	423
신민서	양천서	133
신민섭	진주서	436
신민수	김해서	433
신민아	성남서	181
신민정	부산강서서	417
신민채	울산서	428
신민철	김포서	247
신민철	서인천서	235
신민혜	울산서	429
신방인	대전청	267
신범하	국세청	38
신병전	중부산서	423
신병준	울산서	429
신보경	예산서	303
신보경	화성서	201
신복희	서울청	85
신봉식	남대문서	106
신상덕	순천서	346
신상례	대전청	265
신상모	국세청	37
신상민	양천서	133
신상수	대전청	268
신상수	동울산서	426
신상우	남대구서	364
신상일	서울청	75
신상훈	경기광주서	169
신상훈	천안서	304
신새벽	강동서	96
신새보미	전주서	337
신서연	국세청	27
신선미	금정서	406
신선주	파주서	256
신선혜	서대구서	373
신선희	대전청	265
신성규	연수서	236
신성근	강남서	95
신성만	북부산서	414
신성봉	서울청	83
신성용	대구청	358
신성용	부산진서	413
신성원	마산서	435
신성일	부산강서서	416
신성철	노원서	109
신성호	북대전서	277
신성환	포천서	259
신세연	남원서	331
신세용	양천서	133
신소영	양산서	408
신소희	경기광주서	168
신솔지	여수서	348
신수경	용인서	193
신수미	금정서	407
신수미	조세연	455
신수민	삼성서	120
신수범	파주서	256
신수빈	마포서	117
신수영	동화성서	202
신수정	남양주서	172
신수정	순천서	345
신숙희	대전청	271
신순영	아산서	300
신승수	경기광주서	168
신승수	중부청	165
신승연	서울청	87
신승우	동청주서	281
신승우	파주서	257
신승진	김포서	247
신승태	대전청	271
신승현	남양주서	172
신승환	영동서	283
신승환	창원서	439
신승훈	나주서	340
신승훈	수원서	183
신승훈	시흥서	185
신시영	성남서	181
신아영	중부산서	422

이름	소속	쪽	이름	소속	쪽	이름	소속	쪽
신언수	북부산서	415	신우상	조세연	452	신정아	제주서	442
신언순	청주서	287	신우열	충주서	289	신정연	북대구서	370
신여경	시흥서	185	신우영	광산서	323	신정용	광주청	315
신연정	김해서	433	신웅기	진주서	437	신정원	고양서	242
신연주	국세청	40	신원경	남대구서	364	신정현	역삼서	134
신연주	대전서	274	신원섭	서울청	85	신정환	시흥서	184
신연주	서인천서	234	신원식	속초서	209	신정훈	금정서	406
신연주	연수서	236	신원영	대전서	274	신정훈	중부청	159
신연준	기흥서	194	신원정	동화성서	203	신종식	목포서	342
신연희	김포서	246	신유경	서울청	91	신종웅	동작서	114
신열석	제천서	284	신유나	연수서	237	신종훈	국세청	27
신영남	광주청	316	신유동	금천서	105	신주령	종로서	145
신영두	안산서	186	신유림	동대구서	367	신주영	부산청	397
신영림	중부청	160	신유림	마포서	117	신주현	구리서	171
신영민	동화성서	202	신유미	기흥서	194	신주현	성동서	127
신영빈	마포서	116	신유미	중부청	165	신주현	성북서	128
신영섭	송파서	131	신유정	수성서	368	신준규	남양주서	173
신영수	동안양서	176	신유진	마산서	434	신준철	성동서	126
신영순	마포서	116	신유진	상주서	382	신준호	부평서	232
신영승	부산강서서	417	신유진	성동서	126	신준호	송파서	130
신영심	영등포서	136	신유현	대전서	275	신중현	국세청	27
신영아	목포서	342	신윤경	동작서	114	신중훈	고양서	243
신영웅	홍천서	216	신윤숙	북대구서	371	신지명	국세청	35
신영주	반포서	118	신윤주	부천서	250	신지선	중부청	157
신영주	북광주서	324	신윤환	청주서	287	신지성	잠실서	142
신영준	서울청	81	신은경	중부서	148	신지수	인천서	230
신영준	수성서	369	신은송	안양서	190	신지숙	중부서	148
신영진	도봉서	111	신은수	성동서	127	신지아	계양서	241
신영철	구리서	170	신은숙	금정서	406	신지애	북대구서	371
신영호	평택서	199	신은우	국세청	25	신지연	강서서	98
신영희	서울청	65	신은정	북대구서	371	신지연	남대구서	364
신예람	김천서	380	신은주	연수서	236	신지연	마포서	117
신예민	노원서	108	신은주	제주서	443	신지연	삼성서	121
신예슬	용인서	192	신은주	천안서	304	신지영	분당서	179
신예원	부천서	251	신은지	고양서	243	신지영	중랑서	147
신예주	중부서	149	신은지	세종서	298	신지우	서울청	80
신예진	국세청	32	신은혜	조세심판원	15	신지원	서초서	124
신예진	해운대서	424	신은화	북광주서	325	신지원	조세연	449
신옥미	부산청	396	신의현	인천청	223	신지은	동울산서	426
신옥희	경산서	375	신이길	반포서	118	신지은	인천청	228
신요한	중부청	155	신이나	도봉서	110	신지은	파주서	256
신용규	충주서	288	신익철	남대구서	364	신지현	삼성서	121
신용대	해운대서	424	신재봉	국세청	46	신지혜	국세청	43
신용도	동울산서	426	신재원	국세청	48	신지혜	부산청	395
신용범	서울청	80	신재은	북대구서	370	신지혜	수원서	183
신용석	서울청	64	신재희	원주서	212	신지환	부평서	233
신용식	대전청	270	신정곤	부산청	397	신지훈	안산서	186
신용욱	서울청	86	신정미	원주서	212	신진규	중부청	158
신용직	공주서	290	신정민	조세심판원	13	신진섭	강릉서	204
신용하	금정서	407	신정석	서대구서	372	신진아	천안서	305
신용현	금정서	407	신정숙	서울청	78	신진연	동대구서	367
신용호	광주청	311	신정아	서울청	79	신진우	대구청	358
신우교	강남서	95	신정아	수영서	420	신진우	동청주서	281

이름	소속	쪽	이름	소속	쪽	이름	소속	쪽
신진욱	세제실	9	신희정	서울청	64	심영찬	북대전서	277
신진주	지방세제	446	심 별	구리서	171	심완수	동안양서	176
신진희	인천서	231	심 준	역삼서	135	심용주	서대전서	279
신찬호	순천서	346	심경섭	서대문서	123	심우돈	조세심판원	15
신창섭	동고양서	248	심경연	종로서	145	심우용	부산청	401
신창영	인천청	228	심국보	아산서	300	심우택	동안산서	189
신창훈	강남서	94	심규민	경산서	374	심욱기	국세청	38
신채영	강서서	98	심규연	동대문서	113	심유정	북광주서	325
신채영	연수서	237	심규헌	조세연	452	심윤미	동작서	115
신채원	서인천서	234	심기보	인천서	230	심윤보	삼성서	120
신철원	국세청	49	심단비	남양주서	173	심윤성	국세청	42
신충민	구리서	171	심동보	지방세제	446	심윤정	서울청	86
신치원	광명서	245	심란주	상담센터	56	심은경	해운대서	424
신평화	북광주서	324	심미선	군산서	328	심은정	부산청	398
신하나금	금정서	406	심미현	경기광주서	168	심은지	서인천서	234
신해규	파주서	257	심민경	역삼서	134	심은진	국세청	23
신해인	도봉서	110	심민기	국세청	21	심자민	서인천서	234
신향식	강서서	99	심민정	세종서	299	심재걸	동작서	114
신헌철	국세청	30	심민정	영등포서	136	심재경	조세연	454
신현경	양천서	132	심민정	중부청	161	심재광	강서서	98
신현국	강남서	95	심민주	세종서	298	심재도	서울청	62
신현국	대전서	274	심백교	조세연	451	심재옥	전주서	337
신현삼	서초서	124	심상길	통영서	440	심재용	순천서	346
신현석	속초서	208	심상미	동작서	115	심재운	순천서	346
신현영	역삼서	134	심상우	종로서	145	심재은	국세청	49
신현우	북부산서	414	심상운	안동서	385	심재익	인천청	224
신현원	서인천서	235	심상원	해남서	350	심재일	동고양서	249
신현일	국세청	43	심상형	김해서	432	심재진	아산서	300
신현주	중랑서	146	심상희	성동서	126	심재현	분당서	179
신현준	성동서	127	심새별	구리서	171	심재훈	경산서	375
신현중	국세청	42	심서현	양산서	408	심새훈	국세청	43
신현진	인천서	230	심선미	양천서	133	심재희	서울청	62
신현철	포천서	258	심선희	경기광주서	169	심정미	부산청	395
신현호	강남서	94	심성연	광산서	322	심정보	강동서	97
신형원	제천서	284	심성환	순천서	344	심정보	해운대서	424
신혜경	서대구서	372	심소영	김포서	247	심정식	삼성서	121
신혜란	인천청	221	심수경	화성서	201	심정연	고양서	243
신혜민	속초서	209	심수민	영등포서	137	심정희	해운대서	424
신혜선	대전청	263	심수빈	잠실서	143	심종기	춘천서	215
신혜숙	강남서	94	심수연	마포서	116	심종숙	영등포서	136
신혜정	동안산서	188	심수진	구리서	171	심주영	남대문서	107
신혜주	김포서	246	심수진	창원서	439	심주용	인천청	220
신혜진	부산청	400	심수한	서울청	86	심주호	성동서	126
신호균	이천서	197	심수현	고양서	242	심준보	북대전서	277
신호철	김해서	432	심수현	영월서	210	심준석	대전청	262
신홍영	서울청	79	심수희	조세연	455	심지섭	동대문서	112
신효경	교육원	52	심아미	서울청	83	심지숙	국세청	47
신효경	중부청	165	심연수	종로서	145	심지언	국세청	21
신효상	속초서	209	심연주	창원서	438	심지영	동울산서	427
신희라	남동서	238	심연택	서울청	82	심지은	송파서	130
신희명	서인천서	234	심영은	삼성서	121	심지현	분당서	179
신희범	국세청	39	심영일	마포서	116	심진영	충주서	288
신희웅	남대문서	107	심영주	동래서	410	심진용	반포서	119

심창훈	북부산서	414
심태섭	남원서	331
심태완	조세연	450
심한보	인천청	228
심현석	남원서	331
심현수	중부청	154
심현이	북대전서	277
심현주	광주서	321
심현주	부천서	251
심현희	도봉서	110
심형섭	동고양서	249
심형철	북대구서	370
심혜경	상담센터	57
심혜원	충주서	288
심혜정	아산서	301
심혜진	북전주서	332
심호정	강서서	99
심홍채	부천서	251
심효진	국세청	43
심희선	강서서	98
심희열	양천서	132
심희정	남부천서	252
심희정	부산청	400
심희준	광명서	244
심희준	안산서	187

○

아송해	진주서	437
안 선	의정부서	254
안 준	고양서	242
안경민	서울청	75
안경호	부산청	404
안경화	성동서	127
안광민	경기광주서	168
안광식	용인서	192
안광원	국세청	30
안광인	이천서	197
안광혁	동안양서	177
안국찬	서인천서	234
안규민	동대구서	367
안규상	종로서	144
안기영	서울청	85
안남진	동청주서	281
안다경	영등포서	136
안대근	남대구서	365
안대엽	경기광주서	169
안대철	마산서	434
안대협	중부산서	422
안대호	부산진서	413
안덕수	국세청	35

안도영	북부산서	414
안도형	국세청	24
안동민	의정부서	254
안동섭	구로서	102
안동주	제주서	443
안래본	광주청	313
안모세	강남서	94
안무혁	은평서	141
안문철	구리서	171
안미경	부천서	251
안미경	수성서	368
안미라	중랑서	147
안미분	충주서	289
안미선	서울청	75
안미영	김포서	247
안미영	서울청	88
안미진	서울청	64
안미진	성동서	127
안민경	금정서	407
안민규	국세청	35
안민숙	순천서	345
안민지	서울청	88
안민희	계양서	241
안병만	동래서	411
안병수	상주서	383
안병옥	노원서	109
안병태	강동서	97
안병현	서초서	125
안부환	부산청	404
안분훈	북부산서	415
안상숙	조세연	449
안상숙	조세연	453
안상순	역삼서	134
안상언	부산청	400
안상욱	영등포서	136
안상원	국세청	22
안상재	양산서	409
안상현	계양서	240
안상현	동작서	114
안새롬	조세연	452
안서윤	육규한	391
안서윤	평택서	198
안서진	평택서	199
안선미	김포서	246
안선일	아산서	300
안선표	익산서	334
안선희	구로서	102
안선희	수영서	420
안성경	인천청	222
안성국	부천서	250
안성덕	수성서	369
안성민	금천서	105
안성민	전주서	336

안성빈	동대문서	112
안성선	안산서	186
안성엽	영주서	388
안성은	서대문서	123
안성준	용산서	139
안성진	금천서	105
안성진	영등포서	137
안성태	김해서	433
안성호	계양서	240
안성호	평택서	199
안세미	서초서	124
안세연	인천청	223
안세영	아산서	300
안세희	부산청	403
안소라	구로서	103
안소명	부평서	233
안소연	광주서	321
안소연	조세연	451
안소영	노원서	109
안소영	논산서	293
안소영	서인천서	234
안소영	용산서	138
안소이	목포서	342
안소진	남대구서	364
안소현	동안양서	176
안소현	세재실	7
안소형	서인천서	235
안수경	안동서	384
안수림	대전청	266
안수만	동울산서	426
안수민	서인천서	234
안수민	성남서	181
안수빈	김포서	246
안수아	홍천서	216
안수안	서산서	296
안수연	동울산서	427
안수영	세종서	298
안수용	충주서	288
안수정	역삼서	135
안수지	인천청	227
안수진	북대전서	276
안수진	상주서	382
안수진	창원서	439
안수현	해운대서	424
안순주	동화성서	202
안순호	성동서	127
안슬기	북대전서	276
안승연	천안서	304
안승용	잠실서	143
안승우	국세청	24
안승원	진주서	436
안승현	도봉서	111
안승현	부산강서서	416

안승현	속초서	208	안재근	남대구서	365	안지영	성남서	180
안승호	북대전서	276	안재문	대전청	262	안지영	성동서	126
안승화	서울청	86	안재민	동안양서	177	안지윤	노원서	108
안승훈	김해서	433	안재욱	북대전서	276	안지은	강서서	98
안신영	서울청	83	안재원	동래서	411	안지은	경기광주서	168
안애선	안양서	190	안재진	국세청	35	안지은	고양서	243
안양순	춘천서	214	안재필	동울산서	426	안지은	남양주서	172
안양후	수영서	420	안재학	고양서	242	안지은	부천서	251
안언형	북부산서	415	안재현	거창서	431	안지은	중부청	152
안연숙	중랑서	146	안재현	서초서	124	안지현	동울산서	426
안연찬	영등포서	136	안재현	안산서	187	안지현	성동서	127
안영길	수성서	369	안재현	인천청	227	안지현	조세연	454
안영준	용산서	138	안재희	서울청	76	안지혜	김포서	246
안영준	해운대서	425	안정민	군산서	328	안지혜	북광주서	325
안영채	서울청	80	안정민	동화성서	203	안지혜	인천서	231
안영훈	국세청	25	안정민	평택서	199	안지훈	강릉서	205
안영희	논산서	292	안정빈	조세연	450	안진경	홍천서	217
안예지	구미서	379	안정섭	삼성서	121	안진모	서초서	124
안예지	상담센터	58	안정수	은평서	141	안진성	성북서	128
안예지	상주서	383	안정우	서울청	89	안진수	성북서	129
안용수	남양주서	173	안정은	종로서	145	안진아	서울청	80
안용수	천안서	304	안정현	북광주서	324	안진영	남대문서	106
안용환	영동서	283	안정호	노원서	109	안진영	서광주서	326
안우형	북대구서	371	안정환	영덕서	387	안진영	의정부서	254
안원기	진주서	436	안정훈	은평서	140	안진영	천안서	305
안유라	송파서	130	안정희	마산서	435	안진우	남대구서	364
안유미	동안양서	176	안정희	부산강서서	417	안진환	중부청	160
안유정	북광주서	324	안제은	광산서	322	안진희	대구청	356
안유진	김천서	381	안종규	부산강서서	417	안진희	분당서	178
안유진	평택서	199	안종근	부천서	250	안진희	노원서	108
안유현	반포서	119	안종호	ㅜ도서	102	안찬종	북대구서	370
안유희	서울청	72	안주영	서울청	72	안창난	금정서	407
안윤미	부천서	250	안주훈	예산서	302	안창현	서울청	88
안윤석	연수서	237	안주희	대전서	275	안춘자	익산서	334
안윤석	이천서	196	안주희	인천청	227	안태균	성남서	180
안윤선	조세연	453	안준건	부산청	401	안태동	광명서	245
안윤종	남양주서	173	안준수	서울청	62	안태수	송파서	131
안윤혜	평택서	198	안준현	수성서	368	안태영	중부산서	422
안은경	논산서	292	안중관	조세심판원	15	안태유	예산서	302
안은경	논산서	293	안중현	안양서	190	안태익	북부산서	414
안은정	남동서	238	안중호	서울청	75	안태일	서울청	64
안은정	서울청	79	안중훈	서울청	66	안태준	용인서	193
안은주	금정서	406	안지민	대구청	356	안태훈	국세청	46
안은주	서울청	64	안지민	대전서	274	안한솔	상담센터	56
안은지	아산서	300	안지선	파주서	256	안해송	노원서	109
안의진	기흥서	195	안지섭	광주청	317	안해준	평택서	198
안이슬	광주청	314	안지연	대구청	361	안해찬	대구청	357
안인기	이천서	197	안지연	세종서	298	안현수	동안양서	177
안인엽	서울청	76	안지영	구리서	170	안현수	울산서	428
안일근	국세청	25	안지영	구리서	171	안현아	광주서	321
안일찬	해운대서	424	안지영	동고양서	249	안현자	중부청	160
안자영	남원서	330	안지영	동수원서	174	안현정	논산서	292
안재국	포천서	258	안지영	상담센터	56	안현주	마포서	116

안현준	서대문서	123	양대균	인천서	230	양세현	대전서	274
안현창	구미서	378	양대식	예산서	303	양세희	홍성서	306
안형민	국세청	19	양도일	조세연	454	양소라	부산청	399
안형선	부평서	233	양동구	남양주서	173	양소라	아산서	300
안형수	인천청	223	양동규	동대문서	112	양소영	강남서	95
안형숙	북전주서	332	양동규	서울청	87	양송이	동안양서	176
안형진	서울청	75	양동범	성동서	127	양수빈	군산서	328
안형태	서울청	91	양동석	기흥서	195	양수원	부산청	404
안혜령	서부산서	419	양동욱	서울청	68	양수정	성동서	126
안혜리	경산서	374	양동준	삼성서	120	양숙진	인천청	226
안혜숙	국세청	44	양동혁	강동서	96	양순관	해운대서	425
안혜영	계양서	241	양동혁	정읍서	339	양순석	연수서	236
안혜영	부산청	395	양동훈	대전청	262	양순영	잠실서	142
안혜영	양천서	132	양명숙	반포서	118	양순희	송파서	130
안혜원	파주서	256	양명호	세종서	298	양승규	화성서	201
안혜은	국세청	25	양명희	광산서	323	양승민	울산서	428
안혜정	국세청	36	양문석	수영서	421	양승민	화성서	200
안혜정	잠실서	143	양문욱	포천서	259	양승복	송파서	130
안혜진	부평서	233	양문혜	노원서	109	양승우	경기광주서	168
안혜진	상담센터	56	양문희	서초서	125	양승정	광주청	314
안호정	광주청	310	양미경	마포서	117	양승찬	수영서	420
안호진	아산서	300	양미란	동화성서	203	양승철	동래서	410
안홍갑	경기광주서	168	양미례	대구청	355	양시범	구리서	171
안홍서	상주서	382	양미선	국세청	39	양시온	세재실	6
안효진	구로서	102	양미선	종로서	145	양시은	북광주서	325
안희석	마포서	117	양미숙	강동서	97	양심영	종로서	145
안희성	중부서	149	양미영	노원서	108	양아름	정읍서	338
안희엽	은평서	140	양민영	송파서	131	양아열	서울청	68
앙명지	종로서	145	양민정	성북서	129	양연화	서울청	90
양 신	용산서	138	양병문	대전서	275	양영경	서울청	91
양 웅	종로서	144	양병열	영덕서	387	양영규	관악서	101
양 원	익산서	334	양상민	구로서	103	양영동	마포서	116
양가은	중부청	163	양상원	동작서	115	양영진	국세청	47
양강진	의정부서	254	양상원	아산서	300	양영진	대전청	262
양경모	세재실	7	양서안	구미서	379	양영진	이천서	197
양경애	남동서	238	양서영	부산청	394	양영철	성동서	126
양광식	북대전서	277	양서영	세재실	8	양영혁	제주서	443
양광준	성북서	129	양서용	중부청	161	양영훈	전주서	337
양구철	중부청	162	양석범	광주청	314	양영희	성동서	127
양국현	종로서	145	양석재	금천서	105	양예주	창원서	438
양규복	부산진서	412	양석재	제주서	442	양예진	창원서	439
양근성	역삼서	134	양석진	서울청	82	양옥서	국세청	41
양금영	수원서	183	양선미	대전청	265	양옥진	서대문서	122
양기태	원주서	212	양선미	동래서	411	양용산	대전청	262
양기혁	부산청	395	양선미	동안양서	176	양용석	제주서	442
양기현	서울청	75	양선숙	서대전서	278	양용선	제주서	443
양기화	양산서	409	양선욱	서울청	63	양용환	북전주서	333
양길호	목포서	342	양성봉	이천서	196	양용환	순천서	346
양나연	송파서	131	양성욱	중부청	160	양용희	해남서	350
양다연	조세연	454	양성철	남동서	238	양웅비	반포서	118
양다은	전주서	337	양성철	속초서	209	양원석	구로서	102
양다희	서울청	74	양세실리아	부산강서서	417	양원혁	제주서	443
양다희	중부청	155	양세영	대구청	356	양유나	영덕서	386

양유림	수성서	368	양준호	동대구서	366	양희윤	충주서	289
양유미	서대전서	278	양지상	서울청	71	양희재	노원서	108
양유진	북광주서	324	양지선	남부천서	252	양희정	광명서	244
양윤모	서울청	62	양지연	구리서	170	양희정	서대구서	372
양윤선	서대문서	122	양지연	북전주서	332	어경윤	대전청	262
양윤성	목포서	343	양지영	조세연	450	어기선	관악서	101
양윤숙	의정부서	255	양지윤	동울산서	426	어명진	중랑서	146
양윤정	영주서	389	양지현	구리서	171	어수임	용산서	139
양은수	수영서	421	양지현	영동서	283	어영준	중부청	165
양은영	강동서	97	양지혜	상주서	382	어윤제	용인서	192
양은영	서초서	124	양진석	중부청	163	어윤필	부산청	400
양은정	나주서	340	양진우	분당서	178	어장규	은평서	140
양은정	서울청	65	양진주	서인천서	235	어재경	서초서	125
양은주	북부산서	414	양진혁	교육원	52	어정아	고양서	243
양은지	양산서	408	양진호	광주청	310	어현서	동화성서	203
양은지	의정부서	255	양찬영	금천서	104	엄경애	남대구서	364
양은진	광주청	311	양창헌	나주서	340	엄경화	계양서	241
양이곤	인천청	224	양창혁	제주서	442	엄광현	국세청	21
양이지	경기광주서	169	양창호	국세청	42	엄기관	노원서	109
양인경	서울청	90	양천일	전주서	337	엄기동	울산서	428
양인애	부산진서	412	양철승	남대구서	365	엄기범	상주서	382
양인영	서울청	84	양철웅	순천서	344	엄기붕	청주서	287
양인환	동대문서	113	양철원	중부서	149	엄기황	교육원	53
양일환	구리서	170	양철호	서울청	72	엄남식	안산서	186
양재영	반포서	119	양태식	서울청	69	엄남용	계양서	240
양재영	창원서	439	양태영	여수서	348	엄명주	서울청	72
양재우	동안산서	188	양한별	목포서	342	엄미라	수영서	421
양재중	노원서	109	양한철	송파서	130	엄병섭	김해서	433
양재한	춘천서	214	양해준	마포서	116	엄봉준	영월서	211
양재호	남양주서	173	양행훈	광산서	322	엄상우	강남서	95
양재훈	광주서	321	양행열	남원서	330	엄상원	울산서	428
양전옥	북대전서	276	양향임	포천서	258	엄상희	경주서	376
양정미	계양서	240	양현모	국세청	49	엄석찬	여수서	349
양정숙	광주서	321	양현숙	관악서	101	엄선호	용인서	193
양정주	동화성서	203	양현식	계양서	240	엄세열	지방세제	447
양정화	경주서	376	양현우	송파서	130	엄세영	영주서	388
양정희	광주청	311	양현정	부산청	398	엄세진	성북서	128
양정희	익산서	334	양현준	서울청	68	엄소정	북대전서	276
양제문	제주서	442	양현진	광산서	323	엄송미	부산진서	413
양종렬	평택서	199	양현황	광주청	311	엄수민	북대구서	371
양종명	동안산서	189	양혜민	중부청	152	엄순영	송파서	130
양종선	구로서	102	양혜선	서울청	76	엄슬희	경산서	375
양종열	용산서	138	양혜성	광주서	320	엄애화	서부산서	418
양종혁	보령서	294	양혜진	북대구서	370	엄영석	남양주서	172
양종훈	중부청	162	양홍석	서울청	75	엄영옥	서울청	72
양주원	광명서	245	양홍철	인천청	223	엄영환	금정서	407
양주희	대전청	267	양환준	순천서	347	엄영희	서울청	83
양주희	성남서	181	양회수	공주서	291	엄유섭	북대구서	370
양준권	반포서	118	양효진	수영서	420	엄유환	보령서	294
양준모	용인서	193	양희석	서울청	91	엄윤서	제천서	284
양준복	청주서	286	양희석	속초서	209	엄의성	인천청	228
양준석	시흥서	184	양희승	종로서	145	엄익춘	성북서	129
양준혁	속초서	209	양희연	아산서	300	엄인성	부산청	401

엄인찬	성남서	180	여정현	영주서	389	염성희	남대문서	106
엄일선	서울청	65	여제현	남대구서	365	염세영	서울청	79
엄장원	서인천서	234	여종구	김포서	247	염세환	서울청	87
엄재연	동수원서	174	여종엽	강남서	94	염수진	경기광주서	168
엄재희	국세청	46	여주연	영등포서	137	염시웅	교육원	52
엄정은	중부산서	422	여주희	상담센터	57	염예나	강서서	99
엄정임	국세청	47	여중구	북대전서	276	염유섭	중부청	160
엄제현	동울산서	427	여지수	중부청	154	염은영	영등포서	137
엄주영	서대구서	373	여지은	김해서	433	염인균	거창서	430
엄주원	포천서	259	여진동	중부청	163	염정식	중부청	160
엄준호	통영서	441	여진혁	중부청	166	염정은	고양서	243
엄준희	서초서	125	여창숙	북대구서	370	염정훈	광산서	322
엄지혜	목포서	343	여태환	남대문서	107	염주선	홍성서	306
엄진숙	천안서	304	여현정	인천청	220	염준호	국세청	24
엄채연	충주서	288	여혜진	은평서	140	염지영	광주서	320
엄태선	국세청	49	여호종	성북서	129	염지혜	북대구서	370
엄태성	대전서	275	여호철	반포서	118	염진옥	서울청	62
엄태영	용인서	192	여환수	지방세제	446	염태섭	예산서	303
엄태자	영등포서	136	여효정	동울산서	427	염현주	광주청	313
엄태준	동울산서	427	여효정	서초서	125	염효송	부천서	251
엄태진	아산서	301	연경태	북부산서	414	염훈선	기흥서	195
엄태현	국세청	29	연규빈	국세청	24	예동희	경주서	376
엄하양	광산서	323	연근영	이천서	196	예민희	김포서	247
엄하은	중부서	148	연덕현	금천서	105	예성미	부산청	397
엄현정	수원서	182	연명희	수원서	183	예성민	이천서	196
엄형태	종로서	145	연상훈	남대구서	365	예성진	수성서	369
엄혜림	수원서	182	연상훈	동청주서	280	예수빈	종로서	145
엄희지	마산서	434	연성준	영등포서	137	예신우	수영서	420
엄희진	부천서	251	연소정	동청주서	281	예정욱	강남서	95
여 선	파주서	256	연송이	안산서	187	예종옥	창원서	438
여가은	노원서	108	연수민	대전청	267	예찬순	송파서	131
여경규	강서서	99	연재연	영월서	210	오 영	인천청	222
여길동	송파서	131	연제민	부산청	400	오가영	조세연	454
여명철	진주서	436	연제석	대전청	270	오가원	목포서	342
여미라	대전청	267	연제열	수원서	183	오가은	동대구서	367
여민호	서대문서	122	연지연	양천서	133	오강재	용산서	139
여상호	수원서	182	연지원	시흥서	184	오건우	대전청	263
여성훈	서울청	91	연태석	동청주서	280	오경미	아산서	300
여세영	영덕서	386	염가연	중부청	160	오경민	강남서	94
여소정	수성서	368	염경진	서울청	62	오경석	지방세제	447
여수민	서인천서	234	염관진	중부청	161	오경선	인천청	227
여승구	인천서	231	염귀남	삼성서	121	오경선	중부청	160
여우주	중부청	152	염나래	동청주서	280	오경애	삼성서	121
여원모	도봉서	110	염대성	북전주서	333	오경언	통영서	441
여원선	화성서	201	염래경	나주서	341	오경자	삼성서	120
여은수	용산서	139	염문환	대전청	266	오경태	광주청	310
여은희	동청주서	281	염미정	성동서	126	오경택	남부천서	252
여의주	인천청	226	염보라	조세연	452	오경택	용인서	193
여인순	국세청	45	염보름	북전주서	332	오경화	관악서	100
여정민	진주서	436	염보미	광주서	321	오경환	남부천서	253
여정애	조세심판원	14	염보희	서울청	75	오경훈	제주서	443
여정재	관악서	100	염삼열	순천서	345	오관택	청주서	287
여정주	서울청	77	염선경	중부청	152	오광석	동청주서	281

이름	소속	쪽
오광선	노원서	108
오광철	관악서	100
오광현	이천서	196
오광호	경기광주서	168
오규열	육규한	390
오규원	수원서	182
오규진	수영서	420
오규철	역삼서	135
오근님	나주서	340
오금선	나주서	340
오금탁	북광주서	325
오기범	군산서	329
오기일	중부청	159
오기철	파주서	257
오길춘	영동서	282
오나현	국세청	49
오나현	연수서	236
오남임	송파서	130
오다은	세재실	7
오다혜	마포서	116
오담인	남동서	238
오대석	통영서	440
오대성	서울청	63
오대창	관악서	101
오대철	남대문서	107
오덕희	금천서	105
오도열	영등포서	136
오도훈	삼성서	121
오동구	포천서	258
오동문	서초서	125
오동석	도봉서	110
오동현	용인서	193
오동호	남양주서	172
오동화	남원서	330
오두환	광산서	322
오로라	서산서	296
오로지	연수서	236
오만석	서울청	87
오명준	역삼서	135
오명진	인천서	231
오문탁	국세청	22
오미경	국세청	30
오미경	군산서	328
오미순	국세청	39
오미영	논산서	292
오미영	세제실	6
오미정	남부천서	253
오미진	제주서	442
오민경	국세청	23
오민석	서울청	82
오민선	중부청	163
오민수	목포서	343
오민숙	중랑서	147
오민우	도봉서	110
오민철	고양서	243
오배석	서울청	63
오백진	대전청	265
오병걸	평택서	199
오병관	안양서	190
오병태	파주서	257
오보람	부산진서	412
오상엽	김포서	247
오상원	부평서	232
오상은	청주서	286
오상준	파주서	257
오상철	분당서	179
오상택	동화성서	202
오상훈	국세청	22
오상훈	남대문서	107
오상훈	서울청	69
오상휴	중부청	153
오서연	종로서	145
오서영	관악서	101
오서영	부산진서	413
오서주	국세청	46
오서진	예산서	302
오선경	안산서	187
오선우	창원서	438
오선주	반포서	118
오선지	서울청	63
오선희	구로서	103
오성실	목포서	342
오성철	동대문서	113
오성택	서울청	77
오성현	서울청	64
오성현	진주서	436
오세덕	충주서	289
오세두	부산청	395
오세민	대구청	359
오세민	조세심판원	12
오세민	포천서	258
오세영	남양주서	172
오세인	익산서	334
오세정	국세청	31
오세정	서울청	73
오세정	천안서	305
오세종	영등포서	136
오세준	청주서	287
오세찬	서울청	90
오세철	광주청	311
오세혁	서울청	78
오소영	조세연	453
오소은	포천서	258
오소진	천안서	304
오소현	역삼서	134
오쇄행	부산청	395
오수경	경기광주서	168
오수미	인천청	221
오수빈	국세청	19
오수빈	예산서	302
오수연	논산서	292
오수연	양천서	133
오수연	중부청	157
오수영	반포서	118
오수정	조세연	453
오수진	광주청	313
오수진	상담센터	58
오수진	잠실서	142
오수현	남대문서	107
오수현	인천청	227
오승민	수원서	182
오승민	조세연	449
오승배	남양주서	173
오승섭	목포서	342
오승연	광명서	244
오승연	서울청	63
오승연	안양서	190
오승주	경주서	377
오승진	예산서	302
오승찬	동화성서	202
오승철	구리서	170
오승필	의정부서	254
오승헌	강남서	94
오승현	통영서	441
오승호	세종서	298
오승훈	김천서	381
오승훈	서대전서	279
오승희	대전청	271
오승희	마산서	434
오시원	동작서	115
오신영	전주서	337
오신형	마포서	116
오아람	이천서	197
오아름	잠실서	143
오애란	서부산서	419
오양금	대전서	275
오연경	용인서	192
오연균	보령서	294
오연정	진주서	436
오영권	진주서	436
오영동	수영서	421
오영빈	육규한	391
오영서	강서서	99
오영서	순천서	346
오영석	동대문서	113
오영석	의정부서	254
오영섭	세종서	299
오영우	세종서	299
오영은	도봉서	111

이름	소속	쪽	이름	소속	쪽	이름	소속	쪽
오영주	관악서	100	오정민	마산서	434	오진욱	안산서	186
오영주	김해서	432	오정민	서울청	79	오진택	부천서	250
오영철	동수원서	174	오정선	논산서	293	오찬현	남대구서	365
오예정	조세연	454	오정식	의정부서	255	오창곤	제주서	443
오왕석	대전서	274	오정언	삼성서	120	오채은	김해서	432
오용락	서대전서	279	오정욱	강동서	96	오철규	청주서	287
오원균	천안서	304	오정은	남부천서	252	오철민	국세청	46
오원정	구리서	170	오정은	보령서	294	오초롱	울산서	429
오원화	청주서	286	오정일	인천서	230	오춘식	대구청	354
오유나	중부청	159	오정임	수영서	420	오춘택	목포서	343
오유미	부천서	250	오정탁	북대전서	277	오치호	익산서	334
오유빈	상담센터	57	오정환	분당서	179	오태경	부평서	233
오유빈	서울청	74	오정환	성동서	126	오태진	서울청	63
오유석	교육원	52	오정훈	북대구서	371	오태진	서인천서	235
오유진	군산서	329	오제곤	제주서	443	오택민	아산서	300
오윤라	동고양서	249	오제만	노원서	109	오푸른	역삼서	135
오윤미	서인천서	234	오조섭	영주서	389	오하경	서울청	70
오윤미	조세연	453	오종권	광주청	310	오하나	김해서	432
오윤서	조세연	452	오종민	삼성서	121	오하라	대전청	264
오윤정	해남서	351	오종민	양산서	408	오한솔	국세청	32
오윤화	성동서	126	오종수	광주서	321	오한울	조세연	453
오은경	도봉서	110	오종현	영월서	211	오항우	수원서	182
오은경	서울청	81	오종현	조세연	449	노해성	종로서	144
오은성	중부청	152	오종호	광주서	320	오향아	대구청	355
오은비	북대구서	371	오주경	대구청	354	오혁기	해운대서	425
오은서	거창서	430	오주영	금정서	406	오현경	의정부서	254
오은숙	동고양서	249	오주영	동래서	410	오현미	광주서	320
오은영	북전주서	332	오주원	중랑서	146	오현빈	조세연	450
오은정	국세청	25	오주하	동울산서	426	오현서	동수원서	174
오은정	서울청	80	오주학	광명서	245	오현서	여수서	348
오은주	광주청	310	오주해	성동서	127	오현석	마포서	116
오은주	김해서	432	오주희	경주서	377	오현석	서대전서	279
오은지	구로서	103	오주희	중랑서	146	오현수	경기광주서	169
오은진	동안양서	176	오준오	경산서	375	오현식	서울청	83
오은진	동작서	115	오지섭	제주서	443	오현아	북부산서	415
오은혜	조세연	450	오지연	세제실	8	오현정	국세청	41
오은희	남부천서	252	오지연	조세연	451	오현정	서울청	85
오은희	남양주서	172	오지윤	서울청	89	오현정	용인서	192
오은희	마포서	116	오지윤	세종서	298	오현주	성동서	126
오인석	조세심판원	14	오지은	국세청	46	오현주	용인서	193
오인철	순천서	344	오지은	용인서	192	오현주	은평서	140
오인택	동청주서	280	오지철	서울청	62	오현준	포천서	259
오임순	종로서	144	오지현	부산진서	412	오현지	김포서	246
오자영	삼성서	120	오지현	안양서	190	오현직	안동서	384
오자은	북광주서	325	오지형	서울청	90	오현창	광산서	323
오잔디	송파서	130	오지혜	동래서	410	오현호	서울청	64
오재경	국세청	18	오지훈	성동서	126	오형주	북대구서	370
오재경	인천청	227	오진명	광주청	314	오형진	서울청	64
오재란	서광주서	326	오진석	남대구서	365	오혜경	정읍서	338
오재열	수원서	183	오진선	동화성서	203	오혜미	안산서	187
오재헌	관악서	101	오진성	대전청	271	오혜성	국세청	48
오재현	노원서	108	오진숙	동안산서	189	오혜실	마포서	116
오재홍	제천서	285	오진용	동청주서	281	오혜원	제주서	442

이름	소속	번호	이름	소속	번호	이름	소속	번호
오호석	김천서	380	우명주	동대구서	366	우진원	평택서	199
오홍희	강남서	94	우문연	춘천서	214	우진하	인천청	226
오화섭	서울청	76	우미라	마포서	116	우창영	천안서	304
오효정	안양서	191	우미라	부산청	398	우창용	노원서	108
오흥수	연수서	237	우민석	연수서	236	우창제	논산서	293
오희준	포천서	259	우민지	수원서	182	우철윤	인천청	224
옥건주	해운대서	424	우병옥	경주서	376	우한솔	국세청	33
옥경민	동안산서	188	우병재	영주서	388	우해나	구리서	171
옥상하	창원서	439	우병호	남대구서	365	우현구	서대문서	123
옥석봉	상담센터	58	우보람	중부청	155	우현승	강남서	95
옥수빈	국세청	35	우상준	대구청	358	우현지	북대구서	371
옥승오	구미서	379	우상훈	수성서	369	우현하	마산서	435
옥영주	반포서	119	우성락	양산서	408	우형래	국세청	27
옥영출	조세연	455	우성식	평택서	199	우형수	울산서	429
옥지웅	동청주서	280	우성현	서부산서	419	우희정	중부청	154
옥창의	서울청	72	우세진	평택서	199	우희준	진주서	437
옥채순	창원서	438	우세훈	금정서	407	원욱	김해서	432
옥충경	통영서	440	우수경	구미서	378	원계연	화성서	200
옥혁규	동작서	115	우수정	파주서	256	원광호	북대전서	277
옥호근	해운대서	424	우수희	동화성서	202	원규호	인천청	227
온상준	강서서	99	우승철	노원서	109	원대로	국세청	19
옹주현	북대전서	276	우승하	안동서	385	원대연	강동서	97
왕화	구미서	378	우승형	육규한	391	원대한	대전청	263
왕성국	대전청	265	우연희	서울청	71	원두진	국세청	32
왕수현	천안서	305	우영만	서광주서	327	원범석	인천서	230
왕승현	조세연	454	우영재	김천서	381	원병덕	서울청	64
왕아림	원주서	213	우용민	상주서	382	원상호	서울청	65
왕윤미	서울청	78	우운하	영주서	389	원선혜	세제실	9
왕윤세	기흥서	195	우유정	삼성서	121	원설희	평택서	199
왕지선	강서서	99	우윤중	창원서	439	원성택	부산청	403
왕지영	동청주서	281	우은혜	인천청	225	원수영	강서서	98
왕지은	중부서	148	우을숙	양산서	409	원순영	천안서	304
왕춘근	안산서	187	우인식	계양서	241	원시열	강서서	99
왕태선	고양서	243	우인영	울산서	429	원은미	화성서	200
왕혜연	동화성서	202	우인제	해남서	350	원정윤	삼성서	121
왕훈희	동대문서	113	우인호	경주서	376	원정일	서초서	124
용수화	양천서	132	우재만	서광주서	326	원정재	원주서	213
용승환	서울청	82	우재은	홍성서	306	원종민	중부청	164
용연주	노원서	108	우재진	통영서	441	원종일	삼성서	120
용연훈	송파서	130	우정규	서산서	296	원종학	조세연	451
용옥선	강남서	95	우정순	동울산서	426	원종호	서울청	81
용진숙	인천청	228	우정은	구리서	171	원종화	서대구서	372
용환희	안양서	190	우정호	안동서	384	원종훈	의정부서	254
우가람	관악서	100	우제경	서대구서	372	원지연	청주서	287
우경화	부산진서	413	우제선	세종서	298	원지혜	서초서	124
우나경	부산청	402	우주연	분당서	179	원진희	영월서	211
우남구	안동서	385	우주형	경주서	377	원진희	제천서	284
우남준	순천서	345	우지수	기흥서	195	원한규	성남서	180
우덕규	서울청	67	우지수	도봉서	110	원현수	서울청	70
우동욱	조세심판원	14	우지영	잠실서	143	원효정	분당서	178
우동윤	부산청	395	우지은	조세연	451	원효주	경산서	375
우동훈	진주서	436	우지혜	국세청	22	원희경	서울청	72
우동희	동안양서	176	우지희	양산서	409	원희정	수원서	182

위 종	성남서	180	유기성	영등포서	136	유병길	동대구서	366
위경진	금천서	104	유기연	동안양서	177	유병모	대구청	357
위경환	구로서	103	유길웅	파주서	256	유병선	동화성서	203
위광환	북광주서	325	유남렬	인천청	221	유병수	마포서	117
위다현	마포서	116	유다래	분당서	178	유병욱	동안양서	177
위민국	상담센터	59	유다연	평택서	198	유병창	관악서	101
위부일	금정서	406	유다영	파주서	257	유보아	남대구서	365
위성호	평택서	199	유다원	서대전서	278	유상선	동울산서	426
위승희	강서서	98	유다정	마포서	116	유상욱	파주서	256
위은혜	부평서	233	유대현	인천청	225	유상원	해남서	351
위장훈	동화성서	203	유덕규	대전청	266	유상윤	중부서	148
위정호	북대전서	276	유도권	김해서	433	유상호	국세청	47
위주안	서울청	71	유동균	강남서	95	유상화	광주청	311
위지혜	국세청	36	유동균	서울청	62	유서진	중부서	148
위지혜	김해서	432	유동민	서울청	87	유석모	세제실	6
위진성	잠실서	142	유동석	성동서	127	유선애	양천서	132
위찬필	부산청	401	유동완	역삼서	134	유선영	남동서	238
위태홍	영동서	283	유동원	마포서	116	유선영	부평서	233
위평복	서울청	66	유동재	서인천서	234	유선우	충주서	288
위현후	동안양서	176	유동준	부산청	402	유선정	남동서	238
유 영	국세청	36	유동준	종로서	145	유선정	세제실	8
유 진	국세청	33	유동철	동대문서	112	유선종	금천서	104
유 진	역삼서	134	유득련	중부청	105	유선화	동대문서	112
유 절	남양주서	173	유래경	파주서	257	유선희	김천서	380
유 현	강남서	95	유래연	파주서	257	유선희	서대전서	278
유가량	강릉서	205	유로아	서울청	83	유성두	노원서	109
유가연	동고양서	248	유명선	국세청	25	유성만	경주서	377
유가연	아산서	300	유명옥	영등포서	136	유성문	마포서	116
유가현	이천서	196	유명훈	국세청	31	유성안	동대문서	112
유강훈	양천서	133	유문희	김해서	433	유성엽	서울청	62
유경근	국세청	38	유미나	서대구서	373	유성욱	동래서	411
유경룡	공주서	290	유미나	성동서	127	유성운	청주서	286
유경모	대전청	263	유미라	반포서	119	유성은	중부청	166
유경민	노원서	108	유미선	상담센터	59	유성주	동안산서	188
유경숙	양천서	133	유미선	서울청	64	유성진	정읍서	338
유경열	서대전서	278	유미선	수원서	183	유성춘	광명서	245
유경원	송파서	130	유미성	동고양서	248	유성훈	인천청	227
유경원	인천청	227	유미숙	서산서	296	유성희	삼성서	120
유경진	구리서	170	유미숙	예산서	303	유세곤	청주서	286
유경훈	안양서	191	유미연	남부천서	253	유세영	종로서	144
유경희	북대전서	277	유미영	부산청	397	유세은	구미서	378
유고은	조세연	451	유미영	안양서	191	유세종	서울청	81
유관식	광주서	320	유민경	국세청	25	유소열	서울청	78
유관호	대전서	274	유민상	부평서	232	유소정	마포서	116
유광근	부천서	251	유민설	안양서	191	유소정	성북서	128
유광선	춘천서	215	유민수	서울청	82	유소진	용산서	138
유광열	남동서	238	유민자	부산진서	412	유소현	영등포서	136
유광호	서광주서	327	유민정	남대문서	106	유솔리	포천서	258
유귀운	조세연	454	유민호	진주서	437	유송화	통영서	440
유규호	강서서	99	유민희	광주청	310	유수경	서울청	64
유극종	동대문서	112	유민희	국세청	40	유수권	동작서	115
유근순	북전주서	332	유민희	반포서	119	유수연	지방세제	446
유기무	관악서	100	유범상	아산서	301	유수재	고양서	243

유수정	국세청	25	유원재	성동서	127	유정찬	동작서	114
유수정	송파서	130	유원형	국세청	27	유정현	중부서	148
유수향	대전청	265	유윤희	분당서	179	유정화	삼성서	121
유수현	강릉서	205	유은미	남대문서	106	유정환	포천서	258
유수현	강서서	98	유은빈	청주서	287	유정훈	삼성서	120
유수현	동대구서	367	유은선	의정부서	255	유정훈	서인천서	234
유수호	광산서	322	유은숙	용산서	138	유정희	동화성서	202
유순희	동대문서	112	유은애	익산서	334	유정희	서울청	85
유순희	서인천서	235	유은영	대전청	267	유제근	서초서	125
유승규	영등포서	137	유은주	국세청	20	유제석	북전주서	332
유승명	부산청	401	유은주	동안양서	177	유제언	수원서	183
유승민	부천서	250	유은주	동작서	114	유제연	분당서	178
유승아	대전청	269	유은주	양산서	408	유제이	이천서	197
유승연	기흥서	194	유은주	영동서	283	유종선	북전주서	332
유승연	삼성서	120	유은지	금천서	105	유종일	서초서	124
유승우	대전청	266	유은지	조세연	453	유종현	상담센터	57
유승우	중부청	152	유은진	용산서	139	유종호	대구청	357
유승원	동청주서	281	유의상	김포서	247	유주만	남대문서	106
유승종	중랑서	146	유의지	광주서	321	유주미	광주청	312
유승주	동래서	411	유이슬	세재실	8	유주민	용산서	138
유승천	중부청	164	유인선	서울청	89	유주상	예산서	302
유승철	목포서	342	유인성	서울청	85	유주연	국세청	45
유승헌	영주서	389	유인수	천안서	304	유주희	송파서	131
유승현	동화성서	202	유인숙	상담센터	58	유주희	수원서	183
유승현	삼척서	206	유인숙	서대전서	279	유준상	인천청	228
유승현	인천청	224	유인식	용인서	192	유준영	경기광주서	168
유승현	조세연	453	유인혜	관악서	101	유준오	조세연	455
유승환	서울청	70	유인호	춘천서	214	유준호	권익위	448
유승희	송파서	131	유자연	서광주서	327	유준호	서울청	66
유시은	중부청	152	유장현	북대전서	277	유준호	용인서	193
유신혜	구로서	103	유재곤	광산서	322	유지민	서울청	62
유아람	성북서	128	유재남	아산서	300	유지선	마포서	117
유어진	분당서	178	유재랑	동울산서	427	유지수	북광주서	324
유연숙	동래서	411	유재룡	광주청	310	유지연	구미서	379
유연우	대전서	274	유재민	조세연	449	유지영	도봉서	110
유영근	순천서	346	유재복	부평서	232	유지영	여수서	348
유영근	용인서	192	유재상	중부청	156	유지영	영등포서	137
유영숙	동대구서	367	유재식	남동서	239	유지원	안산서	186
유영주	논산서	292	유재연	서울청	78	유지원	이천서	196
유영준	강동서	97	유재웅	상담센터	56	유지유	영등포서	137
유영진	동래서	411	유재원	강남서	94	유지은	서울청	80
유영환	수성서	368	유재원	홍성서	306	유지인	남양주서	172
유영희	서울청	85	유재은	포천서	259	유지향	부산강서서	417
유예림	국세청	25	유재준	중부청	159	유지현	국세청	19
유예림	국세청	36	유재학	진주서	437	유지현	남동서	238
유예림	잠실서	143	유재현	경주서	376	유지현	대전청	270
유예림	종로서	144	유정림	동대문서	113	유지현	부산청	395
유예진	김포서	247	유정미	서울청	81	유지혜	북부산서	415
유옥근	수영서	420	유정선	기흥서	195	유지호	수원서	182
유요덕	북전주서	333	유정식	파주서	257	유지화	여수서	348
유용환	동안산서	189	유정아	인천서	231	유지환	구리서	171
유우용	고양서	242	유정완	인천서	230	유지희	국세청	39
유원숙	홍천서	216	유정은	동안양서	176	유지희	서울청	81

유진선	동화성서	202	유현종	북대구서	371	육예연	서산서	296
유진선	북대구서	371	유현주	인천서	230	육재하	대전청	270
유진선	북전주서	332	유현지	분당서	179	육정섭	아산서	301
유진아	서울청	71	유현희	예산서	303	육지원	강릉서	205
유진아	시흥서	184	유형근	북광주서	324	육현수	남양주서	173
유진영	인천청	225	유형대	성동서	127	윤 경	용인서	193
유진옥	마포서	116	유형래	마포서	117	윤 석	잠실서	143
유진우	포천서	259	유형우	성남서	181	윤 솔	서울청	83
유진재	조세심판원	13	유형진	분당서	179	윤 용	강동서	96
유진하	인천서	231	유혜경	국세청	21	윤 은	인천청	224
유진호	중부청	154	유혜란	반포서	118	윤 정	김해서	432
유진희	반포서	118	유혜민	충주서	289	윤 창	기흥서	194
유진희	서울청	63	유혜빈	남양주서	173	윤 한	동울산서	427
유진희	양산서	408	유혜영	분당서	179	윤 환	평택서	198
유진희	중부청	153	유혜영	인천서	230	윤 희	평택서	198
유창경	부산청	401	유혜정	동수원서	174	윤가연	동안산서	189
유창석	육규한	390	유혜정	분당서	178	윤가연	서광주서	327
유창인	중부청	158	유혜정	세제실	7	윤가영	동래서	411
유창진	남대구서	365	유혜진	국세청	39	윤간오	창원서	438
유채민	인천서	230	유혜진	북대구서	371	윤강로	육규한	390
유채원	대전서	274	유호경	성동서	127	윤강훈	안동서	384
유채원	천안서	304	유호영	종로서	144	윤건주	속초서	208
유채정	세재실	8	유홍근	인천청	224	윤섬수	남부천서	253
유춘선	해남서	350	유홍재	화성서	201	윤경림	중부청	157
유치현	서부산서	418	유홍주	부산청	396	윤경옥	부천서	250
유탁균	잠실서	143	유화윤	동래서	410	윤경주	인천청	227
유태건	세재실	8	유화진	시흥서	185	윤경출	동울산서	426
유태웅	홍성서	307	유환동	화성서	200	윤경현	진주서	436
유태정	광주청	317	유환성	마포서	116	윤경효	남양주서	172
유태준	금천서	104	유환일	김포서	246	윤경희	강남서	94
유태호	경기광주서	168	유효정	조세연	454	윤경희	동작서	114
유판종	해남서	350	유효진	부산청	397	윤경희	서울청	78
유필립	삼성서	121	유후양	마포서	116	윤경희	여수서	348
유하선	천안서	305	유훈식	상담센터	56	윤공자	은평서	140
유학승	강서서	99	유훈주	광산서	323	윤광섭	중부청	163
유한순	구리서	170	유훈희	기흥서	194	윤광철	금정서	407
유한웅	금천서	104	유휘곤	서울청	83	윤광태	의정부서	254
유한진	중부청	164	유희경	광주청	313	윤광현	서초서	125
유항수	전주서	337	유희경	남원서	331	윤국한	은평서	141
유행철	전주서	336	유희근	부천서	251	윤권욱	송파서	131
유향란	강서서	98	유희민	서울청	74	윤근호	부산청	402
유헌정	북대구서	371	유희붕	인천서	230	윤근희	대구청	359
유현민	남양주서	173	유희수	중부서	149	윤근희	조세심판원	14
유현상	안산서	187	유희정	은평서	141	윤기덕	서울청	84
유현수	성남서	180	유희준	노원서	109	윤기섭	서초서	125
유현숙	대구청	355	유희진	분당서	179	윤기성	성동서	126
유현식	서울청	86	유희태	중부청	163	윤기송	홍성서	307
유현아	강동서	96	육강일	삼척서	206	윤기숙	성동서	126
유현인	서인천서	234	육경아	천안서	304	윤기순	수원서	182
유현정	동수원서	175	육규한	육규한	390	윤기찬	국세청	23
유현정	속초서	209	육근영	서초서	124	윤기철	동안양서	177
유현정	역삼서	135	육소연	수원서	182	윤기한	김천서	381
유현정	조세연	454	육송희	노원서	109	윤길성	순천서	345

이름	소속	번호
윤길성	안양서	191
윤난영	영등포서	137
윤난희	부천서	251
윤남식	동울산서	426
윤노영	부산진서	413
윤다니엘	북광주서	324
윤다솜	조세연	453
윤다영	부천서	251
윤다은	남동서	238
윤다희	순천서	345
윤단비	서대문서	123
윤달영	동울산서	426
윤대호	중부청	157
윤덕원	통영서	441
윤덕현	동청주서	281
윤덕희	서부산서	419
윤도식	구리서	171
윤도현	서인천서	234
윤동규	대전청	264
윤동석	서울청	76
윤동수	해운대서	425
윤동숙	서울청	69
윤동연	구미서	378
윤동현	국세청	23
윤동호	춘천서	215
윤동환	강서서	98
윤동희	관악서	101
윤만성	상담센터	56
윤만식	도봉서	111
윤명덕	나주서	340
윤명로	분당서	179
윤명준	서울청	91
윤명한	청주서	287
윤명희	구로서	103
윤문수	서대전서	278
윤문원	대전서	275
윤미경	경기광주서	169
윤미경	계양서	240
윤미경	남대구서	364
윤미경	남대문서	106
윤미나	강동서	96
윤미라	인천서	230
윤미성	삼성서	121
윤미숙	동대문서	112
윤미영	화성서	200
윤미자	동대문서	113
윤미진	평택서	199
윤미희	남대문서	107
윤민경	분당서	178
윤민경	이천서	197
윤민수	잠실서	142
윤민숙	광산서	322
윤민아	서울청	64
윤민영	조세심판원	12
윤민오	김포서	247
윤민정	세재실	7
윤민정	은평서	140
윤민지	대전청	266
윤민혜	안양서	191
윤민호	서울청	70
윤민희	경주서	376
윤범일	서울청	76
윤병준	광주청	311
윤병준	조세연	454
윤병진	마포서	116
윤병현	경기광주서	169
윤보람	삼성서	120
윤보배	충주서	289
윤보영	잠실서	142
윤봉원	마산서	435
윤상건	마포서	116
윤상동	국세청	18
윤상동	제주서	442
윤상락	춘천서	215
윤상목	중부청	153
윤상봉	부산청	402
윤상섭	의정부서	255
윤상용	송파서	130
윤상욱	종로서	145
윤상원	충주서	288
윤상탁	대전청	267
윤상필	부산진서	412
윤상호	대전청	268
윤상환	성산서	374
윤샛별	동안산서	188
윤서영	종로서	144
윤서울	영등포서	137
윤서진	강동서	96
윤석길	광주서	321
윤석미	울산서	429
윤석배	동화성서	203
윤석영	이천서	196
윤석주	중랑서	146
윤석준	양천서	132
윤석중	해운대서	424
윤석진	대전서	274
윤석창	대전청	264
윤석천	남대구서	364
윤석태	동대문서	112
윤석헌	광주청	316
윤석현	고양서	243
윤석환	서울청	90
윤선기	동대문서	112
윤선민	송파서	130
윤선수	동안산서	188
윤선영	고양서	242
윤선영	서울청	85
윤선용	동작서	114
윤선태	국세청	41
윤선태	수영서	421
윤선화	잠실서	143
윤선희	강서서	98
윤선희	중랑서	146
윤설진	서울청	69
윤성귀	서대문서	122
윤성기	북부산서	414
윤성두	나주서	340
윤성미	국세청	31
윤성민	국세청	24
윤성민	군산서	328
윤성민	중부서	148
윤성아	동대구서	367
윤성열	국세청	48
윤성욱	수성서	368
윤성조	수영서	421
윤성준	양천서	132
윤성중	서울청	89
윤성혜	진주서	437
윤성호	부산청	395
윤성호	용산서	139
윤성호	조세연	454
윤성훈	강남서	95
윤성훈	동래서	410
윤세영	김해서	432
윤세정	서울청	86
윤소라	영등포서	137
윤수미	제주서	443
윤소연	서초서	125
윤소영	국세청	24
윤소영	조세연	450
윤소월	잠실서	143
윤소윤	반포서	119
윤소윤	성동서	126
윤소현	시흥서	185
윤소희	서울청	68
윤수연	목포서	343
윤수열	강서서	98
윤수인	남동서	239
윤수정	부평서	232
윤수향	은평서	140
윤수현	세제실	7
윤수현	영등포서	137
윤수현	제주서	442
윤수환	대전청	268
윤숙현	서부산서	418
윤순녀	노원서	108
윤순상	국세청	19
윤순영	영동서	283
윤순옥	서대문서	122

윤슬기	서울청	69	윤용구	마포서	116	윤정현	남동서	239
윤승갑	논산서	292	윤용호	수원서	183	윤정호	익산서	335
윤승철	순천서	345	윤용화	예산서	303	윤정호	정읍서	339
윤승출	부산청	399	윤우식	이천서	196	윤정화	금천서	105
윤승희	조세심판원	15	윤우찬	서울청	84	윤정환	경기광주서	168
윤신애	강남서	95	윤원정	수성서	368	윤정환	시흥서	184
윤아름	중부청	156	윤유선	여수서	348	윤정훈	김해서	432
윤애림	인천청	221	윤윤숙	화성서	200	윤정희	용인서	192
윤양경	송파서	131	윤윤식	서울청	81	윤종근	용인서	193
윤양호	남동서	239	윤윤오	영주서	389	윤종상	강남서	94
윤여관	광주청	312	윤은미	동래서	410	윤종식	울산서	429
윤여용	동청주서	280	윤은미	성동서	126	윤종율	경기광주서	168
윤여준	고양서	243	윤은미	전주서	337	윤종혁	남동서	238
윤여준	기흥서	194	윤은수	원주서	212	윤종현	북대구서	371
윤여중	세종서	299	윤은숙	강남서	95	윤종현	영등포서	137
윤여진	국세청	29	윤은지	서울청	64	윤종훈	대구청	359
윤여진	인천서	230	윤은지	송파서	130	윤종훈	송파서	130
윤여진	조세연	455	윤은택	대전청	262	윤주련	부산청	400
윤여찬	서광주서	327	윤이슬	평택서	198	윤주영	경기광주서	169
윤여흔	북광주서	324	윤인경	서울청	72	윤주영	인천청	221
윤연갑	통영서	440	윤일식	수성서	369	윤주호	국세청	49
윤연심	아산서	300	윤일주	중부청	162	윤주휘	화성서	201
윤연원	조세심판원	12	윤일한	용인서	192	윤주희	심산서	121
윤연자	광수청	312	윤일호	양천서	132	윤주희	상주서	382
윤연주	경기광주서	169	윤장원	은평서	140	윤준영	순천서	346
윤영근	부산청	399	윤장현	중부청	163	윤준웅	상주서	383
윤영길	서울청	80	윤재갑	동대문서	112	윤준호	중부청	153
윤영랑	서울청	71	윤재길	서울청	80	윤준희	시흥서	185
윤영민	서초서	125	윤재도	목포서	342	윤중해	창원서	439
윤영민	조세연	449	윤재두	대전청	269	윤중호	육규한	390
윤영상	중부청	165	윤재복	영주서	388	윤지미	종로서	144
윤영섭	인천서	230	윤재연	중부청	162	윤지수	노원서	109
윤영섭	파주서	257	윤재웅	중부청	155	윤지승	영덕서	387
윤영수	거창서	431	윤재원	의정부서	255	윤지연	동래서	410
윤영숙	노원서	108	윤재원	인천서	230	윤지연	북대구서	371
윤영순	서울청	72	윤재헌	강남서	95	윤지연	연수서	236
윤영순	원주서	213	윤재현	인천청	226	윤지영	구로서	103
윤영식	김포서	246	윤점희	마포서	116	윤지영	서울청	71
윤영우	동수원서	175	윤정도	원주서	212	윤지영	세종서	298
윤영우	해운대서	424	윤정무	상담센터	56	윤지영	중부산서	423
윤영자	동울산서	426	윤정미	마산서	434	윤지영	중부청	157
윤영재	충주서	289	윤정미	영등포서	136	윤지원	나주서	340
윤영준	북대전서	277	윤정민	강남서	95	윤지원	동작서	114
윤영진	안양서	191	윤정민	관악서	100	윤지원	서울청	83
윤영택	시흥서	185	윤정민	마포서	117	윤지원	역삼서	135
윤영현	청주서	287	윤정선	조세연	454	윤지원	인천청	221
윤영호	반포서	119	윤정욱	서인천서	235	윤지윤	마포서	116
윤영훈	경주서	376	윤정원	부산청	394	윤지은	화성서	201
윤영훈	조세연	454	윤정은	국세청	40	윤지인	광주서	321
윤예지	인천서	230	윤정익	광주청	315	윤지현	계양서	241
윤예진	동울산서	426	윤정임	구리서	170	윤지현	삼성서	121
윤예진	제주서	443	윤정재	서초서	124	윤지현	서광주서	327
윤옥진	예산서	303	윤정필	여수서	348	윤지현	성동서	126

이름	소속	쪽
윤지현	의정부서	255
윤지현	인천청	227
윤지형	서울청	71
윤지혜	반포서	119
윤지혜	서울청	78
윤지혜	중부청	152
윤지환	국세청	44
윤지희	대전청	268
윤지희	인천청	222
윤진명	통영서	440
윤진일	동안산서	189
윤진희	구로서	102
윤창용	관악서	100
윤창인	대전청	266
윤창중	거창서	431
윤채린	나주서	341
윤철민	강동서	97
윤철원	홍성서	306
윤청연	동작서	115
윤춘미	국세청	27
윤태경	제천서	285
윤태영	육규한	391
윤태영	창원서	438
윤태요	보령서	294
윤태우	서부산서	418
윤태준	삼성서	121
윤태진	파주서	256
윤태현	국세청	25
윤태훈	동작서	114
윤태희	수성서	368
윤판호	서대구서	373
윤하서	제천서	285
윤하영	고양서	243
윤하정	삼척서	206
윤한미	용인서	192
윤한빛	익산서	335
윤한수	서인천서	235
윤한슬	서울청	64
윤한철	영월서	211
윤현경	기흥서	194
윤현경	영등포서	137
윤현경	은평서	141
윤현구	국세청	23
윤현미	강남서	94
윤현미	은평서	141
윤현숙	삼성서	121
윤현숙	서대문서	123
윤현숙	예산서	302
윤현식	김천서	380
윤현식	남대문서	107
윤현식	해운대서	425
윤현아	부산청	401
윤현웅	목포서	343
윤현정	김포서	246
윤현주	금천서	105
윤현호	인천청	224
윤현화	마산서	435
윤형석	서울청	85
윤형식	고양서	242
윤혜경	금정서	406
윤혜경	북부산서	414
윤혜미	성동서	127
윤혜미	인천청	228
윤혜민	국세청	39
윤혜수	강서서	99
윤혜숙	성동서	126
윤혜순	조세연	449
윤혜순	조세연	451
윤혜순	조세연	452
윤혜순	조세연	453
윤혜영	고양서	242
윤혜원	안산서	186
윤혜원	울산서	428
윤혜원	춘천서	215
윤혜정	구리서	170
윤혜정	중부산서	422
윤혜진	동수원서	174
윤호연	중부청	158
윤호영	동래서	411
윤홍규	북부산서	415
윤홍덕	서대전서	279
윤효준	중부청	163
윤희겸	광주청	310
윤희경	광주청	313
윤희경	동화성서	202
윤희경	성남서	181
윤희관	제주서	443
윤희민	대전서	275
윤희범	남대구서	365
윤희상	동수원서	175
윤희선	동수원서	174
윤희수	고양서	242
윤희수	중부서	148
윤희영	성북서	129
윤희원	송파서	130
윤희정	관악서	100
윤희정	상주서	383
윤희정	잠실서	142
윤희진	남대구서	365
윤희창	대전청	270
은기남	김해서	432
은성도	안산서	187
은종온	경주서	376
은지현	송파서	130
은진용	삼성서	121
은진우	영월서	211
은혜민	동대구서	366
은희도	목포서	343
은희훈	조세심판원	13
음지영	북광주서	325
음홍식	강남서	95
이 건	경주서	376
이 걸	홍천서	217
이 경	서울청	79
이 광	광명서	245
이 규	북전주서	333
이 범	동안양서	177
이 빈	강서서	98
이 선	인천청	221
이 섭	은평서	141
이 성	광주청	312, 314
이 성	도봉서	111
이 솔	서울청	79
이 솔	서초서	124
이 솔	충주서	288
이 숙	서울청	86
이 슬	대구청	356
이 슬	대전청	267
이 슬	동고양서	248
이 슬	은평서	141
이 슬	조세연	453
이 슬	천안서	305
이 영	대전청	263
이 영	조세연	449
이 은	서울청	67
이 정	기흥서	194
이 정	서광주서	327
이 준	원주서	213
이 진	대구청	354
이 진	마포서	117
이 찬	서울청	62
이 찬	서울청	66
이 찬	서울청	90
이 철	목포서	343
이 철	중랑서	146
이 필	중부서	149
이 현	강남서	95
이 현	북광주서	325
이 호	대전청	262
이 호	북광주서	325
이 호	서울청	83
이 호	청주서	286
이 화	동안양서	176
이 환	광산서	323
이 훈	익산서	335
이가령	화성서	201
이가영	구로서	103
이가영	대구청	358
이가영	동대구서	367

이광희	동고양서	249	이근희	서울청	69	이나연	서부산서	418
이광희	이천서	197	이금미	성북서	129	이나영	국세청	39
이교환	국세청	40	이금석	세재실	8	이나영	북부산서	415
이구현	통영서	441	이금숙	성동서	126	이나영	양천서	132
이국근	반포서	118	이금순	동대구서	366	이나현	동대구서	366
이국성	수원서	183	이금연	홍천서	217	이낙영	화성서	201
이권승	중부서	149	이금옥	마포서	117	이난영	강남서	94
이권식	서울청	79	이금조	서초서	125	이난주	홍천서	216
이권열	대전서	274	이금희	인천서	231	이난희	서울청	84
이권형	서울청	67	이기각	안동서	384	이남경	서울청	70
이권호	교육원	52	이기덕	역삼서	135	이남경	용인서	192
이권희	대전청	269	이기돈	서대구서	373	이남곤	중부청	165
이귀병	강동서	96	이기동	대구청	359	이남국	조세연	453
이귀영	동대문서	113	이기련	인천청	223	이남범	부산진서	412
이규림	서산서	296	이기쁨	조세연	451	이남영	서대전서	278
이규미	서초서	125	이기섭	삼성서	120	이남정	동청주서	280
이규석	부천서	251	이기수	대전서	274	이남주	동안산서	189
이규석	서울청	84	이기수	인천청	227	이남주	조세연	452
이규선	평택서	199	이기숙	서울청	89	이남진	중부청	152
이규수	교육원	53	이기순	나주서	341	이남형	마포서	116
이규열	인천청	221	이기순	보령서	295	이남호	동래서	410
이규영	창원서	438	이기순	은평서	140	이남호	홍천서	216
이규완	중부청	152	이기언	이천서	196	이노을	안양서	190
이규웅	구로서	102	이기업	국세청	22	이다경	남대문서	107
이규원	분당서	178	이기연	구리서	170	이다경	중랑서	146
이규은	강남서	94	이기연	서대구서	372	이다미	북광주서	325
이규의	인천청	226	이기영	구로서	103	이다빈	예산서	303
이규종	인천서	231	이기영	마산서	434	이다솜	국세청	19
이규진	국세청	48	이기웅	전주서	336	이다솜	울산서	428
이규태	구로서	103	이기원	전주서	336	이다애	광주서	320
이규혁	서울청	70	이기원	천안서	305	이다연	기흥서	194
이규현	부산청	399	이기정	고양서	243	이다영	성북서	128
이규현	중부서	149	이기정	울산서	429	이다영	수영서	420
이규형	동래서	410	이기주	강남서	94	이다영	여수서	348
이규형	서울청	69	이기주	서울청	73	이다영	인천청	222
이규형	서울청	88	이기철	김포서	246	이다예	광산서	323
이규호	경주서	377	이기택	남동서	239	이다예	역삼서	134
이규호	북전주서	332	이기혁	동수원서	174	이다운	화성서	200
이규호	인천청	228	이기현	남양주서	172	이다원	남부천서	252
이규호	중부산서	422	이기현	양천서	133	이다원	충주서	289
이규화	대전청	266	이기활	영동서	283	이다은	수원서	182
이규환	국세청	48	이기훈	동안양서	176	이다은	울산서	429
이그린	동수원서	175	이기훈	정읍서	338	이다은	인천청	221
이근수	영동서	283	이길녀	화성서	201	이다인	동수원서	174
이근아	금천서	104	이길채	중부서	148	이다해	국세청	24
이근애	경주서	377	이길형	서울청	71	이다현	군산서	329
이근우	안양서	191	이나경	경주서	376	이다혜	반포서	119
이근웅	서울청	86	이나경	마포서	117	이다혜	상담센터	58
이근원	북전주서	333	이나라	북광주서	324	이다혜	의정부서	254
이근호	북대구서	370	이나래	구리서	170	이다훈	은평서	141
이근호	인천청	220	이나래	동대문서	113	이다희	예산서	302
이근환	서부산서	419	이나래	화성서	201	이단비	창원서	438
이근후	조세심판원	14	이나미	서산서	296	이대건	서울청	67

이름	소속	페이지
이대구	창원서	438
이대근	강동서	96
이대근	서울청	74
이대식	서울청	88
이대연	서산서	296
이대정	역삼서	134
이대헌	남대구서	364
이대현	부산강서서	416
이대호	수성서	369
이대훈	동수원서	174
이대훈	중부청	166
이대희	남대구서	364
이덕원	서대구서	373
이덕종	삼척서	206
이덕주	대전청	267
이덕형	세종서	298
이덕화	서울청	91
이도겸	남대구서	364
이도경	동고양서	248
이도경	부산청	396
이도경	부평서	233
이도경	북대구서	370
이도언	중부청	162
이도영	동화성서	202
이도영	수성서	368
이도한	안동서	384
이도헌	제주서	443
이도현	송파서	131
이도현	영주서	388
이도현	육규한	391
이도형	광명서	244
이도형	광명서	245
이도혜	강서서	98
이돈영	서광주서	326
이동건	서울청	90
이동건	성동서	126
이동경	국세청	35
이동곤	경산서	374
이동곤	교육원	52
이동광	서인천서	234
이동구	남양주서	173
이동구	서산서	297
이동규	국세청	39
이동규	김포서	247
이동규	대구청	356
이동규	대전청	262
이동규	마산서	435
이동규	정읍서	339
이동규	중부서	148
이동균	대구청	355
이동근	고양서	242
이동근	북대전서	277
이동근	창원서	438
이동기	국세청	19
이동락	인천청	220
이동렬	지방세제	446
이동민	부산청	397
이동명	경산서	375
이동목	부산강서서	417
이동민	김해서	432
이동민	동대구서	366
이동백	노원서	108
이동범	수성서	369
이동석	김포서	247
이동섭	세재실	8
이동섭	충주서	288
이동수	동안양서	176
이동수	서울청	84
이동언	원주서	212
이동연	구로서	103
이동열	강서서	99
이동열	서인천서	234
이동엽	광주청	310
이동엽	동수원서	174
이동영	전주서	336
이봉우	상서서	99
이동우	부산진서	412
이동우	북대구서	370
이동우	수성서	369
이동욱	강동서	96
이동욱	마산서	434
이동욱	원주서	212
이동욱	육규한	390
이동욱	육규한	391
이동욱	청주서	287
이동운	부산청	394
이동원	대구청	359
이동원	양천서	133
이동윤	창원서	438
이동일	대구청	356
이동일	송파서	131
이동주	강동서	97
이동주	경주서	377
이동주	동고양서	248
이동준	경산서	375
이동준	국세청	23
이동준	성북서	128
이동준	수영서	421
이동준	육규한	391
이동준	중부청	153
이동진	금천서	105
이동진	북광주서	325
이동찬	김포서	247
이동출	남부천서	253
이동하	서대구서	372
이동한	서울청	64
이동혁	울산서	429
이동혁	지방세제	446
이동현	구리서	170
이동현	국세청	18
이동현	동래서	411
이동현	서울청	80
이동현	순천서	345
이동현	안산서	186
이동현	양산서	408
이동형	부산진서	412
이동호	동대구서	366
이동호	중부청	166
이동환	금정서	406
이동환	대전서	274
이동환	평택서	199
이동훈	경산서	375
이동훈	고양서	242
이동훈	나주서	341
이동훈	대구청	357
이동훈	동래서	410
이동훈	반포서	119
이동훈	시흥서	184
이동훈	인천청	220
이동훈	중랑서	147
이동희	국세청	47
이동희	서울청	80
이동희	영덕서	387
이동희	진주서	436
이두원	국세청	40
이두원	잠실서	143
이두호	수원서	183
이두호	전주서	337
이득규	국세청	32
이란희	화성서	201
이래경	강남서	94
이래하	상담센터	57
이령조	수원서	182
이로아	포천서	258
이루리	동고양서	248
이류기	서울청	65
이륜경	잠실서	142
이만식	이천서	197
이만준	세종서	298
이만호	부산강서서	416
이명건	국세청	49
이명곤	남양주서	172
이명구	서울청	69
이명규	동화성서	203
이명기	중부서	148
이명길	시흥서	184
이명례	상담센터	57
이명문	부평서	233
이명석	대전서	275

이름	소속	쪽	이름	소속	쪽	이름	소속	쪽
이명선	노원서	108	이미란	김포서	247	이민경	국세청	33
이명수	남대구서	364	이미령	경기광주서	169	이민경	부산강서서	416
이명수	서울청	65	이미선	구미서	378	이민경	영등포서	136
이명수	성남서	180	이미선	동대구서	367	이민경	의정부서	254
이명용	성동서	127	이미선	마포서	116	이민경	천안서	304
이명욱	분당서	179	이미선	수원서	183	이민구	송파서	130
이명욱	종로서	145	이미선	양천서	132	이민규	동고양서	248
이명원	영등포서	137	이미선	예산서	302	이민규	의정부서	254
이명인	조세연	454	이미선	육규한	390	이민규	천안서	304
이명재	국세청	46	이미선	익산서	334	이민상	조세연	453
이명준	북전주서	333	이미소	의정부서	254	이민석	은평서	140
이명하	북대전서	276	이미숙	강남서	95	이민성	경기광주서	168
이명한	서대전서	278	이미숙	상주서	382	이민수	중부청	153
이명해	대전서	275	이미숙	서부산서	419	이민순	역삼서	134
이명행	의정부서	254	이미숙	양산서	408	이민영	구로서	103
이명호	중부산서	422	이미숙	잠실서	143	이민영	군산서	329
이명훈	연수서	236	이미애	부산강서서	416	이민영	북부산서	414
이명훈	평택서	198	이미애	부평서	233	이민영	역삼서	135
이명희	동안양서	176	이미애	북대구서	370	이민옥	해운대서	424
이명희	반포서	119	이미애	서울청	91	이민용	송파서	131
이명희	서대구서	373	이미애	조세연	455	이민우	동래서	411
이명희	서울청	90	이미연	국세청	29	이민우	북대구서	371
이명희	영등포서	136	이미연	부산진서	412	이민우	육규한	391
이명희	의정부서	254	이미연	안산서	187	이민우	중부청	152
이모성	아산서	300	이미영	부산청	399	이민욱	노원서	109
이묘금	양산서	408	이미영	부평서	233	이민의	경기광주서	168
이묘진	서울청	64	이미영	북대전서	276	이민재	강서서	98
이무황	예산서	303	이미영	삼성서	121	이민정	김포서	246
이무훈	국세청	24	이미영	서울청	63	이민정	김포서	247
이문석	제천서	284	이미영	수성서	368	이민정	부산진서	413
이문수	중부서	148	이미영	중부서	148	이민정	삼성서	120
이문영	포천서	258	이미자	영주서	388	이민정	양천서	132
이문원	예산서	302	이미정	강서서	99	이민정	영등포서	137
이문원	중부청	156	이미정	동수원서	174	이민정	평택서	198
이문진	연수서	236	이미정	북대전서	276	이민주	부산청	404
이문태	육규한	390	이미정	역삼서	135	이민주	평택서	198
이문형	인천청	223	이미정	영월서	210	이민지	국세청	24
이문호	김해서	432	이미지	역삼서	134	이민지	금천서	105
이문환	서울청	66	이미지	용인서	192	이민지	김포서	246
이문희	동화성서	203	이미진	고양서	243	이민지	서산서	297
이문희	수원서	182	이미진	동작서	115	이민지	영등포서	137
이미경	국세청	32	이미진	동화성서	202	이민지	인천청	226
이미경	부산진서	412	이미진	연수서	236	이민창	서울청	73
이미경	서울청	72	이미진	울산서	429	이민철	부평서	232
이미경	서초서	124	이미향	금정서	406	이민철	수원서	183
이미경	성북서	129	이미현	금천서	105	이민철	역삼서	134
이미경	용산서	138	이미현	아산서	301	이민해	수성서	368
이미경	잠실서	142	이미현	조세연	450	이민호	군산서	328
이미나	수원서	182	이미형	중부서	148	이민호	논산서	293
이미남	구미서	379	이미화	노원서	109	이민훈	인천청	220
이미라	관악서	100	이미희	거창서	431	이민희	국세청	48
이미라	대전청	266	이미희	공주서	291	이민희	부산청	398
이미라	서울청	77	이미희	중부청	163	이민희	안양서	190

이민희	인천서	231	이보람	남대구서	365	이상락	고양서	242
이민희	중부청	163	이보람	순천서	347	이상명	금정서	406
이방원	서울청	88	이보름	삼성서	120	이상무	광주서	320
이배삼	동래서	411	이보배	분당서	179	이상묵	부산청	402
이백용	북광주서	324	이보배	성북서	129	이상묵	서울청	89
이백춘	남대구서	365	이보영	경산서	374	이상문	역삼서	135
이범구	영주서	388	이보영	북전주서	332	이상미	강서서	99
이범규	노원서	108	이보영	제주서	443	이상미	교육원	52
이범석	서울청	90	이보은	부산청	402	이상미	김포서	246
이범수	화성서	201	이보화	조세연	451	이상미	동대구서	366
이범주	구리서	171	이복남	영주서	388	이상미	창원서	438
이범주	중부청	152	이복자	서울청	72	이상민	계양서	241
이범준	용산서	139	이복재	부산청	397	이상민	금천서	104
이범훈	김포서	247	이복희	서울청	72	이상민	김천서	381
이법진	국세청	18	이봉근	서울청	67	이상민	남대구서	365
이병국	마산서	435	이봉림	시흥서	184	이상민	부산강서서	417
이병권	대전청	262	이봉숙	성북서	128	이상민	부평서	232
이병규	홍천서	217	이봉숙	중부청	152	이상민	아산서	300
이병노	부평서	232	이봉철	김해서	432	이상민	원주서	213
이병노	서인천서	235	이봉현	논산서	293	이상민	중랑서	146
이병도	동작서	114	이봉형	경기광주서	168	이상민	중부서	148
이병석	포천서	259	이봉화	창원서	438	이상범	기흥서	195
이병수	성동서	127	이봉희	역삼서	135	이상봉	대전청	267
이병영	북대구서	370	이부경	마산서	434	이상분	남대구서	364
이병옥	안양서	190	이부연	조세연	454	이상석	아산서	301
이병용	대전청	270	이부창	강서서	98	이상선	의정부서	255
이병용	인천청	221	이부형	제주서	442	이상수	대전청	266
이병욱	계양서	241	이빛나	경기광주서	169	이상수	세종서	299
이병욱	충주서	289	이빛나	부산강서서	416	이상수	인천청	221
이병재	군산서	329	이사영	익산서	335	이상숙	서울청	70
이병재	인천서	230	이삼기	안양서	191	이상언	부산청	401
이병조	남원서	330	이삼섭	평택서	198	이상언	서울청	83
이병주	대구청	354	이상각	천안서	304	이상열	도봉서	111
이병주	대구청	355	이상건	영덕서	387	이상영	분당서	178
이병주	동작서	115	이상걸	국세청	43	이상왕	부천서	251
이병주	서울청	71	이상경	구미서	378	이상요	대전서	274
이병준	부산강서서	416	이상곤	남동서	239	이상용	세종서	299
이병준	은평서	140	이상곤	부산진서	412	이상우	동청주서	281
이병직	서초서	125	이상곤	부산청	398	이상욱	대구청	357
이병진	경기광주서	169	이상곤	부평서	233	이상욱	동안산서	188
이병철	창원서	438	이상규	북대구서	370	이상욱	상담센터	56
이병탁	대구청	360	이상근	서울청	76	이상욱	서대문서	123
이병택	부산청	399	이상근	수영서	420	이상운	부산청	397
이병현	분당서	178	이상근	이천서	197	이상원	국세청	25
이보라	강서서	99	이상금	공주서	290	이상원	수성서	369
이보라	구미서	379	이상기	강남서	95	이상윤	경기광주서	168
이보라	동작서	115	이상길	서울청	71	이상윤	원주서	212
이보라	삼척서	207	이상길	조세심판원	12	이상윤	이천서	196
이보라	서울청	85	이상덕	남대문서	107	이상은	평택서	199
이보라	세종서	299	이상덕	서울청	82	이상은	해운대서	424
이보라	진주서	436	이상덕	수영서	421	이상일	동래서	410
이보라	청주서	287	이상도	동울산서	427	이상일	수원서	182
이보라	파주서	256	이상두	정읍서	339	이상재	강남서	95

이상재	아산서	300	이서정	서광주서	326	이선영	대전청	265
이상준	광주청	311	이서정	성남서	180	이선영	동울산서	427
이상준	국세청	35	이서준	관악서	101	이선영	서대구서	372
이상준	부산청	404	이서진	강릉서	204	이선영	서대문서	122
이상준	서광주서	326	이서진	정읍서	338	이선영	서초서	124
이상준	중부청	160	이서행	중랑서	147	이선영	성동서	126
이상직	성북서	129	이서현	도봉서	110	이선영	역삼서	134
이상진	제주서	443	이서현	영등포서	136	이선영	영등포서	136
이상철	광주청	314	이서형	양천서	133	이선영	영등포서	137
이상표	통영서	441	이서희	잠실서	142	이선영	충주서	289
이상필	서울청	90	이석규	세재실	8	이선옥	경기광주서	169
이상헌	구로서	103	이석기	아산서	300	이선우	김포서	247
이상헌	대구청	354	이석봉	남대문서	106	이선우	도봉서	110
이상헌	서울청	87	이석아	안산서	186	이선우	부산청	394
이상혁	부산진서	412	이석영	서울청	88	이선육	상주서	382
이상혁	서대문서	122	이석원	영동서	283	이선의	서울청	67
이상현	국세청	25	이석원	조세심판원	12	이선이	국세청	29
이상현	대전청	267	이석임	이천서	197	이선이	대구청	355
이상현	도봉서	111	이석재	대전청	267	이선재	구로서	102
이상현	마산서	435	이석재	삼성서	121	이선정	구미서	379
이상현	부산청	398	이석준	반포서	119	이선정	서울청	72
이상현	의정부서	254	이석중	마산서	434	이선주	강남서	94
이상현	인천서	230	이석진	대구청	359	이선주	구로서	103
이상현	중부청	155	이석화	국세청	44	이선주	국세청	47
이상협	동대구서	366	이선경	삼성서	120	이선주	부산진서	412
이상호	노원서	108	이선경	서울청	64	이선주	서울청	91
이상호	부산진서	413	이선경	전주서	337	이선진	서울청	87
이상호	서대구서	372	이선관	영동서	282	이선하	서울청	77
이상호	서울청	63	이선교	동울산서	426	이선행	인천청	225
이상화	종로서	145	이선구	반포서	118	이선호	구미서	379
이상환	영주서	388	이선규	김해서	433	이선화	목포서	342
이상훈	광주서	321	이선기	계양서	241	이선화	울산서	428
이상훈	대구청	358	이선림	논산서	292	이선희	대구청	355
이상훈	동대문서	112	이선림	북전주서	332	이선희	분당서	178
이상훈	동래서	411	이선미	경산서	374	이선희	역삼서	134
이상훈	동안산서	188	이선미	금천서	105	이설이	국세청	18
이상훈	서울청	65	이선미	반포서	118	이설희	나주서	340
이상훈	서울청	88	이선미	서대전서	278	이설희	진주서	437
이상훈	육규한	391	이선미	송파서	130	이성경	강서서	98
이상훈	중부서	148	이선미	영등포서	137	이성규	거창서	430
이상훈	통영서	440	이선민	노원서	109	이성규	서울청	73
이상희	경기광주서	169	이선민	서대문서	122	이성규	서울청	83
이상희	부평서	232	이선민	서울청	69	이성근	동울산서	426
이상희	제주서	443	이선민	서초서	125	이성근	성동서	126
이서구	국세청	23	이선아	김포서	246	이성글	서울청	65
이서아	삼성서	120	이선아	동고양서	248	이성도	역삼서	134
이서연	남동서	239	이선아	부천서	251	이성률	광주서	320
이서연	분당서	179	이선아	서울청	70	이성민	광주청	313
이서연	성동서	127	이선아	양천서	133	이성민	구리서	171
이서영	국세청	22	이선아	천안서	304	이성민	서대전서	279
이서영	서초서	125	이선애	남대구서	365	이성민	서부산서	418
이서원	도봉서	111	이선영	강남서	94	이성민	제주서	442
이서은	동작서	114	이선영	남대구서	365	이성민	중부서	149

이름	소속	쪽	이름	소속	쪽	이름	소속	쪽
이성복	구로서	103	이성환	구미서	379	이소정	금천서	104
이성복	잠실서	142	이성환	서울청	80	이소정	동대문서	113
이성삼	춘천서	214	이성훈	남대구서	364	이소정	부천서	250
이성섭	권익위	448	이성훈	부산강서서	417	이소정	삼성서	121
이성수	경기광주서	169	이성훈	성북서	128	이소정	서울청	80
이성수	역삼서	134	이성훈	통영서	440	이소정	울산서	429
이성식	정읍서	339	이성희	삼척서	206	이소정	인천서	230
이성실	여수서	348	이성희	중랑서	147	이소정	조세연	449
이성애	남대문서	106	이세나	국세청	23	이소정	해운대서	424
이성애	서울청	86	이세라	순천서	345	이소진	의정부서	255
이성영	서산서	297	이세란	중랑서	147	이소현	남대문서	107
이성용	서광주서	327	이세미	조세연	449	이소현	안동서	384
이성욱	동대구서	367	이세민	서울청	75	이소희	서대구서	373
이성웅	김해서	433	이세연	서울청	89	이솔아	강서서	98
이성원	강서서	98	이세연	안양서	191	이솔아	종로서	144
이성원	남대문서	106	이세영	영등포서	137	이송미	보령서	294
이성윤	보령서	294	이세은	도봉서	110	이송우	김해서	432
이성은	남원서	330	이세인	김천서	380	이송이	동안양서	176
이성은	울산서	429	이세정	도봉서	111	이송이	서인천서	234
이성인	부천서	251	이세주	양천서	132	이송이	중부청	157
이성일	세종서	298	이세진	반포서	118	이송하	광명서	244
이성일	여수서	348	이세진	삼성서	121	이송하	서울청	66
이성재	동래서	411	이세풍	부산청	399	이송향	금천서	104
이성재	부산청	394	이세호	동래서	410	이송희	원주서	212
이성재	서초서	125	이세호	영월서	211	이수경	부산진서	412
이성종	잠실서	142	이세훈	김해서	433	이수경	북부산서	414
이성준	대전청	267	이세희	영덕서	387	이수경	영주서	389
이성준	성동서	127	이세희	통영서	440	이수경	은평서	140
이성준	익산서	334	이소라	중부청	153	이수길	김해서	433
이성진	국세청	21	이소민	성동서	126	이수덕	이천서	196
이성진	마포서	116	이소애	부산청	395	이수라	광산서	323
이성진	삼성서	120	이소연	광주청	316	이수락	동작서	115
이성진	안산서	187	이소연	구리서	171	이수란	동작서	115
이성진	은평서	140	이소연	국세청	26	이수련	영등포서	136
이성창	서광주서	326	이소연	김천서	380	이수미	국세청	23
이성철	동래서	411	이소연	부천서	250	이수미	김천서	380
이성필	서울청	82	이소연	북부산서	414	이수미	대전서	275
이성한	수성서	368	이소연	서초서	125	이수미	분당서	179
이성현	기흥서	194	이소연	용인서	193	이수미	양산서	408
이성현	수원서	182	이소영	관악서	101	이수미	양천서	133
이성혜	영등포서	137	이소영	남원서	330	이수민	김포서	247
이성호	경주서	376	이소영	대구청	355	이수민	남부천서	253
이성호	국세청	47	이소영	부산진서	412	이수민	대전청	262
이성호	대전청	266	이소영	시흥서	184	이수민	서부산서	418
이성호	보령서	294	이소영	울산서	429	이수민	은평서	140
이성호	부산청	404	이소영	인천서	230	이수민	화성서	200
이성호	상담센터	56	이소영	중부청	164	이수복	원주서	213
이성호	순천서	347	이소영	지방세제	447	이수비	충주서	289
이성호	안산서	186	이소원	구리서	171	이수빈	구리서	171
이성호	영등포서	136	이소원	국세청	25	이수빈	서울청	62
이성호	천안서	304	이소은	군산서	329	이수빈	서울청	84
이성혼	인천서	231	이소은	창원서	438	이수빈	순천서	346
이성환	거창서	430	이소정	경주서	376	이수빈	용인서	192

이름	소속	번호	이름	소속	번호	이름	소속	번호
이수빈	원주서	213	이수진	성북서	128	이승균	동수원서	175
이수빈	육규한	391	이수진	순천서	347	이승근	평택서	198
이수빈	천안서	304	이수진	인천청	226	이승렬	경주서	377
이수빈	충주서	289	이수창	목포서	343	이승리	안산서	187
이수아	부평서	232	이수철	금천서	104	이승명	구미서	378
이수안	의정부서	255	이수현	국세청	20	이승모	육규한	391
이수연	국세청	23	이수현	군산서	328	이승미	중부청	154
이수연	기흥서	194	이수현	대전청	267	이승민	삼성서	121
이수연	동울산서	427	이수현	동안양서	176	이승배	중부청	165
이수연	북대구서	371	이수현	동작서	115	이승범	중랑서	147
이수연	서울청	64	이수현	서광주서	326	이승석	청주서	286
이수연	서울청	75	이수현	수성서	368	이승수	국세청	40
이수연	서울청	89	이수현	의정부서	254	이승수	중부청	152
이수연	세재실	7	이수현	익산서	334	이승신	종로서	144
이수연	시흥서	184	이수형	부산청	398	이승아	서대구서	372
이수연	조세연	451	이수형	분당서	179	이승아	시흥서	184
이수연	중부서	149	이수호	안산서	187	이승언	북대구서	370
이수연	해운대서	425	이수호	지방세제	446	이승연	서초서	125
이수영	부산강서서	416	이수화	구로서	103	이승연	역삼서	135
이수영	서대구서	372	이수환	목포서	342	이승엽	경산서	375
이수영	아산서	300	이수환	평택서	199	이승엽	구미서	379
이수영	화성서	200	이숙경	광주서	320	이승엽	나주서	340
이수용	수영서	421	이숙영	서울청	65	이승완	광주청	316
이수용	평택서	199	이숙정	동화성서	202	이승용	북전주서	333
이수원	동래서	411	이숙희	북대전서	276	이승우	부산강서서	416
이수원	역삼서	134	이순기	상주서	383	이승우	인천청	220
이수은	용산서	139	이순길	천안서	304	이승은	남대구서	365
이수인	동대문서	113	이순모	서인천서	235	이승은	남양주서	173
이수임	부산청	398	이순민	중부청	165	이승은	대구청	361
이수정	국세청	30	이순아	수원서	182	이승은	인천청	224
이수정	금천서	105	이순엽	서울청	79	이승익	동울산서	427
이수정	대구청	358	이순영	부천서	251	이승일	성동서	127
이수정	북부산서	414	이순영	성동서	126	이승일	익산서	334
이수정	서울청	84	이순영	양산서	408	이승재	경기광주서	168
이수정	서울청	86	이순영	천안서	304	이승재	북광주서	324
이수정	서울청	88	이순옥	원주서	213	이승재	육규한	390
이수정	이천서	196	이순용	중부청	153	이승재	의정부서	254
이수지	강서서	98	이순임	남대구서	364	이승재	익산서	334
이수지	경기광주서	169	이순철	중부청	165	이승재	충주서	288
이수지	서대구서	373	이순향	조세연	452	이승종	종로서	145
이수지	세제실	6	이순화	서울청	72	이승주	동대문서	113
이수지	용인서	192	이순희	양천서	132	이승주	서광주서	326
이수진	경기광주서	169	이슬기	서울청	78	이승준	광산서	322
이수진	광주청	317	이슬기	서울청	81	이승준	광주청	315
이수진	국세청	32	이슬기	조세연	449	이승준	송파서	131
이수진	국세청	33	이슬비	마포서	117	이승준	수영서	421
이수진	군산서	328	이슬비	인천청	225	이승준	안동서	385
이수진	동청주서	281	이슬비	중부청	164	이승준	영등포서	136
이수진	부산청	401	이승걸	서부산서	418	이승진	삼성서	120
이수진	부천서	250	이승괄	남대구서	365	이승진	울산서	429
이수진	서울청	83	이승구	영등포서	137	이승진	창원서	438
이수진	서울청	85	이승규	중부청	165	이승찬	동안양서	177
이수진	성동서	127	이승규	창원서	438	이승찬	상담센터	58

이승찬	연수서	237	이승희	중부서	148	이연수	인천청	221
이승찬	충주서	289	이시은	반포서	118	이연숙	서대구서	372
이승철	국세청	44	이시형	광산서	322	이연실	영등포서	137
이승철	동대문서	113	이시형	남대구서	365	이연실	예산서	303
이승택	대전청	271	이시화	국세청	25	이연우	서울청	82
이승택	수성서	368	이신숙	남동서	239	이연주	대전청	270
이승필	성북서	128	이신애	수영서	421	이연주	인천청	226
이승하	서초서	125	이신열	공주서	291	이연지	반포서	119
이승하	익산서	334	이신영	북대전서	276	이연진	대구청	357
이승학	노원서	108	이신영	세종서	299	이연호	반포서	119
이승한	국세청	22	이신정	강릉서	205	이연호	춘천서	214
이승현	강서서	99	이신혜	마포서	117	이연화	이천서	197
이승현	광산서	323	이신화	역삼서	135	이연희	대전청	262
이승현	마포서	117	이신화	중부청	153	이연희	북광주서	325
이승현	서대구서	372	이아라	남원서	331	이영경	성북서	129
이승현	성북서	128	이아름	강남서	95	이영구	대전청	265
이승형	서인천서	234	이아름	노원서	109	이영권	연수서	236
이승호	강남서	95	이아름	마산서	435	이영규	충주서	288
이승호	국세청	47	이아름	송파서	131	이영길	부평서	233
이승호	도봉서	111	이아름	안산서	187	이영락	대전서	275
이승호	북전주서	333	이아름	인천청	224	이영란	서인천서	235
이승호	서울청	81	이아름	조세연	451	이영란	수영서	420
이승호	성동서	127	이아름	해운대서	424	이영례	남부천서	252
이승호	인천서	230	이아린	강동서	97	이영룡	부천서	251
이승호	조세심판원	12	이아림	순천서	347	이영림	파주서	256
이승환	광산서	322	이아연	인천청	227	이영미	국세청	23
이승환	국세청	18	이아영	연수서	237	이영미	동화성서	203
이승환	국세청	29	이아영	조세연	449	이영미	진주서	436
이승환	남대구서	364	이아영	조세연	452	이영민	군산서	329
이승환	동고양서	248	이안나	서울청	90	이영민	나주서	341
이승환	동대구서	366	이안섭	남대구서	364	이영민	도봉서	111
이승환	서인천서	235	이안희	대전서	274	이영민	서울청	88
이승환	이천서	197	이안희	세종서	299	이영민	인천서	230
이승환	제주서	442	이애경	강남서	94	이영범	대전서	275
이승환	제주서	443	이애란	서울청	62	이영빈	관악서	100
이승훈	경기광주서	169	이애신	도봉서	111	이영서	부산강서서	416
이승훈	광주청	312	이양래	중부청	165	이영석	구리서	171
이승훈	국세청	40	이양로	천안서	305	이영석	반포서	119
이승훈	나주서	340	이양호	충주서	289	이영선	서인천서	235
이승훈	동작서	114	이어루	세제실	9	이영선	세재실	7
이승훈	부산청	394	이언우	영주서	388	이영수	구로서	102
이승훈	부산청	395	이언종	금천서	104	이영수	국세청	18
이승훈	서대구서	372	이언주	경산서	375	이영수	서대구서	372
이승훈	서울청	72	이여경	김포서	247	이영수	인천청	220
이승훈	양천서	133	이여성	중부청	158	이영수	창원서	438
이승훈	의정부서	255	이여울	서울청	71	이영숙	계양서	240
이승훈	전주서	336	이여진	서울청	83	이영숙	인천서	231
이승훈	조세심판원	15	이연경	남대구서	364	이영숙	포천서	259
이승휘	대구청	356	이연경	서인천서	234	이영순	대전서	275
이승희	광주청	313	이연경	성북서	128	이영신	삼성서	120
이승희	동대문서	112	이연석	중부청	153	이영심	육규한	390
이승희	수영서	421	이연선	중부청	160	이영아	동안양서	176
이승희	조세심판원	13	이연수	동안양서	176	이영아	화성서	200

이름	소속	번호	이름	소속	번호	이름	소속	번호
이영애	북대구서	370	이영희	동청주서	281	이용우	고양서	243
이영옥	상담센터	56	이영희	수영서	420	이용우	서울청	78
이영옥	서울청	85	이예림	동수원서	174	이용욱	반포서	118
이영옥	인천청	221	이예미	안산서	187	이용욱	순천서	345
이영우	경산서	374	이예솔	천안서	305	이용욱	이천서	196
이영우	서울청	87	이예슬	남동서	238	이용재	부산청	400
이영우	지방세제	446	이예슬	동대문서	113	이용재	중부청	156
이영욱	구로서	103	이예슬	서울청	90	이용정	통영시	440
이영욱	파주서	257	이예슬	파주서	257	이용제	성북서	128
이영은	동화성서	203	이예연	구리서	171	이용주	인천청	225
이영은	안양서	190	이예영	서부산서	419	이용주	조세연	455
이영은	해남서	350	이예원	동래서	410	이용진	김해서	433
이영일	북부산서	414	이예원	육규한	390	이용진	북전주서	333
이영재	남대구서	365	이예은	광주서	320	이용진	서울청	91
이영재	대전서	275	이예은	충주서	288	이용진	잠실서	142
이영재	부산청	404	이예지	강남서	94	이용철	순천서	344
이영재	양산서	408	이예지	국세청	31	이용출	군산서	329
이영재	중부청	158	이예지	동대문서	112	이용혁	여수서	349
이영정	국세청	32	이예지	부산청	403	이용형	조세심판원	13
이영주	대구청	354	이예지	성남서	181	이용환	김해서	432
이영주	동래서	410	이예지	시흥서	184	이용환	대전서	274
이영주	동작서	115	이예지	용산서	138	이용환	서인천서	234
이영주	보령서	294	이예지	평택서	199	이용후	국세청	46
이영주	부평서	233	이예진	동대문서	112	이용훈	성남서	181
이영주	서대문서	123	이예진	서울청	72	이용희	서인천서	235
이영주	서산서	297	이예진	예산서	303	이용희	의정부서	255
이영주	서울청	67	이예진	중랑서	147	이우경	구리서	171
이영주	세제실	7	이예함	양산서	408	이우근	반포서	118
이영주	역삼서	135	이오나	서울청	87	이우남	상담센터	58
이영주	중부청	156	이오령	동청주서	281	이우석	국세청	46
이영지	경주서	377	이오섭	동안산서	189	이우석	서울청	66
이영진	북부산서	414	이오혁	이천서	196	이우석	진주서	437
이영진	서울청	80	이오형	중부청	166	이우섭	평택서	198
이영진	서울청	87	이옥녕	국세청	39	이우영	동안양서	177
이영진	육규한	390	이옥선	광명서	245	이우영	영월서	211
이영진	인천청	226	이옥임	서부산서	418	이우재	광명서	244
이영찬	대전청	271	이옥주	양산서	408	이우재	서초서	125
이영철	수성서	369	이온유	김포서	247	이우정	남양주서	173
이영태	광산서	322	이완배	영등포서	136	이우정	북부산서	414
이영태	동화성서	203	이완표	동청주서	281	이우주	세재실	8
이영태	중부청	166	이완희	서대전서	278	이우진	강남서	95
이영호	대전서	274	이왕수	대전서	275	이우진	국세청	19
이영호	반포서	119	이요셉	수원서	183	이우철	남대문서	107
이영호	서울청	83	이요원	반포서	118	이우현	구리서	170
이영호	이천서	196	이용권	동대문서	113	이우현	논산서	292
이영호	충주서	289	이용균	동대구서	366	이우현	성남서	181
이영화	대전청	262	이용문	국세청	43	이우형	김해서	433
이영환	수원서	182	이용문	서울청	85	이웅진	서울청	82
이영훈	구로서	103	이용배	남양주서	172	이원경	부평서	232
이영훈	정읍서	338	이용선	서울청	77	이원경	상담센터	58
이영휘	김포서	246	이용수	금정서	407	이원경	청주서	287
이영휘	지방세제	446	이용수	서초서	125	이원교	북전주서	332
이영희	금천서	104	이용식	양천서	133	이원구	동수원서	174

이름	소속	번호	이름	소속	번호	이름	소속	번호
이원근	대전청	270	이유선	성동서	126	이윤선	중부청	152
이원기	동작서	115	이유선	청주서	287	이윤수	고양서	243
이원나	서울청	87	이유성	수영서	420	이윤애	용산서	139
이원도	잠실서	142	이유안	구리서	171	이윤옥	시흥서	185
이원락	중부청	158	이유영	강서서	99	이윤우	동고양서	249
이원명	동대구서	366	이유영	구로서	103	이윤우	동화성서	202
이원복	마포서	117	이유영	남부천서	253	이윤의	경기광주서	168
이원섭	중부청	162	이유영	화성서	200	이윤재	경주서	377
이원영	김천서	381	이유원	종로서	144	이윤재	서울청	83
이원영	서울청	82	이유정	강서서	98	이윤정	경산서	374
이원우	서울청	63	이유정	경산서	374	이윤정	마포서	117
이원일	대전청	266	이유정	계양서	240	이윤정	서울청	91
이원자	안산서	186	이유정	기흥서	194	이윤정	서초서	125
이원정	동대문서	112	이유정	김해서	432	이윤정	정읍서	338
이원정	북광주서	324	이유정	서울청	70	이윤정	중랑서	146
이원종	충주서	288	이유정	서울청	77	이윤정	중부청	153
이원주	국세청	43	이유정	수영서	420	이윤주	남대구서	365
이원준	국세청	26	이유정	천안서	304	이윤주	북대구서	371
이원준	세제실	7	이유정	화성서	201	이윤주	서울청	77
이원진	고양서	243	이유조	수성서	369	이윤주	역삼서	135
이원진	중부청	162	이유지	대구청	354	이윤주	영등포서	136
이원형	경산서	374	이유진	나주서	340	이윤주	중부청	160
이원형	세종서	299	이유진	대전서	275	이윤진	강남서	95
이원희	공주서	290	이유진	마포서	116	이윤채	육규한	390
이원희	동대문서	113	이유진	분당서	178	이윤하	영등포서	137
이원희	수성서	369	이유진	서대구서	373	이윤행	중랑서	146
이원희	원주서	212	이유진	서울청	68	이윤형	춘천서	215
이원희	인천서	231	이유진	서울청	75	이윤호	고양서	243
이위형	동울산서	426	이유진	서울청	82	이윤호	순천서	346
이유경	마포서	117	이유진	성북서	129	이윤희	서울청	63
이유경	삼성서	120	이유진	세재실	7	이윤희	서울청	67
이유경	인천서	231	이유진	속초서	209	이윤희	서울청	71
이유나	아산서	300	이유진	안동서	385	이윤희	서울청	77
이유라	중부청	165	이유진	조세심판원	15	이윤희	중부청	155
이유리	서울청	70	이유진	천안서	304	이윤희	포천서	259
이유리	중부청	164	이유화	금정서	406	이율배	남동서	239
이유림	국세청	26	이윤경	남부천서	253	이융건	서울청	91
이유림	동화성서	203	이윤경	동래서	411	이은경	군산서	329
이유림	세제실	9	이윤경	서광주서	327	이은경	남부천서	253
이유만	김해서	432	이윤경	성동서	126	이은경	목포서	342
이유미	광산서	322	이윤경	송파서	130	이은경	서울청	65
이유미	파주서	257	이윤경	은평서	140	이은경	서인천서	235
이유미	평택서	199	이윤규	조세연	453	이은경	성동서	127
이유민	동고양서	248	이윤기	마산서	434	이은경	세종서	298
이유민	의정부서	254	이윤노	강서서	98	이은경	안산서	186
이유민	중부청	166	이윤미	강동서	97	이은경	안산서	187
이유빈	부평서	233	이윤미	동대문서	113	이은경	이천서	196
이유빈	조세연	453	이윤미	부산청	401	이은경	조세연	450
이유상	경주서	376	이윤서	부산청	395	이은경	조세연	451
이유상	서울청	67	이윤석	서울청	66	이은광	남원서	330
이유상	성동서	126	이윤선	광산서	323	이은규	서울청	66
이유상	인천서	231	이윤선	동안양서	176	이은규	성동서	126
이유선	동작서	115	이윤선	삼성서	121	이은규	춘천서	215

이은기	의정부서	255	이은영	영주서	389	이은혜	금천서	105
이은길	서대문서	123	이은영	제주서	442	이은혜	천안서	304
이은미	경기광주서	169	이은영	파주서	257	이은혜	청주서	286
이은미	국세청	32	이은옥	동고양서	248	이은호	육규한	390
이은미	김해서	432	이은옥	동래서	410	이은희	강남서	94
이은미	진주서	436	이은용	상담센터	59	이은희	경주서	376
이은배	종로서	144	이은우	용산서	139	이은희	동대문서	113
이은범	동화성서	203	이은자	남부천서	253	이은희	동울산서	427
이은비	금천서	105	이은정	구로서	102	이은희	서부산서	419
이은비	김포서	246	이은정	구미서	378	이은희	성동서	126
이은비	안동서	384	이은정	국세청	32	이은희	중랑서	146
이은빈	포천서	258	이은정	기흥서	194	이웅구	대전서	274
이은상	금천서	104	이은정	기흥서	195	이웅석	서울청	86
이은상	마산서	435	이은정	동대문서	112	이웅선	도봉서	110
이은상	서울청	71	이은정	동래서	411	이웅수	서울청	65
이은서	아산서	300	이은정	부산진서	412	이웅준	조세연	451
이은서	평택서	199	이은정	서대구서	372	이웅찬	마포서	117
이은석	남대구서	365	이은정	서울청	89	이웅찬	안양서	190
이은석	서인천서	234	이은정	수원서	183	이의신	천안서	305
이은선	성북서	128	이은정	시흥서	184	이의태	잠실서	142
이은선	용산서	139	이은정	영등포서	136	이이네	서울청	89
이은선	중부청	165	이은정	용인서	193	이익중	예산서	303
이은선	청주서	286	이은정	인천청	222	이익진	인천청	227
이은섭	인천청	222	이은정	중부청	165	이익훈	강서서	98
이은성	안산서	186	이은제	관악서	100	이인권	남대문서	106
이은솔	조세연	451	이은종	서울청	64	이인권	수영서	420
이은송	연수서	237	이은주	강남서	94	이인근	서대전서	279
이은수	경기광주서	168	이은주	권익위	448	이인선	서울청	77
이은수	부평서	233	이은주	남대구서	365	이인섭	국세청	48
이은수	의정부서	254	이은주	대구청	356	이인숙	강릉서	204
이은수	중부청	159	이은주	동안산서	188	이인숙	나주서	340
이은숙	논산서	293	이은주	부산청	401	이인숙	대전서	275
이은숙	서대전서	278	이은주	서울청	72	이인숙	서울청	67
이은숙	서울청	80	이은주	안산서	186	이인숙	용산서	138
이은숙	충주서	289	이은주	창원서	438	이인심	분당서	179
이은순	마산서	434	이은준	서대문서	123	이인아	서울청	86
이은실	국세청	19	이은지	광주서	321	이인우	북대구서	370
이은실	성북서	129	이은지	김포서	246	이인우	서울청	70
이은아	광산서	323	이은지	남동서	239	이인원	경주서	376
이은아	동울산서	426	이은지	남부천서	253	이인이	서인천서	235
이은아	영등포서	137	이은지	남양주서	172	이인자	서대문서	122
이은아	중부서	149	이은지	서대전서	279	이인재	삼성서	121
이은애	성남서	180	이은지	서초서	124	이인재	진주서	437
이은영	강서서	98	이은진	남원서	330	이인혁	국세청	18
이은영	구로서	102	이은진	도봉서	110	이인혜	북부산서	414
이은영	국세청	45	이은진	서울청	91	이인호	동대구서	366
이은영	도봉서	110	이은진	여수서	348	이일구	중부산서	423
이은영	동대문서	112	이은진	중랑서	146	이일생	국세청	39
이은영	동안산서	189	이은진	창원서	438	이일성	서울청	65
이은영	동작서	114	이은창	기흥서	195	이일재	광산서	323
이은영	북대전서	277	이은하	조세심판원	12	이임순	서울청	89
이은영	삼성서	120	이은행	육규한	390	이자연	역삼서	135
이은영	서대구서	373	이은혜	국세청	49	이장석	중부산서	423

이름	소속	쪽	이름	소속	쪽	이름	소속	쪽
이장영	서울청	64	이재열	대전서	275	이재혁	육규한	391
이장원	해남서	350	이재열	마산서	434	이재혁	중부청	154
이장호	창원서	439	이재열	서울청	62	이재현	남대구서	365
이장환	대구청	358	이재영	교육원	52	이재현	남동서	238
이장환	양산서	408	이재영	부산청	400	이재현	서대전서	279
이장훈	성동서	127	이재영	삼성서	120	이재현	안양서	191
이재갑	여수서	349	이재영	서울청	64	이재현	중부청	165
이재경	삼성서	120	이재영	영등포서	137	이재현	충주서	289
이재곤	조세심판원	12	이재영	조세연	453	이재호	서울청	73
이재관	마산서	435	이재영	종로서	144	이재호	지방세제	447
이재관	중부청	155	이재영	화성서	201	이재홍	남대구서	365
이재국	조세연	451	이재완	노원서	108	이재홍	연수서	236
이재균	북광주서	325	이재용	서울청	76	이재환	의정부서	254
이재균	의정부서	255	이재용	지방세제	446	이재훈	동안양서	176
이재균	조세심판원	14	이재우	부평서	232	이재훈	동화성서	203
이재근	서울청	65	이재우	세재실	6	이재훈	양천서	132
이재남	시흥서	184	이재우	의정부서	255	이재훈	육규한	391
이재남	해남서	351	이재욱	금정서	407	이재훈	인천청	221
이재락	수성서	369	이재욱	북대구서	371	이재희	동안양서	176
이재룡	경기광주서	168	이재욱	북대전서	276	이재희	동화성서	202
이재만	국세청	20	이재욱	삼성서	120	이재희	보령서	294
이재명	대전청	268	이재욱	서울청	66	이재희	익산서	335
이재민	수원서	183	이새욱	세제실	8	이전봉	서울청	87
이재민	영등포서	137	이재욱	안양서	190	이전승	진주서	437
이재민	인천청	227	이재웅	마산서	435	이전형	안동서	384
이재복	서울청	87	이재원	고양서	243	이점순	창원서	439
이재복	수성서	368	이재원	서대구서	373	이점희	목포서	343
이재봉	천안서	304	이재원	순천서	344	이정걸	구로서	102
이재빈	통영서	441	이재원	영등포서	136	이정관	동수원서	175
이재상	안양서	191	이재원	울산서	428	이정관	양산서	409
이재상	영등포서	136	이재원	조세연	452	이정국	대구청	357
이재석	관악서	100	이재원	중부서	148	이정규	부산청	396
이재석	수영서	421	이재원	중부청	163	이정균	성남서	180
이재선	조세연	450	이재윤	마포서	116	이정기	서대전서	279
이재성	강동서	96	이재은	국세청	36	이정기	의정부서	254
이재성	부산청	404	이재은	도봉서	110	이정기	포천서	258
이재성	서대전서	278	이재일	강서서	99	이정길	북대전서	277
이재성	서부산서	418	이재준	동화성서	203	이정길	정읍서	338
이재성	서울청	76	이재준	의정부서	255	이정남	교육원	52
이재성	성동서	127	이재준	화성서	201	이정노	서대구서	372
이재성	안동서	384	이재진	천안서	304	이정노	서초서	124
이재성	익산서	334	이재진	해운대서	424	이정례	진주서	437
이재성	중부청	165	이재철	국세청	48	이정림	동작서	114
이재성	천안서	304	이재철	성동서	127	이정모	종로서	144
이재성	해남서	351	이재철	창원서	439	이정묵	국세청	27
이재숙	영동서	282	이재춘	동울산서	427	이정문	인천청	225
이재승	공주서	291	이재춘	인천청	225	이정미	대전청	265
이재식	서울청	67	이재택	분당서	179	이정미	목포서	342
이재아	광주청	314	이재하	양천서	132	이정미	반포서	118
이재연	강남서	95	이재한	인천서	231	이정미	세제실	9
이재연	부산강서서	417	이재향	중랑서	146	이정미	용인서	192
이재연	서울청	65	이재혁	삼성서	121	이정미	조세연	454
이재열	금정서	407	이재혁	수원서	182	이정미	중부서	148

이정민	강서서	98	이정은	조세연	452	이정희	마포서	117
이정민	광주서	320	이정은	종로서	145	이정희	세종서	298
이정민	반포서	118	이정은	평택서	199	이정희	영덕서	386
이정민	보령서	294	이정인	서인천서	235	이정희	인천청	224
이정민	북부산서	414	이정인	조세연	452	이정희	조세심판원	12
이정민	성동서	127	이정일	서울청	85	이제안	송파서	131
이정민	용신서	139	이정임	대전청	271	이제연	부산청	394
이정민	중부청	152	이정자	교육원	53	이제욱	남대구서	364
이정범	북대구서	371	이정주	국세청	23	이제일	서대문서	123
이정복	광주청	313	이정주	세종서	299	이제헌	부산청	402
이정상	구로서	102	이정주	용산서	138	이제헌	성동서	127
이정선	공주서	290	이정택	국세청	25	이제현	대전청	268
이정선	남대구서	365	이정표	평택서	198	이제희	권익위	448
이정선	대전청	267	이정필	수영서	421	이조은	강남서	95
이정수	이천서	197	이정하	구리서	170	이존열	성북서	129
이정숙	구로서	102	이정학	송파서	130	이종건	양산서	408
이정숙	금천서	105	이정한	제주서	443	이종경	역삼서	134
이정숙	부산진서	413	이정현	경기광주서	169	이종경	역삼서	135
이정숙	창원서	438	이정현	구리서	170	이종관	강서서	98
이정순	국세청	42	이정현	김해서	432	이종국	부산진서	412
이정순	수성서	369	이정현	남대문서	107	이종기	계양서	240
이정아	강남서	95	이정현	서울청	64	이종길	서대전서	278
이정아	국세청	43	이정현	인천서	230	이종남	수원서	182
이정아	남양주서	173	이정현	파주서	257	이종록	동대문서	112
이정아	대전청	265	이정형	경기광주서	169	이종룡	노원서	108
이정아	세제실	7	이정혜	연수서	236	이종률	목포서	343
이정애	동울산서	426	이정호	군산서	328	이종면	창원서	439
이정애	부산청	397	이정호	대구청	359	이종민	국세청	21
이정애	익산서	334	이정호	부산진서	413	이종민	서대구서	372
이정언	수원서	182	이정호	북광주서	325	이종민	시흥서	184
이정옥	창원서	439	이정호	중부산서	423	이종민	원주서	212
이정용	중부청	157	이정화	광주청	314	이종배	수영서	421
이정우	광주청	315	이정화	국세청	25	이종보	안산서	186
이정우	삼척서	206	이정화	동고양서	248	이종석	김포서	247
이정욱	김포서	246	이정화	마포서	116	이종섭	부천서	251
이정욱	안동서	385	이정화	조세심판원	14	이종성	강동서	96
이정운	천안서	304	이정화	중부산서	423	이종성	세제실	6
이정웅	강남서	95	이정환	남원서	331	이종수	세제실	8
이정웅	부산청	394	이정환	동청주서	280	이종숙	서대구서	372
이정원	경기광주서	168	이정환	육규한	390	이종순	삼성서	120
이정원	예산서	302	이정환	화성서	200	이종신	보령서	295
이정윤	의정부서	254	이정훈	국세청	41	이종영	국세청	32
이정은	김천서	380	이정훈	금천서	105	이종영	동수원서	175
이정은	도봉서	110	이정훈	대전청	262	이종완	동안양서	176
이정은	동대문서	113	이정훈	목포서	343	이종용	아산서	300
이정은	동화성서	202	이정훈	서울청	64	이종우	구미서	379
이정은	북대전서	276	이정훈	수성서	368	이종우	남부천서	253
이정은	상담센터	56	이정훈	연수서	236	이종우	부평서	232
이정은	서부산서	418	이정훈	영등포서	136	이종우	수원서	183
이정은	서울청	71	이정훈	조세심판원	12	이종욱	금정서	407
이정은	서울청	87	이정훈	진주서	436	이종욱	논산서	292
이정은	서초서	124	이정희	강동서	96	이종욱	창원서	438
이정은	익산서	334	이정희	남대문서	106	이종운	전주서	336

이종원	안양서	190	이주연	조세심판원	14	이준무	경기광주서	169
이종원	진주서	437	이주연	중부청	155	이준배	안산서	187
이종윤	김포서	247	이주영	강릉서	205	이준서	예산서	303
이종일	국세청	25	이주영	노원서	109	이준석	대전서	274
이종준	서울청	80	이주영	삼성서	120	이준석	성동서	127
이종찬	인천청	223	이주영	서울청	86	이준성	조세연	451
이종철	국세청	49	이주영	세종서	299	이준성	중부청	153
이종철	조세연	450	이주영	울산서	429	이준식	경주서	377
이종태	세종서	299	이주영	인천청	224	이준영	국세청	32
이종필	순천서	347	이주영	잠실서	143	이준용	중부청	155
이종하	이천서	196	이주용	국세청	31	이준우	국세청	31
이종혁	세재실	7	이주우	상담센터	57	이준우	부천서	250
이종혁	천안서	304	이주원	김천서	381	이준익	구미서	379
이종현	동고양서	248	이주은	광명서	244	이준탁	대전청	262
이종현	북대구서	371	이주은	남동서	239	이준표	성동서	127
이종현	서인천서	235	이주은	전주서	336	이준표	이천서	197
이종현	수성서	369	이주일	중부청	152	이준학	국세청	20
이종현	수영서	420	이주하	영덕서	387	이준학	동수원서	174
이종현	정읍서	339	이주한	고양서	242	이준한	부산청	398
이종호	대전청	270	이주한	대전서	274	이준혁	금천서	105
이종호	북전주서	332	이주한	대전청	262	이준혁	대전청	269
이종호	수영서	421	이주한	서울청	80	이준혁	동청주서	280
이종후	경산서	375	이주힌	은평서	140	이준현	대전청	262
이종훈	광산서	322	이주현	강동서	96	이준형	의정부서	255
이종훈	삼성서	121	이주현	강서서	98	이준형	인천청	220
이종훈	원주서	213	이주현	구리서	171	이준호	성남서	180
이종훈	인천서	230	이주현	김해서	433	이준호	양산서	408
이종휘	서대구서	372	이주현	목포서	343	이준호	용인서	192
이종희	충주서	289	이주현	서부산서	419	이준호	인천서	230
이주경	서울청	64	이주현	서울청	64	이준흥	안양서	190
이주경	서울청	69	이주현	수원서	183	이준희	거창서	430
이주경	성동서	127	이주현	육규한	391	이준희	마포서	116
이주경	조세연	454	이주현	지방세제	447	이준희	인천청	224
이주미	동수원서	175	이주협	서울청	65	이중구	서대구서	373
이주미	동안산서	188	이주형	경주서	376	이중승	중랑서	147
이주미	동울산서	426	이주형	대구청	359	이중재	구리서	170
이주미	상주서	382	이주형	익산서	335	이중한	이천서	196
이주빈	강서서	98	이주형	중부청	165	이중헌	조세연	455
이주석	대구청	355	이주형	천안서	304	이중훈	서대문서	122
이주석	마산서	435	이주환	안양서	191	이지미	남대구서	365
이주석	삼성서	121	이주환	인천청	226	이지민	구미서	379
이주선	반포서	118	이주희	관악서	101	이지민	대전서	275
이주선	역삼서	135	이주희	마포서	116	이지민	부산청	400
이주성	남부천서	252	이주희	서인천서	234	이지민	서대문서	123
이주성	대전서	274	이주희	안산서	187	이지상	강남서	95
이주안	경산서	374	이주희	의정부서	255	이지석	상담센터	57
이주연	강남서	95	이주희	종로서	144	이지선	서울청	65
이주연	경기광주서	169	이준권	성동서	127	이지선	서울청	69
이주연	광명서	245	이준규	관악서	101	이지선	서울청	85
이주연	국세청	24	이준규	용인서	192	이지선	인천서	231
이주연	부산청	397	이준남	연수서	237	이지선	중랑서	147
이주연	서산서	297	이준년	김포서	247	이지수	강동서	96
이주연	용산서	139	이준목	국세청	22	이지수	마산서	435

이름	소속	쪽	이름	소속	쪽	이름	소속	쪽
이지수	상담센터	57	이지원	동고양서	248	이지혜	성동서	127
이지수	서울청	89	이지원	서부산서	419	이지혜	송파서	131
이지수	성남서	180	이지원	서울청	87	이지혜	양천서	132
이지숙	남동서	239	이지원	영등포서	137	이지혜	조세연	455
이지숙	도봉서	110	이지원	잠실서	142	이지혜	중부서	149
이지숙	반포서	118	이지원	종로서	144	이지혜	춘천서	214
이지숙	서울청	68	이지워	중부청	164	이지호	서울청	84
이지숙	서울청	76	이지원	중부청	166	이지호	역삼서	134
이지숙	서울청	88	이지원	화성서	200	이지환	제주서	443
이지안	남동서	239	이지유	동울산서	427	이지후	광명서	244
이지안	북대구서	370	이지유	영주서	388	이지훈	성북서	129
이지연	강남서	95	이지윤	강동서	97	이지훈	아산서	300
이지연	강동서	97	이지윤	남대문서	107	이지훈	의정부서	254
이지연	광산서	322	이지윤	대전청	267	이지훈	인천청	226
이지연	구미서	378	이지윤	송파서	131	이지희	울산서	429
이지연	국세청	33	이지율	중랑서	147	이지희	전주서	336
이지연	국세청	41	이지은	광산서	322	이지희	제주서	443
이지연	남대문서	106	이지은	김포서	247	이지희	중랑서	146
이지연	동안산서	188	이지은	동작서	114	이진경	부산청	396
이지연	동화성서	202	이지은	동작서	115	이진경	부산청	397
이지연	부산진서	413	이지은	반포서	119	이진경	중랑서	147
이지연	서부산서	418	이지은	북대구서	371	이진경	진주서	437
이지연	서울청	64	이지은	서대전서	279	이진구	강동서	97
이지연	서울청	68	이지은	서울청	77	이진규	서울청	85
이지연	서울청	77	이지은	서초서	125	이진규	성남서	181
이지연	아산서	300	이지은	양산서	408	이진균	삼성서	120
이지연	인천청	223	이지은	용산서	139	이진동	송파서	130
이지연	조세심판원	12	이지은	용인서	192	이진례	남부천서	253
이지연	통영서	441	이지은	제주서	443	이진명	화성서	200
이지영	강서서	99	이지은	해운대서	424	이진문	서울청	84
이지영	경산서	374	이지은	홍성서	306	이신서	이천시	196
이지영	광산서	323	이지응	동대문서	113	이진석	공주서	290
이지영	대구청	359	이지하	남대구서	365	이진선	상담센터	56
이지영	동고양서	248	이지하	중부산서	423	이진선	세제실	9
이지영	동래서	410	이지헌	국세청	23	이진수	강동서	96
이지영	동울산서	426	이지헌	서울청	79	이진수	대전서	275
이지영	동울산서	427	이지현	구로서	103	이진수	동울산서	427
이지영	부평서	233	이지현	나주서	340	이진수	예산서	302
이지영	삼성서	120	이지현	도봉서	110	이진수	의정부서	255
이지영	서울청	84	이지현	마산서	434	이진숙	국세청	41
이지영	성동서	126	이지현	부평서	232	이진숙	남동서	238
이지영	역삼서	134	이지현	분당서	179	이진실	도봉서	110
이지영	용산서	139	이지현	서울청	74	이진아	영등포서	137
이지영	청주서	286	이지현	서초서	125	이진아	인천청	221
이지영	평택서	199	이지현	안양서	191	이진영	부산청	398
이지영	해남서	351	이지현	연수서	236	이진영	서울청	70
이지영	화성서	201	이지현	잠실서	142	이진영	시흥서	185
이지우	거창서	430	이지현	파주서	256	이진영	원주서	213
이지우	동작서	114	이지현	평택서	198	이진영	인천서	230
이지우	시흥서	184	이지현	화성서	200	이진영	잠실서	143
이지우	중부청	160	이지형	중부서	149	이진우	광주청	317
이지원	강동서	97	이지혜	강남서	94	이진우	동대문서	112
이지원	국세청	46	이지혜	서울청	86	이진우	인천청	225

이름	소속	쪽	이름	소속	쪽	이름	소속	쪽
이태호	김해서	432	이한솔	국세청	39	이현미	송파서	131
이태호	서부산서	418	이한솔	대구청	357	이현민	고양서	242
이태호	양산서	409	이한솔	부산청	401	이현민	부평서	233
이태환	서울청	77	이한솔	분당서	179	이현상	대전청	263
이태환	안동서	384	이한솔	조세연	455	이현상	대전청	269
이태훈	국세청	20	이한솔	포천서	259	이현석	서대문서	122
이대훈	서광주서	327	이한송	동대문서	113	이현석	성동서	127
이태희	경주서	376	이한슬	동울산서	426	이현선	김포서	247
이태희	북대전서	277	이한승	서산서	296	이현성	양천서	133
이택건	중부산서	423	이한아	마산서	434	이현수	대구청	360
이택수	부평서	233	이한일	익산서	335	이현수	북대구서	371
이평년	관악서	101	이한준	부산청	397	이현수	서울청	86
이평재	성남서	180	이한택	고양서	243	이현수	양산서	408
이평호	동대문서	112	이한희	시흥서	184	이현숙	삼척서	206
이평희	동청주서	281	이해남	용인서	192	이현숙	서울청	81
이푸르미	안산서	187	이해미	잠실서	143	이현순	노원서	109
이푸름	안동서	385	이해봉	수성서	368	이현승	부산청	394
이풍훈	성동서	127	이해석	강동서	97	이현실	서부산서	418
이필용	부산강서서	417	이해섭	서울청	67	이현아	강서서	98
이하경	남동서	238	이해성	동작서	114	이현아	남양주서	172
이하경	동청주서	280	이해영	중부청	155	이현아	동고양서	248
이하경	해운대서	424	이해욱	파주서	256	이현아	영등포서	136
이하나	금천서	105	이해운	서울청	69	이현아	중랑서	146
이하나	북대구서	371	이해인	서울청	68	이현아	중부산서	423
이하나	성남서	180	이해자	용인서	192	이현영	국세청	35
이하나	중부청	155	이해진	대구청	356	이현영	남대구서	365
이하나	중부청	158	이해진	대전청	265	이현영	조세연	449
이하나	평택서	198	이해진	동안산서	188	이현영	조세연	451
이하림	분당서	178	이향규	서울청	68	이현영	조세연	452
이하림	삼척서	206	이향석	육규한	391	이현우	국세청	23
이하림	인천서	231	이향선	동수원서	174	이현우	대전서	274
이하섭	강서서	98	이향섭	중부청	162	이현우	도봉서	110
이하승	북대전서	277	이향옥	경주서	377	이현우	송파서	131
이하연	구리서	170	이향은	경기광주서	168	이현우	조세심판원	14
이하연	서광주서	327	이향주	서울청	74	이현우	진주서	436
이하영	구미서	378	이향화	광주청	313	이현우	창원서	439
이하은	수원서	182	이헌규	파주서	257	이현욱	영등포서	136
이하은	전주서	337	이헌석	중부청	153	이현이	서울청	72
이하현	정읍서	339	이헌진	천안서	304	이현익	중부청	162
이학승	고양서	243	이혁섭	부산강서서	416	이현일	구로서	103
이학승	동안양서	177	이혁재	북전주서	332	이현재	거창서	431
이한기	대전청	270	이혁재	파주서	256	이현재	창원서	439
이한나	성북서	128	이현규	원주서	213	이현정	경기광주서	168
이한나	예산서	303	이현균	평택서	198	이현정	기흥서	194
이한나	평택서	198	이현근	서울청	69	이현정	남대문서	106
이한라	울산서	428	이현기	전주서	337	이현정	동울산서	426
이한민	속초서	209	이현도	국세청	32	이현정	북대구서	371
이한배울	잠실서	142	이현도	김해서	433	이현정	분당서	178
이한빈	동울산서	427	이현동	울산서	428	이현정	서대구서	372
이한상	서울청	90	이현란	춘천서	215	이현정	서울청	76
이한샘	구미서	378	이현만	부산청	398	이현정	시흥서	184
이한설	용인서	193	이현무	홍천서	217	이현정	제주서	443
이한성	서대전서	278	이현문	남양주서	172	이현정	중부청	163

이현정	창원서	439	이형섭	홍성서	307	이혜은	강남서	94
이현정	통영서	441	이형우	대구청	354	이혜인	강서서	98
이현정	평택서	199	이형욱	동대구서	366	이혜인	서대문서	122
이현종	남대구서	364	이형원	부산진서	413	이혜인	평택서	198
이현주	경기광주서	168	이형원	역삼서	135	이혜전	강서서	98
이현주	국세청	30	이형준	경주서	376	이혜정	부산청	402
이현주	김포서	246	이형진	동안양서	177	이혜정	청주서	286
이현주	북전주서	332	이형철	동고양서	249	이혜지	동고양서	249
이현주	삼성서	120	이형훈	청주서	286	이혜지	성동서	126
이현주	성동서	127	이혜경	광주청	313	이혜지	제주서	442
이현주	시흥서	184	이혜경	목포서	343	이혜진	강남서	95
이현주	울산서	428	이혜경	북대구서	371	이혜진	계양서	241
이현주	이천서	196	이혜경	북부산서	415	이혜진	부산청	398
이현주	익산서	334	이혜경	인천청	227	이혜진	분당서	178
이현주	중부청	163	이혜경	창원서	439	이혜진	서울청	89
이현주	충주서	288	이혜경	청주서	287	이혜진	시흥서	184
이현준	동안양서	176	이혜규	안양서	191	이혜진	충주서	289
이현준	성남서	181	이혜나	수원서	183	이혜진	평택서	198
이현준	인천청	222	이혜란	대구청	354	이혜진	화성서	200
이현준	잠실서	142	이혜란	동울산서	427	이호광	평택서	199
이현지	구로서	102	이혜란	서울청	75	이호남	순천서	346
이현지	구미서	379	이혜련	고양서	242	이호상	부산청	394
이현지	마산서	435	이혜령	김해서	432	이호석	광주청	314
이현지	목포서	343	이혜령	서부산서	419	이호성	동작서	115
이현지	부산청	399	이혜리	강서서	99	이호성	북부산서	415
이현지	삼성서	120	이혜리나	동화성서	202	이호수	동화성서	203
이현지	성남서	181	이혜리	은평서	140	이호승	광산서	322
이현지	종로서	144	이혜리	화성서	201	이호승	교육원	52
이현지	중부청	157	이혜린	국세청	22	이호연	도봉서	110
이현진	경기광주서	168	이혜린	서울청	89	이호열	대구청	357
이현진	국세청	26	이혜림	공주서	290	이호열	서울청	62
이현진	대전청	271	이혜림	양산서	408	이호영	대전서	274
이현진	동수원서	174	이혜미	남동서	238	이호영	양산서	408
이현진	동안양서	177	이혜민	기흥서	195	이호용	평택서	198
이현진	부산청	399	이혜민	보령서	295	이호은	서울청	77
이현진	북부산서	414	이혜민	서울청	86	이호인	안동서	384
이현진	양산서	408	이혜민	송파서	130	이호재	역삼서	135
이현진	은평서	141	이혜민	안산서	186	이호정	남동서	238
이현철	고양서	243	이혜서	분당서	178	이호정	삼성서	121
이현호	국세청	31	이혜선	노원서	109	이호제	대전서	275
이현화	고양서	242	이혜선	서광주서	326	이호준	강서서	98
이현희	강서서	98	이혜선	제주서	442	이호준	국세청	40
이현희	부산청	400	이혜성	반포서	119	이호철	여수서	348
이현희	서울청	80	이혜수	금정서	406	이호필	남대문서	107
이형구	동안양서	176	이혜수	서초서	125	이홍구	서부산서	418
이형근	울산서	429	이혜승	국세청	35	이홍규	대구청	360
이형근	원주서	213	이혜연	서대문서	122	이홍비	성남서	180
이형민	조세연	450	이혜연	성남서	181	이홍숙	반포서	118
이형배	강남서	95	이혜연	세종서	299	이홍순	홍성서	306
이형석	삼척서	206	이혜영	국세청	37	이홍엽	남대구서	364
이형석	서부산서	419	이혜영	김포서	246	이홍욱	종로서	144
이형석	조세연	451	이혜영	남대구서	364	이홍조	대전청	265
이형섭	서울청	81	이혜영	서인천서	235	이홍준	춘천서	214

이홍환	육규한	390	이휴련	대전청	263	임경욱	상담센터	56
이화경	동화성서	202	이희경	성동서	127	임경주	동울산서	426
이화명	충주서	289	이희경	조세연	450	임경준	서울청	79
이화선	고양서	242	이희라	중랑서	146	임경태	동고양서	248
이화섭	남원서	330	이희령	금정서	407	임경표	제주서	443
이화섭	화성서	201	이희령	서울청	64	임경환	계양서	240
이화영	구로서	103	이희범	국세청	40	임경희	육규한	391
이화영	마산서	434	이희범	세재실	7	임관수	뼝백서	198
이화용	논산서	292	이희석	중부청	159	임관호	서울청	78
이화용	대전청	271	이희선	조세연	450	임광빈	남동서	238
이화진	성북서	129	이희숙	송파서	130	임광섭	북광주서	325
이화진	조세심판원	15	이희영	반포서	118	임광열	남양주서	172
이화진	청주서	287	이희영	서울청	88	임광준	광산서	322
이환규	대전청	269	이희윤	상담센터	58	임광혁	상주서	383
이환선	진주서	437	이희정	경기광주서	168	임광훈	동작서	114
이환수	강남서	94	이희정	김포서	247	임교진	용인서	193
이환운	구리서	170	이희정	동안산서	189	임규만	마포서	117
이환주	부평서	232	이희정	동울산서	426	임규빈	부산진서	413
이환희	국세청	37	이희정	진주서	436	임규성	반포서	119
이효경	속초서	208	이희종	아산서	301	임규진	지방세제	447
이효나	용인서	193	이희진	마포서	116	임근원	조세연	454
이효선	여수서	348	이희진	부산청	398	임근재	국세청	24
이효선	정읍서	339	이희진	북부산서	415	임근재	역삼서	135
이효승	남동서	238	이희창	용산서	139	임금자	마포서	117
이효영	마산서	434	이희태	잠실서	142	임기문	의정부서	255
이효원	노원서	109	인경훈	화성서	200	임기양	서울청	65
이효원	이천서	196	인길성	제천서	285	임기준	전주서	337
이효재	의정부서	255	인길식	안산서	186	임기향	국세청	24
이효정	고양서	242	인보현	광산서	323	임길묵	대전청	269
이효정	나주서	341	인소영	원주서	212	임길수	강서서	98
이효정	부산청	397	인순영	종로서	145	임나경	부산진서	412
이효정	서울청	66	인애선	기흥서	195	임나영	동울산서	426
이효주	서초서	124	인윤경	인천청	223	임다림	천안서	304
이효진	경산서	374	인윤희	서울청	64	임다윗	광주서	321
이효진	구리서	170	인정덕	구리서	170	임달순	청주서	286
이효진	국세청	23	인찬웅	중부청	163	임담윤	반포서	118
이효진	금정서	406	인한용	이천서	196	임대규	조세심판원	14
이효진	대전청	266	임 엽	마포서	117	임대근	경기광주서	168
이효진	마포서	116	임 욱	상담센터	58	임덕수	인천서	230
이효진	삼성서	121	임 훈	경기광주서	169	임도성	세제실	9
이효진	서부산서	418	임강혁	여수서	349	임도은	삼성서	120
이효진	세재실	9	임거성	서울청	63	임도훈	부산청	399
이효진	세제실	9	임건아	안산서	187	임돈희	예산서	302
이효진	아산서	300	임경미	도봉서	110	임동섭	국세청	47
이효진	인천서	230	임경미	서울청	84	임동엽	국세청	27
이효철	상담센터	58	임경석	고양서	242	임동영	서울청	88
이후건	성동서	126	임경선	남원서	330	임동욱	국세청	25
이후돈	평택서	199	임경섭	상담센터	57	임동호	세재실	7
이후인	이천서	197	임경수	경기광주서	168	임득균	부산강서서	417
이훈희	김해서	433	임경수	아산서	300	임명규	삼성서	121
이훈희	영주서	388	임경수	청주서	287	임무일	삼척서	206
이훈희	용인서	193	임경수	춘천서	215	임문숙	반포서	118
이휘승	서울청	87	임경순	서인천서	234	임미라	서울청	71

이름	소속	번호	이름	소속	번호	이름	소속	번호
임미란	광주청	315	임선영	강남서	95	임수현	대전청	266
임미선	부산청	397	임선영	북대전서	276	임수현	수성서	369
임미선	용산서	138	임선정	세종서	298	임수현	수원서	182
임미송	반포서	118	임선진	용산서	139	임순종	강서서	99
임미애	종로서	145	임선하	천안서	305	임순하	원주서	212
임미영	도봉서	110	임선희	분당서	178	임슬기	세종서	299
임미영	중부서	148	임성도	마포서	117	임승명	강서서	98
임미정	국세청	26	임성미	금정서	406	임승빈	중부청	161
임미화	조세연	453	임성미	잠실서	143	임승섭	분당서	178
임미희	동래서	411	임성민	광주청	310	임승수	중부청	155
임민경	기흥서	194	임성연	용인서	192	임승용	동화성서	202
임민식	이천서	197	임성영	구로서	102	임승원	평택서	198
임민철	동안양서	176	임성옥	동청주서	280	임승하	관악서	100
임병석	이천서	197	임성준	국세청	41	임식용	남부천서	252
임병섭	마산서	435	임성찬	잠실서	142	임신희	서초서	125
임병수	서울청	76	임성혁	원주서	213	임아련	익산서	334
임병일	평택서	198	임성훈	남대구서	364	임아름	강동서	96
임병훈	부산청	403	임세실	중부청	163	임아름	동안양서	177
임병훈	서울청	85	임세영	중랑서	146	임아사	화성서	201
임보금	광명서	245	임세창	용산서	139	임안나	서울청	64
임보라	국세청	30	임세혁	부평서	233	임애리	중부청	165
임보라	서울청	71	임세현	광주서	321	임양건	삼성서	121
임보람	수영서	420	임소라	파수서	257	임양미	화성서	200
임보람	은평서	141	임소미	익산서	335	임양주	정읍서	338
임보현	동대문서	112	임소연	남양주서	172	임여경	대전청	266
임봉숙	영등포서	136	임소연	노원서	108	임연빈	조세연	450
임부선	남양주서	172	임소영	서울청	82	임연우	서인천서	234
임부은	부산청	400	임소영	안양서	191	임영교	기흥서	195
임빛나	경기광주서	168	임소영	조세연	454	임영미	대전서	274
임상규	의정부서	255	임소영	포천서	259	임영선	강릉서	204
임상록	성남서	181	임소현	보령서	295	임영수	강동서	96
임상만	진주서	436	임소형	포천서	258	임영수	영월서	211
임상미	조세연	455	임소희	북전주서	332	임영신	강동서	97
임상민	국세청	27	임송빈	북대전서	276	임영신	강서서	98
임상빈	대전서	274	임수경	광주청	310	임영아	구로서	103
임상조	마산서	435	임수경	동대구서	367	임영은	중랑서	146
임상진	강동서	96	임수기	중부서	148	임영진	대구청	358
임상진	경산서	375	임수미	광주청	312	임영희	동울산서	427
임상헌	중부청	163	임수민	대전청	267	임예은	구로서	102
임상현	북부산서	414	임수민	잠실서	142	임예인	동래서	411
임상훈	동안산서	188	임수민	평택서	198	임예진	부천서	250
임상희	북대구서	370	임수봉	북광주서	325	임옥경	종로서	145
임새봄	청주서	286	임수빈	경기광주서	169	임옥규	서인천서	235
임샘터	서울청	80	임수연	종로서	145	임온순	분당서	179
임서윤	마포서	116	임수정	중부청	166	임완수	남대구서	365
임석봉	안양서	190	임수정	창원서	438	임완진	전주서	337
임석준	중부청	154	임수정	통영서	441	임완진	중부산서	423
임석현	상담센터	56	임수진	계양서	240	임용길	도봉서	111
임석호	부천서	251	임수진	서울청	86	임용규	서대구서	372
임선근	서대전서	278	임수진	서울청	89	임용주	연수서	236
임선기	부산강서서	417	임수진	양천서	132	임우영	평택서	198
임선미	목포서	343	임수진	중랑서	146	임우찬	북전주서	332
임선아	서울청	79	임수현	경기광주서	169	임우철	해운대서	425

임우현	중부청	163	임정묵	인천서	230	임준일	인천청	224
임원주	서울청	84	임정미	국세청	45	임준환	고양서	242
임원희	진주서	436	임정미	송파서	130	임중균	서대구서	373
임유란	공주서	290	임정미	순천서	345	임지남	반포서	118
임유리	대전청	267	임정민	광주청	313	임지민	남동서	238
임유리	평택서	198	임정민	양천서	132	임지민	서대문서	123
임유신	북대구서	370	임정석	익산서	335	임지수	북대구서	371
임유정	서울청	65	임정섭	양산서	408	임지숙	반포서	118
임유진	양천서	132	임정숙	서초서	124	임지아	국세청	25
임유진	중부청	153	임정아	수성서	369	임지영	동대문서	113
임유화	강서서	98	임정은	강동서	97	임지영	반포서	119
임유화	인천서	230	임정은	중부청	164	임지완	북대전서	277
임윤영	동래서	411	임정일	부산청	396	임지원	육규한	390
임윤정	부산강서서	416	임정진	국세청	38	임지윤	조세연	454
임윤정	조세심판원	14	임정혁	조세연	454	임지은	경주서	376
임윤종	종로서	145	임정혁	중부청	166	임지은	부산청	403
임윤지	부산진서	413	임정현	동고양서	249	임지은	성동서	127
임윤택	노원서	109	임정혜	대전청	268	임지은	안산서	187
임은경	마포서	116	임정호	관악서	100	임지혁	고양서	243
임은경	충주서	288	임정환	부산청	403	임지현	서울청	78
임은미	강서서	98	임정환	중부청	165	임지현	통영서	441
임은식	인천청	226	임정훈	남대구서	364	임지형	양천서	132
임은주	중랑서	146	임정훈	북부산서	414	임지혜	마산서	435
임은지	제주서	442	임정훈	제주서	443	임지혜	성동서	126
임은철	국세청	42	임정희	반포서	119	임지혜	중부청	159
임은총	대전청	266	임정희	종로서	144	임지혜	홍성서	307
임은형	종로서	145	임종권	조세연	454	임지훈	국세청	32
임은화	영등포서	136	임종근	동울산서	427	임지훈	익산서	334
임인섭	부산강서서	416	임종민	잠실서	143	임진규	대전서	275
임인재	강서서	98	임종수	반포서	118	임진묵	삼척서	206
임인정	고양서	243	임종수	서울청	63	임진아	국세청	44
임인택	동청주서	280	임종순	국세청	46	임진영	고양서	242
임인혁	평택서	198	임종안	나주서	341	임진영	서대문서	122
임일훈	잠실서	142	임종진	부산청	398	임진영	의정부서	254
임자혁	남동서	239	임종찬	충주서	288	임진영	홍성서	307
임장섭	경기광주서	169	임종철	영주서	388	임진옥	동고양서	248
임재규	중부청	153	임종철	통영서	440	임진옥	의정부서	255
임재돈	예산서	302	임종헌	관악서	100	임진이	홍성서	306
임재미	중부청	165	임종호	구미서	378	임진주	영등포서	137
임재빈	동화성서	202	임종화	보령서	295	임진혁	인천청	224
임재상	서울청	65	임종훈	경기광주서	168	임진호	서울청	83
임재석	연수서	236	임종훈	동울산서	426	임찬혁	용산서	138
임재승	중부청	162	임종훈	서울청	62	임찬휘	청주서	287
임재욱	반포서	118	임종훈	울산서	429	임창관	해남서	350
임재은	고양서	243	임종희	용산서	138	임창규	서울청	64
임재일	삼척서	206	임주경	창원서	439	임창범	서울청	74
임재주	교육원	53	임주리	광주청	315	임창빈	서울청	87
임재철	천안서	305	임주리	조세연	449	임창섭	동고양서	248
임재학	대구청	358	임주영	제주서	443	임창섭	창원서	439
임재혁	중부청	165	임주원	안양서	190	임창수	대전서	274
임재현	도봉서	111	임주형	의정부서	254	임창수	마산서	434
임정경	시흥서	185	임주환	북대구서	370	임창현	원주서	213
임정관	대구청	355	임준빈	성북서	128	임채경	부천서	250

이름	소속	쪽
임채영	목포서	343
임채영	부산청	404
임채일	수영서	420
임채준	국세청	25
임채현	서대전서	279
임채현	수성서	369
임채현	해남서	350
임채홍	대구청	354
임철우	중부청	159
임철주	조세연	449
임철진	광주청	312
임청하	중부청	153
임치성	동안양서	177
임치수	대구청	356
임치영	서광주서	326
임칠성	의정부서	255
임태수	진주서	436
임태순	부산청	397
임태윤	삼성서	120
임태일	원주서	213
임태호	반포서	118
임태호	인천청	226
임하경	성동서	126
임하나	김해서	432
임하나	서울청	63
임하섭	성남서	180
임한경	수성서	368
임한균	반포서	118
임한섭	화성서	200
임한솔	서초서	124
임한솔	아산서	300
임한영	서울청	80
임한준	대전청	267
임해균	부천서	250
임해리	청주서	286
임해숙	인천서	230
임행완	서울청	85
임향숙	순천서	344
임향원	구미서	378
임헌진	동청주서	281
임현구	남양주서	172
임현석	홍천서	216
임현수	동청주서	280
임현영	남대문서	106
임현우	파주서	256
임현정	부천서	250
임현정	역삼서	134
임현정	조세연	451
임현주	동안양서	177
임현지	경산서	374
임현진	서울청	82
임현진	통영서	440
임현철	대전청	265
임현택	여수서	348
임형걸	교육원	53
임형수	조세연	454
임형용	광주서	321
임형우	고양서	243
임형은	용산서	139
임형준	서울청	82
임형철	금천서	104
임형태	은평서	140
임혜경	금정서	406
임혜령	광명서	245
임혜빈	남대문서	106
임혜연	중랑서	146
임혜영	동화성서	202
임혜정	부산진서	412
임혜진	용산서	138
임호성	삼척서	207
임호진	종로서	145
임홍철	성동서	127
임화춘	국세청	24
임효선	양천서	132
임효신	대구청	357
임효정	영등포서	136
임흥식	성남서	181
임희경	화성서	201
임희선	북전주서	332
임희영	조세연	454
임희운	동대문서	113
임희원	종로서	144
임희인	교육원	52
임희정	경기광주서	168
임희정	동안산서	189
임희지	천안서	304
임희택	마산서	435

ㅈ

이름	소속	쪽
장 민	구로서	103
장 준	김해서	433
장 훈	경산서	375
장 훈	대전청	269
장건수	양천서	132
장건식	강동서	96
장건후	포천서	259
장경숙	수성서	369
장경애	안산서	186
장경일	국세청	31
장경호	국세청	23
장경화	서울청	82
장경희	대구청	358
장경희	동수원서	174
장광석	국세청	22
장광식	원주서	212
장광웅	수영서	421
장광택	김해서	433
장교준	수성서	369
장규복	중부서	148
장근영	경주서	376
장근철	대구청	355
장금희	경기광주서	169
장기승	서인천서	234
장기영	북광주서	325
장기웅	구로서	103
장기원	보령서	294
장기현	상담센터	57
장낙원	조세연	452
장남식	시흥서	184
장노기	금정서	406
장대완	부천서	250
장덕구	대전청	269
장덕윤	서울청	89
장덕진	영주서	389
장덕희	동울산서	427
장동규	서광주서	326
장동근	국세청	22
장동은	인천서	231
장동인	강동서	97
장동환	청주서	286
장동훈	서대문서	123
장두수	금정서	406
장두영	성북서	128
장두진	부산진서	413
장명섭	동안양서	176
장명수	부산청	401
장명숙	동작서	114
장명진	남대구서	364
장명화	서대전서	278
장명훈	안산서	187
장문근	성북서	129
장문석	조세연	452
장문수	구미서	378
장미랑	광주서	321
장미선	서울청	63
장미숙	경기광주서	168
장미숙	서울청	65
장미영	대전청	264
장미영	북전주서	332
장미진	구리서	170
장미진	울산서	428
장미향	고양서	242
장미혜	강서서	99
장민경	송파서	130
장민기	동안산서	189
장민석	여수서	349

장민석	제주서	442	장성주	구미서	379	장영준	청주서	287
장민수	화성서	201	장성진	인천청	228	장영진	상담센터	59
장민영	동작서	114	장성필	북광주서	325	장영진	역삼서	134
장민영	지방세제	447	장성하	국세청	29	장영철	익산서	335
장민우	의정부서	254	장성환	중부청	162	장영태	상담센터	59
장민재	수원서	183	장세연	대전청	269	장영호	부산청	394
상민주	금천시	105	장세원	평택서	198	장영환	관악서	100
장민혜	조세연	451	장세철	울산서	429	장영훈	서초서	125
장민환	북대전서	276	장세황	육규한	391	장예라	서대문서	123
장바롬	울산서	429	장소연	시흥서	184	장예원	부평서	233
장병국	서울청	67	장소영	구리서	171	장예지	용산서	139
장병찬	포천서	259	장소영	동대문서	113	장완재	군산서	329
장병호	경산서	375	장소영	수원서	182	장외자	영주서	388
장병호	안동서	385	장소영	제주서	442	장용경	서울청	74
장보수	용인서	193	장수안	강서서	98	장용준	전주서	337
장상우	청주서	287	장수연	광주청	311	장우석	도봉서	110
장상원	부산진서	412	장수연	동대구서	366	장우현	조세연	451
장서라	국세청	30	장수연	부산청	399	장운정	조세연	451
장서영	목포서	342	장수영	인천서	231	장원대	부산청	399
장서영	서부산서	419	장수원	역삼서	135	장원미	종로서	145
장서영	서울청	79	장수은	울산서	429	장원식	강남서	95
장서영	서울청	82	장수정	경산서	374	장원식	국세청	23
장서윤	구로서	102	장수정	국세청	40	장원용	시흥서	185
장서현	서울청	84	장수진	강남서	95	장원일	국세청	27
장서현	천안서	304	장수현	강남서	94	장원주	마포서	116
장서희	동작서	115	장수현	서울청	81	장원창	부산청	397
장석만	성남서	181	장수환	국세청	43	장유경	용인서	193
장석문	부산청	397	장수희	해남서	350	장유나	수성서	369
장석민	조세연	450	장순임	동화성서	202	장유나	수영서	420
징석안	천안서	305	장슬미	광주청	311	장유나	순천서	344
장석오	중부청	156	장슬빈	남동서	238	상유리	인양시	190
장석준	용인서	192	장승연	남부천서	252	장유림	서인천서	234
장석진	기흥서	194	장승원	파주서	257	장유민	대전청	263
장석현	대전청	268	장승일	진주서	436	장유정	권익위	448
장석현	서대구서	373	장승희	동안양서	177	장유정	인천서	230
장석화	화성서	201	장시원	광산서	322	장유진	남대구서	364
장선균	북전주서	332	장시원	동대구서	367	장유진	동래서	411
장선미	동안산서	189	장시찬	대전청	271	장유진	울산서	429
장선영	김포서	246	장신기	강남서	94	장윤규	논산서	293
장선영	인천청	226	장아론	조세연	451	장윤미	연수서	236
장선우	부산강서서	417	장아름	성북서	128	장윤서	잠실서	142
장선정	인천청	227	장엄지	인천청	221	장윤정	서초서	125
장선희	강남서	95	장연경	의정부서	254	장윤정	속초서	209
장선희	광명서	244	장연근	의정부서	254	장윤정	수원서	183
장선희	대구청	357	장연숙	남대구서	365	장윤정	양산서	409
장설희	고양서	242	장연숙	속초서	209	장윤지	조세연	454
장성근	부산청	395	장연화	인천서	230	장윤하	서울청	81
장성기	국세청	32	장영림	역삼서	135	장윤호	인천서	230
장성미	동청주서	280	장영석	대전청	265	장윤화	진주서	436
장성우	국세청	39	장영수	광주서	320	장윤희	반포서	119
장성우	영등포서	137	장영애	김포서	247	장은경	국세청	44
장성욱	김해서	433	장영일	중부청	158	장은경	부산청	397
장성재	광주서	321	장영주	북전주서	332	장은경	부평서	233

장은석	국세청	25	장준재	서대문서	122	장해탁	구미서	379
장은수	국세청	35	장준호	서울청	90	장현기	대구청	354
장은심	중부청	160	장준희	조세연	452	장현미	남대구서	364
장은영	대구청	358	장지안	북전주서	333	장현봉	평택서	199
장은영	반포서	119	장지영	광명서	245	장현성	금천서	105
장은영	지방세제	447	장지영	영월서	211	장현수	공주서	291
장은용	서인천서	235	장지영	울산서	428	장현수	동화성서	202
장은정	금천서	104	장지우	남대문서	106	장현수	부평서	232
장은정	동대문서	113	장지원	관악서	100	장현숙	군산서	328
장은정	잠실서	143	장지원	광주청	317	장현우	경산서	374
장은정	조세연	449	장지원	조세연	454	장현정	남대구서	364
장은주	대전청	263	장지윤	서울청	74	장현정	전주서	336
장이삭	국세청	24	장지윤	양산서	408	장현주	김포서	246
장이지	영등포서	137	장지은	반포서	118	장현주	중부청	166
장익성	중부청	158	장지은	시흥서	185	장현준	동안양서	177
장익준	제주서	443	장지혜	서울청	67	장현진	삼척서	206
장인섭	이천서	196	장지혜	서울청	71	장현진	양산서	409
장인섭	중부청	166	장지혜	화성서	200	장현진	역삼서	135
장인수	용산서	138	장지훈	국세청	29	장현하	아산서	300
장인숙	부산청	397	장진아	서인천서	234	장형구	서울청	84
장인영	서울청	89	장진영	김천서	380	장형보	동안산서	189
장인영	안양서	190	장진영	대구청	360	장형순	남대구서	364
장인철	동래서	410	장긴영	심싱서	120	장형욱	목포서	342
장일영	동작서	115	장진욱	북대구서	371	장형원	부천서	250
장일웅	김포서	247	장진혁	고양서	242	장형준	북전주서	332
장재림	서울청	63	장진혁	서광주서	327	장혜경	동대문서	113
장재민	평택서	199	장진화	세종서	298	장혜경	동래서	411
장재영	광주서	320	장진희	국세청	36	장혜경	성동서	126
장재영	서대문서	123	장찬순	서산서	297	장혜린	대전서	275
장재영	안산서	187	장창걸	북대구서	371	장혜린	천안서	304
장재영	안양서	190	장창렬	국세청	22	장혜림	수원서	183
장재웅	남동서	239	장창하	중부청	163	장혜미	금천서	104
장재원	강서서	98	장창호	북대구서	370	장혜미	동화성서	202
장재윤	수영서	421	장창환	국세청	35	장혜원	창원서	438
장재필	서부산서	418	장철성	양천서	132	장혜인	포천서	259
장재훈	영등포서	137	장철현	김천서	380	장혜주	잠실서	142
장재희	화성서	201	장철현	잠실서	143	장혜지	동안양서	176
장정수	남양주서	173	장태성	중부청	160	장혜지	이천서	196
장정순	조세연	449	장태희	조세심판원	12	장혜진	남양주서	173
장정엽	고양서	242	장필효	연수서	237	장혜진	반포서	118
장정우	천안서	304	장하영	익산서	334	장혜진	서초서	125
장정욱	파주서	256	장하용	구로서	103	장호수	교육원	52
장정윤	남양주서	172	장한나	울산서	428	장호우	남대구서	365
장정윤	조세연	454	장한별	강남서	95	장호욱	수원서	182
장정은	서울청	65	장한별	국세청	25	장호윤	삼척서	207
장조희	중랑서	146	장한슬	대구청	356	장호정	부산강서서	417
장종현	동안산서	188	장한울	국세청	21	장호철	동울산서	426
장주아	화성서	201	장해미	수영서	420	장홍정	창원서	439
장주열	의정부서	255	장해성	서울청	86	장효경	서대구서	372
장주환	의정부서	254	장해성	중부청	164	장효선	대전서	275
장주환	통영서	440	장해순	동안양서	176	장효섭	잠실서	143
장준영	세재실	8	장해연	성동서	126	장효은	세재실	9
장준원	서초서	125	장해준	전주서	337	장희라	부산청	400

이름	소속	쪽	이름	소속	쪽	이름	소속	쪽
장희숙	강동서	96	전미자	남대구서	364	전소현	원주서	212
장희원	서울청	64	전민재	마포서	117	전소희	삼척서	206
장희정	송파서	131	전민정	국세청	39	전소희	세종서	298
장희정	역삼서	134	전민정	서울청	67	전수미	북부산서	414
장희정	용산서	138	전민지	송파서	130	전수민	부산진서	412
장희철	서울청	79	전민채	중부서	148	전수연	동청주서	281
전 근	김천서	380	전범수	용인서	193	전수연	성남서	180
전 영	동청주서	281	전범준	청주서	286	전수연	성동서	126
전 운	용인서	192	전범철	안양서	190	전수영	광주청	312
전 진	국세청	39	전병도	부산진서	413	전수진	경산서	374
전 진	중부청	161	전병무	이천서	196	전수진	금정서	406
전 환	관악서	101	전병오	강서서	98	전수진	서대전서	279
전가람	평택서	198	전병우	중부청	153	전수현	익산서	334
전갑수	경주서	376	전병일	금정서	406	전승록	울산서	429
전강식	영덕서	386	전병준	잠실서	143	전승진	조세연	455
전강희	김포서	247	전병진	서울청	74	전승현	국세청	43
전건모	고양서	243	전병천	기흥서	194	전승환	서울청	77
전건욱	구리서	171	전병헌	국세청	41	전승훈	삼성서	120
전경란	금천서	104	전보현	반포서	118	전시영	북대전서	277
전경선	동화성서	202	전복진	남원서	331	전신희	화성서	201
전경선	조세심판원	13	전봄내	양산서	408	전아라	서울청	73
전경옥	부평서	232	전봉민	부산청	394	전애진	국세청	27
전경일	영등포서	137	전봉준	화성서	201	전양호	안동서	385
전경호	중랑서	146	전봉철	군산서	329	전연주	남대문서	106
전경화	세제실	7	전상규	서대구서	373	전연주	인천청	225
전광준	중랑서	146	전상배	천안서	305	전연진	조세심판원	15
전광현	서울청	62	전상주	영주서	388	전영균	구로서	103
전광희	청주서	286	전상현	도봉서	110	전영무	서울청	87
전국화	동울산서	426	전상호	포천서	259	전영수	김해서	433
전국휘	구리서	170	전상훈	시흥서	185	전영심	부산진서	412
전기석	시흥서	185	전샛별	강동서	97	전영우	연수서	237
전기승	동작서	115	전서동	충주서	289	전영욱	통영서	441
전기희	안양서	190	전서연	영동서	283	전영의	서울청	65
전다솜	삼성서	120	전선영	서울청	91	전영준	성남서	180
전다영	국세청	19	전선화	서울청	82	전영지	구리서	170
전다인	구리서	170	전선희	강남서	94	전영철	진주서	437
전다혜	부산진서	412	전선희	수원서	182	전영출	서인천서	234
전대웅	국세청	37	전성곤	울산서	429	전영현	남대구서	364
전대진	중부청	153	전성수	강서서	98	전영호	동대구서	367
전동철	중부청	162	전성우	김천서	381	전영훈	원주서	212
전동표	세재실	7	전성준	해남서	351	전예은	인천서	231
전동호	부산청	395	전성화	동울산서	427	전예진	인천서	230
전동호	서울청	63	전성훈	도봉서	111	전옥선	대전청	264
전만기	역삼서	135	전세리	기흥서	195	전왕기	서울청	85
전명진	대전청	267	전세연	남양주서	173	전요셉	동청주서	281
전문숙	해운대서	424	전세영	구리서	171	전요찬	군산서	329
전미경	동안양서	176	전세정	삼성서	121	전용수	서울청	77
전미라	중부서	149	전세진	인천청	227	전용원	용산서	138
전미례	용산서	138	전세훈	마산서	435	전용준	통영서	441
전미선	북광주서	325	전소민	아산서	300	전용현	순천서	344
전미숙	삼성서	120	전소연	서울청	91	전우범	관악서	101
전미애	강서서	99	전소원	남대구서	364	전우식	역삼서	134
전미영	마포서	116	전소윤	서인천서	235	전우정	영주서	389

이름	소속	쪽	이름	소속	쪽	이름	소속	쪽
전우찬	영등포서	137	전종원	통영서	440	전한식	성동서	126
전원실	안양서	190	전종태	북광주서	324	전해일	세제실	6
전원진	인천청	227	전종태	서부산서	419	전해철	나주서	340
전유광	인천서	230	전종호	마산서	434	전현명	중부산서	422
전유나	남부천서	252	전종호	서대전서	278	전현숙	충주서	288
전유라	서울청	75	전종희	서울청	81	전현아	북대전서	276
전유리	국세청	37	전주석	포천서	259	전현우	강서서	99
전유림	중부청	156	전주현	서울청	69	전현정	대구청	357
전유민	서울청	65	전주화	여수서	349	전현정	역삼서	135
전유빈	광명서	244	전주희	영등포서	136	전현정	영동서	282
전유영	인천청	222	전준호	인천청	226	전현정	인천청	225
전유완	남동서	238	전준희	국세청	37	전현주	강릉서	204
전유정	서울청	62	전중원	청주서	286	전현주	수영서	420
전유진	북전주서	332	전지민	서울청	81	전현진	서대구서	372
전윤석	동작서	114	전지민	통영서	440	전현혜	국세청	40
전윤아	동대문서	112	전지연	인천청	221	전형민	영등포서	136
전윤지	부산청	396	전지영	김천서	380	전형정	평택서	198
전윤현	육규한	391	전지영	남부천서	252	전형주	서대전서	279
전윤희	서대전서	278	전지영	세제실	6	전혜영	강서서	99
전은미	서대구서	372	전지용	북부산서	414	전혜영	대전청	264
전은상	나주서	340	전지원	부천서	250	전혜영	수원서	182
전은상	삼성서	120	전지은	북대전서	276	전혜영	중부청	162
전은선	의정부서	255	전지헌	국세청	32	전혜원	금정서	407
전은수	서울청	65	전지현	대전청	263	전혜윤	의정부서	254
전은애	동안양서	177	전지현	부산청	404	전혜정	목포서	342
전은영	동안산서	188	전지현	아산서	301	전혜정	성동서	127
전은정	중부청	155	전지희	북대구서	370	전혜진	북대구서	371
전은지	순천서	347	전진무	동안산서	189	전혜진	전주서	336
전은혜	북대구서	371	전진수	동대문서	112	전호종	경산서	374
전이나	정읍서	338	전진아	강동서	96	전홍근	인천청	226
전익선	영월서	211	전진우	동안산서	188	전홍미	김해서	432
전익성	안동서	384	전진철	평택서	199	전홍석	나주서	340
전인경	영등포서	137	전진하	김해서	432	전화영	분당서	178
전인석	동래서	411	전진효	역삼서	135	전후영	삼성서	121
전인아	동안양서	176	전찬범	남대구서	364	전훈희	역삼서	134
전인지	춘천서	215	전찬희	익산서	335	전희경	서초서	125
전인향	관악서	100	전창석	창원서	438	전희선	수원서	183
전일권	국세청	22	전창우	천안서	304	전희원	금정서	407
전일수	중부청	154	전창훈	경산서	374	전희은	동작서	115
전재달	경주서	376	전채환	중부청	164	정　건	마포서	117
전재령	대전서	275	전충선	서부산서	419	정　란	광주서	320
전재형	국세청	18	전태병	강동서	97	정　민	남양주서	172
전재홍	동안양서	177	전태영	국세청	26	정　일	순천서	347
전재희	수성서	369	전태용	중부산서	423	정　준	남원서	330
전정영	서울청	74	전태원	구로서	103	정　철	계양서	240
전정완	조세연	455	전태현	광산서	322	정　철	성북서	129
전정호	경기광주서	168	전태호	김해서	433	정　현	국세청	18
전제영	울산서	429	전태회	부산강서서	417	정　훈	국세청	31
전종경	경주서	377	전태훈	국세청	34	정　훈	평택서	199
전종근	상담센터	56	전하영	종로서	144	정　희	기흥서	194
전종상	동대문서	113	전하윤	서부산서	419	정가영	해운대서	424
전종상	성동서	127	전하준	연수서	236	정가희	안양서	190
전종선	강동서	97	전학심	잠실서	142	정갈렙	종로서	144

정강미	남양주서	173	정기선	은평서	140	정도진	서인천서	235
정강훈	서대구서	372	정기숙	대전청	266	정도희	서울청	78
정건화	마산서	434	정기원	금정서	406	정동기	기흥서	194
정건희	동고양서	248	정기원	대전청	266	정동욱	동안산서	188
정경남	대구청	354	정기종	남원서	330	정동욱	마포서	117
정경돈	남동서	238	정기주	인천청	225	정동원	서울청	86
징경미	대구청	355	정기호	기흥서	195	정동인	정읍서	338
정경미	부산청	399	정기환	국세청	23	정농재	국세청	48
정경민	구리서	171	정나겸	영동서	283	정동주	부산청	402
정경민	수영서	420	정나눔	동안양서	177	정동준	김천서	380
정경민	시흥서	185	정나영	강릉서	204	정동철	남대구서	364
정경숙	파주서	257	정나영	서대구서	372	정동혁	종로서	144
정경순	조세연	449	정난영	서울청	65	정동환	상담센터	56
정경순	중랑서	147	정남숙	성북서	129	정동환	성북서	128
정경식	구미서	378	정년숙	동청주서	280	정두레	동화성서	203
정경식	순천서	345	정녕현	남대구서	364	정류빈	노원서	109
정경영	마포서	117	정다겸	국세청	29	정리나	나주서	340
정경원	삼성서	120	정다빈	계양서	241	정맑음	고양서	242
정경윤	시흥서	184	정다솔	안산서	187	정맹헌	중부청	164
정경일	통영서	440	정다영	강남서	95	정명근	목포서	342
정경임	동울산서	426	정다영	조세연	452	정명기	안산서	186
정경종	순천서	345	정다운	남대구서	364	정명린	금천서	105
정경주	제주서	442	정다운	안양서	190	정명수	북전주서	332
정경주	중부산서	423	정다운	연수서	237	정명숙	광주서	320
정경진	삼척서	207	정다운	조세연	449	정명숙	국세청	22
정경진	양천서	132	정다운	중부청	162	정명순	동수원서	174
정경철	안산서	186	정다움	평택서	198	정명용	세종서	298
정경택	강동서	97	정다윗	부산청	394	정명주	서초서	124
정경화	구로서	103	정다은	용인서	192	정명하	서울청	64
정경화	동화성서	203	정다은	인천청	221	정명환	북부산서	415
정경화	조세연	452	정다은	잠실서	143	징명훈	노원서	109
정경화	중부청	162	정다이	김포서	247	정문승	평택서	199
정경희	남대구서	365	정다정	세제실	8	정문정	조세연	449
정계승	대전서	275	정다혜	김포서	247	정문제	남대구서	364
정광룬	서울청	86	정다혜	동작서	114	정문현	동고양서	249
정광표	종로서	144	정다희	서광주서	326	정문희	동작서	114
정교민	잠실서	142	정다희	정읍서	338	정미경	도봉서	110
정교필	서울청	70	정대교	부산청	401	정미경	삼성서	120
정구휘	인천청	225	정대석	대구청	355	정미경	서울청	64
정국교	강릉서	205	정대성	동울산서	426	정미경	역삼서	134
정국일	중부청	166	정대수	서초서	125	정미나	금정서	406
정권술	마산서	434	정대영	잠실서	143	정미라	광주청	314
정규남	시흥서	184	정대혁	서초서	124	정미라	부천서	250
정규명	서울청	88	정대화	수영서	420	정미란	국세청	19
정규삼	영동서	282	정대환	강릉서	205	정미란	서울청	78
정규식	서초서	125	정대희	마산서	434	정미리	부산청	399
정규진	해운대서	424	정덕균	목포서	343	정미선	광산서	323
정규호	마포서	117	정덕주	상담센터	56	정미선	동작서	115
정근욱	부평서	232	정도령	인천청	226	정미선	목포서	342
정금미	동대문서	112	정도식	서부산서	418	정미선	부산청	397
정금희	서대전서	279	정도연	연수서	236	정미선	양산서	409
정기선	반포서	118	정도영	북부산서	414	정미애	화성서	200
정기선	부평서	233	정도영	성동서	127	정미연	김해서	433

정미연	남대구서	365	정보람	서울청	75	정선태	순천서	346
정미연	서광주서	326	정보름	조세연	451	정선현	중부청	155
정미영	남대문서	107	정보성	이천서	196	정선화	동대문서	112
정미영	대전서	274	정보연	고양서	243	정성곤	평택서	198
정미영	마포서	117	정보현	정읍서	339	정성만	김해서	433
정미영	서인천서	234	정봉균	구로서	103	정성무	동청주서	281
정미원	용산서	138	정봉석	춘천서	215	정성문	광주서	321
정미주	조세연	450	정봉훈	서초서	125	정성민	김천서	380
정미진	수원서	183	정부교	성동서	127	정성민	동대문서	113
정미진	해남서	351	정부원	동래서	410	정성민	중부산서	422
정미현	대전서	274	정빛나	조세연	449	정성수	광산서	323
정미현	청주서	287	정상근	서초서	124	정성연	국세청	26
정미호	안양서	191	정상기	조세연	453	정성영	서울청	66
정미화	종로서	144	정상남	충주서	289	정성오	북광주서	324
정미화	청주서	287	정상미	광주서	321	정성용	경주서	376
정미희	강서서	98	정상민	서울청	83	정성용	양산서	409
정민경	부산청	399	정상봉	부산청	399	정성우	중부청	163
정민국	강남서	95	정상수	고양서	242	정성우	창원서	439
정민기	서울청	70	정상수	충주서	289	정성욱	수영서	421
정민기	서울청	76	정상술	성북서	128	정성욱	역삼서	134
정민석	부산강서서	417	정상아	용인서	192	정성욱	창원서	438
정민석	서울청	65	정상열	동대구서	367	정성원	진주서	436
정민섭	포천서	259	정상열	서울청	65	성성윤	육규한	390
정민수	서울청	68	정상오	중부청	166	정성윤	창원서	438
정민수	원주서	213	정상원	교육원	52	정성은	경기광주서	169
정민순	용산서	138	정상원	양천서	132	정성은	성동서	127
정민아	남대구서	364	정상천	보령서	295	정성은	연수서	237
정민욱	정읍서	338	정상헌	원주서	212	정성의	북광주서	325
정민재	의정부서	254	정상화	동작서	114	정성익	부평서	233
정민주	금천서	105	정상훈	김해서	433	정성일	연수서	237
정민주	남대구서	364	정새하	전주서	336	정성주	부산진서	413
정민지	안동서	384	정샛별	북광주서	325	정성진	국세청	18
정민철	중부서	148	정서빈	서울청	90	정성택	정읍서	338
정민호	강남서	95	정서영	서울청	71	정성한	국세청	46
정민호	삼성서	121	정석규	서울청	91	정성현	중랑서	147
정민화	반포서	118	정석우	부산청	397	정성호	국세청	46
정민희	권익위	448	정석호	김천서	380	정성호	북대구서	371
정방현	구로서	102	정석환	홍천서	216	정성화	부산청	394
정병록	역삼서	134	정석훈	강남서	94	정성화	청주서	287
정병민	마포서	116	정석훈	남대문서	107	정성훈	교육원	53
정병숙	부천서	251	정석훈	중랑서	147	정성훈	국세청	18
정병주	광주청	312	정선경	울산서	428	정성훈	동작서	114
정병진	시흥서	184	정선군	대전청	263	정성훈	부산청	399
정병창	중부청	156	정선균	국세청	25	정성훈	부평서	233
정병철	해남서	350	정선두	부산청	399	정성희	동대구서	367
정병호	국세청	32	정선례	파주서	256	정성희	북대구서	370
정병호	원주서	213	정선아	평택서	199	정세나	금정서	406
정보겸	울산서	429	정선애	춘천서	215	정세나	중부서	148
정보경	서울청	64	정선영	남동서	238	정세미	광주서	320
정보경	송파서	131	정선영	동작서	115	정세미	김해서	432
정보근	성남서	181	정선옥	서광주서	327	정세미	평택서	199
정보기	마포서	117	정선이	분당서	178	정세연	성북서	128
정보길	인천청	223	정선재	고양서	242	정세영	국세청	40

정용국	국세청	22	정유진	조세연	452	정은주	세종서	299
정용대	국세청	44	정유진	중부청	159	정은주	화성서	200
정용석	중부청	155	정유진	지방세제	447	정은지	국세청	43
정용석	포천서	258	정유진	충주서	288	정은지	용인서	193
정용섭	통영서	440	정유진	통영서	440	정은진	북대구서	370
정용수	서울청	74	정유철	경주서	377	정은채	의정부서	254
정용수	중부청	166	정유현	중부서	149	정은하	금천서	104
정용승	반포서	118	정유형	포천서	258	정은하	서울청	69
정용주	북전주서	333	정유희	남동서	238	정은해	동수원서	175
정용협	논산서	292	정윤기	광주서	320	정은희	수영서	420
정용화	예산서	302	정윤기	기흥서	194	정을영	중부청	156
정용효	의정부서	255	정윤미	종로서	145	정의범	금천서	104
정우도	국세청	41	정윤석	중부청	160	정의선	동안산서	189
정우선	금천서	105	정윤선	원주서	213	정의성	강릉서	204
정우영	금정서	406	정윤수	서대전서	278	정의숙	홍천서	217
정우중	역삼서	135	정윤재	세제실	6	정의웅	진주서	437
정우진	전주서	336	정윤정	대전청	264	정의재	서대문서	123
정우철	북광주서	325	정윤정	시흥서	185	정의주	노원서	109
정우현	제주서	442	정윤주	부천서	250	정의지	부산청	397
정운월	서대구서	372	정윤지	동울산서	426	정의진	대전청	266
정운형	은평서	141	정윤철	대구청	359	정이수	안양서	190
정웅교	동화성서	203	정윤철	의정부서	254	정이열	경산서	375
정원대	부사청	394	정윤환	남동시	238	정이순	서광주서	327
정원미	수영서	420	정윤희	경기광주서	168	정이천	대구청	356
정원석	금정서	407	정윤희	중부청	156	정인경	안산서	187
정원석	분당서	178	정율아	조세연	455	정인교	평택서	199
정원석	시흥서	185	정은경	조세연	452	정인구	김해서	432
정원영	서대문서	123	정은미	동청주서	280	정인률	김해서	433
정원용	경주서	377	정은미	북부산서	415	정인선	강서서	99
정원준	경기광주서	168	정은미	진주서	436	정인선	고양서	242
정원중	광산서	323	정은미	화성서	201	정인선	관악서	101
정원호	강남서	94	정은선	잠실서	143	정인선	서울청	90
정월선	창원서	439	정은성	경주서	376	정인숙	대전서	274
정월옥	송파서	131	정은솔	안산서	187	정인아	성북서	128
정유근	지방세제	446	정은수	서울청	86	정인애	대전청	268
정유나	영주서	388	정은숙	동안양서	176	정인영	반포서	119
정유리	북광주서	324	정은순	동안산서	189	정인월	동작서	114
정유리	서울청	87	정은아	금천서	104	정인재	해남서	350
정유빈	성북서	128	정은아	서인천서	235	정인지	송파서	130
정유선	금정서	406	정은아	세종서	298	정인철	동울산서	426
정유성	전주서	337	정은연	남원서	331	정인태	제주서	442
정유영	창원서	438	정은영	북광주서	325	정인현	동대구서	366
정유영	창원서	439	정은유	청주서	286	정인형	서대전서	279
정유정	성북서	128	정은이	김해서	432	정인혜	분당서	179
정유진	거창서	430	정은이	서초서	124	정인환	순천서	347
정유진	대전서	274	정은재	남양주서	173	정인회	경산서	375
정유진	동안산서	188	정은정	국세청	22	정인희	성동서	126
정유진	마산서	435	정은정	금정서	406	정일범	도봉서	111
정유진	마포서	116	정은정	이천서	197	정일영	송파서	131
정유진	마포서	117	정은정	인천서	231	정자단	삼성서	121
정유진	목포서	342	정은정	잠실서	142	정장군	국세청	46
정유진	서초서	125	정은주	김포서	247	정장호	서광주서	326
정유진	안산서	186	정은주	서대구서	373	정장환	광명서	244

정재경	서산서	296	정주리	광산서	323	정지영	천안서	305
정재기	경주서	376	정주리	남양주서	173	정지예	대전서	274
정재남	대전청	271	정주영	부산진서	412	정지완	창원서	438
정재상	춘천서	215	정주영	서울청	68	정지용	강동서	96
정재수	서울청	62	정주영	서울청	78	정지우	서울청	73
정재영	서울청	82	정주영	송파서	131	정지운	세재실	7
정재영	원주서	212	정주영	육규한	391	정지운	순천서	347
정재용	국세청	48	정주인	강동서	97	정지운	인천서	230
정재욱	안산서	187	정주현	성북서	129	정지원	서울청	74
정재원	광주서	320	정주희	국세청	27	정지원	영주서	388
정재윤	경기광주서	169	정주희	남양주서	173	정지윤	인천서	231
정재윤	구리서	170	정주희	대전청	265	정지윤	조세연	454
정재일	강동서	96	정주희	북광주서	325	정지윤	충주서	288
정재임	상담센터	56	정주희	분당서	178	정지윤	화성서	200
정재조	제주서	443	정주희	울산서	429	정지은	고양서	243
정재철	중부산서	422	정주희	은평서	141	정지은	서울청	79
정재한	경산서	374	정준갑	창원서	438	정지은	순천서	345
정재현	동울산서	427	정준규	진주서	437	정지은	여수서	349
정재현	수성서	369	정준기	부산청	404	정지은	인천청	221
정재호	경산서	375	정준모	김포서	247	정지헌	대구청	358
정재호	조세연	449	정준영	강남서	94	정지헌	시흥서	184
정재호	중부서	148	정준영	평택서	199	정지현	강서서	99
정재호	해운대서	424	정준용	동래서	411	정지현	김해서	432
정재훈	강남서	95	정준채	송파서	130	정지현	동화성서	203
정재훈	광주서	321	정준호	마포서	116	정지혜	동대구서	367
정재훈	광주청	312	정준호	서울청	79	정지혜	상담센터	56
정재훈	동화성서	202	정준호	잠실서	142	정지혜	수원서	183
정재희	관악서	101	정준희	대전청	271	정지혜	중부서	149
정전화	부산청	397	정준희	중부청	159	정지환	북대구서	370
정정민	국세청	26	정중수	육규한	391	정지환	중부청	159
정정민	동래서	411	정중원	양천서	133	정지훈	남부천서	252
정정섭	연수서	237	정중현	대구청	354	정지훈	대전청	266
정정오	경산서	374	정중호	서울청	63	정지훈	서부산서	418
정정우	동고양서	249	정지나	중부청	156	정지훈	여수서	349
정정하	대구청	357	정지명	인천청	225	정직한	강동서	97
정정훈	세제실	6	정지문	도봉서	111	정직한	화성서	201
정정희	부산청	397	정지석	세종서	299	정진걸	동청주서	281
정정희	삼성서	120	정지선	동청주서	281	정진범	서울청	66
정제준	금천서	105	정지선	분당서	179	정진성	충주서	288
정종국	동대문서	112	정지수	수원서	182	정진숙	김포서	247
정종권	경주서	377	정지수	화성서	201	정진아	서초서	125
정종근	양산서	408	정지숙	평택서	199	정진영	기흥서	194
정종대	여수서	348	정지양	국세청	22	정진영	서울청	70
정종룡	국세청	18	정지연	강동서	97	정진영	서울청	71
정종오	계양서	240	정지연	나주서	341	정진우	진주서	437
정종원	구리서	171	정지연	인천청	223	정진욱	서울청	87
정종원	기흥서	195	정지연	인천청	226	정진욱	조세심판원	14
정종은	광산서	323	정지열	반포서	119	정진욱	중부서	149
정종천	남동서	238	정지영	국세청	22	정진웅	수원서	182
정종철	북전주서	332	정지영	기흥서	194	정진원	국세청	40
정종현	서울청	64	정지영	기흥서	195	정진원	남동서	238
정종호	해남서	350	정지영	김포서	247	정진원	은평서	140
정주관	홍성서	307	정지영	서울청	62	정진주	서울청	78

이름	소속	쪽
정진택	서초서	125
정진학	국세청	37
정진혁	서초서	125
정진형	동안산서	188
정진호	국세청	29
정진환	중랑서	147
정진후	구미서	378
정진희	국세청	41
정진희	분당서	178
정찬성	광주청	313
정찬영	이천서	196
정찬우	서광주서	327
정찬일	광산서	323
정찬조	여수서	349
정찬진	역삼서	134
정찬호	구로서	102
정찬호	남대구서	364
정창국	김해서	433
정창근	대구청	356
정창우	동작서	114
정창원	해운대서	425
정창재	창원서	439
정창훈	영동서	283
정채연	고양서	243
정채영	동대문서	113
정철규	김해서	433
정철우	노원서	109
정철화	인천청	223
정초희	광산서	322
정춘영	김해서	432
정치권	동안양서	176
정치헌	연수서	236
정태경	반포서	118
정태경	안양서	191
정태민	의정부서	254
정태상	서울청	76
정태식	중부청	166
정태영	국세청	25
정태옥	해운대서	425
정태윤	강남서	95
정태윤	천안서	304
정태형	화성서	201
정태호	광주청	313
정태환	서울청	89
정택주	경기광주서	169
정택준	용인서	193
정판균	영동서	283
정필경	익산서	334
정필영	보령서	294
정필윤	동화성서	203
정하나	강릉서	204
정하미	남양주서	172
정하선	부산청	398
정하영	노원서	108
정하정	진주서	436
정학기	대구청	360
정학순	서울청	90
정학식	마산서	434
정한길	군산서	328
정한나	안산서	187
정한록	광산서	322
정한신	구로서	102
정한욱	종로서	145
정한진	중랑서	147
정해동	순천서	344
정해란	기흥서	194
정해란	화성서	200
정해룡	양산서	409
정해빈	조세심판원	14
정해선	부산진서	412
정해시	용산서	139
정해식	통영서	441
정해연	제주서	443
정해영	부산청	399
정해원	강남서	95
징해은	대선서	274
정해진	삼성서	121
정해진	상주서	382
정해천	서울청	78
정헌미	국세청	41
정헌호	홍성서	307
정혁철	동울산서	426
정현규	고양서	243
정현규	남대구서	365
정현기	성북서	129
정현대	진주서	436
정현덕	중부청	164
정현명	동래서	411
정현모	구미서	379
정현미	순천서	347
정현민	구미서	378
정현민	동안산서	188
정현빈	성남서	180
정현석	삼성서	120
정현석	시흥서	185
정현석	조세연	454
정현수	성북서	128
정현수	시흥서	185
정현숙	구로서	102
정현숙	서울청	71
정현숙	중랑서	147
정현아	목포서	343
정현엽	세제실	6
정현옥	창원서	439
정현우	대구청	359
정현우	서울청	72
정현원	대전청	269
정현위	이천서	196
정현정	경산서	374
정현정	남대구서	364
정현정	동화성서	202
정현정	마산서	435
정현정	반포서	119
정현정	용인서	193
정현정	인천청	222
정현정	중부청	155
정현주	국세청	24
정현주	권익위	448
정현주	동안양서	177
정현주	북대전서	276
정현주	북부산서	414
정현주	수원서	183
정현주	중부청	156
정현준	중부청	157
정현준	파주서	256
정현중	구로서	102
정현중	북대구서	370
정현지	김포서	246
정현지	전주서	336
정현진	경주서	376
정현진	도봉서	110
정현진	잠실서	143
정현진	중부서	148
정현철	동작서	114
정현철	북대전서	276
정현철	서울청	69
정현태	북광주서	324
정현표	평택서	199
정현호	광주청	313
정현호	종로서	144
정형범	반포서	118
정형석	김포서	247
정형주	서울청	77
정형준	광주서	320
정형준	서울청	62
정형진	종로서	145
정형창	아산서	301
정형태	북대구서	370
정형필	광산서	323
정혜경	북광주서	324
정혜경	삼성서	121
정혜린	김포서	246
정혜림	경산서	374
정혜림	서울청	69
정혜미	서울청	81
정혜아	광명서	245
정혜영	서울청	71
정혜영	영등포서	136
정혜영	잠실서	143

조대훈	반포서	119	조민재	고양서	243	조선미	수원서	183
조대훈	서초서	124	조민재	관악서	100	조선영	대전청	262
조덕상	이천서	196	조민정	대전청	263	조선영	동청주서	281
조동진	강동서	96	조민제	동대구서	367	조선제	해운대서	424
조동표	반포서	119	조민주	익산서	335	조선진	역삼서	135
조동혁	포천서	258	조민지	강남서	94	조선희	강남서	95
조라경	동대구서	367	조민지	부천서	250	조선희	서초서	124
조래성	서대구서	373	조민철	고양서	243	조성경	서울청	76
조만희	세제실	7	조민현	성동서	126	조성광	금천서	105
조명근	중랑서	146	조민호	인천청	220	조성구	속초서	209
조명기	의정부서	254	조민희	부산청	401	조성규	강동서	97
조명상	영동서	283	조민희	중부청	158	조성덕	남동서	239
조명상	용산서	139	조범래	서울청	77	조성래	금정서	406
조명석	대구청	355	조범제	육규한	391	조성래	동울산서	427
조명순	대전청	266	조병길	천안서	305	조성래	서대구서	372
조명완	국세청	48	조병녕	서부산서	418	조성리	서인천서	235
조명익	부산청	398	조병덕	의정부서	254	조성문	구로서	102
조문균	세제실	6	조병만	영등포서	137	조성문	춘천서	215
조문현	성동서	127	조병민	국세청	31	조성민	대구청	359
조미겸	동청주서	281	조병섭	동안산서	188	조성빈	대전청	269
조미경	북대구서	370	조병성	삼성서	121	조성빈	천안서	304
조미란	국세청	18	조병옥	평택서	199	조성수	안산서	187
조미성	강서서	08	조병욱	용인서	193	조성수	중부청	165
조미애	북부산서	414	조병주	국세청	33	조성식	중랑서	147
조미애	용산서	138	조병준	서울청	64	조성아	세재실	8
조미영	서울청	62	조병철	상담센터	58	조성애	광주서	321
조미영	예산서	303	조병환	김해서	432	조성오	삼성서	121
조미영	평택서	198	조보연	삼성서	120	조성용	거창서	430
조미옥	정읍서	338	조복환	보령서	294	조성용	동작서	115
조미옥	중부청	158	조봉경	평택서	198	조성용	삼척서	207
조미주	수영서	421	조봉기	연수서	237	조성용	서울청	74
조미진	안양서	191	조상래	김해서	433	조성용	조세연	455
조미진	영등포서	136	조상미	강릉서	204	조성우	구리서	170
조미현	부평서	232	조상미	국세청	22	조성우	정읍서	339
조미혜	세종서	298	조상미	정읍서	338	조성욱	국세청	25
조미화	서울청	88	조상옥	수원서	182	조성원	서초서	125
조미희	마산서	435	조상운	수영서	420	조성원	평택서	198
조미희	성북서	128	조상원	세종서	298	조성윤	강남서	95
조민경	마산서	434	조상준	청주서	287	조성윤	의정부서	255
조민경	반포서	118	조상진	순천서	344	조성익	노원서	109
조민경	속초서	209	조상현	서인천서	235	조성인	중부청	166
조민경	인천서	231	조상훈	국세청	43	조성재	광주청	315
조민래	부산청	403	조상희	평택서	199	조성조	고양서	243
조민석	동안양서	177	조서연	삼성서	121	조성주	송파서	130
조민석	중부서	149	조서영	경기광주서	169	조성진	마포서	116
조민성	국세청	20	조서현	금천서	104	조성찬	도봉서	111
조민성	서울청	70	조서현	금천서	105	조성현	양천서	133
조민수	노원서	108	조서혜	노원서	108	조성현	익산서	334
조민숙	양천서	132	조석권	부산진서	413	조성호	중부서	148
조민영	대전서	275	조석균	동고양서	248	조성훈	서울청	79
조민영	동고양서	248	조석정	북대전서	277	조성훈	용인서	192
조민영	삼성서	121	조석주	서부산서	419	조성훈	전주서	336
조민영	해운대서	424	조선경	광주청	312	조성희	반포서	119

이름	기관	쪽	이름	기관	쪽	이름	기관	쪽
조세영	양산서	408	조연심	고양서	243	조용석	동대문서	113
조세원	부평서	232	조연우	동대문서	112	조용석	서울청	88
조세은	서광주서	326	조연종	광주청	315	조용수	서울청	89
조세진	용산서	139	조연화	인천청	223	조용식	북전주서	333
조세현	동대문서	112	조영규	이천서	197	조용식	인천청	228
조세희	예산서	302	조영기	인천서	231	조용재	중부청	152
조소연	강서서	99	조영도	삼성서	121	조용진	중부청	166
조소영	평택서	199	조영래	원주서	213	조용택	부산청	399
조소윤	시흥서	185	조영미	경기광주서	169	조우성	용산서	139
조소현	부산진서	413	조영미	김해서	432	조우진	대전청	268
조소현	안산서	186	조영미	부천서	250	조우현	북전주서	332
조소희	서울청	75	조영빈	광산서	323	조운학	서울청	83
조송화	김포서	246	조영상	인천청	223	조원배	상주서	382
조송희	동대문서	113	조영성	관악서	100	조원석	인천청	225
조수동	금정서	407	조영수	서초서	125	조원영	김천서	381
조수빈	금천서	104	조영수	화성서	200	조원영	서울청	83
조수빈	시흥서	184	조영숙	국세청	48	조원준	양천서	132
조수연	남대문서	107	조영숙	북광주서	324	조원철	서울청	76
조수영	고양서	242	조영순	김포서	247	조원희	화성서	200
조수영	시흥서	185	조영우	공주서	291	조위영	서울청	86
조수정	성동서	126	조영은	기흥서	194	조유리	광산서	322
조수진	국세청	26	조영자	대전청	268	조유빈	의정부서	255
조수현	서울청	69	조영종	동고양서	249	조유영	부천서	251
조수현	은평서	140	조영주	관악서	100	조유정	북광주서	325
조숙연	서울청	86	조영주	영동서	283	조유흠	서울청	71
조숙연	용인서	193	조영준	이천서	197	조윤경	국세청	31
조숙영	수원서	182	조영진	광명서	244	조윤경	목포서	342
조숙현	울산서	428	조영진	동고양서	249	조윤경	인천서	230
조순행	안동서	384	조영진	부산진서	412	조윤미	구로서	102
조슬기	중부서	149	조영탁	성동서	127	조윤민	논산서	293
조승모	도봉서	111	조영탁	성북서	128	조윤방	강릉서	204
조승연	북부산서	415	조영태	남대구서	364	조윤서	잠실서	142
조승철	동안양서	177	조영혁	국세청	33	조윤서	통영서	441
조승현	경산서	374	조영혁	서울청	75	조윤석	대전청	270
조승호	삼성서	121	조영현	성동서	127	조윤수	성북서	128
조아라	관악서	100	조영호	노원서	108	조윤아	서울청	79
조아라	국세청	30	조영호	파주서	257	조윤영	경기광주서	168
조아라	도봉서	110	조예리	서울청	90	조윤영	인천청	228
조아라	동안산서	189	조예린	도봉서	111	조윤정	국세청	45
조아라	동화성서	203	조예림	삼성서	121	조윤정	서울청	65
조아라	성동서	127	조예슬	창원서	439	조윤주	남부천서	253
조아라	평택서	198	조예언	김해서	432	조윤주	북대구서	370
조아름	남양주서	172	조예현	강릉서	204	조윤주	전주서	336
조아름	삼성서	121	조예훈	관악서	100	조윤주	통영서	441
조아연	공주서	290	조예흠	수성서	368	조윤희	반포서	119
조안나	서대문서	122	조완정	북광주서	325	조은경	대구청	355
조애정	구로서	102	조외숙	부산청	397	조은기	종로서	145
조양선	동고양서	248	조요한	구리서	171	조은덕	서울청	77
조언혜	경주서	376	조용권	서인천서	235	조은미	북대구서	371
조여경	구미서	378	조용길	남대구서	365	조은비	남대구서	364
조연상	노원서	108	조용래	세제실	7	조은비	노원서	108
조연수	부산진서	413	조용문	제주서	442	조은비	동화성서	203
조연숙	대전서	275	조용민	조세심판원	13	조은비	북부산서	415

이름	소속	쪽	이름	소속	쪽	이름	소속	쪽
조은비	안산서	187	조재영	남대구서	365	조주희	서울청	83
조은비	청주서	286	조재영	서울청	86	조주희	송파서	130
조은빈	용인서	192	조재완	교육원	52	조준기	춘천서	215
조은빛	조세연	451	조재웅	계양서	241	조준서	수성서	368
조은상	수원서	183	조재윤	양천서	133	조준식	익산서	335
조은서	마산서	435	조재일	육규한	391	조준영	교육원	53
조은서	충주서	288	조재천	울산서	428	조준영	국세청	41
조은솔	잠실서	142	조재평	동대문서	113	조준영	북부산서	415
조은애	고양서	243	조재형	거창서	431	조준우	부산청	396
조은애	대전청	270	조재화	북부산서	415	조준철	북전주서	332
조은애	북대전서	277	조재훈	구리서	170	조준호	부산청	400
조은영	대구청	357	조재훈	도봉서	110	조준환	북대구서	370
조은영	서초서	125	조재희	남동서	239	조중현	동울산서	426
조은옥	동화성서	203	조정목	마산서	435	조중현	성동서	126
조은용	중부청	164	조정미	도봉서	110	조지영	동고양서	249
조은정	성북서	128	조정미	동안산서	188	조지영	서울청	71
조은정	수영서	421	조정미	성동서	126	조지영	익산서	334
조은정	인천청	223	조정민	동래서	410	조지윤	동고양서	249
조은지	나주서	340	조정선	마산서	435	조지현	구리서	170
조은지	대전청	266	조정연	춘천서	214	조지현	부평서	233
조은진	서광주서	326	조정우	조세연	453	조지훈	천안서	304
조은하	북부산서	414	조정원	서초서	125	조진동	인천청	222
조은혜	동래서	411	소성은	고양서	242	조진숙	서울청	68
조은효	잠실서	142	조정은	수영서	420	조진용	국세청	20
조은희	상담센터	56	조정은	수원서	182	조진희	용산서	138
조은희	서울청	70	조정은	파주서	257	조창국	중부청	157
조은희	서인천서	234	조정주	대전청	271	조창권	용인서	193
조은희	서초서	124	조정진	역삼서	135	조창규	용산서	138
조은희	안산서	186	조정해	인천서	231	조창래	중부산서	423
조이은	육규한	390	조정헌	제천서	285	조창우	교육원	52
조익현	지방세제	447	조정현	나주서	341	조창일	시흥서	184
조인국	금정서	406	조정혜	경산서	374	조창현	동래서	411
조인순	수영서	420	조정화	성동서	126	조채연	분당서	178
조인애	수성서	369	조정효	광주청	316	조채영	서부산서	419
조인영	서대문서	122	조정훈	부평서	233	조천령	종로서	144
조인영	영등포서	137	조정훈	수영서	420	조철호	동대구서	367
조인옥	성북서	129	조정훈	영등포서	137	조초희	인천청	226
조인정	역삼서	135	조정휘	조세심판원	14	조춘원	상담센터	57
조인찬	서울청	77	조정희	서울청	72	조치상	대전서	275
조인태	제주서	443	조종수	부평서	233	조태성	서부산서	419
조인혁	서울청	86	조종식	서인천서	234	조태욱	의정부서	255
조인호	연수서	236	조종연	논산서	292	조태희	서대전서	278
조일성	국세청	31	조종읍	조세연	449	조판규	중랑서	146
조일제	동수원서	174	조종읍	조세연	450	조하나	성남서	180
조일훈	경기광주서	169	조종읍	조세연	451	조하나	안산서	186
조재규	국세청	45	조종읍	조세연	454	조하연	북부산서	415
조재량	서울청	79	조종필	광산서	323	조하영	대전서	274
조재령	마포서	116	조종호	동안양서	176	조학래	부산청	397
조재범	용산서	139	조주경	서울청	66	조학준	평택서	199
조재성	동래서	410	조주현	동수원서	174	조한경	서울청	72
조재승	부산청	395	조주형	서인천서	234	조한규	구미서	379
조재식	삼척서	206	조주호	부산청	402	조한규	대전청	271
조재연	서광주서	326	조주환	서울청	85	조한덕	서대문서	123

조한민	서대전서	278	조형래	동래서	410	종 만	논산서	293
조한솔	국세청	24	조형석	금천서	104	좌길훈	춘천서	214
조한송이	동작서	115	조형석	부산청	396	좌용준	제주서	442
조한아	은평서	140	조형오	익산서	334	좌현미	수원서	182
조한영	구로서	103	조형주	부산청	402	좌혜미	서대구서	372
조한용	남양주서	173	조형준	김포서	246	주강석	조세심판원	13
조한우	평택서	199	조형진	지방세제	447	주경관	동화성서	203
조한정	용인서	192	조혜경	수원서	182	주경섭	서울청	80
조항진	대전청	262	조혜리	성북서	129	주경탁	영등포서	137
조해동	중부청	164	조혜리	양천서	133	주광수	창원서	439
조해리	기흥서	194	조혜민	북대전서	276	주구종	대전서	275
조해린	육규한	391	조혜민	시흥서	185	주기영	평택서	198
조해영	노원서	109	조혜선	나주서	341	주기환	반포서	119
조해일	경기광주서	169	조혜연	서울청	63	주나라	구로서	102
조해정	광주청	315	조혜연	제천서	284	주남균	조세연	453
조해정	중부청	163	조혜영	북전주서	333	주동철	노원서	108
조행순	중부청	153	조혜원	북대구서	370	주명오	대구청	356
조헌일	구로서	103	조혜원	서울청	76	주명진	통영서	440
조현경	동안산서	188	조혜윤	중부산서	422	주명화	서울청	72
조현경	익산서	334	조혜인	서인천서	234	주미균	북부산서	414
조현관	김포서	247	조혜정	국세청	34	주미영	국세청	35
조현구	세종서	298	조혜정	기흥서	194	주미진	기흥서	195
조현국	광산서	322	조혜정	은평서	141	주민석	강서서	99
조현국	인천청	228	조혜정	의정부서	254	주민혁	마산서	434
조현덕	대구청	360	조혜정	인천청	228	주민희	남동서	238
조현민	동안산서	188	조혜정	조세심판원	13	주민희	부천서	250
조현선	국세청	46	조혜정	분당서	179	주보영	인천청	224
조현성	시흥서	185	조혜진	삼성서	121	주보은	국세청	29
조현수	양천서	133	조혜진	서광주서	327	주선돈	동울산서	427
조현숙	강릉서	204	조혜진	익산서	335	주선영	북광주서	325
조현승	국세청	19	조혜진	인천청	220	주선영	북부산서	415
조현아	동작서	115	조혜진	조세연	449	주선영	서울청	62
조현아	마산서	435	조호연	나주서	341	주선정	상담센터	57
조현용	마산서	434	조호연	남대구서	364	주성민	중부산서	423
조현우	역삼서	134	조호준	마포서	116	주성숙	고양서	242
조현우	중부청	161	조호철	상담센터	59	주성옥	서울청	72
조현은	마포서	117	조호형	나주서	340	주성재	영등포서	136
조현정	용인서	193	조홍규	부산청	404	주성진	서초서	125
조현준	국세청	31	조홍기	동고양서	248	주성태	서울청	84
조현준	인천청	226	조홍섭	분당서	179	주성희	남대문서	107
조현지	인천청	226	조홍수	군산서	328	주세정	서울청	69
조현진	국세청	38	조홍준	서울청	82	주소미	인천청	224
조현진	부산청	395	조화경	나주서	340	주소영	북광주서	324
조현진	부산청	403	조화영	구미서	378	주소희	마포서	117
조현진	서대구서	372	조효신	성남서	180	주수미	반포서	118
조현진	성동서	127	조훈연	충주서	289	주승윤	인천서	231
조현진	평택서	199	조희근	성남서	180	주승찬	의정부서	254
조현태	구미서	378	조희선	대구청	360	주승철	원주서	212
조현하	분당서	179	조희원	강남서	94	주아람	은평서	140
조현희	삼척서	206	조희정	성남서	180	주아름	서초서	124
조현희	서대문서	122	조희정	중부청	153	주애란	고양서	243
조현희	청주서	286	조희정	진주서	436	주에나	수원서	182
조형나	북부산서	415	조희진	서울청	89	주연봉	여수서	349

주연신	부산진서	413	주혜옥	의정부서	255	지혜연	서산서	297
주영상	동작서	114	주혜진	마산서	434	지혜주	기흥서	195
주영서	동청주서	281	주홍준	서대구서	373	지희창	관악서	100
주영석	삼성서	121	주화연	역삼서	134	진 솔	안양서	190
주영욱	지방세제	447	주희은	여수서	348	진 정	순천서	346
주영철	북대전서	277	주희진	구로서	103	진 준	안산서	186
주영호	세제실	9	지 만	북부산서	415	진경준	진주서	437
주온슬	광주서	320	지 성	서울청	77	진경철	남동서	238
주용태	잠실서	142	지광민	부산진서	412	진경희	제주서	443
주용호	서울청	62	지대진	서대문서	122	진관수	종로서	145
주우성	국세청	18	지대현	세종서	298	진나현	평택서	199
주원숙	성남서	181	지민경	수원서	182	진누리	속초서	208
주유미	국세청	24	지민영	동안양서	177	진동권	정읍서	338
주윤숙	강동서	97	지상근	서울청	91	진동욱	중부청	153
주윤재	동작서	114	지상선	분당서	179	진문수	나주서	340
주윤정	세종서	299	지상수	대전청	270	진미란	남대구서	364
주윤정	용산서	139	지상수	성동서	127	진미선	서초서	124
주윤중	화성서	200	지상준	국세청	22	진미정	경주서	377
주은미	중부청	160	지석란	수원서	182	진민정	서울청	89
주은상	광주청	315	지선영	중부청	164	진민정	파주서	257
주은영	광명서	244	지성수	서울청	88	진민혜	동대구서	366
주은영	서광주서	326	지성은	서울청	62	진민희	금천서	104
구은진	부산청	395	지소영	분당서	179	진병환	도봉서	110
주은화	삼성서	120	지소정	강남서	95	진병훈	마포서	116
주인규	국세청	49	지수연	남양주서	172	진보람	춘천서	215
주재명	동안산서	189	지승룡	전주서	337	진봉균	춘천서	214
주재민	조세연	452	지승환	익산서	334	진석주	마산서	434
주재정	북광주서	325	지신영	마포서	117	진선미	울산서	429
주재철	대전청	265	지연우	강남서	94	진선미	원주서	212
주재현	국세청	23	지연주	부산청	396	진선애	수원서	183
주정권	공주서	290	지영은	구리서	170	진선조	서초서	125
주종기	부산청	401	지영주	동고양서	248	진선호	서울청	88
주지홍	부산청	397	지영환	동수원서	174	진성민	마포서	117
주지훈	김해서	433	지영환	용인서	193	진성범	삼성서	121
주진수	대전청	269	지용권	동수원서	175	진성욱	도봉서	110
주진아	중부청	153	지우석	창원서	439	진성은	울산서	428
주철우	동래서	410	지원민	영등포서	137	진소미	조세연	453
주충용	화성서	200	지유미	동안양서	176	진소영	구미서	378
주태웅	남양주서	172	지은섭	종로서	145	진소영	대전청	271
주하나	시흥서	184	지은정	아산서	301	진소정	창원서	438
주해인	세재실	7	지은호	북광주서	324	진소현	남양주서	173
주향미	경기광주서	169	지임구	국세청	33	진솔민	종로서	144
주현경	마포서	117	지장근	상담센터	57	진수민	세종서	298
주현경	서대문서	122	지장근	조세심판원	14	진수민	중부청	152
주현수	동울산서	426	지재홍	수성서	369	진수민	춘천서	214
주현식	관악서	101	지점숙	서울청	72	진수성	정읍서	339
주현아	대전청	266	지정국	정읍서	338	진수영	군산서	328
주현정	북대구서	370	지창익	용인서	192	진수정	국세청	43
주현주	국세청	24	지행주	해남서	350	진수진	동안양서	177
주현진	창원서	438	지현민	부산청	400	진수환	서대문서	123
주현철	서울청	87	지현배	남부천서	252	진승연	분당서	179
주형석	부산청	399	지현배	양천서	133	진승철	인천청	220
주혜령	용산서	138	지현철	제주서	443	진승호	시흥서	184

진승환	천안서	304
진실화	익산서	335
진언지	대구청	357
진영근	인천청	222
진영상	안양서	190
진영석	중부청	162
진영숙	동래서	410
진영한	성남서	181
진예슬	익산서	334
진우영	양산서	409
진우형	국세청	45
진원용	서대전서	279
진유빈	육규한	391
진윤영	국세청	29
진윤영	원주서	212
진윤지	강남서	95
진인수	삼성서	121
진재경	국세청	34
진재화	국세청	37
진정록	강서서	99
진정욱	서산서	297
진정호	역삼서	134
진종호	대전청	269
진종희	북부산서	414
진주연	분당서	178
진주원	남양주서	172
진주희	김포서	246
진준식	제주서	442
진중기	북광주서	324
진채영	수영서	420
진태호	조세연	454
진한일	종로서	145
진향미	용인서	193
진혁환	나주서	341
진현서	성동서	126
진현석	이천서	196
진현정	아산서	300
진현진	부산강서서	416
진현탁	진주서	436
진현호	거창서	431
진형석	은평서	140
진혜경	구로서	103
진혜정	성동서	127
진혜진	부평서	233
진호근	통영서	441
진호범	계양서	241
진홍탁	강동서	97
진효영	해운대서	425
진훈미	김해서	433
진희성	서울청	64

ㅊ

차건수	대전청	265
차경진	북광주서	325
차광섭	대전청	268
차규상	부산진시	413
차규현	세종서	298
차기숙	울산서	428
차나리	평택서	198
차동희	종로서	145
차무중	서대문서	123
차무환	부산청	396
차미선	서울청	65
차민식	마산서	434
차보미	대전청	271
차상윤	익산서	335
차상진	부산청	400
차상훈	국세청	45
차선영	서울청	69
차선주	분당서	179
차성수	기흥서	195
차세원	남동서	239
차송근	중부청	164
차수빈	서울청	80
차수빈	인천서	230
차수빈	천안서	304
차수현	분당서	178
차순백	양천서	132
차순조	서울청	69
차승기	송파서	130
차양호	삼성서	121
차연수	국세청	21
차연아	국세청	30
차연아	부천서	250
차연주	서대문서	123
차연주	안양서	191
차영석	동수원서	175
차영준	남원서	331
차용희	서대문서	122
차유경	잠실서	142
차유곤	여수서	349
차유나	제주서	442
차유라	서초서	125
차유미	구로서	102
차유해	성동서	126
차윤주	서부산서	418
차윤중	구리서	171
차은규	대전서	275
차은영	동안산서	189
차은정	서광주서	327
차은정	중부서	148
차인혜	광명서	245
차일현	인천청	224

차재익	경산서	374
차정미	양천서	133
차정우	국세청	18
차정은	남양주서	173
차정환	영동서	283
차중협	도봉서	110
차지숙	동화성서	203
차지연	남부천서	252
차지연	서인천서	234
차지연	순천서	344
차지원	광명서	244
차지원	서울청	70
차지해	서초서	125
차지현	역삼서	135
차지훈	국세청	39
차지훈	춘천서	214
차진선	서울청	69
차현근	중랑서	146
차혜진	서울청	85
차회윤	충주서	289
창보라	기흥서	195
채가람	지방세제	446
채거환	동안양서	176
채경수	상담센터	57
채경연	마산서	434
채규욱	부산강서서	417
채규일	광주청	312
채규홍	성동서	127
채남기	나주서	341
채다빈	삼척서	206
채동준	동안양서	176
채만식	서울청	87
채명석	여수서	349
채명신	대구청	356
채명우	상담센터	59
채명훈	서인천서	234
채문석	의정부서	254
채미연	상주서	383
채미옥	인천청	224
채민기	서울청	91
채민석	평택서	198
채민재	이천서	196
채민정	영등포서	137
채민호	종로서	145
채민화	경주서	376
채상윤	중부청	164
채상조	이천서	196
채상철	삼척서	206
채상희	청주서	287
채성운	마포서	117
채성호	안산서	187
채송화	서인천서	235
채수민	국세청	46
채수정	군산서	328

이름	소속	쪽	이름	소속	쪽	이름	소속	쪽
채수필	송파서	130	천명길	남원서	330	최 상	양천서	133
채수향	강동서	96	천명선	마포서	116	최 선	순천서	346
채숙경	광주서	321	천명일	제주서	442	최 솔	반포서	119
채승아	해운대서	424	천문희	송파서	130	최 영	용인서	192
채승훈	경산서	375	천미영	연수서	237	최 용	남양주서	172
채여정	부산청	396	천미진	남대문서	106	최 웅	구로서	102
채연기	강동서	96	천민근	북전주서	333	최 웅	동안양서	176
채연식	중부청	157	천상미	예산서	303	최 웅	서대문서	123
채연주	용산서	139	천상수	김천서	381	최 일	관악서	101
채연학	파주서	256	천새봄	은평서	141	최 준	서울청	70
채예지	종로서	145	천서정	북광주서	324	최 진	경주서	377
채용문	잠실서	142	천선경	상담센터	56	최 진	마포서	117
채용찬	도봉서	110	천성운	김해서	432	최 혁	춘천서	214
채우리	여수서	348	천세훈	상담센터	57	최 현	인천청	226
채웅길	익산서	335	천세희	원주서	212	최 훈	광주청	314
채원식	김포서	247	천소진	동청주서	281	최가은	동작서	115
채유진	의정부서	255	천소현	동화성서	203	최가인	해남서	350
채은정	상담센터	58	천수진	서인천서	234	최갑순	부산진서	412
채정석	구리서	170	천수현	용인서	193	최강식	동래서	411
채정화	성북서	128	천승렬	구미서	379	최강원	이천서	196
채정환	서울청	89	천승리	진주서	436	최강이	동청주서	280
채정훈	국세청	18	천승민	진주서	436	최건호	서인천서	234
채종일	서울청	69	천승범	포천시	259	최건희	북전주서	333
채종철	중부서	148	천승현	수영서	420	최경락	국세청	36
채종희	동작서	114	천영수	삼성서	121	최경미	남대구서	364
채주희	대구청	358	천영환	의정부서	254	최경배	익산서	334
채준석	군산서	329	천요한	김천서	380	최경수	제주서	442
채준형	평택서	199	천용욱	김해서	432	최경식	분당서	178
채중석	중부청	164	천우남	순천서	346	최경아	연수서	237
채지현	남동서	238	천원철	동래서	410	최경아	영월서	211
채진병	남부천서	252	천은영	대전청	265	최경애	영덕서	386
채진우	국세청	19	천인호	연수서	237	최경은	울산서	429
채충우	영덕서	387	천정희	남대구서	364	최경인	동청주서	280
채칠용	영월서	210	천주석	중부청	162	최경준	영월서	211
채한기	부산진서	413	천주헌	고양서	243	최경철	상담센터	56
채현진	서대문서	123	천준환	김포서	246	최경하	충주서	288
채혜란	김포서	246	천지영	해운대서	425	최경호	서초서	125
채혜미	연수서	237	천지은	중부산서	423	최경화	동대구서	367
채혜인	중부청	159	천진해	용산서	138	최경화	인천청	221
채혜정	남대문서	106	천태근	동래서	411	최경화	홍천서	217
채호정	분당서	179	천해자	북대구서	370	최경희	동대문서	113
채홍선	대전청	262	천현식	계양서	241	최경희	창원서	438
채희문	인천청	226	천현창	서인천서	234	최고든	광산서	322
채희영	북전주서	333	천혜미	울산서	428	최고은	동울산서	427
채희원	안산서	187	천혜미	중부청	160	최고은	중부청	163
채희주	국세청	39	천혜빈	역삼서	135	최고진	수영서	420
채희준	천안서	304	천혜원	지방세제	446	최관수	세재실	8
천 일	강남서	95	천혜정	북대구서	371	최광민	서인천서	235
천경식	광주서	321	천혜진	국세청	41	최광식	제천서	284
천경필	영등포서	136	천호철	부산강서서	417	최광신	관악서	101
천광진	의정부서	255	천효순	마산서	434	최권호	나주서	341
천근영	국세청	48	천영현	서대문서	122	최규선	경기광주서	169
천기문	육규한	390	최 건	권익위	448	최규식	노원서	109
천만진	중부청	152	최 민	국세청	41	최규진	부산진서	412

이름	소속	쪽	이름	소속	쪽	이름	소속	쪽
최규환	인천서	230	최동일	서초서	124	최미진	북대전서	276
최근보	원주서	212	최동주	중부청	160	최미혜	광산서	323
최근수	국세청	38	최동찬	서산서	296	최민경	남동서	239
최근식	부산청	394	최동혁	국세청	47	최민경	동작서	115
최근영	기흥서	194	최동혁	서울청	88	최민규	남부천서	252
최근영	은평서	140	최동훈	북대전서	277	최민규	노원서	109
최근재	시대구서	373	최동휘	남양주서	173	최민서	부산진서	412
최근창	역삼서	135	최두이	동화성서	202	최민석	금전서	105
최근형	평택서	199	최두현	세종서	298	최민석	대구청	355
최근호	국세청	26	최두환	북부산서	414	최민성	마포서	117
최근호	기흥서	195	최락진	성남서	181	최민수	성동서	127
최근호	조세연	453	최만석	부산청	394	최민식	동울산서	427
최금년	대전청	265	최명길	수영서	420	최민애	경기광주서	169
최금주	조세연	454	최명식	은평서	141	최민우	국세청	38
최금해	동작서	114	최명일	국세청	45	최민우	삼척서	207
최기순	예산서	302	최명준	서울청	90	최민정	대전서	275
최기영	경주서	377	최명진	중부청	162	최민정	역삼서	135
최기영	교육원	52	최명현	서울청	73	최민정	영등포서	137
최기용	남대구서	364	최명호	중부청	164	최민정	잠실서	142
최기웅	노원서	108	최명환	부산강서서	416	최민정	전주서	336
최기웅	성동서	127	최명훈	서대문서	123	최민준	부산진서	412
최기현	광명서	244	최문경	서초서	125	최민지	서산서	297
최기환	광산서	322	최문석	용산서	139	최민지	세종서	299
최기환	양천서	133	최문영	광주청	314	최방석	광주서	321
최길만	서울청	90	최문자	광주서	320	최범식	잠실서	143
최길섭	노원서	109	최미경	관악서	100	최병구	경주서	376
최길숙	중부서	149	최미경	동고양서	248	최병구	중부청	166
최나연	연수서	236	최미경	성동서	127	최병국	강서서	98
최나영	목포서	342	최미경	익산서	335	최병국	인천서	230
최낙상	울산서	429	최미나	서대구서	373	최병길	금천서	104
최낙훈	금정서	407	최미녀	김해서	433	최병달	서대구서	372
최남숙	영덕서	387	최미란	서울청	91	최병민	용인서	192
최남원	금천서	104	최미란	영주서	388	최병분	충주서	289
최남철	서울청	64	최미란	익산서	335	최병석	서초서	124
최노용	천안서	305	최미리	서울청	70	최병석	종로서	145
최누리	남양주서	172	최미리	종로서	144	최병용	홍천서	217
최다솜	공주서	290	최미선	금천서	105	최병우	서울청	86
최다연	공주서	290	최미선	조세연	452	최병윤	순천서	347
최다연	동청주서	280	최미숙	대전청	271	최병재	인천청	220
최다연	은평서	140	최미숙	의정부서	254	최병준	대구청	354
최다예	중부청	153	최미순	강서서	99	최병천	충주서	289
최다인	동고양서	249	최미애	육규한	390	최병철	창원서	439
최다혜	광산서	322	최미영	교육원	53	최병태	용산서	138
최다혜	부평서	232	최미영	동안양서	177	최병하	익산서	334
최다혜	북광주서	325	최미영	순천서	344	최병화	용인서	192
최대경	진주서	436	최미영	역삼서	134	최보경	수영서	420
최대림	부산청	396	최미영	조세연	449	최보람	순천서	345
최대현	금정서	407	최미영	조세연	449	최보령	국세청	44
최덕선	강릉서	204	최미영	조세연	450	최보문	강남서	94
최도석	서울청	85	최미옥	서초서	124	최보미	남동서	239
최도영	대구청	361	최미옥	성남서	180	최보선	양천서	133
최돈희	중부청	159	최미자	잠실서	143	최보영	광주청	317
최동기	안양서	191	최미정	동화성서	202	최보영	영등포서	136
최동수	중랑서	147	최미정	중부청	155	최보윤	김포서	246

최보현	남대문서	106	최성례	안양서	190	최수인	천안서	304
최복기	평택서	198	최성미	영등포서	137	최수정	분당서	179
최봉렬	양천서	132	최성민	김해서	432	최수종	서대전서	279
최봉수	청주서	287	최성민	수원서	182	최수지	인천청	220
최봉순	국세청	45	최성배	목포서	342	최수진	국세청	37
최상규	김천서	380	최성순	성동서	127	최수진	기흥서	195
최상덕	창원서	438	최성실	수성서	368	최수진	김천서	381
최상림	구리서	170	최성영	국세청	18	최수진	노원서	108
최상만	국세청	22	최성용	중부청	152	최수현	국세청	20
최상미	분당서	179	최성욱	고양서	242	최수현	목포서	343
최상복	대구청	356	최성은	조세연	451	최수현	울산서	429
최상연	인천청	225	최성일	노원서	108	최수현	잠실서	143
최상연	중부서	149	최성일	화성서	200	최숙경	부산청	403
최상영	순천서	346	최성임	울산서	428	최숙현	성동서	126
최상운	중부청	152	최성준	북부산서	415	최숙희	기흥서	194
최상임	강동서	97	최성지	원주서	212	최순봉	부산진서	413
최상재	춘천서	215	최성한	동청주서	280	최순옥	목포서	343
최상채	잠실서	143	최성현	중부청	162	최순희	북전주서	332
최상혁	나주서	340	최성호	국세청	18	최순희	영등포서	136
최상혁	양천서	132	최성호	논산서	292	최슬기	국세청	48
최상형	영동서	283	최성호	반포서	118	최슬기	동청주서	281
최서나	서울청	75	최성화	강남서	95	최슬기	서울청	78
최시언	깅시서	98	최성환	계양서	240	최슬기	아산서	300
최서우	부산강서서	416	최성희	중부산서	423	최슬기	평택서	199
최서윤	김포서	246	최성희	홍천서	217	최승규	인천서	230
최서윤	부천서	250	최세라	서울청	79	최승민	서울청	63
최서윤	진주서	436	최세영	구미서	379	최승복	경기광주서	169
최서진	성북서	128	최세영	남양주서	172	최승빈	화성서	200
최서현	세종서	298	최세은	안양서	190	최승식	천안서	305
최석운	서인천서	234	최세진	서초서	124	최승오	보령서	294
최석종	중부청	156	최세진	이천서	197	최승욱	연수서	236
최선규	구로서	103	최세현	북전주서	332	최승일	삼척서	206
최선균	분당서	178	최세희	서울청	76	최승철	속초서	209
최선근	국세청	49	최소담	광주청	314	최승택	조세심판원	12
최선미	국세청	36	최소라	노원서	108	최승필	김천서	381
최선미	시흥서	184	최소아	경주서	376	최승혁	강동서	96
최선우	서울청	84	최소영	서초서	125	최승현	안동서	385
최선우	통영서	440	최소영	평택서	199	최승훈	안동서	384
최선이	성동서	126	최소윤	동래서	410	최승훈	안양서	191
최선재	조세심판원	15	최소은	은평서	141	최승훈	조세연	453
최선주	강동서	96	최송아	용산서	138	최승훈	통영서	440
최선주	서울청	90	최송엽	동화성서	202	최시온	중랑서	147
최선학	동작서	114	최수경	의정부서	255	최시원	조세연	452
최선혜	김포서	247	최수미	강동서	96	최시은	순천서	347
최선호	금천서	105	최수미	제주서	443	최시은	청주서	287
최선효	삼성서	121	최수민	순천서	345	최신호	광주청	311
최선희	노원서	109	최수빈	강동서	97	최아라	부산진서	412
최선희	도봉서	110	최수식	김해서	432	최아라	서인천서	235
최선희	서대구서	373	최수연	서울청	80	최아름	구로서	102
최설희	국세청	45	최수연	익산서	334	최안나	경기광주서	168
최성관	익산서	334	최수연	중부서	148	최안욱	부산청	394
최성규	서울청	82	최수영	대전청	266	최여은	역삼서	135
최성균	양천서	133	최수인	구로서	103	최연경	고양서	243
최성도	용인서	193	최수인	구리서	170	최연구	구리서	171

최연덕	동래서	410	최영현	강남서	94	최원석	김포서	247
최연서	광주서	320	최영호	국세청	45	최원수	상주서	382
최연수	구로서	103	최영호	금천서	104	최원영	북광주서	324
최연수	북광주서	325	최영호	은평서	141	최원영	송파서	131
최연옥	영동서	283	최영호	평택서	198	최원우	울산서	428
최연우	영등포서	137	최영환	관악서	100	최원익	평택서	198
최연우	원주서	212	최영환	광명서	245	최원정	목포서	342
최연욱	중부청	153	최영환	성남서	181	최원제	육규한	391
최연정	양산서	408	최영훈	국세청	37	최원준	국세청	48
최연정	중랑서	147	최예린	해남서	350	최원준	남대구서	365
최연주	남동서	239	최예영	부산강서서	417	최원진	금정서	406
최연주	화성서	201	최예은	송파서	131	최원태	부산진서	413
최연지	파주서	256	최오동	서울청	91	최원현	국세청	20
최연평	전주서	336	최오미	대전청	266	최원화	삼성서	121
최연하	서울청	71	최옥구	중부청	158	최원희	도봉서	111
최연희	관악서	100	최완규	중부청	166	최유건	서울청	83
최연희	도봉서	110	최완규	파주서	257	최유나	김포서	247
최연희	북광주서	324, 325	최완규	화성서	200	최유나	남대구서	364
최영권	대전청	262	최용규	구로서	103	최유리	북대전서	276
최영근	북전주서	333	최용근	송파서	130	최유림	강동서	96
최영둘	대전청	265	최용민	역삼서	134	최유림	조세연	455
최영란	조세연	455	최용복	충주서	288	최유림	종로서	144
최영미	대전서	275	최용선	부평서	233	최유림	해운대서	424
최영미	중부청	156	최용세	서대전서	279	최유미	동대구서	366
최영보	도봉서	111	최용우	서울청	63	최유미	조세심판원	13
최영봉	반포서	119	최용철	북광주서	325	최유성	인천청	226
최영선	부산청	394	최용호	강동서	96	최유연	분당서	179
최영수	서대문서	122	최용호	화성서	201	최유영	시흥서	184
최영숙	중부서	148	최용훈	경산서	375	최유원	교육원	53
최영실	마포서	116	최용훈	김천서	380	최유일	상주서	383
최영아	서울청	83	최용훈	부산청	404	최유정	서산서	297
최영우	국세청	24	최용훈	서울청	86	최유진	대구청	357
최영우	원주서	213	최우경	세종서	299	최유진	서울청	65
최영윤	대구청	360	최우녕	고양서	242	최유진	파주서	256
최영은	동대구서	367	최우석	중부산서	422	최유철	대구청	356
최영은	역삼서	134	최우석	중부청	161	최윤겸	부산청	394
최영인	서울청	76	최우성	강동서	96	최윤경	대전청	270
최영임	광산서	322	최우성	용인서	192	최윤기	수원서	182
최영임	광주청	312	최우신	경기광주서	169	최윤미	부산청	394
최영조	경기광주서	169	최우영	기흥서	195	최윤미	서대문서	123
최영주	광주청	314	최우영	동울산서	426	최윤미	안양서	191
최영준	상담센터	57	최우영	수원서	182	최윤미	인천청	223
최영준	예산서	302	최우일	마포서	116	최윤미	조세연	451
최영준	육규한	391	최우정	고양서	243	최윤서	서울청	82
최영준	중부청	153	최우진	대전청	270	최윤석	동화성서	202
최영지	용산서	138	최우현	중부청	159	최윤석	서인천서	234
최영진	성북서	129	최욱경	진주서	436	최윤선	동청주서	281
최영진	순천서	347	최운식	용산서	138	최윤선	상담센터	56
최영진	용인서	193	최운환	송파서	131	최윤성	분당서	178
최영철	국세청	20	최웅렬	고양서	242	최윤성	용인서	192
최영철	삼성서	120	최원규	광주청	316	최윤실	김해서	432
최영철	육규한	391	최원길	종로서	144	최윤영	구미서	379
최영철	중부산서	422	최원봉	국세청	43	최윤영	남대구서	364
최영학	서울청	83	최원석	구로서	103	최윤영	동수원서	174

이름	소속	페이지	이름	소속	페이지	이름	소속	페이지
최윤영	서울청	78	최은지	원주서	213	최재봉	국세청	18
최윤영	울산서	429	최은진	남부천서	252	최재성	구미서	379
최윤용	조세연	455	최은진	마산서	434	최재성	동수원서	174
최윤정	남동서	238	최은진	부천서	250	최재영	구미서	378
최윤정	서초서	124	최은진	서대구서	373	최재영	김천서	380
최윤정	시흥서	185	최은진	서초서	125	최재영	삼성서	121
최윤정	용인서	193	최은창	용인서	192	최재영	세제실	8
최윤정	충주서	289	최은철	북전주서	333	최재용	서부산서	419
최윤정	통영서	441	최은하	서울청	66	최재우	동대구서	367
최윤주	계양서	240	최은혜	동청주서	280	최재우	동울산서	427
최윤주	북광주서	324	최은호	대구청	355	최재우	수원서	182
최윤진	서울청	85	최은화	부평서	232	최재원	성북서	128
최윤진	평택서	198	최은희	동청주서	281	최재은	김해서	433
최윤혁	창원서	439	최은희	동화성서	202	최재은	북대구서	371
최윤형	경주서	376	최은희	서울청	86	최재진	구리서	170
최윤호	대전청	266	최이진	남동서	238	최재천	경기광주서	168
최윤호	서울청	63	최이환	금천서	104	최재철	강서서	99
최윤회	동화성서	203	최익성	서울청	64	최재혁	동대구서	366
최윤희	서울청	91	최익수	서산서	296	최재혁	북광주서	324
최윤희	세제실	6	최익영	동작서	114	최재혁	의정부서	254
최은경	계양서	241	최익훈	부평서	232	최재혁	해운대서	424
최은경	동작서	114	최인경	기흥서	195	최재현	관악서	100
최은경	부산청	400	최인광	순천시	344	최재현	수성서	368
최은경	북전주서	332	최인귀	영등포서	136	최재협	남대구서	364
최은경	통영서	440	최인규	구로서	103	최재형	서울청	87
최은경	파주서	257	최인범	용인서	193	최재호	중부산서	422
최은미	상담센터	56	최인석	영등포서	137	최재화	수성서	369
최은미	서울청	66	최인식	김해서	432	최재훈	제주서	443
최은미	세종서	298	최인아	서울청	71	최정규	용산서	139
최은복	포천서	258	최인아	창원서	439	최정명	부천서	250
최은빈	수영서	421	최인애	홍성서	306	최정민	삼성서	121
최은선	구미서	379	최인영	동안양서	177	최정식	김해서	433
최은선	시흥서	184	최인영	마산서	435	최정심	화성서	200
최은수	서울청	85	최인영	서울청	79	최정아	강서서	99
최은수	성동서	126	최인영	중부청	162	최정아	금정서	406
최은수	화성서	200	최인옥	대전청	267	최정애	창원서	438
최은숙	국세청	27	최인옥	도봉서	110	최정연	군산서	328
최은숙	서울청	74	최인탁	조세연	449	최정연	화성서	201
최은숙	안동서	384	최인혁	조세연	449	최정열	마포서	117
최은애	북대구서	370	최인혁	조세연	450	최정영	동작서	114
최은애	성북서	129	최인혜	예산서	302	최정용	북광주서	324
최은영	고양서	243	최인효	여수서	348	최정우	삼성서	121
최은영	구미서	378	최일암	국세청	47	최정욱	광주청	315
최은영	국세청	22	최장균	광주청	317	최정운	동래서	410
최은영	금천서	104	최장영	연수서	237	최정웅	부산진서	412
최은영	서울청	85	최장원	국세청	48	최정원	성북서	128
최은영	양천서	132	최재강	이천서	196	최정윤	국세청	26
최은영	잠실서	142	최재광	평택서	199	최정은	서대구서	373
최은옥	동고양서	248	최재규	서울청	73	최정은	용산서	139
최은유	서울청	69	최재규	전주서	336	최정은	제주서	443
최은정	남부천서	253	최재균	제천서	285	최정이	북광주서	324
최은정	서울청	85	최재덕	국세청	30	최정인	삼척서	206
최은정	잠실서	143	최재득	동작서	114	최정인	서초서	124
최은지	국세청	48	최재명	대전청	271	최정임	잠실서	142

최정주	수영서	421	최지영	금천서	104	최진욱	수원서	183
최정헌	시흥서	185	최지영	대구청	358	최진원	성동서	127
최정현	국세청	29	최지영	마산서	435	최진이	논산서	292
최정혜	육규한	390	최지영	보령서	294	최진철	강동서	96
최정환	계양서	240	최지영	삼성서	121	최진하	서대전서	278
최정훈	서부산서	418	최지영	조세연	454	최진현	조세심판원	12
최정훈	수영서	420	최지우	관악서	100	최진화	중부청	165
최정훈	영등포서	137	최지우	의정부서	254	최자영	억삼서	134
최정희	중부청	166	최지우	평택서	199	최찬규	중부청	161
최제환	김해서	433	최지웅	인천서	231	최찬민	중부청	161
최제후	목포서	343	최지원	성동서	126	최찬배	국세청	33
최제희	창원서	439	최지은	국세청	31	최창무	광주청	310
최종기	대구청	354	최지은	군산서	328	최창열	계양서	240
최종래	서초서	125	최지은	동수원서	174	최창우	부산청	395
최종묵	광명서	245	최지은	동화성서	202	최창욱	광주청	314
최종미	서울청	72	최지은	북대구서	370	최창원	조세심판원	12
최종민	목포서	342	최지은	북대전서	276	최창주	동대문서	113
최종선	북광주서	325	최지은	중부청	164	최창현	인천청	227
최종수	마포서	117	최지인	익산서	334	최창호	동대문서	113
최종욱	남동서	238	최지현	거창서	431	최창호	해운대서	425
최종욱	천안서	305	최지현	구로서	102	최창훈	국세청	26
최종운	남대구서	364	최지현	김포서	247	최천식	상담센터	56
최종호	분당서	178	최지현	노원서	108	최철승	광산서	322
최종훈	평택서	198	최지현	부산진서	412	최청림	안양서	191
최주광	김포서	247	최지현	시흥서	184	최초로	삼성서	120
최주연	금정서	406	최지현	역삼서	135	최충일	청주서	287
최주영	김해서	432	최지혜	목포서	342	최치권	삼성서	120
최주영	남대구서	364	최지혜	수영서	420	최치환	국세청	38
최주영	울산서	429	최지훈	광주청	316	최칠성	익산서	335
최주현	동안양서	177	최지훈	대전청	267	최태규	역삼서	135
최주희	인천서	230	최지훈	세제실	7	최태영	부산진서	412
최준민	목포서	342	최지훈	천안서	304	최태완	분당서	178
최준성	북전주서	332	최지희	대전청	266	최태용	삼성서	121
최준성	중부청	164	최지희	북전주서	332	최태전	마산서	434
최준영	서산서	296	최진경	경기광주서	168	최태주	성동서	127
최준영	송파서	131	최진관	통영서	440	최태진	서초서	125
최준완	중부청	163	최진규	금천서	104	최태현	상담센터	57
최준욱	조세연	451	최진규	세제실	7	최태형	평택서	199
최준웅	종로서	145	최진규	영월서	210	최태훈	국세청	31
최준재	부평서	232	최진남	국세청	18	최파란	제주서	442
최준호	영덕서	387	최진미	서울청	65	최필규	수원서	182
최준환	중부청	152	최진민	부산청	397	최하나	구로서	102
최중갑	조세연	454	최진석	속초서	208	최하나	동안산서	188
최중진	원주서	213	최진선	인천서	231	최하나	서초서	125
최지나	김해서	433	최진숙	대전청	266	최하나	중랑서	146
최지민	남동서	239	최진숙	부산청	397	최하연	서울청	65
최지민	동대문서	113	최진숙	창원서	439	최하영	조세연	450
최지선	마산서	434	최진식	서울청	72	최하은	김해서	433
최지수	서울청	75	최진아	양천서	133	최학규	대전청	266
최지숙	대구청	357	최진영	서대문서	123	최학선	양산서	408
최지안	북대구서	370	최진영	서인천서	234	최한근	서울청	77
최지연	동수원서	174	최진영	양천서	132	최한뫼	상담센터	56
최지연	중부청	162	최진영	울산서	428	최한솔	성남서	180
최지영	국세청	44	최진옥	대전청	262	최한영	조세연	451

이름	소속	쪽	이름	소속	쪽	이름	소속	쪽
최한호	동래서	411	최혜연	잠실서	142	추상미	통영서	441
최항호	울산서	428	최혜옥	역삼서	134	추성영	서울청	68
최해성	부산청	401	최혜원	파주서	257	추세웅	서울청	69
최해수	부산강서서	416	최혜정	의정부서	255	추수연	부산강서서	416
최해영	서울청	64	최혜정	이천서	196	추시은	북대구서	371
최해욱	국세청	45	최혜지	북대전서	277	추아민	동래서	411
최해원	서초서	125	최혜진	김포서	246	추언우	금정서	406
최해철	고양서	243	최혜진	부평서	232	추원규	대전청	271
최행용	충주서	288	최혜진	서울청	67	추원득	천안서	304
최향미	광주청	313	최혜진	수영서	420	추원옥	인천청	220
최향성	도봉서	111	최혜진	중부청	162	추원희	양산서	408
최헌순	동고양서	249	최호림	관악서	101	추은경	북대구서	371
최혁진	동화성서	203	최호성	동래서	410	추은정	인천청	223
최현빈	통영서	440	최호열	서대전서	278	추정현	서울청	72
최현석	마포서	117	최호영	의정부서	255	추종완	수영서	421
최현석	영등포서	136	최호영	창원서	438	추지연	서광주서	326
최현선	익산서	334	최호영	춘천서	215	추지희	부산청	401
최현성	김포서	247	최호윤	서울청	86	추현희	제주서	442
최현수	중부청	161	최호일	군산서	328	추혜진	대구청	359
최현숙	동화성서	202	최홍서	서울청	78			
최현신	동안양서	177	최홍신	국세청	38			
최현아	여수서	348	최홍열	대전청	266			
최현영	전주서	337	최한규	동고양시	248			
최현영	화성서	201	최환석	광주청	311			
최현옥	전주서	337	최환석	서산서	296			

<table>
<tr><td colspan="3" align="center">ㅌ</td></tr>
</table>

이름	소속	쪽
탁경석	부평서	232
탁봉진	동안양서	176
탁서연	강남서	95
탁성찬	서초서	124
탁용성	도봉서	110
탁현희	북대전서	277
탁희경	서대문서	122
탄정기	삼척서	206
태대환	동고양서	248
태민성	부평서	233
태상미	대전청	268
태영연	고양서	242
태종배	구리서	170

계속 (column 2 continued):

이름	소속	쪽
최회윤	김포서	246
최효선	강남서	94
최효선	제주서	443
최효영	서대문서	122
최효임	경기광주서	168
최효진	강서서	98
최효진	서울청	91
최훈정	부산강서서	416
최휘철	충주서	288
최흥길	동울산서	426
최흥진	서인천서	235
최희경	공주서	290
최희경	제주서	443
최희경	파주서	256
최희권	청주서	286
최희숙	북부산서	414
최희원	국세청	41
최희재	수원서	182
최희정	광명서	245
최희주	서인천서	235
추교석	송파서	131
추근식	서울청	70
추근우	중부청	164
추다솔	성동서	127
추명운	국세청	38
추민성	경주서	377
추민재	부산강서서	417
추병욱	부산청	401
추병일	금정서	406

계속 (column 1 continued):

이름	소속	쪽
최현정	대전서	274
최현정	마포서	116
최현정	울산서	429
최현정	중부청	152
최현정	평택서	199
최현주	대구청	357
최현주	서대전서	278
최현주	중부청	153
최현준	용산서	139
최현지	서초서	124
최현진	부산강서서	416
최현진	인천청	227
최현진	전주서	337
최현창	중부청	157
최현태	속초서	208
최현호	고양서	243
최현희	수성서	368
최형윤	성동서	126
최형준	김포서	246
최형준	서울청	74
최형지	원주서	213
최형화	삼성서	121
최혜경	대전서	275
최혜경	북대구서	370
최혜련	종로서	145
최혜리	통영서	441
최혜림	남양주서	172
최혜선	김해서	433
최혜승	성남서	180

<table>
<tr><td colspan="3" align="center">ㅍ</td></tr>
</table>

이름	소속	쪽
팽동준	중부청	165
편나래	동대문서	112
편대수	중부청	165
편무창	북대전서	276
편상원	상담센터	56
편수진	속초서	208
편정아	동화성서	202
편지현	중부산서	422
편혜란	구로서	103
표다은	남양주서	172
표미경	세종서	299

이름	소속	쪽
표민경	김해서	432
표삼미	서울청	69
표석진	부천서	250
표선임	강동서	97
표우중	구로서	102
표윤미	동대문서	112
표성범	마포시	117
표지선	서울청	77
표창환	조세연	449
표혜선	부산진서	412
풍관섭	남대문서	107
피근영	남부천서	253
피연지	동고양서	249
피정빈	동화성서	203

ㅎ

이름	소속	쪽
하헌균	지방세제	447
하헌욱	안동서	384
하현균	국세청	19
하현정	연수서	237
하현주	국세청	22
하현주	통영서	441
하형준	서대전서	278
하회성	동래서	410
하효연	동화성서	202
하효준	김천서	380
하희완	화성서	200
한 란	대전청	264
한 용	대전청	270
한 현	지방세제	446
한대섭	북부산서	414
한대희	기흥서	194
한장미	성동서	126
한장우	서울청	87
한장혁	서울청	62
한채윤	광주청	314
한가영	김해서	432
한가희	관악서	100
한건희	울산서	428
한겨레	전주서	337
한경란	수원서	182
한경석	강동서	97
한경선	교육원	52
한경선	대구청	354
한경수	대전청	270
한경진	조세연	451
한경태	상주서	382
한경태	중부청	162
한경화	구로서	103
한경화	용인서	192
한광우	충주서	289
한광인	이천서	196
한광일	마포서	117
한광희	삼성서	121
한구환	천안서	304
한국일	광주청	310
한권수	군산서	329
한규리	남대구서	365
한규민	논산서	293
한규원	경주서	376
한규진	송파서	131
한그루	중부청	158
한금순	성동서	126
한기연	수원서	182
한기준	서울청	66
한기청	광주청	317
한길완	전주서	337
한길택	의정부서	255
한나라	광주청	311
한나라	조세심판원	13
한누리	관악서	100
한다은	중부청	160
한다정	남원서	330
한덕우	남동서	239
한덕윤	서울청	90
한도순	대전청	265
한도흔	북광주서	325
한동규	아산서	301
한동석	서광주서	327
한동훈	부산청	394
한동훈	화성서	201
한동희	아산서	300
한만훈	안양서	190
한면기	해운대서	425
한명수	경기광주서	168
한명진	통영서	440
한무현	김포서	247
한문식	의정부서	254
한미경	용산서	138
한미연	기흥서	195
한미영	국세청	23
한미영	동안양서	176
한미자	동화성서	202
한미현	강남서	94
한미희	이천서	196
한민규	수원서	182
한민수	경기광주서	169
한민아	천안서	304
한민우	남부천서	253
한민우	영주서	388
한민지	서울청	71
한민희	국세청	41
한범희	중부청	164
한보경	금천서	104
한보름	역삼서	134
한봉수	경기광주서	168
한비룡	동수원서	174
한빛나	천안서	304
한상국	영덕서	386
한상명	제주서	442
한상민	교육원	52
한상민	중부서	148
한상배	충주서	288
한상범	경기광주서	169
한상범	안양서	190
한상범	은평서	141
한상수	시흥서	185
한상영	동수원서	175
한상용	서광주서	326
한상원	아산서	300
한상윤	남양주서	172
한상재	인천청	222
한상철	남대문서	106
한상춘	해남서	350
한상현	역삼서	134
한상화	용인서	192
한상훈	서울청	77
한상훈	아산서	300
한상훈	익산서	335
한상희	부천서	251
한서연	수원서	183
한서희	아산서	300
한석복	북부산서	415
한석영	잠실서	143
한석원	전주서	336
한석윤	김포서	246
한석희	서대전서	279
한선배	종로서	145
한선희	동화성서	202
한설희	전주서	336
한성경	충주서	288
한성미	중부청	165
한성민	제주서	443
한성삼	부산청	400
한성욱	동대구서	367
한성일	반포서	118
한성준	동청주서	280
한성호	서울청	76
한성호	평택서	198
한성희	전주서	336
한세영	국세청	23
한세영	서인천서	234
한세온	서울청	86
한세훈	시흥서	185
한세희	서울청	68
한소라	서울청	62
한소백	중부서	149
한소연	국세청	30
한소영	조세연	454

한소은	전주서	337	한아림	안양서	190	한재영	부산청	404
한송이	교육원	52	한연근	김포서	247	한재영	부천서	251
한송이	북광주서	324	한연식	광주서	321	한재일	역삼서	134
한송이	순천서	347	한영규	중랑서	147	한재진	대구청	354
한송이	천안서	304	한영섭	잠실서	142	한재현	조세연	452
한송희	광명서	245	한영수	광주서	321	한재희	용산서	139
한송희	서산서	296	한영수	역삼서	135	한정관	서광주서	326
한송희	인천청	223	한영임	성남서	181	한정규	광주청	317
한수경	군산서	329	한영준	구리서	171	한정미	국세청	37
한수관	예산서	302	한예숙	용산서	138	한정민	논산서	293
한수민	안양서	190	한예슬	교육원	52	한정민	부산청	394
한수연	강동서	96	한예슬	시흥서	185	한정수	교육원	53
한수연	구리서	170	한예향	서부산서	418	한정식	서초서	124
한수영	홍성서	306	한예환	중부서	148	한정아	금천서	105
한수은	국세청	38	한완상	인천청	228	한정예	김해서	432
한수이	서대전서	279	한요섭	분당서	178	한정용	광주청	315
한수정	삼성서	121	한용균	조세연	455	한정철	국세청	41
한수정	화성서	201	한용희	광주청	310	한정필	천안서	304
한수지	인천청	225	한웅희	충주서	288	한정현	안산서	186
한수진	동청주서	280	한원윤	전주서	337	한정현	양천서	133
한수진	안산서	187	한원주	대전청	270	한정호	중랑서	147
한수철	용인서	192	한원찬	연수서	237	한정홍	동울산서	427
한수현	서광주서	327	한유경	서울청	65	한성화	아산서	300
한수현	서대문서	122	한유미	조세연	449	한정환	대구청	354
한수현	서울청	90	한유정	경기광주서	168	한정희	금정서	407
한수현	수원서	182	한유진	강남서	95	한정희	남대문서	107
한수현	시흥서	185	한유진	중부산서	422	한정희	북대전서	276
한수현	영등포서	136	한유현	목포서	342	한정희	잠실서	143
한수현	중부청	165	한윤구	국세청	30	한제희	서울청	68
한수홍	서광주서	326	한윤숙	용산서	138	한종건	조세심판원	15
한숙란	대전청	264	한윤정	양천서	132	한종관	육규한	390
한숙향	마포서	116	한윤주	울산서	428	한종문	중부서	149
한숙희	전주서	337	한윤채	성북서	129	한종범	성동서	127
한순국	수성서	368	한윤희	광주서	321	한종창	김해서	432
한순규	서초서	125	한은미	조세연	454	한종태	대전청	262
한순근	수원서	182	한은숙	김해서	432	한종환	서울청	85
한승구	김포서	247	한은영	고양서	243	한종훈	기흥서	195
한승기	구리서	171	한은우	동수원서	175	한주성	도봉서	110
한승만	서울청	88	한은정	강남서	94	한주성	북광주서	324
한승민	부천서	251	한은정	북광주서	325	한주성	서울청	85
한승배	의정부서	254	한은정	서인천서	234	한주연	상담센터	57
한승범	도봉서	110	한은정	순천서	347	한주진	서울청	89
한승아	성동서	126	한은정	평택서	198	한주희	구리서	170
한승완	노원서	109	한은주	서울청	82	한주희	천안서	305
한승우	동안양서	177	한이수	강서서	99	한주희	파주서	256
한승욱	동대문서	112	한인수	동청주서	280	한준혁	국세청	47
한승일	원주서	212	한인정	서인천서	234	한준희	동래서	411
한승일	제주서	442	한인표	인천서	231	한지수	동안양서	177
한승철	중부청	161	한일용	광주청	311	한지연	인천청	222
한승협	동고양서	248	한임철	거창서	431	한지영	구미서	378
한승희	홍성서	307	한재민	이천서	197	한지영	서대문서	122
한시윤	국세청	31	한재식	구로서	103	한지예	역삼서	135
한아름	광산서	322	한재식	중랑서	146	한지우	전주서	336
한아름	서대문서	122	한재영	강남서	95	한지운	서울청	86

한지웅	광주청	314	함두화	동작서	115	허미영	서울청	76
한지원	서울청	80	함명자	용인서	192	허미혜	조세연	453
한지원	인천서	230	함민규	기흥서	194	허민영	조세연	454
한지원	종로서	144	함상봉	동안양서	177	허민주	동안산서	188
한지윤	금천서	105	함상현	남동서	238	허비은	동고양서	249
한지현	서부산서	419	함석광	관악서	101	허서영	울산서	428
한지혜	목포서	343	함송희	남동서	238	허석룡	화성서	200
한지혜	삼척서	206	함수민	창원서	439	허선닉	광주서	321
한지혜	잠실서	142	함수정	부평서	232	허성근	서울청	74
한지희	시흥서	184	함연의	남대문서	106	허성길	서대구서	373
한진규	서인천서	235	함영록	강릉서	204	허성문	삼척서	206
한진선	동안양서	177	함영은	의정부서	255	허성민	충주서	288
한진옥	성북서	128	함용식	수원서	183	허성은	대구청	358
한진혁	강서서	98	함윤선	시흥서	184	허성은	부산청	399
한창규	포천서	259	함은정	중부청	153	허성준	부산청	394
한창균	광주청	316	함인한	강릉서	205	허성진	충주서	288
한창림	제주서	443	함지영	삼성서	120	허성혁	상주서	383
한창목	서울청	88	함지훈	성동서	127	허성훈	이천서	196
한창수	북대구서	371	함태진	전주서	336	허세미	고양서	242
한창용	부산청	395	함태희	남양주서	172	허세욱	양천서	133
한창우	서울청	65	함효재	강동서	96	허소미	서울청	78
한철희	파주서	257	함희원	남대구서	365	허소영	육규한	391
한청용	서울청	68	허 곤	교육원	52	허송이	마포서	116
한청희	경주서	377	허 선	국세청	18	허수범	국세청	39
한충열	서울청	65	허 송	역삼서	135	허수정	부산청	397
한혜영	원주서	212	허 용	중부청	160	허수진	노원서	109
한현국	부산청	401	허 장	송파서	131	허순미	북부산서	414
한현섭	서산서	297	허 종	창원서	438	허슬기	통영서	440
한현숙	동작서	114	허 준	동안양서	177	허승호	포천서	259
한현준	삼척서	206	허 진	서울청	80	허양숙	안양서	191
한혜경	동안산서	189	허 진	중부청	159	허양원	영동서	282
한혜란	조세연	452	허 현	금정서	407	허영렬	안양서	191
한혜린	서초서	125	허 현	전주서	337	허영섭	중부청	152
한혜민	부천서	251	허 환	남대구서	365	허영수	부산청	400
한혜빈	중랑서	147	허경란	익산서	334	허예린	부평서	232
한혜선	상담센터	56	허경선	조세연	453	허예린	북전주서	332
한혜성	동작서	114	허경숙	광산서	323	허원갑	서산서	297
한혜숙	동울산서	426	허광규	남부천서	252	허원석	부천서	250
한혜영	서울청	67	허광녕	성남서	180	허유경	군산서	328
한혜영	육규한	390	허광욱	조세심판원	13	허유미	부산진서	413
한혜진	남동서	239	허규석	동울산서	426	허유범	서인천서	235
한효경	세종서	299	허규진	북대구서	370	허유정	마산서	435
한효숙	중부청	158	허금희	북부산서	414	허윤봉	익산서	334
한효주	도봉서	110	허남규	서울청	78	허윤숙	제주서	442
한희석	부산청	397	허남승	제천서	284	허윤영	조세연	450
한희수	수원서	183	허남주	대전서	274	허윤재	잠실서	142
한희수	포천서	259	허남현	부산청	396	허윤진	부산청	397
한희윤	시흥서	184	허두영	동수원서	175	허윤형	해운대서	425
한희자	구리서	170	허명화	울산서	428	허은석	서울청	78
한희정	의정부서	254	허문영	강서서	98	허은정	동청주서	280
함광수	남부천서	252	허문옥	정읍서	339	허은정	수원서	182
함광주	구로서	103	허문정	강남서	95	허은진	파주서	256
함귀옥	속초서	209	허미나	남원서	330	허인규	파주서	257
함다운	성남서	180	허미림	수원서	182	허인범	국세청	48

홍서윤	동안양서	177	홍순태	조세심판원	15	홍정기	광주청	310
홍서준	은평서	140	홍순택	남동서	238	홍정기	반포서	119
홍서진	조세연	455	홍순호	동안양서	176	홍정민	강동서	96
홍석민	원주서	212	홍순화	연수서	236	홍정수	금정서	406
홍석우	청주서	286	홍슬기	계양서	240	홍정연	서울청	86
홍석원	서울청	68	홍승범	포천서	258	홍정우	안동서	384
홍석의	강릉서	204	홍승영	삼척서	206	홍정욱	안양서	190
홍석주	부산청	403	홍승표	서초서	124	홍정은	서울청	62
홍석후	남부천서	253	홍승현	부산청	394	홍정자	동래서	411
홍석희	인천청	224	홍승희	성북서	129	홍정표	구로서	102
홍선아	용산서	139	홍시운	교육원	53	홍정화	서대전서	278
홍선영	남양주서	172	홍아름	인천서	230	홍정희	중부산서	423
홍성걸	동고양서	249	홍여주	삼성서	121	홍제용	이천서	197
홍성권	동화성서	203	홍연옥	동작서	115	홍종복	강서서	98
홍성기	통영서	441	홍연희	광주서	321	홍주연	목포서	342
홍성도	홍성서	307	홍영국	종로서	145	홍주현	종로서	144
홍성민	구리서	171	홍영균	제주서	442	홍주희	중부청	165
홍성민	국세청	20	홍영민	서울청	78	홍준경	인천청	222
홍성민	동울산서	426	홍영선	성동서	127	홍준만	수원서	183
홍성수	서산서	297	홍영숙	울산서	429	홍준영	국세청	35
홍성수	제주서	442	홍영실	노원서	108	홍준영	국세청	39
홍성아	조세연	449	홍영유	서인천서	234	홍준혁	대구청	359
홍성아	조세연	452	홍영준	광주청	313	홍지민	중부청	155
홍성애	도봉서	110	홍영진	남부천서	252	홍지석	성북서	128
홍성옥	영등포서	137	홍영표	국세청	27	홍지성	성동서	127
홍성완	조세심판원	15	홍영호	인천청	228	홍지수	강릉서	204
홍성일	강남서	95	홍예령	계양서	240	홍지아	인천청	224
홍성자	세종서	298	홍완표	북광주서	324	홍지안	고양서	243
홍성준	서산서	297	홍요셉	속초서	209	홍지연	국세청	24
홍성준	인천청	220	홍용길	정읍서	339	홍지연	서울청	73
홍성천	삼성서	120	홍용석	서울청	75	홍지영	김해서	432
홍성한	반포서	118	홍우환	동화성서	202	홍지우	중부청	165
홍성혜	성북서	129	홍원의	마산서	435	홍지은	분당서	179
홍성훈	국세청	41	홍유남	조세연	449	홍지혜	고양서	242
홍성훈	송파서	131	홍유민	영동서	282	홍지혜	금천서	105
홍성희	서울청	64	홍유종	서울청	88	홍지화	중랑서	146
홍성희	예산서	303	홍윤기	익산서	335	홍지흔	서울청	89
홍성희	조세연	450	홍윤석	관악서	101	홍진국	서울청	79
홍세민	성북서	128	홍윤석	서인천서	234	홍진기	구리서	170
홍세정	국세청	45	홍윤선	평택서	199	홍진주	경산서	375
홍세진	동작서	114	홍윤종	부산청	401	홍진표	서초서	124
홍소영	구리서	170	홍윤진	조세연	454	홍차령	삼성서	121
홍소영	국세청	43	홍은결	영등포서	137	홍찬희	반포서	119
홍솔아	안산서	187	홍은기	서울청	88	홍창규	서울청	89
홍수경	정읍서	338	홍은아	도봉서	110	홍창표	대전서	274
홍수림	김천서	381	홍은영	순천서	347	홍철수	국세청	45
홍수민	부산진서	413	홍은정	동청주서	281	홍충훈	부산청	396
홍수영	역삼서	135	홍은지	대구청	360	홍태영	관악서	100
홍수옥	강서서	98	홍은지	부평서	232	홍필성	구리서	170
홍수은	제주서	443	홍은화	논산서	292	홍학봉	삼척서	206
홍수지	중랑서	146	홍이정	조세심판원	15	홍해라	순천서	345
홍수현	남부천서	252	홍자빈	창원서	439	홍해성	용산서	138
홍수현	노원서	109	홍장원	안산서	187	홍헌민	안동서	384
홍순영	강서서	99	홍재옥	춘천서	214	홍현기	동안양서	177

홍현승	관악서	100	황미경	종로서	144	황성원	상담센터	58
홍현정	구미서	379	황미연	조세연	449	황성윤	안양서	191
홍현지	북전주서	332	황미영	노원서	108	황성진	동대구서	367
홍혜령	서산서	296	황미영	인천청	224	황성택	통영서	440
홍혜연	포천서	258	황미정	동울산서	426	황성필	서울청	75
홍혜영	성남서	181	황미정	진주서	436	황성훈	국세청	31
홍혜인	서울청	86	황미진	동래서	411	황성희	대전서	274
홍혜진	동작서	115	황미향	동대문서	113	황성희	수원서	182
홍후진	부산청	399	황미화	국세청	21	황세웅	중부청	163
화종원	해운대서	425	황민정	영등포서	136	황소원	대전청	262
황 민	경기광주서	169	황민주	양산서	409	황소은	송파서	130
황 영	양산서	408	황민철	동대문서	112	황소정	서부산서	419
황 현	익산서	334	황민호	국세청	46	황송이	동작서	114
황건영	부산진서	412	황민훈	마산서	435	황수민	서산서	297
황경미	북광주서	324	황민희	부평서	232	황수빈	안양서	190
황경서	남동서	238	황병광	중부청	157	황수영	창원서	439
황경숙	광주청	313	황병권	강서서	99	황수인	인천서	231
황경숙	인천서	230	황병규	성동서	127	황수지	경기광주서	169
황경애	대전청	267	황병록	영덕서	386	황수진	남대구서	365
황경주	성동서	127	황병석	안동서	384	황수진	용산서	139
황경호	울산서	428	황병준	전주서	336	황순민	부산청	398
황경희	양천서	133	황보경	조세연	452	황순영	기흥서	194
황계순	경기광주서	168	함보람	동회성시	202	황순영	동대문서	112
황광국	서울청	64	황보영미	서울청	85	황순영	북대구서	371
황광선	계양서	240	황보웅	대구청	358	황순진	화성서	200
황교언	순천서	345	황보정여	구미서	379	황순하	관악서	100
황규동	천안서	305	황보주경	서울청	70	황순호	서울청	74
황규석	부산청	400	황보주연	종로서	144	황순희	성동서	126
황규용	영동서	283	황보현	관악서	100	황승규	경기광주서	169
황규현	국세청	21	황상욱	반포서	119	황승미	천안서	304
황규형	서울청	62	황상인	동작서	115	황승진	순천서	344
황기오	송파서	130	황상준	동울산서	426	황승현	북부산서	414
황기훈	진주서	436	황상준	안동서	384	황승화	서울청	89
황길례	대구청	354	황상진	김해서	432	황시연	서울청	79
황길하	남양주서	172	황상진	원주서	212	황시윤	구리서	170
황나경	평택서	199	황서하	노원서	108	황신영	중부청	156
황나래	양산서	408	황석규	대전청	269	황신원	중랑서	147
황남돈	동청주서	281	황석현	시흥서	184	황아름	반포서	118
황남욱	국세청	40	황석현	안동서	384	황아름	서울청	90
황다검	동대문서	112	황선민	동작서	115	황연성	의정부서	255
황다영	동청주서	280	황선우	동작서	114	황연실	강동서	97
황다영	북대구서	370	황선우	해남서	350	황연주	서대전서	278
황대근	분당서	178	황선유	천안서	304	황연희	용산서	139
황대림	대전서	275	황선익	남대문서	106	황영규	도봉서	111
황도연	상주서	382	황선정	구미서	378	황영남	성북서	129
황동수	국세청	40	황선주	마산서	435	황영삼	파주서	257
황동욱	서광주서	326	황선진	광주청	312	황영숙	북대전서	276
황동일	부산청	399	황선진	동고양서	248	황영숙	서대구서	372
황동형	중부청	160	황선태	부천서	250	황영희	중부청	165
황득현	광주청	314	황선태	여수서	349	황예슬	세재실	6
황명하	부평서	232	황선화	강동서	96	황예찬	조세연	453
황명희	서초서	124	황성만	경산서	375	황왕규	남대구서	364
황무근	영주서	388	황성업	마산서	434	황용연	평택서	199
황미경	부산청	399	황성연	동안양서	177	황용택	이천서	196

이름	소속	쪽
황우오	평택서	199
황웅재	성동서	127
황원복	나주서	341
황유경	시흥서	184
황유성	양천서	133
황유숙	은평서	140
황유진	기흥서	194
황유진	천안서	304
황윤섭	남대문서	107
황윤숙	구로서	102
황윤숙	은평서	141
황윤식	김천서	380
황윤영	서인천서	234
황윤재	연수서	236
황윤정	동안양서	176
황윤철	논산서	292
황은미	잠실서	143
황은서	홍성서	306
황은아	서대구서	372
황은영	북부산서	415
황은영	서대구서	373
황은영	서울청	77
황은옥	용산서	138
황은주	강동서	97
황은지	대전청	270
황은진	중부서	149
황은희	제천서	284
황은희	파주서	256
황인범	홍천서	217
황인산	지방세제	447
황인선	구리서	171
황인성	양산서	409
황인성	인천청	226
황인아	서울청	67
황인자	논산서	293
황인주	역삼서	135
황인철	광주청	310
황인태	양천서	133
황인하	남양주서	172
황인화	서울청	91
황인환	도봉서	110
황일섭	원주서	212
황일성	수성서	368
황재민	부산청	402
황재민	삼성서	121
황재선	파주서	257
황재섭	대구청	358
황재승	남부천서	253
황재연	춘천서	215
황재웅	중부청	159
황재원	상담센터	57
황재인	수원서	183
황재중	청주서	286
황재호	조세심판원	12
황재홍	동대문서	113
황정록	부평서	232
황정만	국세청	26
황정미	노원서	108
황정미	동안양서	176
황정미	성동서	127
황정미	중부청	165
황정민	부산청	394
황정욱	서울청	69
황정태	중부청	158
황정하	인천청	226
황정현	북광주서	325
황정화	관악서	101
황제헌	성동서	127
황종욱	시흥서	185
황종하	금정서	406
황종하	통영서	440
황주미	북대구서	371
황주성	용인서	193
황주연	서울청	70
황주이	역삼서	135
황주현	도봉서	110
황준석	충주서	288
황준성	경기광주서	168
황준순	수성서	368
황준호	창원서	438
황지선	광주청	312
황지성	대구청	358
황지아	국세청	31
황지언	부산강서서	417
황지연	경기광주서	169
황지연	서대전서	279
황지영	대구청	358
황지영	도봉서	110
황지영	부산청	402
황지영	성동서	127
황지영	중부산서	423
황지원	구미서	379
황지원	서울청	73
황지유	평택서	199
황지은	서울청	87
황지은	홍성서	307
황지현	전주서	336
황지현	중부서	149
황지혜	금정서	406
황지혜	동고양서	248
황지혜	서울청	80
황지환	화성서	200
황진구	아산서	300
황진하	구로서	102
황진하	국세청	40
황진희	마산서	434
황찬연	남대문서	107
황창연	반포서	119
황창혁	인천서	231
황창훈	서울청	83
황치운	국세청	23
황태문	서울청	62
황태연	서울청	62
황태연	서초서	124
황태영	부천서	251
황태훈	서울청	78
황태훈	중부산서	422
황태희	남부천서	253
황택순	교육원	52
황하나	서울청	89
황하늘	안동서	384
황하늬	서울청	62
황한나	중부청	163
황한수	강서서	98
황현서	서울청	87
황현석	제주서	442
황현순	서대전서	279
황현정	동래서	410
황현주	관악서	100
황현주	군산서	329
황현희	안양서	190
황형석	군산서	329
황혜란	은평서	141
황혜미	평택서	199
황혜선	시흥서	185
황혜윤	서초서	124
황혜정	동작서	115
황혜정	서울청	76
황혜조	기흥서	195
황혜주	영등포서	137
황혜진	조세심판원	12
황호민	강동서	97
황호혁	익산서	334
황홍비	김해서	432
황화숙	고양서	242
황효정	속초서	208
황후용	대전청	264
황희상	서울청	91
황희정	순천서	347
황희진	영등포서	137
황희태	파주서	256

2025 세무인명록

2025년 4월 11일 인 쇄
2025년 4월 18일 발 행

발 행 인 **이 희 태**
발 행 처 **삼일피더블유씨솔루션**

서울특별시 용산구 한강대로 273 용산빌딩
등록번호 : 1995. 6. 26 제3-633호
전　　화 : (直) (02) 3489-3100
Ｆ Ａ Ｘ : (02) 3489-3141
Ｉ Ｓ Ｂ Ｎ : 979-11-6784-387-6 93320

※ 삼일인포마인 회원께는 무료로 증정합니다

정　가 40,000원

※ '삼일인포마인'은 '삼일피더블유씨솔루션'의 단행본 브랜드입니다.
※ 파본은 교환하여 드립니다.

단행본

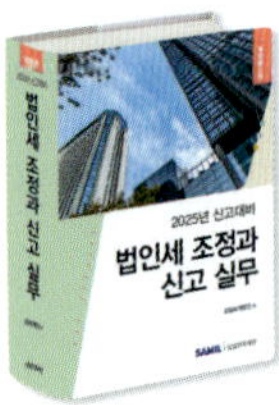

법인세 조정과 신고 실무

삼일회계법인 저

삼일회계법인 Know-how의 역작

현장의 실무 경험을 바탕으로 다양한 사례(관련 사례 · 계산 사례)를 수록, 기재 방법과 서식 간 유기적 관계 설명으로 서식 작성기법을 한눈에 볼 수 있어 합리적 경영관리의 새로운 기준을 제시합니다.

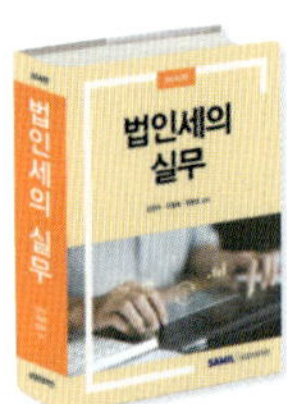

법인세의 실무

신찬수 · 이철재 · 정창모 공저

법인세를 가장 쉽게 이해하고 실무에 바로 적용할 수 있는 명쾌한 해설서

개정된 법인세와 관련 법령들을 상호 비교하여 모든 궁금증을 해결하고 법인세제의 흐름을 한 눈에 파악할 수 있게 하였습니다.

2025년 신고대비 핵심 세액공제 감면의 정석

손창용 저

2025년 신고대비 핵심 세액공제 완벽 정리

통합고용세액공제와 기존의 고용증대세액공제를 도표로 비교하여 그 차이점을 한눈에 파악할 수 있도록 하였으며 통합고용세액공제와 기존의 고용증대세액공제(추가공제 포함)의 적용방법에 대한 부분도 자세히 설명하였습니다.

부가가치세 실무

황종대 · 백지은 공저

전문가와 실무자를 위한 부가가치세의 바이블

부가가치세 실무, 불복과정에서 발생할 수 있는 다양한 사례에 대한 심층분석과 다양한 예규, 심판례, 대법원 판례 등을 수록하기 위해 핵심내용을 간략하게 요약 · 서술하였습니다.

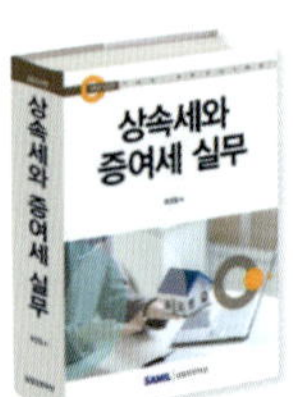

상속세와 증여세 실무

최성일 저

상속세 및 증여세법 개정작업과 유권해석 및 강의경험을 바탕으로 실무해설

세법 개정의 계기가 된 사건내용을 감안한 입법배경을 기술하는 등으로 독자들의 이해 및 적용능력을 높이고 예규판례 내용을 요약 · 정리하여 적용방법을 추가 기술하였습니다.

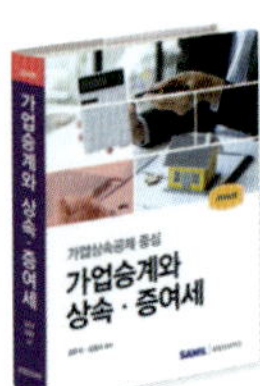

가업승계와 상속 · 증여세

김주석 · 김정수 공저

국내 유일의 가업승계 관련 상속 · 증여세 테마형 실무해설서

170여 개의 해석사례 및 심판례를 각 유형별로 정리하였고 공제 및 특례요건별, 사후관리 유형별 사례를 정리 · 수록하여 제도의 이해와 활용에 도움이 됩니다.

사례로 이해하는 핵심 양도소득세

이득근 서

국세청 재산세제 및 개업세무사로서 실무 경험을 통한 획기적인 양도소득세 해설서

양도소득세 분야 중 재개발 · 재건축, 겸용주택, 이월과세, 부담부증여, 임대주택, 농지 · 신축주택의 감면 등에 대해서는 계산사례를 수록하여 학습효과 극대화하였습니다.

양도소득세 정석 편람

한연호 저

양도소득세 관련 법령을 사례 중심으로 해설과 함께 도표화

양도소득세 이론과 관계 법령을 사례별로 심층 분석하여 설명하였고 다양하고 난해한 각종 세액 계산 사례와 유형별 유권해석 및 심판례를 통하여 적법한 절세 방안을 제시하였습니다.

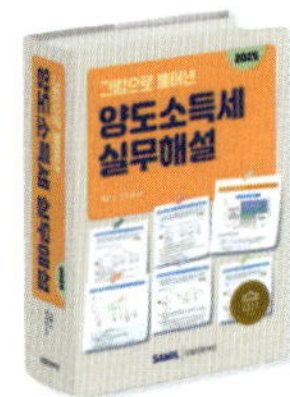

그림으로 풀어낸 양도소득세 실무해설

위 용 저

도표 등을 이용해서 최대한 쉽게 구성한 양도소득세 실무서

사례의 핵심내용을 상단에 3줄 이내로 요약하였고 요약된 내용을 그대로 목차로 구성하여 목차만 보아도 어떤 내용인지 쉽게 이해할 수 있도록 하였습니다.

사례와 함께하는 상속세 및 증여세법 해설

나성길 · 정찬우 · 정평조 공저

대학생 및 수험생과 연구자, 세무공무원과 기업의 실무자에게 적법한 세법 기본서

국세청 현직 세무서장과 회계법인 전문 세무사의 공동 저술로 상속세 및 증여세법의 법령내용을 이론과 사례를 곁들여 알기 쉽게 서술하였습니다.

성공적인 가업승계와 절세전략

안성희 저

최적의 가업승계 의사결정과 실행전략을 돕는 실무 가이드북!!!

단순하게 법령에 대한 설명이 아닌 현행 법령을 활용하여 최고의 절세효과를 누리면서 성공적인 가업승계를 할 수 있는 각 케이스별 전략적인 실행 전략을 소개하였습니다.

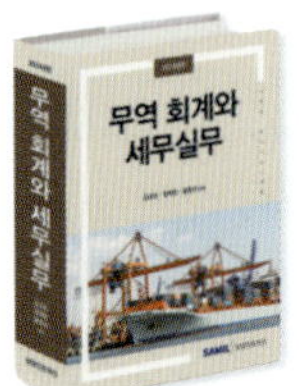

무역 회계와 세무실무

김겸순 · 정재완 · 황종대 공저

수출입실무 관련 무역이론과 조세법률 적용을 이해하기 쉽고 간략하게 전달

물품의 수출입과 관련된 무역실무와 조세법률의 적용을 경리 업무를 담당하는 조세전문인에게 이해하기 쉽고 간략하게 전달하는 데 중점을 두었습니다.

단행본

기업가치평가와 재무실사

이중욱 · 김성수 공지

가치평가 및 재무실사의 실무자와 이해관계자가 필요로 했던 바로 그 책

이 책은 다양한 실무사례를 소개할 뿐 아니라 자본비용 등 여러 가지 실무적용 사례 분석을 수행하여 시장의 Practice 를 참고할 수 있도록 구성하였습니다.

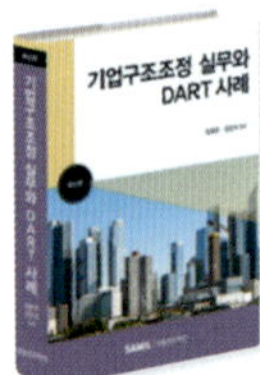

기업구조조정실무와 DART 사례

임희주 · 김진석 공저

기업구조조정(합병 · 분할 · 주식의 포괄적교환 및 이전)을 진행하는 기업의 실무자를 위한 종합실무서

전자공시시스템(DART)상 공시사례를 통하여 벤치마킹을 제공하고 해당 시사점을 설명함으로 실무상 활용방안을 제시 하였습니다.

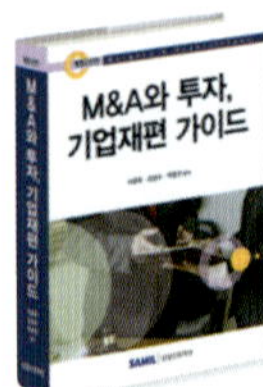

M&A와 투자, 기업재편 가이드

이중욱 · 김성수 · 박윤진 공저

국내 환경에 맞는 M&A의 전반적인 프로세스에 대한 설명과 각 프로세스별로 개념적인 이해와 실무 적용 이 용이하도록 깊이 있는 해설을 다루고 있는 최고의 M&A 가이드북

국내 환경에 맞는 M&A와 기업재편에 대한 쉽고 폭넓은 이해 를 위한 책입니다.

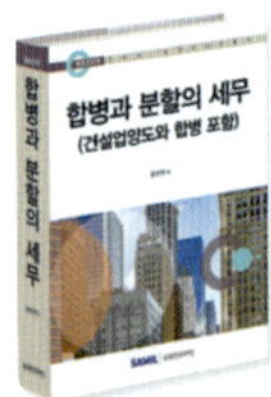

합병과 분할의 세무

윤선귀 저

합병과 분할에 관한 기업회계기준(K-IFRS 포함)과 세법을 많은 분개와 사례를 통해 설명함으로서 이 책 한 권으로 합병 · 분할을 마스터

합병과 분할에 대한 기업회계기준(K-IFRS 포함)에 대해 자세히 설명하고 세법과의 연관관계에 대해서도 자세히 설명 하였습니다.

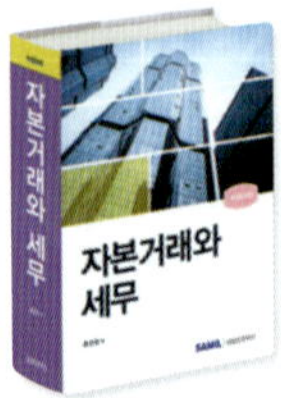

자본거래와 세무

홍성대 저

자본거래에 따른 세무문제를 심층분석하여 고차원의 경영권승계 · 기업확장 전략 제공

궁극적으로 기업을 경영하는 데 자본거래를 활용할 수 있는 방안을 제시하고 높은 단계의 전략을 구사하려는 경영권승계 와 기업확장에 대해 이론적, 논리적 근거를 서술하였습니다.

하도급법 해설과 쟁점

정종채 저

공정거래위원회와 법원에서 하도급법 조사사건 및 관련 소송을 담당하면서 얻은 실무경험 반영

14년간 하도급법과 공정거래법을 전문으로 처리해 온 현직 로펌변호사의 역작으로 하도급법의 이론과 실무, 그리고 개 별 쟁점까지 심층적으로 분석한 실무 해설서입니다.

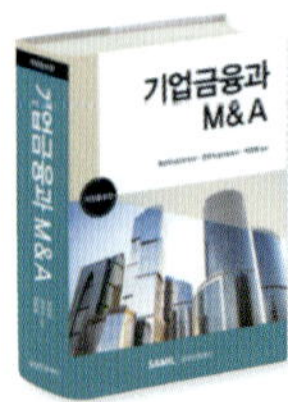

기업금융과 M&A

최상우 · 전우수 · 박준영 공저

합병 · 분할 및 자금조달 관련 등 기업금융 실무를 중심으로 명쾌한 해설

자본시장 업무종사자에게 10여 년간 많은 호응을 받아온 최고 의 업무 실무서로 단순한 규정 나열이 아닌, 오랜 실무경험을 바탕으로 요약 · 서술된 기업금융 및 M&A실무 매뉴얼입니다.

M&A금융과 실무

전경준 저

M&A금융의 실무에서 제기되는 다양한 법률문제를 계약서 기재례 및 판례와 함께 파악

20여 년간 금융자문업무를 담당한 현직 변호사가 그의 경험을 바탕으로 M&A금융 시 고려해야 할 사항과 실무에서 제기되 는 다양한 법률문제에 대해 정리하였습니다.

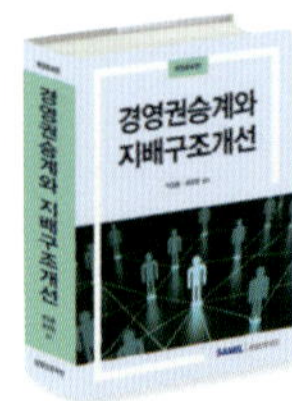

경영권승계와 지배구조개선

박길동 · 최대현 공저

분할 · 합병, 가업상속공제, 이익의 증여, 기업지배 구조, 주식 평가 등에 대한 핵심 규정 및 사례 소개

분할 합병, 지주회사, 현물출자, 가업상속공제, 주식평가를 활용한 경영권승계와 지배구조개선에 대한 최근 사례를 분석 하여 시사점을 도출하고, 업무의 전체적인 흐름과 핵심규정 및 유의사항 소개하였습니다.

성실신고사업자 법인전환실무와 가족법인의 활용

조남철 저

성실신고 사업자 절세와 가족법인, 임대법인 설립을 고민 중이라면 읽어야 할 필독서

개인사업자가 처음으로 법인을 설립하는 모든 것이 새로울 수 있는데 법인을 처음하는 경우 그리고 현물출자 등 어려운 실무를 하는 경우에도 필요한 모든 정보가 담겨있습니다.

조문별 가맹사업법 실무 가이드

장춘재 · 이상명 공저

실무를 담당했던 경험을 토대로 가맹사업법을 조문별 로 설명하고, 사례, 이슈 검토, 핵심 판례 등을 일목 요연하게 체계적으로 정리한 종합 실무지침서

가맹사업법령 및 정책 · 제도, 사건처리 등에 관한 내용을 7개 의 장으로 구성, 실무자가 알아야 할 조문별 내용을 설명하고, 사례, 이슈, 심결례, 판례 등을 알기 쉽게 정리하였습니다.

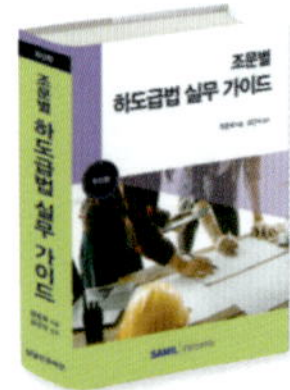

조문별 하도급법 실무 가이드

장춘재 저

실무를 담당했던 경험을 토대로 하도급법 조문별 사례 및 이슈검토, 핵심판례 등을 종합적으로 정리한 실무지침서

하도급법 관련 실무재(원 · 수급사업자의 담당직원, 조사공 무원, 분쟁조정실무자 등)가 알아야 할 내용을 이해하기 쉽게 각 조문과 연계하여 사례위주로 설명하였습니다.

단행본

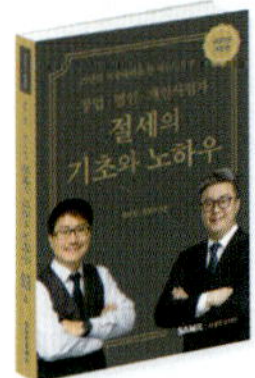

창업 · 법인 · 개인사업자
절세의 기초와 노하우

장보원 · 조현우 공저

창업, 법인, 개인사업자 절세를 위한 기초를 다지고
실제적인 절세노하우를 이해하자!

단순히 절세사례를 소개하기보다는 해당 세금의 기본적인
원리와 구조를 설명하고 더 나아가 실제적인 절세노하우를
제시함으로써 절세 근본 원리를 깨닫는데 중점을 두었습니다.

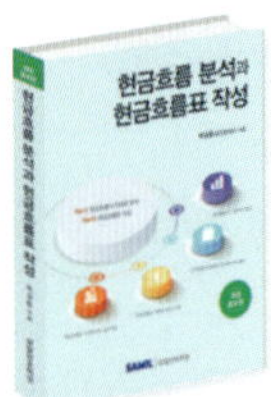

현금흐름분석과 현금흐름표 작성

박길동 저

현금흐름의 개념과 분석방법, 현금흐름표의 작성원리
를 이론부터 실무까지 간결한 문체로 설명, 분석 사례
와 양식(Template)을 통해 즉시 실무에 접목되는 도서

실제 기업들에 대한 현금흐름 분석 사례를 제시하고, 기업에서
사용하는 양식에 따라 현금흐름표 설명으로 실무 적용에 매우
용이한 도서입니다.

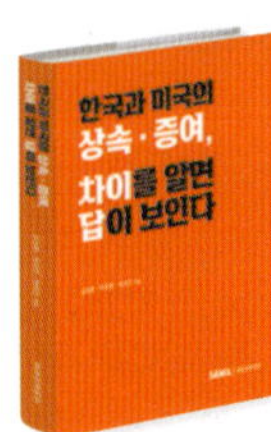

한국과 미국의 상속 · 증여,
차이를 알면 답이 보인다

김상훈 · 박유진 · 박하얀 공저

한국과 미국 양쪽에 걸쳐 발생하는 상속증여 문제
해결을 위한 지침서!

한국과 미국 상속, 증여에 관련 법제와 세제를 비교하고 기초
개념부터 상속플래닝, 상속분쟁 그리고 상속증여세까지 포괄
적으로 다룬 도서입니다.

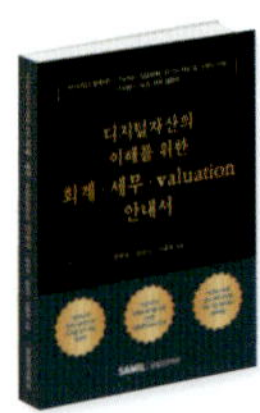

디지털자산의 이해를 위한
회계 · 세무 · valuation 안내서

전우수 · 김성수 · 이중욱 공저

회계, 세무, valuation을 통해 디지털자산의 이해의
폭을 넓혀주는 책

4차산업과 블록체인, 가상자산, 암호화폐, NFT의 개념 및
시장의 이해, 가치평가, 회계, 세무 설명서입니다.

내 재산을 물려줄 때 자산승계신탁

신관식 저

내 재산을 물려줄 때 반드시 고려할 수밖에 없는 법,
규정, 세금, 비용 등에 대해 알기 쉽게 문답식(Q&A)
으로 구성한 도서

'내 재산을 자녀, 손주 등에게 물려주고 싶은 약 1,000여 명
의 상담 사례'를 바탕으로, '공통적이고 핵심적인 질문 53
가지'로 신탁 · 서비스를 활용하여 고객의 자산승계 전략을
제시하고 있는 도서입니다.

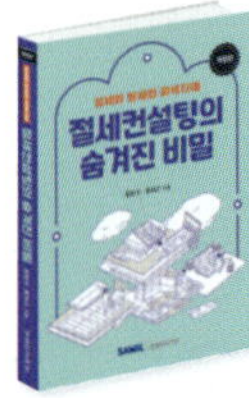

절세컨설팅의 숨겨진 비밀

황범석 · 황희곤 공저

절대 실패하지 않는 절세컨설팅 핵심가이드

대한민국 최고의 방패 중 하나인 법무법인 율촌과 유일한
창인 국세청에서 근무한 경험을 가지고 있는 (전)조사국 겸임
교수가 들려주는 실전 이야기입니다.

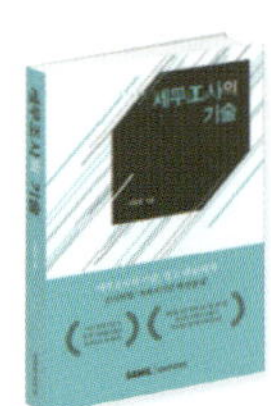

세무조사의 기술

이정희 저

조사전문가가 오랜 경험에서 얻은 조사 노하우와
개인적인 통찰을 넣은 세무조사의 필독서(비기서)

세무조사 A부터 Z까지 수록 : 세무조사의 구조와 운용부터
조사개념과 조사실시 방법까지 세무조사 전반을 누구나 쉽게
이해하고 활용할 수 있도록 하였습니다.

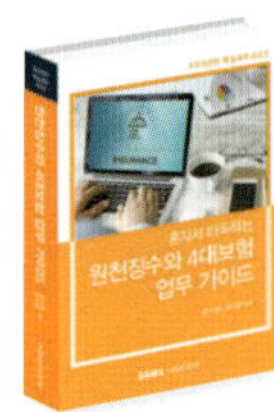

혼자서 터득하는
원천징수와 4대보험 업무 가이드

윤지영 · 최세영 공저

원천징수의 개념부터 원천징수 신고, 지급명세서
제출까지 혼자서 척척!!

원천징수제도에 대한 기본적인 개념을 혼자서도 터득할 수 있도록
상세하게 설명하였고 원천징수대상 소득에 대하여 소득구분을
정확히 할 수 있도록 법규정 및 예규를 자세히 수록하였습니다.

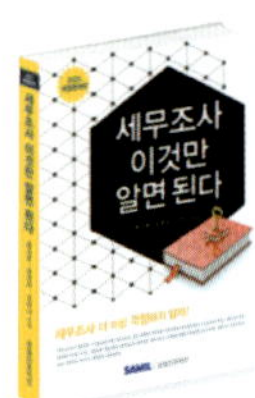

세무조사 이것만 알면 된다

황성훈 · 송영관 · 김하나 공저

경리 실무자라면 반드시 알아야만 하는 국세청의
세무조사 관련 규정과 최근 사례

국세청 근무 경험이 없는 세무전문가, 세무조사가 불안한 경리
실무자들이 반드시 알아야 되는 각종 세무조사 관련 규정
(조사대상자 선정, 조사절차, 조사방법, 조사유형 등)을 수록
하였습니다.

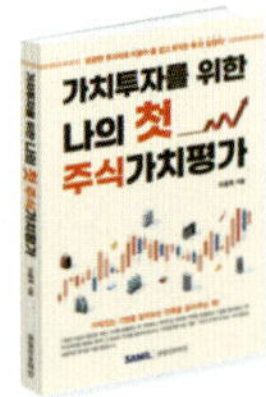

가치투자를 위한 나의 첫 주식가치평가

이중욱 저

가치평가가 무엇인지 알려주는 가장 쉽고 친절한 안내서!

주식가치평가방법을 쉽고 단순하게 이해할 수 있도록 도와주며,
그 과정에서 주식가치평가의 가장 중요한 요소인 회사의 핵심
가치에 다가갈 수 있도록 하는 것을 돕고자 하는 책입니다.

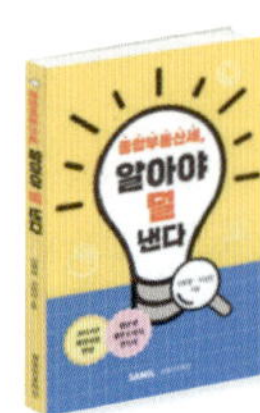

종합부동산세 알아야 덜 낸다

신동영 · 이상민 공저

자주 개정되어 헷갈리던 종합부동산세!
이 책으로 궁금증을 해결할 수 있습니다.

평소 종합부동산세가 궁금했던 일반인, 종합부동산세를 계산
하고 싶던 부동산 투자자, 실무에서 종합부동산세를 다룰
기회가 없던 세무사를 비롯해 누구나 편하게 종합부동산세
에 접근할 수 있도록 하는 데 집중하였습니다.

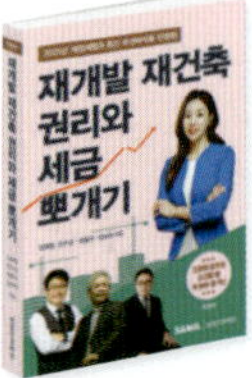

재개발 재건축 권리와 세금 뽀개기

김예림 · 안수남 · 장보원 공저

재개발 재건축 입주권 투자와 관련된 모든 사람들이
반드시 읽어야 할 책

재개발 재건축 투자상담 시 세금과 절세에 관한 답을 주기
위해 반드시 읽어야 할 책입니다.